Exile and Enlightenment

Exile and Enlightenment

Studies in German and Comparative Literature in Honor of Guy Stern

Edited by Uwe Faulhaber, Jerry Glenn,
Edward P. Harris and Hans-Georg Richert

WAYNE STATE UNIVERSITY PRESS   DETROIT   1987

ISBN 0-8143-1855-X

Acknowledgments

This volume was published with the generous assistance of the following persons and institutions: Mr. and Mrs. Ralph Clark; G. Bording Mathieu; The Lessing Society, Cincinnati; The Leo Baeck Institute, New York; Friedrich Weinhagen Stifung, Hildesheim; The Consulate General of the Federal Republic of Germany; The Department of Germanic Languages and Literatures, University of Cincinnati; The Vice President for Graduate Studies and Research, University of Cincinnati; The Senior Vice President and Provost, University of Cincinnati; The Charles Phelps Taft Memorial Fund, University of Cincinnati.

The editors wish to thank Randy Gudvangen, Eva Hosler and Andris Zingis for their assistance.

Tabula Gratulatoria

Ludo Abicht
Yellow Springs, Ohio

Paul Kurt Ackermann
Boston, Massachusetts

Martin J. Adelman
Southfield, Michigan

Maria P. Alter
Villanova, Pennsylvania

Ehrhard Bahr
Los Angeles, California

I. Baier-Pallas
Dearborn, Michigan

Ausma Balinkin
Cincinnati, Ohio

André Banuls
Saarbrücken

Wilfried Barner
Tübingen

David Bathrick
Madison, Wisconsin

Sigrid Bauschinger
Amherst, Massachusetts

Carl F. Bayerschmidt
Yonkers, New York

Peter U. Beicken
University Park, Maryland

Alfred Beigel
Tucson, Arizona

Ingrid Belke
Marbach a.N.

David P. Benseler
Columbus, Ohio

Karin Benthin
New York, New York

Günter Berg
Amöneburg

Phyllis Berg-Hartoch
Konstanz

Erna Bernstein
Cincinnati, Ohio

Jutta Arend-Bernstein
and Eckhard Bernstein
Worcester, Massachusetts

Otto F. Best
College Park, Maryland

Götz von Boehmer
Detroit, Michigan

Hans Bohrmann
Dortmund

Sylvia and Thomas Bonner
Detroit, Michigan

Frank L. Borchardt
Durham, North Carolina

Marianne Bosshard
College Park, Maryland

Doris Brett
Ft. Thomas, Kentucky

Robert R. Brewster
Richmond, Indiana

Klaus Briegleb
Hamburg

Luise H. Bronner
Boston, Massachusetts

Marsha S. and Joachim Bruhn
Dearborn and Detroit, Michigan

Sylvia Davis Burkhart
Richmond, Kentucky

Burley Channer
Toledo, Ohio

David Chisholm
Tucson, Arizona

Margaret and Ralph Clark
Santa Fe, New Mexico

v

Alfred Cobbs
Detroit, Michigan

Charlotte M. Craig
Eatontown, New Jersey

Eva Dannecker
Ann Arbor, Michigan

Donald R. Davia
Riverside, California

Peter Demetz
New Haven, Connecticut

Max Dufner
Tucson, Arizona

Bruce Duncan
Hanover, New Hampshire

Fanny and Abraham Edelstein
Oak Park, Michigan

Sol Edelstein
Washington, D.C.

Esther N. Elstun
Fairfax, Virginia

Wolfgang Emmerich
Bremen

The Executive Committee
The Leo Baeck Institute

Marianne Exner
Bonn

Cindy and Uwe Faulhaber
Detroit, Michigan

Robert Feigenbaum
St. Louis and Jefferson City, Missouri

Leonhard M. Fiedler
Frankfurt a.M.

Gonthier-Louis Fink
Strasbourg

Gloria Flaherty
Chicago, Illinois

Kirsten and Joachim
Schmitt-Sasse Fleïng
Marburg

Jo and Robert M. Franzblau
Tampa, Florida

Erhard Friedrichsmeyer
Cincinnati, Ohio

Linda TerHaar Frost
Chapel Hill, North Carolina

John Fuegi
Adelphi, Maryland

Joe K. Fugate
Kalamazoo, Michigan

Alan Galt
Cincinnati, Ohio

Evelyn P. Garfield
and Ivan A. Schulman
Urbana, Illinois

Christian Gellinek
Gainesville, Florida

Lillian and Oscar Genser
Oak Park, Michigan

Sander L. Gilman
Ithaca, New York

Renate and Jerry Glenn
Cincinnati, Ohio

Ingeborg and Penrith Goff
Detroit, Michigan

Gisela Graf
New York, New York

Valerie D. Greenberg
New Orleans, Louisiana

André Von Gronicka
Philadelphia, Pennsylvania

Fred Grubel
New York, New York

Michel Grünewald
Nancy

Randy Gudvangen
Cincinnati, Ohio

Karl S. Guthke
Lincoln, Massachusetts

Herbert G. Göpfert
Stockdorf

Donald P. Haase
Detroit, Michigan

Fritz Hackert
Tübingen

Diether H. Haenicke
Kalamazoo, Michigan

Thomas S. Hansen
Wellesley, Massachusetts

Marilyn and Ed Harris
Cincinnati, Ohio

Henry Hatfield
Cambridge, Massachusetts

Margot Parry and Renée-Marie Parry
Hausenstein
Gainesville, Florida

Sonja Hedgepeth
Murfreesboro, Tennessee

Barbara and Josef Heinzelmann
Mainz

Robert R. Heitner
Chicago, Illinois

Louis F. Helbig
Bloomington, Indiana

Christoph Herin
College Park, Maryland

Gerd Hillen
Berkeley, California

Walter Hinderer
Princeton, New Jersey

Klaus-Peter Hinze
Cleveland, Ohio

Marianne and Helmut Hirsch
Düsseldorf

Frank D. Hirschbach
Minneapolis, Minnesota

Harold von Hofe
Beverly Hills, California

Charles W. Hoffmann
Columbus, Ohio

Donna L. Hoffmeister
Pittsburgh, Pennsylvania

Oskar Holl
München

Johann Holzner
Innsbruck

Eva Hosler
Cincinnati, Ohio

Walter Huder
Berlin

William N. Hughes
East Lansing, Michigan

Bernd Hüppauf
Kensington, NSW, Australia

Raymond Immerwahr
Seattle, Washington

Kurt R. Jankowsky
Washington, D. C.

Mildred M. Jeffrey
Detroit, Michigan

Peter Johansson
River Falls, Wisconsin

Chacona and Arthur Johnson
Detroit, Michigan

Sidney M. Johnson
Bloomington, Indiana

Otto W. Johnston
Gainesville, Florida

Ilsedore B. and Klaus W. Jonas
Pittsburgh, Pennsylvania

Alfred Karnein
Frankfurt a. M.

Uwe-K. Ketelsen
Bochum

Louis Kibler
Harper Woods, Michigan

Elke Godfrey and Walter Knoche
University of Maryland

Wulf Koepke
College Station, Texas

Ludwig Kotter
München

Renate Knoll
Münster

Bernd Kratz
Lexington, Kentucky

Ingrid and Helmut Kreuzer
Siegen

Rudolf Krämer-Badoni
Wiesbaden

Mark Kuhlman
New Knoxville, Ohio

Liselotte E. Kurth
Baltimore, Maryland

Wally Lagerwey
Elmhurst, Illinois

Wolfgang R. Langenbucher
München/Wien

Ursula Langkau-Alex
Amsterdam

Henry A. Lea
Amherst, Massachusetts

Herbert Lederer
Storrs, Connecticut

Herbert Lehnert
Irvine, California

Fred W. Lessing
Yonkers, New York

Adelheid Leube
Tucson, Arizona

Dottie and Gene Lewis
Cincinnati, Ohio

Ralph J. Ley
New Brunswick, New Jersey

Wm. A. Little
Charlottesville, Virginia

Ernst Loewy
Frankfurt a. M.

Paul Michael Lützeler
St. Louis, Missouri

Ursula Mahlendorf
Santa Barbara, California

George Archibald Masterson
Detroit, Michigan

G. Bording Mathieu
La Jolla, California

Gert Mattenklott
Berlin

Wolfram Mauser
Freiburg i. Br.

John A. McCarthy
Swarthmore, Pennsylvania

William H. McClain
Baltimore, Maryland

Jacqueline B. Melissas
Chicago, Illinois

Gottfried Felix Merkel
Cincinnati, Ohio

Edith Mettke
Berlin

Erika and Michael Metzger
Buffalo, New York

Siegfried Mews
Chapel Hill, North Carolina

Peter Michelsen
Heidelberg

Wolfgang Motzkau-Valeton
Osnabrück

Patrick von zur Mühlen
Bonn

Klaus Müller-Salget
Siegburg

Helmut Müssener
Uppsala

Cora Lee and Valters Nollendorfs
Madison, Wisconsin

Laureen Nussbaum
Portland, Oregon

Gerard Oppermann
Hildesheim

Anna Otten
Yellow Springs, Ohio

Karl F. Otto, Jr.
Philadelphia, Pennsylvania

David Parent
Normal, Illinois

Elizabeth Petuchowski
Cincinnati, Ohio

Helmut Pfanner
Lincoln, Nebraska

Gertrud Bauer Pickar
Houston, Texas

Fred Pohorille
Iowa City, Iowa

Gabriele Pommerin and Lutz Götze
Kottgeisering and Bonn

Edith Potter
Claremont, California

Gerhard F. Probst
Berlin

Lawrence W. Rattner
Detroit, Michigan

Joanna M.Ratych
Edison, New Jersey

Dona Reeves-Marquardt
San Marcos, Texas

Albert M. Reh
Leverett, Massachusetts

Hermann Reidt
Marburg

Karin Clark-Reinfrank and Arno
Reinfrank
London

Ingrid and Henry H. H. Remak
Bloomington, Indiana

Hans-Georg Richert
Cincinnati, Ohio

Marianne Riegler
München

La Vern Rippley
Northfield, Minnesota

Gisela Ritchie
Wichita, Kansas

James Rolleston
Durham, North Carolina

Edith Rosenstrauch
Wien

Maria C. Roth
Detroit, Michigan

Marie-Louise Roth
Saarbrücken

Kurt Rothmann
Uhingen/Nassachmühle

Uwe Rudolf
Decorah, Iowa

Judith Ryan
Cambridge, Massachusetts

Marianne Ryan
Cincinnati, Ohio

Thomas P. Saine
Irvine, California

Jeffrey L. Sammons
New Haven, Connecticut

Gerhard Sauder
St. Ingbert

Will Schaber
New York, New York

Walter Schatzberg
Worcester, Massachusetts

Ruth and Hansjörg Schelle
Ann Arbor, Michigan

Evelyne Scheyer
Detroit, Michigan

Roslyn Abt-Schindler and Marvin
Schindler
Detroit, Michigan

Henry J. Schmidt
Columbus, Ohio

Hugo Schmidt
Boulder, Colorado

Gerhard Schmidt-Henkel
Saarbrücken

Joachim J. Scholz
Chestertown, Maryland

H.-J. Schrimpf
Bochum

Wolfgang Schuchart
Marburg

Christoph E. Schweitzer
Chapel Hill, North Carolina

Gertrud and Kurt Schwerin
Chicago, Illinois

Klaus von See
Frankfurt a.M.

Hinrich C. Seeba
Berkeley, California

Lester W. J. Seifert
Madison, Wisconsin

Christiane Seiler
Ft. Wayne, Indiana

Mary C. Sengstock
Detroit, Michigan

Ingrid and Dieter Sevin
Nashville, Tennessee

Renee Sherman
West Bloomfield, Michigan

Rudolph Simon
San Francisco, California

Ralph Slovenko
Detroit, Michigan

Jacqueline and Walter Sokel
Charlottesville, Virginia

Robert H. Spaethling
Boston, Massachusetts

John M. Spalek
Albany, New York

Eleanor and Stephen Tudor
Detroit, Michigan

Heinz Starkulla
Holzkirchen

Kathleen and Richard Vernier
Berkley, Michigan

Liesel and Enrique Stern
La Lucila/Argentina

Wilhelm Vosskamp
Bielefeld

Judith Owen Stern
Detroit, Michigan

Maria M. Wagner
New Brunswick, New Jersey

Gisela Strand
Holland, Michigan

Martha Wallach
Southington, Connecticut

Gerhard F. Strasser
University Park, Pennsylvania

Dorothy Wartenberg
Washington, D.C.

Felix F. Strauss
Farmingdale, New York

Sigrid Washburn
Beverly Hills, California

Ingrid Strohschneider-Kohrs
Gauting

Gerhard H. Weiss
Minneapolis, Minnesota

Beate Sturges
Orchard Lake, Michigan

Edith Welliver
Greencastle, Indiana

Lys Symonette
New York, New York

Saul Wineman
Huntington Woods, Michigan

Rolf Tarot
Zürich

Krishna Winston
Middletown, Connecticut

Rita Terras
New London, Connecticut

Charlotte and Wolfgang Wittkowski
East Nassau, New York

Don Heinrich Tolzmann
Cincinnati, Ohio

Manuel Wiznitzer
Tel-Aviv

Stanley R. Townsend
State College, Pennsylvania

Linda Kraus Worley
Lexington, Kentucky

Carl R. Trahman
Bloomfield, New Jersey

Wolf Wucherpfennig
Copenhagen

Frithjof Trapp
Reinbek

Ilse and Andris Zingis
Cincinnati, Ohio

Carlson Library
University of Toledo

Deutsches Seminar
Albert-Ludwigs Universität Freiburg im Breisgau

The Leo Baeck Institute
New York, New York

The Consulate General of the Federal Republic of Germany

The German Department
California State University, Fullerton

Deutsche Bibliothek, Deutsches Exilarchiv
Frankfurt a.M.

Department of Languages and Linguistics, German Section,
Western Michigan University, Kalamazoo

Department of Germanic Languages
University of California, Los Angeles

Department of Germanic Languages and Literatures
The University of Cincinnati

The Vice President for Graduate Studies & Research
The University of Cincinnati

The Langsam Library
The University of Cincinnati

Department of German Language and Literature
Dartmouth College, Hanover, New Hampshire

The Lessing Society
Cincinnati, Ohio

Das Lessing-Kolleg
Marburg

Junior Year in München/Wayne State University
Detroit, Michigan

Junior Year in Freiburg/Wayne State University
Detroit, Michigan

The Senior Vice President and Provost
The University of Cincinnati

Germanistisches Institut Ruhr-Universität
Bochum

The Charles Phelps Taft Publication Fund
The University of Cincinnati

The University College of Wales
Aberystwyth

The Kurt Weill Foundation
New York, New York

Friedrich Weinhagen Stiftung
Hildesheim

Stiftung Dokumentationsarchiv des österreichischen
Widerstandes, Wien

Institut für Zeitgeschichte
München

Contents

Foreword

This *Festschrift* is dedicated to a very special friend of all those persons who have contributed to its production, by colleagues who have devoted much thought and energy to scholarly research in their chosen fields of German literature in order to honor Guy Stern on the occasion of his 65th birthday. But it does not happen often that a scholarly publication is prefaced by a non-professional, as in this case at Guy's special request. What these lines will lack in *Belletristik* in contrast to the pages filling the volume they will have to express in down-to-earth sincerity. It is a great privilege for me to summarize the foremost thoughts of everyone: to congratulate Guy herewith, and to wish him many more rejuvenating birthdays!

Dear Guy, may your contagious enthusiasm for life and achievements continue to be a source of inspiration to everyone associated with you, personally and professionally, and may you, yourself, find equal satisfaction and contentment in all your endeavors!

Time goes on; it has been ten years already since you left Cincinnati, and Ohio. For me, the preceding ten years, 1966 to 1976, are still filled with fond memories: it has been a great joy to work for you, and with you. Yet I still remember my doubts and apprehensions, way back in the summer of 1966, about joining a "German" department at a university. Little was I aware then how easy it would be for me to fit into an environment full of invisible bridges, spanning over different continents, cultures, emotions, and philosophies—bridges that had been built so solidly by you! It was truly easy for me to overcome those feelings of uncertainty and doubts, for within a few weeks already I was able to start feeling "at home" in "your" department! Small coincidence that one of the first major events I was able to get involved in was the visit of the theater troupe "Die Brücke," and their performance on campus of *Nathan der Weise*. And who could ever forget Lotte Lenya's visit, making everybody feel part of that "Brecht on Brecht" evening?

In the meantime you will have left your indelible "marks of

excellence" in a number of other terrains, from Maryland to Michigan, enriching them with your spirit, talents, and wisdom.

Keep the Star shining for many more years to come! All good wishes for continued good health and success!

Erna Bernstein

Preface

Even in an age when this honorific genre is no longer self-understood, a *Festschrift* for Guy Stern on the occasion of his 65th birthday needs no profuse justification. Anyone familiar with Guy Stern's professional and personal outreach—the two areas are neither divided nor divisible for him—will know that our concern here is a token expression of the gratitude which the discipline of Germanistics as an integral part of the humanities owes him. "War, Weimar, Literature" is a memorable title, but for Guy Stern it represents three main junctions on his route from Hildesheim to Detroit; for others these "stations" and their transcriptions in the Stern manner have become part of their individuality, and even the relationship between the United States and the Federal Republic has benefitted far beyond the narrow confines implied in the name of "Germanistics."

For many, Guy Stern's *élan vital*, his persistent optimism, may often have been almost exasperating. Few can have known the compelling circumstances out of which this disposition arose. The history of our discipline will be less interested in its causes than in its effects. Guy Stern has never thought in terms of "collective shame"—the concept of "collective guilt" is foreign to him under any circumstance—although he more than most would have been justified in doing so. Rather, he built on positive values in the larger and the smaller contexts. He can draw persons such as the author of our foreword, who knew the concentration camps first hand, into the net of Germanistics, and it was Guy Stern who worked to form the American Lessing Society, which dropped the limiting adjective when its recognition became international, and who gave impetus to the formal study of Exile Literature and its official organization.

The editors of this volume seized upon these two broad interests in order to restrict the enthusiasm of congratulators from around the world to a number suitable to the pragmatic limits of an undertaking of this nature.

"Enlightenment" and "Exile" are thus the topics toward which contributions were solicited. The thirty contributors may stand as representatives for all of those who join us on this fourteenth day of January 1987 to wish the teacher, the researcher, the administrator and—"noch mehr"—the human being Guy Stern the very best on this occasion.

The Editors

Werther's Reflections on the Tenth of May

Bruce Duncan

Werther is constructed of ironic devices that on the one hand assert the power of its hero's inner life and on the other set a question mark behind it.[1] Goethe himself suggested this interpretation by repeatedly expressing enthusiasm for Napoleon's discovery of a "Mißverhältnis" in the novel, a contradiction that had escaped critical notice, "weil er [Goethe] es allerdings so künstlich versteckt, wie der Schneider seine künstliche Naht anzubringen pflege, wenn ihm durch ein Unglück in ein ganzes Stück Tuch irgendwo ein Riß kommt."[2] Fifty years after the book's first appearance, Goethe invited Eckermann to guess which part "nicht Stich zu halten scheint," and then responded, "Ob Napoleon dieselbe Stelle gemeint hat oder eine andere, halte ich für gut, nicht zu verrathen" (657f.). He did, however, suggest that Karl Ernst Schubarth's review of the novel was "auf dem besten Wege, es selbst zu finden," when it located Werther's problem in the contrast between "Mensch" and "Natur." The review concludes: "Denn freilich gibt es kein unmittelbares Verhältniss des Menschen zur Natur, zu dem lebendig thätigen, schaffend waltenden All. Nur mittelbar, durch die mannichfaltigste Entwicklung seiner Kräfte, die mannichfaltigste Uebung und Anwendung derselben, gelangt der Mensch zu dem ihm einzig gemässen Verhältniss mit der Natur" (ibid.). Schubarth's definition of the problem seems to refer directly to Werther's famous letter of May 10, 1771:

> . . . Ich bin so glücklich, mein Bester, so ganz in dem Gefühl von ruhigem Dasein versunken, daß meine Kunst darunter leidet. Ich könnte jetzt nicht zeichnen, nicht einen Strich, und bin nie ein größerer Maler gewesen als in diesen Augenblicken. Wenn das liebe Tal um mich dampft, und die hohe Sonne an der Oberfläche der undurchdringlichen Finsternis meines Waldes ruht, und nur einzelne Strahlen sich in das innere Heiligtum stehlen, ich dann im hohen Grase am fallenden Bache liege, und näher an der Erde tausend mannigfaltige Gräschen mir merkwürdig werden; wenn ich das Wim-

meln der kleinen Welt zwischen Halmen, die unzähligen unergründlichen Gestalten der Würmchen, der Mückchen näher an meinem Herzen fühle, und fühle die Gegenwart des Allmächtigen, der uns nach seinem Bilde schuf, das Wehen des Allliebenden, der uns in ewiger Wonne schwebend trägt und erhält; mein Freund! wenn's dann um meine Augen dämmert, und die Welt um mich her und der Himmel ganz in meiner Seele ruhn wie die Gestalt einer Geliebten—dann sehne ich mich oft und denke: Ach könntest du das wieder ausdrücken, könntest du dem Papiere das einhauchen, was so voll, so warm in dir lebt, daß es würde der Spiegel deiner Seele, wie deine Seele ist der Spiegel des unendlichen Gottes!—Mein Freund—Aber ich gehe darüber zugrunde, ich erliege unter der Gewalt der Herrlichkeit dieser Erscheinungen.[3]

This perhaps best-known passage from *Werther* comes down to us as an exemplum for mystical communion with nature.[4] To most of its many commentators, the letter shows Werther at an early stage of his development, for better or worse still able to experience his wholeness and to find fulfilment in nature: "Daran will er sich regenerieren und jene Sensibilität zurückgewinnen, die ihn zu einem Teil des kleinen und großen Kosmos macht."[5] Though the letter reflects a dangerous extreme, and Werther is "overcome by theistic, erotico-mystic, almost pantheistic emotions,"[6] it nevertheless describes an "idyll"[7] that in the light of further developments appears positive. Werther's frustration at not recapturing his feelings artistically seems to most critics inconsequential: "So vor der Natur vergehen, das ist seine frühere Lieblingsvorstellung. Und er fühlt sich am wohlsten in einem solchen erfüllten Moment, wo er, den Künstler im Angesicht dampfender Morgennebel hinter sich lassend, sagen kann: Ich 'bin nie ein größerer Maler gewesen als in diesen Augenblicken' " (Blessin, 285); or it becomes at least relativized: "Werther's creative deficiency is of the secondary imagination alone. Here Goethe shows him willing and able to repeat the eternal act of creation within the finite mind. Only the recreative phase eludes him."[8]

"Hier wird nicht beschrieben, sondern erlebt," writes Storz,[9] but Werther's letter cannot be adequately understood simply as a naive experience of nature. Like the rest of the novel, it is a self-conscious structure that manipulates the linguistic expectations of its contemporary readers in a variety of ways.[10] First of all, as Trunz points out, we encounter here a passage "die rhythmisch so stark durchgeformt ist, daß sie sich von gewöhnlicher Prosa unterscheidet. Man könnte sie in Zeilen absetzen und das Schriftbild dadurch in das von freien Rhythmen umwandeln" (561). Secondly, the setting partakes of the well-established topos *locus amoenus*.[11] And finally, its carefully structured language, a "sustained, swelling and elaborately incapsulated protasis (actually there are eleven clauses, but the impression is of nine arranged in a group of three) followed by the dying fall of a far briefer apodosis,"[12] echoes not only Klopstock; "it derives from a long tradition going back to the patristic rhetoric of the fourth century, and in particular to Gregory of Nyssa."[13] In other words, this supposedly natural outpouring of Werther's feelings in fact foregrounds its art.

The letter achieves irony not only through rhetorical devices, but also through allusion. The passage quoted above includes, of course, a reference to artistic feeling: "Ich könnte jetzt nicht zeichnen, nicht einen Strich, und bin nie ein größerer Maler gewesen als in diesen Augenblicken." Recalling, as it does, Conti's discredited aesthetic theories in *Emilia Galotti*,[14] this neo-Platonic distinction between artistic impulse and mastery of form right away makes itself suspect. The passage then reaches its climax in Werther's desire for an unmediated poetic transmission that would imbue his paper directly with feeling; it couches this longing in terms redolent of Herder's *Über die neuere deutsche Litteratur* (1767/8): "Nun, armer Dichter! und du sollst deine Empfindungen aufs Blatt mahlen, sie durch einen Kanal schwarzen Safts hinströmen, du sollst schreiben, daß man es fühlt, und sollst dem wahren Ausdrucke der Empfindung entsagen; du sollst nicht dein Papier mit Thränen benetzen, daß die Tinte zerfließt, du sollst deine lebendige Seele in todte Buchstaben hinmalen.... "[15] Werther, by recalling Herder's well-known counter-argument, thus further embeds in contradiction his first assertion that art is separable from the medium of its accomplishment. Finally, we should not forget the ultimate irony, that Werther's lament is itself successful artistic expression (cf. Assling, 76).

All this takes place within a still larger context, for Werther draws on the idea of the Great Chain of Being, the traditional scale of creation that stretches from God down to the smallest form of existence. The eighth book of *Dichtung und Wahrheit* attests to Goethe's interest in this "Aurea Catena Homeri," but the concept so dominated his age that such evidence is unnecessary. "Next to the word 'Nature,' 'the Great Chain of Being' was the sacred phrase of the eighteenth century, playing a part somewhat analogous to that of the blessed word 'evolution' in the late nineteenth."[16] Writers of the time argued not about the existence of the chain, but about what conclusions were to be drawn from it. Almost axiomatic was Leibniz's principle, "Natura non facit saltus"—nature makes no "leaps," because the chain contains all imaginably compossible forms, with no "sterile and fallow places in which . . . something might have been produced" (Lovejoy, 182). Goethe, discoverer of the *os intermaxillare*, clearly found this concept appealing.

God's limitless fecundity guarantees an infinitude of substances. At the same time, "Es handelt sich dabei immer um Einzelglieder, die sich gleichen und berühren, aber sonst völlige individuelle Selbständigkeit haben. Die Kette ist also kein Band" (Zimmermann, 29). The Chain's continuity results instead from a system of analogues. "To use one of Leibniz's favorite metaphors, the substances of a possible world 'mirror' one another in their mutual accomodation" (Rescher, 17). This symbol of the mirror as a device through which to contemplate God has a rich history that extends back at least to *I Corinthians 13:12* and undergoes considerable embellishment in the Middle Ages by, among many others, Nicholas Cusanus, Vincent of Beauvais, and Marguerite of Navarre. Bonaventura's *Itinerarium Mentis in Deum* specifically ties the image to the Chain of Being.[17] Throughout, the metaphor does not suggest a repetition or reproduction of outward similarities; rather, it refers to a correspondence of internal structures. Substances "mirror" one another in so far as they represent, perceive, and express one another. *Imitatio dei*, especially for the eighteenth century, does not mean a shedding of human finitude, but a continuous contribution to the fullness of creation. If God was "insatiably creative" (Lovejoy, 296), then those who would imitate Him must become the Viceroys of Creation, joining in His great project. Their "high calling was to add something of [their] own to the creation, to enrich the sum of things, and thus, in [their] finite fashion, consciously to collaborate in the fulfilment of the Universal Design" (ibid.).

Each substance should reflect the whole of Creation in its own way. As Schiller writes, "Anders mahlt sich das Sonnenbild in den Thautropfen des Morgens, anders im majestätischen Spiegel des erdumgürtenden Ozeans! Schande aber dem trüben wolkigten Sumpfe, der es niemals empfängt und niemals zurükgiebt. Millionen Gewächse trinken von den vier Elementen der Natur . . . ; aber sie mischen ihren Saft millionfach anders, geben ihn millionenfach anders wieder; die schöne Mannichfaltigkeit verkündigt einen reichen Herrn dieses Hauses."[18] The human species, which simultaneously occupies the highest material and the lowest spiritual point on the Scale, is uniquely capable of transcending itself and thus is entrusted with a special task: to "mirror" God through art, which Coleridge calls "a dim analogue to creation" and Dante labels the "grandchild of God." "The very Poet makes like God . . . because he can expresse the true and lively of everything [that] is set before him, and which he taketh in hand to describe. . . . "[19]

The general notion that *homo faber* contributes to Creation by making "the typical essential" goes back to Ancient Greece (Nahm, 365), but the *Sturm und Drang* clearly finds special appeal in the idea that uniquely individual artistic accomplishment conforms to the divine imperative. It is at just this point, however, that Werther founders. He asserts his position in the Great Chain of Being and his role of artist and then, in the same breath, undercuts the legitimacy of his claim. If Werther's soul mirrors God, then it does so solely in the sense that it perceives Creation. The traditional mirror, however, does more than absorb; it also reflects, re-creates. This essential function is lacking here. Werther is perhaps not Schiller's "trüber Sumpf," but neither does he shine forth. Thus his lament's switch from the conditional to the indicative mood is illogical: *could* he breathe life into the paper (as God breathed life into clay), it *would* become the mirror of his soul, just as his soul *is* the mirror of God. He says in effect, "Like God, I am creative—if only I could create!"

When Werther threatens to succumb to the "Gewalt der Herrlichkeit dieser Erscheinungen," we might at first be tempted to see him as another Semele, overwhelmed by divine splendor. But following, as it does, his longing to put forth artistically that which he has taken in, the statement suggests that Werther's "*Leiden*" refer not only to "suffering," but also, in the word's common eighteenth-century meaning, to "passivity."[20] The even more despairing letter of August 18 strengthens this inference. Forming a structural parallel to May 10, it evokes a similar setting and then ends, "ich sehe nichts als ein ewig verschlingendes, ewig wiederkäuendes Ungeheuer" (53). Whereas the earlier letter describes a kind of paralysis, the later one adopts the image of rumination to describe a condition of completely blocked expression. Perhaps Goethe's poem "Nicolai auf Werther's Grabe" (1775) is not wholly in jest:

> Ein junger Mann—ich weiss nicht wie—
> Verstarb an der Hypochondrie,
> Und ward dann auch begraben.
> Da kam ein schöner Geist herbei,
> Der hatte seinen Stuhlgang frei,

Wie ihn so Leute haben.
Der setzt sich nieder auf das Grab
Und legt sein reinlich Häuflein ab,
Schaut mit Behagen seinen Dreck,
Geht wohl erathmend wieder weg,
Und spricht zu sich bedächtlich:
"Der gute Mensch, er dauert mich,
"Wie hat er sich verdorben!
"Hätt' er ge—so wie ich,
"Er wäre nicht gestorben!" (Gräf, 526)

This parody, which gives new meaning to the term "writer's block," also makes a serious point about the one-sided nature of Werther's inwardness.

Goethe's mirror image, then, recalls a specific philosophical and literary tradition defining the human relationship with God, while simultaneously suggesting its inappropriateness for Werther. But its function as ironic device extends even further.

From the very first sentence—"Wie froh bin ich, daß ich weg bin!"—the novel depicts an ever-varying tension between its hero and where he situates his "true" identity. Werther locates his *Ich* in places (e.g. Wahlheim), in figures he meets (such as the *Bauern-bursch*), in characters from a variety of other literary works, in childhood, in the role of tragic lover, in glorified subjective feeling (including the heart that he treats like a sick child), and, toward the end, in a confused amalgamation that includes the Prodigal Son and Jesus Christ. Each identification begins with an elation born of fresh discovery—*this* is the real me—and ends, when its inadequacy becomes apparent, with ominous despair before yielding to the next projected identity. Werther himself remains caught up in the cycle of euphoria and disappointment, but even in the first blush of his enthusiasm, the reader discovers anomalies that imply the unsuitability of his choice.

The problem is not that Werther keeps making wrong guesses, but that he seeks his identity at all in projections. Jacques Lacan's concept of the "mirror phase" of human development provides a useful model for examining this process.[21] Up to the time when an infant becomes conscious of its separateness from the mother, its total experience encompasses only "a quasi-symbiotic tie that prolongs psychologically the physical symbiosis in the womb, in terms of which the mother is the infant's All" (Muller and Richardson, 21). The loss of this state is catastrophic; aware not of itself as an entity, but only of its own turbulence, isolation, and fragmentation, the infant can merely yearn for "the lost paradise of complete fusion with its All" (ibid., 22). Then, however, a new and decisive phase of development begins when it encounters some sort of reflection, for which Lacan uses the paradigm of the mirror. The infant experiences its own unity for the first time by identifying with this image. It invests its self-reflection with a permanence and form that it itself lacks; in short, it projects its own identity into a self-image upon which all future development will necessarily be predicated.

This mirroring carries with it two implications. By locating its *Ich*, together with its ideal unity, in a fiction that is separate and alienated from itself, the infant renders its ultimate goal, a reunion with the All, unattainable. In Lacan's terms, "Objectification of oneself in an image results in alienation of one's desire."[22] Second, having initially experienced itself in an external image, the infant will continue to confuse this image of itself with the other images it encounters. "This confusion leads to a misidentification of itself with the other and has far-reaching effects, not only on relationships with others, but on knowledge of external things as well" (Muller and Richardson, 31f.).

The power of Lacan's "mirror phase" to describe Werther's narcissism should be clear. We see in it a model for Werther's alienation from, and hence obsession with, his own being and for his repeated, passionate self-definitions, which always prove inadequate. The novel's irony derives precisely from this *manque à être* (ibid., 22). In seeking in the mirror metaphor his identity as artist and creature in God's world, Werther employs a device fraught with ambiguity. "The mirror image appears to affirm the self by constating its existence, yet it displaces the self to a location where it is not; it replaces the other by the self, in other words, but puts the self into a relation to itself that formally reproduces that of self to other."[23]

The letter of May 10, then, becomes paradigmatic for the whole novel. It offers linguistic structures that on the one hand portray Werther's inwardness while at the same time asserting the impossibility of such a portrayal. This idea is not strange to Goethe's time; we find it already in Pascal: "Ce qui y paraît ne marque ni une exclusion totale, ni une présence manifeste de divinité, mais la présence d'un Dieu qui se cache."[24] What *is* new, something we associate with the twentieth century, is the sovereignty of the symbol. "These devices of inclusion and exclusion simultaneously represent having and not having, knowing and yet not knowing, recovery and the impossibility of recovery . . . . They involve supplementing the original dualism by a third term, the device itself" (Martens, 141). Werther's letter, then, depicts the rise and fall of his cosmic feeling; at the same time, the language he employs, including the contradictory mirror symbol, becomes itself an example of that feeling's inexpressibility. Like the veil on the "Bild zu Sais," which hides Truth while at the same time marking its location, the novel's linguistic structures themselves, rather than that which they claim to express, constitute the only possible object of human contemplation. Or, to return to Goethe's simile of the torn cloth, the novel's art is to be found not in the whole garment, but in the stitching that both mends and reveals the rent in the fabric.

Dartmouth College

1 Cf. my article "Emilia Galotti lag auf dem Pult aufgeschlagen: Werther as (Mis)Reader," *Goethe Yearbook*, 1 (1982), 42–50, and the references therein. —2 Hans Gerhard Gräf, *Goethe über seine Dichtungen* (Frankfurt/M 1902), 2, pp. 650f. As to where Napoleon actually did locate the "Riß," cf. p. 580.—3 *Goethes Werke* VI, ed. Erich Trunz (Hamburg 1960), p. 9.—4 E.g., August Langen, "Verbale Dynamik in der dichterischen Landschaftsschilderung des 18. Jahrhunderts," *Zeitschrift für deutsche Philologie*, 70 (1947/8), 308, who refers simply to "das Allgefühl der Geniezeit (Wertherbrief vom 10. Mai)." Writers such as Büchner need make only oblique references to the letter to conjure up this feeling for their own purposes: cf. Erwin Kobel, *Georg Büchner, Das dichterische Werk* (Berlin 1974), p. 246, and Dennis F. Mahoney, "The Sufferings of Young Lenz: The Function of Parody in Büchner's Lenz," *Monatshefte*, 76 (1984), 396–408.—5 Stefan Blessin, *Die Romane Goethes* (Königstein 1979), p. 285.—6 Stuart Atkins, "J. C. Lavater and Goethe: Problems of Psychology and Theology in *Die Leiden des jungen Werther*," *PMLA*, 53 (1948), 553f. Compare here Melville's warnings in *Moby Dick*, especially in the "Mast-head" chapter, about the dangers of this kind of "pastoralism."—7 Erika Nolan, "Goethes 'Die Leiden des jungen Werther'. Absicht und Methode," *Jahrbuch der deutschen Schillergesellschaft*, 28 (1984), 204.—8 Clark S. Muenzer, *Figures of Identity. Goethe's Novels and the Enigmatic Self* (University Park 1984), p. 14. —9 Gerhard Storz, *Goethe-Vigilien* (Stuttgart 1953), pp. 31f. Cf. also Peter Müller, *Der junge Goethe im zeitgenössischen Urteil* (Berlin 1969), pp. 169f.; Emil Staiger, *Goethe*, I (Zurich 1952), pp. 154f.; Karl Otto Conrady, *Goethe. Leben und Werk*, I (Königstein 1982), p. 221. Compare Heinz Schlaffer, "Exoterik und Esoterik in Goethes Romanen," *Goethe Jahrbuch*, 95 (1978), 215, and Reinhard Assling, *Werthers Leiden. Die ästhetische Rebellion der Innerlichkeit* (Frankfurt/M 1981), pp. 76ff. —10 Cf. Victor Lange, "Die Sprache als Erzählform in Goethes "Werther,' " *Formenwandel. Festschrift zum 65. Geburtstag von Paul Böckmann*, ed. Walter Müller-Seidel and Wolfgang Preisendanz (Hamburg 1964), pp. 261–72.—11 Cf. Eberhard Mannack, *Raumdarstellung und Realitätsbezug in Goethes epischer Dichtung* (Frankfurt/M 1972), pp. 25ff.—12 E. M. Wilkinson and L. A. Willoughby, "The Blind Man and the Poet," *Studies Presented to W. H. Bruford* (London 1962), p. 50. —13 Hans Reiss, *Goethe's Novels* (London 1969), p. 33; cf. also Eric A. Blackall, *The Emergence of German as a Literary Language. 1700–1775*, 2nd ed. (Ithaca 1978),

p. 512; and Peter Pütz, "Werthers Leiden an der Literatur," *Goethe's Narrative Fiction. The Irvine Goethe Symposium*, ed. William J. Lillyman, (Berlin 1983), pp. 65–68.—**14** Wilkinson and Willoughby, p. 51, and Reinhardt Meyer-Kalkus, "Werthers Krankheit zum Tode. Pathologie und Familie in der Empfindsamkeit," *Urszenen. Literaturwissenschaft als Diskursanalyse und Diskurskritik*, ed. Friedrich A. Kittler and Horst Turk, (Frankfurt/M 1977), p. 91.—**15** *Sämtliche Werke*, ed. Bernhard Suphan (Berlin 1877–1913), I, p. 395. Several critics, e.g., Conrady (p. 221), associate the rhetorical devices of the letter of May 10 with Herder's critique in this same work of "die gewöhnliche Homiletische Schlachtordnung" (p. 507). —**16** Arthur O. Lovejoy, *The Great Chain of Being. A Study in the History of an Idea* (Cambridge 1957), p. 184. The following discussion derives primarily from Lovejoy, but also from Will-Erich Peuckert, *Pansophie. Ein Versuch zur Geschichte der weißen und schwarzen Magie* (Berlin 1956), pp. 2f.; Nicholas Rescher, *Leibniz. An Introduction to his Philosophy* (Totowa 1979); and Rolf Christian Zimmermann, *Das Weltbild des jungen Goethe. Studien zur hermetischen Tradition des deutschen 18. Jahrhunderts* (Munich 1969), I—**17** I am grateful to Prof. Charles Stinson of Dartmouth College for providing me with specific references.—**18** Friedrich Schiller, *Philosophische Briefe*, *Werke*, Nationalausgabe, 20, ed. Helmut Koopmann and Benno von Wiese (Weimar 1962), p. 129. 19 George Puttenham, *The Arte of English Poesie*, quoted in Milton C. Nahm, "The Theological Background of the Theory of the Artist as Creator," *Journal of the History of Ideas*, 8 (1947), 363–72 (here, 371f.).—**20** In describing the relations between monads, Leibniz's *Monadologie* (§ 49) states: "A created thing is said to *act* outwardly in so far as it has perfection, and to *suffer* [or be *passive, pâtir*] in relation to one another, in so far as it is imperfect." *The Monadology and other Philosophical Writings*, trans. Robert Latta, (London 1925), p. 245.—**21** For a concise summary of Lacan, cf. John P. Muller and William J. Richardson, *Lacan and Language: A Reader's Guide to Écrits* (New York 1982).—**22** Jacques Lacan, *Écrits: A Selection* (New York 1977), p. 45. —**23** Lorna Martens, "Mirrors and Mirroring: 'Fort/da' Devices in Texts by Rilke, Hofmannsthal, and Kafka," *DVJS*, 58 (1984), 142. See also Irmgard W. Hobson, "Goethe's *Iphigenie*: A Lacanian Reading," *Goethe Yearbook*, 2 (1984), 51–67; and in the same issue, Brigitte Peucker, "Goethe's Mirror of Art: The Case of 'Auf dem See,'" pp. 43–49. While Goethe used the mirror metaphor sparingly in *Werther*, the title page of the original edition suggests its importance by showing Oeser's drawing of a candle before a mirror.—**24** *OEuvres*, ed. Brunschvicg, (Paris 1904), XII-XIV, p. 556; quoted by Kobel, p. 224. Compare *Faust II*, lines 9945–9953. Cf. also Neil M. Flax, "The Presence of the Sign in Goethe's *Faust*," *PMLA*, 98 (1983), 183–203.

Rabener's Satiric Apologies

Erhard Friedrichsmeyer

Gottlieb Wilhelm Rabener's (1714–71) place in the annals of German letters is small, but secure. He was a member of an influential group of literati, the "Bremer Beiträger," and a popular and prestigious satirist. Goethe approved of him,[1] and his contemporaries called him the "German Swift," no less.[2] As a satirist, Rabener commanded an expansive range of theme and a straightforwardness of style that make him readable even today in at least a few of his texts.

As for the comparison to Swift, Rabener himself did nothing to propagate it. In fact, he saw fit to distance himself from his Irish counterpart, not so much from modesty, as one might suspect, but because he disapproved of the personal satire to which Swift was so often given.[3] Rabener's reservations about Swift are of some interest here, for they help define his place in literary history. Few, if any, satirists have agonized as extensively as did Rabener about the nature and limits of their craft, and Swift, in Rabener's view, exceeded these limits.

Rabener argued these issues in two essays which he included in all editions of his satires, and they are the proverbial, if not obligatory apology of the satiric practitioner responding to real or imaginary critics. Satirists, it has been said over and over again, are a malevolent lot, their self-proclaimed alignment with virtue but a shield from behind which they poke their poisoned lances with impunity. Especially suspect are satirists of a Christian persuasion. They arrogate judgment to themselves, so the argument goes, where perhaps only God may judge; mocking and ridiculing others in the name of high principle, they clearly violate the highest principle of all, Christ's command to love.

Guided by Enlightenment values and perspectives, Rabener's apologetic argumentation in "Sendschreiben von der Zulässigkeit der Satire" (1742) and "Von dem Mißbrauch der Satire" (1751) is thoroughly conventional. He casts the readers in the role of sympathetic friends and lovers of reason. Mockery for him is not an infraction of Christ's command to love—he does not even allude to that difficulty—but a valid satiric mechanism grounded in reason. It does wonders, he feels, coming from the mouths of rational individuals, in propelling the culprit towards virtue (I, 218). God, Rabener believes with his day, is a rational deity, the source of worldly wisdom and thus of the satirist's calling. The satirist's laughter, then, is but an "unschuldiges Vergnügen" (I, 220).

None of these points is especially noteworthy. They were stock in trade in the eighteenth century. What is remarkable in Rabener's apologias is the extraordinary length to which he goes to argue two key issues. First, he advocates exempting the powerful from attack, both individually and as a group. Second, he pleads for general satire, a satire that refrains from attacking and mocking individuals. These two concerns, related in so far as both involve the satirist's self-protection from recrimination, constitute the bulk of the two apologetic essays, and they clearly reflect Rabener's most pressing problems as a satirist. An attack against the mighty would have had disastrous consequences for him, civil servant that he was. After all, the fate of his fellow satirist Liscow, whose frankness to his employer, Count Brühl, had landed him in jail, was dramatic evidence of the need for caution.[4] Pleading for non-personal satire is understandably stressed by Rabener not only for self-protection, but because it establishes the satirist as a human being of good will who only hates the vice, but not the sinner (I, 223). Though general satire has its advantages, Swift and other English satirists since the sixteenth century had realized that it makes for dull reading. O.J. Campbell writes: "Imitators of Latin literature that they were, [English satirists] found indirect and weak the early English way of classifying individuals for censure according to type and social function. They preferred to follow their classical models in presenting sin and folly as traits of clearly conceived individuals."[5]

Rabener knows the merit of satiric personalization, but he wishes it restricted to the mind of the satirist: "Dennoch aber halte ich auch diejenigen nicht für strafbar, welche ihre Gedanken bei der Verfertigung der Satire auf eine gewisse Person richten. Meine Begriffe, meine Ausdrücke, meine ganze Arbeit wird viel lebhafter sein, wenn ich ein Urbild vor mir sehe" (I, 223). Clearly Rabener knows what good satire demands. In opting against it, he gives us one reason why his epithet of the "German Swift" was off the mark. Another is his unwillingness to attack those who might harm him. Although he masks his position as prudence, his argument is in truth a dialectic of temerity rejected and timidity affirmed. His timidity, though understandable in view of the profound difficulties under which he wrote, has nonetheless rankled the critics. Time and again, they make pointed, if euphemistic, reference to his lack of courage. Franz Muncker writes, ". . . als Schriftsteller aber hielt [Rabener] sich schüchtern und rücksichtsvoll in denselben engen Schranken wie sein zaghaft-ängstlicher Freund [Gellert]." Werner Kohlschmidt adds a note of comparison: "Rabeners sich selbst beschränkende bürgerliche Harmlosigkeit, die das Risiko meidet, sichert Liscow das höhere Niveau." For Josef Schneider he "duckt sich ängstlich vor den strengen Behörden." Klaus Lazarowicz is least guarded, accusing Rabener of a "Mangel an Zivilcourage."[6]

Harsh though these assessments are, they seem justified. Despite all the hazards the truth entailed in Rabener's day, others, such as Liscow and not much later, Lessing, were bold enough to speak it. If we expect anyone to show courage in the face of adversity, it is the satirist. There is perhaps in all devotees of satire an echo of what the satirist once was, at least in Celtic regions: a real life combatant who shared the field with those who bore arms and who was able to bring down his foe, amazingly enough, by virtue of his deft curses.[7] In Rabener, too, there must have been a sense of the satirist as fighter in terms of attack or defiance, as hero or martyr. He protests far too much for prudence and, furthermore, was quite capable of venting his spleen on the mighty in private. In a letter to Gellert, he even committed some sardonic criticism of Frederick the Great to paper (IV, 380–81; 383–84).

If Rabener rarely had a stomach for venom, he is consistent with his claims that the satirist's primary motivation be "allgemeine Menschenliebe" (I, 62). The notion of love for humanity is a favorite defense among satirists; there is nothing unusual in Rabener's insistence upon it. What sets him apart from other satirists are formulations such as these: "Nach der Religion muß [dem Satiriker] der Thron des Fürsten, und das Ansehen der Obern das Heiligste sein. Die Religion und den Fürsten zu beleidigen, ist ihm der schrecklichste Gedanke" (I, 63), and "Ist es nicht ein unehrlicher Hochmuth, daß [die Satiriker] in ihrem finstern Winkel schärfer zu sehen glauben, als diejenigen, welche den Zusammenhang des Ganzen vor Augen haben. . . . Sie haben selbst noch nicht gelernt, gute Unterthanen zu sein" (I, 68).

One wonders why Rabener felt moved to such excess, belittling

in the process the satirist whom he had earlier praised as the em-
bodiment of reason. Certainly his satiric practice was not bold
enough to have required a theoretical denial. Rather, one might
speculate, he wrote from a bad conscience. His time and position
had made him somewhat of a coward, and he sensed it. Nothing is
more understandable than that he wished to generate an argument
to bolster his self-esteem. There is clear evidence that he would
have preferred a more daring satire. He laments, in a different context, that satire is repressed in Germany, whereas in England no
vice is so aristocratic that it need not fear satire: "In Deutschland
mag ich es nicht wagen, einem Dorfschulmeister diejenigen Wahrheiten zu sagen, die in London ein Lord-Erzbischoff anhören, und
schweigen, oder sich bessern muß."[8] Here Rabener reveals the in-
clinations of a true satirist, which dictate that all vice, wherever it
may be, needs censure and, furthermore, that all human beings are
suitable objects for laughter. Wyndham Lewis has stated the satirist's duty *in extremis*: ". . . even the most virtuous and well-pro-
portioned of men is only a shadow, after all, of some perfection . . .
and hence an 'ugly' sort. And as to *laughter*, if you allow it in one
place, you must . . . allow it in another . . . *everyone* should be
laughed at or else *no one* should be laughed at."[9]

What makes Rabener's apologia so problematic is his full awareness of the issues: "Gleichwie aber [die Wahrheit] keine Vorstellung, noch einiges Ansehen der Person leidet: also könnte es auch
scheinen, daß die Satire keines Menschen schonen dürfe. . . . Ich
bin aber ganz anderer Meinung. So verhaßt mir die Lüge ist, so
unbesonnen scheint es zu sein, wenn ich allemal die Wahrheit
reden wollte" (I, 224). Rabener argues here for caution in the interest of survival, and survival takes precedence over truth: "Die
Pflichten gegen uns sind stärker, als die Pflichten, welche wir Andern schuldig sind; und der Schade, welchen wir durch eine
unüberlegte Freymüthigkeit uns selbst augenscheinlich zuziehen,
ist wichtiger, als der ungewisse Nutzen, den wir durch eine unbe-
dachtsame Satire zu schaffen suchen. . . . Es gibt Personen, welche
ihre Gewalt gefährlich und ihr Stand ehrwürdig macht, welche wir
als Gönner und Beförderer verehren müssen" (I, 225). To mitigate
his position, Rabener weighs it against the sin of arrogance. What
moves the satirist, he postulates, may derive from impure motives,
capriciousness, or the desire for fame. Again, the satirist whom
Rabener also portrays as grounded in reason is here, when the
argument demands it, a human being subject to folly: "Wie unvermerkt kann man sich selbst betrügen" (I, 225).

Self-deception, not as arrogance, but as subterfuge, is a key to
Rabener's theoretical apologias. They are involuntary self-indict-
ments, even if we acknowledge that he wrote in repressive times.
Although the position he takes as satirist in his theoretical de-
fenses is reflected in his satiric craft, I wish to argue that his theory
and his practice fortunately do not entirely correspond. Against
Rabener's apologias of self-justification stands a satiric piece of
voluntary self-indictment, an apologia of explanation, his "Lebens-
lauf eines Märtyrers der Wahrheit" (1742).

It takes little speculation to identify the martyr as a self-portrait
of Rabener. He, like his author, is a satirist. Schneider calls the
martyr's confessions autobiographical; Lazarowicz assumes them
to be an "in eigener Sache geschriebene Schutzschrift."[10] Again,
Rabener follows a tradition: self-satire—and the martyr's revela-
tions are that rather than a "Schutzschrift"—is the most convincing form of apology. In Rabener's case self-satire is also a very
open form, for he does not even present his calling in the guise of
some other profession. Nonetheless, the martyr is a literary, a fictional, figure, a persona distinct from the satirist. Perhaps because
the martyr figure is art, there is more self-revelation than when Rabener speaks about himself directly. The martyr is not vaguely
drawn, no cipher he as so many of Rabener's figures. There is
believable pathos in his voice. He is, to requote Campbell, the
"clearly conceived individual" required of good satire.

As are the essays, "Märtyrer der Wahrheit" is centrally concerned with how far criticism, that is, truthtelling, may go.
Whereas Rabener laboriously advocates caution in the two essays,
the martyr of truth accepts no limits. He exposes vice and folly no
matter what the consequences, which in his case prove disastrous.
He is abused, beaten, driven out of work and home. Looking back,
he observes, as if posthumously: "Ich bin elend, nackt und bloß,
ohne Freunde, in der äußersten Verachtung, jedoch zu meiner Beruhigung, als ein Märtyrer der Wahrheit . . . gestorben, und hat mich
gleich die ganze Welt verabscheut, so bin ich doch mit mir selbst
zufrieden gewesen" (I, 215).

This the martyr's final statement reveals an important balance.
On one hand there is loss, his life is in ruins; on the other there is
gain, for he dies at peace with himself. But one must ask: can he be
justified in registering a plus? Is he indeed a martyr as he claims?
Or is he a laughable fanatic and a misanthrope? Is he motivated by
love for humankind as the true satirist or by self-love? Though the
martyr does not insist on his love for others, there is no evidence

that he is a misanthrope. He gets along well, he does have friends
until that crucial moment when the truth must be served. By constitution, he is not a crank, but a truthteller, although he does not
take much credit for it, admitting that he cannot help himself. He
tries hard to bite his tongue when he feels a bout of truthtelling
coming on, but to no avail; the truth must out and thus he takes
another step on the path to loneliness and public derision. Granted
there is in him what might strike us at first glance as the folly of
excess. But excess in the pursuit of virtue does not make a fool if
there is also an excess of suffering. One simply cannot withhold
sympathy for the martyr. Rabener gives him an integrity of suffering that on balance makes his martyrdom genuine. Thus the martyr's confession is not to be read by means of simple ironic inversion, as so many of Rabener's texts. We cannot read it against the
grain, as if the martyr were a fool. There is simply nothing to laugh
at in the martyr's fate. He is much more the victim than the
victimizer. Rabener's satiric practice, then, here contradicts his
essays. In the martyr as the man he might have been or ought to
be, Rabener extols temerity and indicts his own timidity.

The end of the martyr's confession is not the end of the text.
Another voice, the fictitious editor's, continues:

> Der Lebenslauf dieses sogenannten Märtyrers der Wahrheit hat
> mir merkwürdig zu sein geschienen. Er ist wirklich . . . in seiner
> Wohnung todt gefunden worden, wo man vermuthet, daß er vor
> Frost und Hunger gestorben sei. . . . und ich glaube, daß sein
> betrübtes Beispiel allen denen zur nachdrücklichen Warnung dienen
> kann, welche sich einbilden, es sei ein großmüthiger Eifer für die
> Wahrheit, wenn sie, ohne Ansehen der Person, ohne Freunde und
> Vorgesetzte zu schonen, dasjenige mit einer unverschämten Stirn
> Andern unter die Augen sagen, was ihnen oftmals Eigenliebe, Hoch-
> muth, Undank und Unvernunft in den Mund legen. (I, 215–16)

This is the perspective we know from Rabener's theoretical
apologies and on the surface it tells us to reject the martyr's
confession as that of a deluded crank. But we cannot recognize
the editor's as the same voice that spoke these perspectives in the
essays. Here it appears in the context of fiction and its truth is
determined by the structure of that fiction. Fortunately, we do
not have to accept the voice of the pompous moralist-editor as
that of Rabener, the essayist. It is therefore the postscript that
needs reading in terms of ironic inversion. Its smugness invites us

to do so, and the word "oftmals" in the last sentence quoted initiates the process. Though some of the truthtelling of the martyr may indeed stem from impure motives, it certainly is not all rooted in self-love or unreason. These motives simply cannot be read out of the dead man's confession. When the editor labels the truthteller a "sogenannten Märtyrer der Wahrheit" he betrays his insensitivity to the genuine pathos of the martyr's voice. His conjecturing about the dead man's motives puts the editor in the wrong, as the cruel treatment the martyr receives puts him in the right. The only perspective which would allow us to read Rabener's text in the fashion the commentator suggests is the assumption that the martyr of truth was in fact a monumental liar who imagined his sufferings. But not even the editor accuses him of lying. Thus Rabener as a satirist, it seems, puts the editor in the wrong, not only in relation to the martyr but to the world as well. The postscript, then, is the focus for Rabener's self-satire, the martyr's confession its preamble in which by double irony the satirist reflects his true position.

Strangely enough, this satire, probably the best Rabener wrote, has fared poorly at the hands of at least two of its critics. Both Jörg Schönert and Lazarowicz misread it, I believe, owing to their general antipathy to Rabener. Schönert identifies the moralist-editor's voice with that of Rabener, feeling that the confession is to be read by means of simple ironic inversion.[11] Schönert, then, sees no difference between the satirist's stance in "Märtyrer der Wahrheit" and Rabener's in the essays. Lazarowicz, in contrast, does register the pathos of the martyr's voice and consequently takes his side. Also identifying the editor's voice with that of Rabener and failing to notice the ironic interplay between the confession and the commentary, he damns Rabener: ". . . indem Rabener nämlich gegen seinen 'Helden' Partei ergreift, wird er zum Bundesgenossen der Heuchelei, der Lüge und der Brutalität."[12]

Lazarowicz' assessment would indeed be inescapable were "Märtyrer der Wahrheit" written according to Rabener's usual formula of simple ironic inversion. But it is not. In this satiric piece not the man's timidity but rather the artist's integrity carries the day. If Rabener found it impossible to let the truth about the powerful be known, he at least revealed it about himself. To his credit, he did so not only under the veil of literature, but openly, as well, in a letter to Cramer: "Ein Märtyrer der Wahrheit mag ich nicht werden. . . . Ich muß die besten Themata fahren lassen. . . . Es möchten es Exzellenzen ungnädig vermerken" (II, 278).

Perhaps the fairest attitude one can assume today towards Rabener is a mixture of sympathy and regret. A satirist of considerable gifts, he knew what was expected of him, and as the very laboriousness of his apologetic essays seems to indicate, was anything but at peace with his lack of courage. We cannot fault the man for not risking his livelihood for his craft, but had he been willing to do so, the canon of German satire might be richer, and Rabener might have indeed come closer to meriting his epithet of the "German Swift." "Märtyrer der Wahrheit" makes this a reasonable, perhaps even likely, assumption.

University of Cincinnati

1 Johann Wolfgang v. Goethe, "Dichtung und Wahrheit," in *Goethes Werke*, Hamburger Ausgabe, 14 vols. (Hamburg 1955), IX, 260–61.—2 Franz Muncker, *Bremer Beiträger. Zweiter Teil: Rabener, Cramer, Schlegel, Zachariä*, ed. Franz Muncker, Deutsche National-Litteratur. (Berlin n.d.), XIV, 8.—3 Gottlieb Wilhelm Rabener, *Sämtliche Werke*, ed. Ernst Ortlepp (Stuttgart 1839), I, 83; subsequent references will be given parenthetically in the text by volume number and page.—4 See Muncker, p. 11.—5 O. J. Campbell, "The Elizabethan Satyr-Satirist and His Satire," *Satire: Modern Essays in Criticism*, ed. Ronald Paulson (Englewood Cliffs 1971), p. 100.—6 Muncker, p. 1; Werner Kohlschmidt, *Geschichte der deutschen Literatur vom Barock bis zur Klassik* (Stuttgart 1965), pp. 276–77; Josef Schneider, *Die deutsche Dichtung der Aufklärungszeit*, 2nd ed. (Stuttgart 1948), p. 179; Klaus Lazarowicz, *Verkehrte Welt. Vorstudien zu einer Geschichte der deutschen Satire* (Tübingen 1963), p. 113. In fairness it must be added that the opposite view of Rabener exists as well, but to my knowledge only in a singular example. Ernst Ortlepp says in a biographical preface to his edition of Rabener's works: "Weder Person noch Stand hielten ihn zurück, die Wahrheit zu sagen" (I, 44).—7 Robert C. Elliott, *The Power of Satire: Magic, Ritual, Art* (Princeton 1960), p. 19.—8 Gottlieb Wilhelm Rabener, *Satiren*, 2 vols. (Leipzig 1761), II, Part 4, p. 5 of "Vorbericht." Rabener's approval of conditions for personal satire in England stands in apparent contradiction to his criticism of Swift quoted earlier, shedding further light on the dilemma of a Rabener who could not bring himself to give free reign to his satiric instincts.—9 Wyndham Lewis, "The Greatest Satire is Nonmoral," *Satire: Modern Essays in Criticism*, p. 71.—10 Schneider, p. 180; Lazarowicz, p. 102. 11 Jörg Schönert, *Roman und Satire im 18. Jahrhundert. Ein Beitrag zur Poetik* (Stuttgart 1969), p. 151.—12 Lazarowicz, p. 103. Reading Rabener in terms of simple ironic inversion has a long tradition. Goethe, e.g., criticized him for employing it too often. If Goethean judgment has influenced subsequent critics here as elsewhere, e.g., in the case of Bürger, it must be pointed out that Goethe in no way claimed that Rabener was restricted to this form of irony. Goethe, p. 261.

Lessing and Sorge: The Spartacus-Fragments

Edward P. Harris

In 1910 the eighteen-year old schoolboy Reinhard Sorge came across the fragmentary outline of a drama dealing with the rebel leader Spartacus in the literary legacy of Gotthold Ephraim Lessing. He assigned himself the task of converting Lessing's fragment to a three-act drama of his own. Unfortunately, this "Ergänzung des Lessingschen Fragments" remained of itself a fragment, covering 63 pages in the ill-fated poet's notebooks.[1]

The idea of "completing" Lessing's fragments was by no means unique: the epigone August Gottlieb Meißner manufactured his Spartacus-drama "nach Lessings Ideen."[2] That a young writer such as Sorge might practice his craft by effectuation is certainly understandable but there is an interesting sidelight here. Reinhard Sorge authored a play which may be reasonably considered the quintessence of Expressionism: clearly indicative of the Strindbergian and Nietzschean influences, *Der Bettler* not only initiated full-fledged German Expressionistic drama, but is the prime example of the musical-symphonic structure of the genre and exemplifies the imaginative use of modern stage techniques.[3] Sorge's attempt at completing Lessing's fragment occurs one year before the composition of *Der Bettler* and one year after he had met Ernst Hardt, who brought him under the full impact of the Neo-Romantics. Lessing's name is so seldom found in discussions of either literary movement that evidence of a serious encounter with his influence at this particular juncture of literary history deserves closer scrutiny, the more so here, since Sorge's revisitation of the "Spartacus"-fragment is clearly the outgrowth of a genuine attempt to understand the eighteenth-century writer's perspective.

Reinhard Sorge "discovered" Lessing through the required readings of the classical German authors at the Gymnasium in Jena. At the end of January 1910 he informed his friend Arnold Bork that he was reading *Laokoon* and the *Hamburgische Dramaturgie*. He intensified his work with Lessing by a careful reading of Erich

Schmidt's Lessing-biography. Since Schmidt was the first Lessing-commentator to deal with the "Spartacus"-fragment and since his analysis quite likely influenced Sorge's version, it will be helpful to quote the relevant passages here: "Lessings 'antityrannische' Tragödie war als demokratisches Humanitätsbekenntnis gedacht. Er wollte in Crassus einen schändlichen Geizhals, der mit Sklaven wuchert, darstellen. Gegen solche Machthaber richtet sich die Empörung; ein Dichter neuerer Zeit würde sie sozialistisch fassen. . . ." Of the title figure, Schmidt writes: "Ein der Hefe des Volkes, den Parias der Gesellschaft entstiegener, edler, einfacher Kämpfer für Menschenrechte, ein Verächter der Tyrannei, der Kasten, der aufgeblasenen Schulweisheit—welch eine Figur für die in Rousseau und Plutarch schwelgende Jugend!"[4] It is quite likely that these incisive remarks spurred Sorge's interest in this specific fragment.

In studying the meager notes discovered and published by Lessing's brother Karl in the "Theatralischer Nachlaß" of 1786 and reprinted in the third volume of the Lachmann/Muncker edition (1887)[5] Sorge found only the rough outline of a tragedy dealing with the historical figure Spartacus, the Thracian slave who escaped from the gladiators' school at Capua and gathered runaways about him to launch the last and most important of the Servile Wars. Crassus and Pompey put down the revolt in a battle at Lucania in 71 BC, after which some 6,000 captured slaves were crucified.[6]

Lessing was politically preoccupied when he first conceived the notion of a "Spartacus"-drama. In a letter of December 16, 1770, thanking K. W. Ramler for two poems, he wrote: " 'Die Ode an die Könige' will ich mir dreymal laut vorsagen, so oft ich werde Lust haben, an meiner antityrannischen Tragödie zu arbeiten. Ich hoffe mit Hülfe derselben aus dem Spartacus einen Helden zu machen, der aus anderen Augen sieht, als der beste römische. Aber wenn! wenn! Diesen Winter gewiß nicht."[7]

Lessing never found the time to write his drama and has left us only a few comments on his sources: Florus, Plutarch, Lipsius, and Appianus, two brief passages of dialog, and a scrap or two of background material. What does emerge from a study of the fragment is the germ of a polar constellation pitting Spartacus, the noble barbarian, against the wealthy, decadent, and treacherous Roman aristocrat. Crixus, another slave, is cast as an ignoble foil to Spartacus and is apparently to be made responsible for the outrages of rape and pillage during the slave revolt. Lessing notes: "Mein Spartacus muß das nicht selbst gethan haben, was Florus von ihm sagt: *de-*

*functorum praelio ducum funera imperatoriis celebravit exequiis,
captivosque circa rogum jussit armis depugnare.* Er muß es nur
nicht haben verhindern können. C r i x u s muß es veranstaltet und
gewollt haben." Indeed, Lessing discards Florus from the very outset: "Er spricht mit einer Verachtung von meinem Helden, die fast
lächerlich ist." (LM, 469)

Lessing's conception of Spartacus' character emerges quite
clearly in the fragment. The slave's inherent nobility is reflected in
direct confrontation with the Roman praetor Crassus the Rich,
whose greatest fiscal asset is the number of his slaves. This circumstance provides for Lessing the mainspring of the dramatic
action: Crassus "wußte also am besten, was ein Sklave wert war,
und wie viel die Römer durch sie verlören." (LM, 470) Spartacus'
rebellious opposition is to be philosophical and humanistic: "Sollte
sich der Mensch nicht einer Freiheit schämen, die es verlangt, daß
er Menschen zu Sklaven habe?" (LM, 471)

Crassus agrees to an armistice, then launches a treacherous surprise attack. In the contrasting personalities and actions of the
antagonists, the cultural conflict is implicit:

> [CRASSUS?]: . . . . du bist
> Ein außerordentlicher Mann! das bist du, Spartacus!
> SPARTACUS: Da seht, wie weit ihr seid, ihr Römer! daß
> Ihr einen schlichten, simplen Menschen müßt
> Für einen außerordentlichen Mann erkennen. (LM, 471)

The same tenor of criticism of a decadent society is found in
another fragment from the same period: *Alcibiades in Persien*, in
which the title figure sends himself into exile: "Aus dem *weisen*
Griechenland, wo Aberglaube und gesetzlose Frechheit den Pöbel,
Ehrgeiz und Ohnegötterei die Großen regiert, in das *barbarische*
Persien, wo Wahrheit und Tugend den alten Thron besitzen." (LM,
405) In contrast to the *civilized* Romans, the *barbarian* Spartacus
is a friend of truth and virtue:

> DER CONSUL: Ich höre, du philosophierst, Spartacus.
> SPART.: Was ist das? du philosophierst? Doch ich erinnre
> mich—Ihr habt den Menschenverstand in die Schule verwiesen—um
> ihn lächerlich machen zu können— (LM, 471)

But words do not supplant action. Human reason, in this case applied to the institution of slavery, is insufficient against interests
which are footed on economic bases. Spartacus can never achieve

his goals—stated clearly and eloquently enough—with words alone, so the previous dialog concludes with the inevitable deed: "Wo du nicht willst, daß ich philosophieren soll—Philosophieren—es macht mich lachen—Nun gut—Wir wollen fechten—." (LM, 471f.)

The implications of such a position are staggering in the context of the debate on the subject of *Leibeigenschaft* in Prussia in 1770. But Lessing himself cannot fully accept the consequences of the Thracian's action. There is to be another antagonist to contend with: Crixus is the evil force within Spartacus' party. Where Spartacus is the ennobling influence on the oppressed in the struggle for freedom, Crixus incites them to acts of violence and reduces the rebellious masses to a cruel and vicious mob. Was this the problem which defied solution for Lessing and did not allow "Spartacus" to grow beyond this slim fragment? The inclusion of a quotation from Lipsius suggests that Lessing may have considered the possibility of drawing a distinction between slaves and gladiators to diversify the rebels' camp.

"Lessing hatte in seinem Fragment einen Richtpunkt gegeben für die tiefere Auffassung des Stoffes, wie er sie sich dachte," notes Sorge. "Sein Werk sollte . . . 'das herbe Lied eines Teils der leidenden Menschheit' werden. . . . Diese Auffassung machte ich mir anfangs auch völlig zu eigen und begann das Drama nach ihr zu gestalten." (399) Reinhard Sorge began as Lessing had begun, by reading Florus and attempting to reconcile the divergent images of Spartacus among the classical historians. In his preliminary notes to the undertaking he writes: "Was also in diesem Drama vor sich geht, ist nicht nur das Wollen und Leiden eines einzelnen, der mit wenigen anderen Menschen in Konflikt gerät, sondern hinter dem Wollen und Leiden dieses einen tönt wie ein gewaltiger Akkord das Wollen und Leiden einer großen, ganzen Menschheit." (339)

While Lessing had given no indications of act division, Sorge arranges his notes into three acts, each divided into two parts, thus superimposing a symmetry upon the plot. The settings and certain of the staging ideas are thoroughly worked out, from the gladiator school to the rocky cliffs of Calabria; the logical progression of the plot elements follows classical lines. There are a few passages of dialog, or rather incipient soliloquies. Certain leitmotifs are articulated: *Schatten*, for instance, is incorporated as a signal for danger or nameless peril; the laughter of madness figures in the scenic directions at key points and the word *Frevel* takes on a significance akin to hubris in Sorge's conception of the plot.

There is a basic inconsistency in the structure of the work which Sorge himself later identified in an addendum to the fragment, "Eine nachträgliche Selbstkritik an meiner Arbeit," and which probably worked against completion of the drama. At the outset Sorge follows what he perceives to be Lessing's point of view and casts Spartacus as an avenger of personal grief. But then he encounters difficulty: "Die Gestalt des Spartacus begann mich zu fesseln. Ich begann mit ihr zu fühlen. Da war es vorbei mit jeder fremden Auffassung. Ich warf jedes Fremdtümliche fort und schuf aus mir selbst. . . . Mein Spartacus war mir zu groß, um Rache zu üben. . . . So kam der Widerspruch. . . . So ging die Einheit leider verloren." (400)

Sorge retains Lessing's basic constellation: Spartacus stands in conflict with the Roman Crassus, with Crixus as the villain. As a post-Nietzschean, Sorge could make little use of the cultural conflict and of Spartacus as a civilized barbarian. Perforce, his emphasis is on the Spartacus-Crixus antagonism. This becomes clear early on, as Crixus is vilified symbolically in the conspirator's scene: "Mord und Aufruhr heben dort an in heimlicher Stille. Wie eine schleichende Natter recken sie sich auf.—Crixus gesellt sich zu den beiden anderen. In seinen Augen ist auch etwas von dem Gift einer Schlange, etwas Lauerndes." (171) Sorge carries the theme further, to focus on the contrast between Spartacus' idealistic attack on the institution of slavery and his growing realization that his ideals are misplaced. "Mord und Aufruhr" are only *incited* by Crixus; they are latent in all the rebels, save Spartacus himself. Even after Crixus leaves the scene, Spartacus cannot control the mob in its primitive urge to burn and pillage. The subplot involving Crassus' daughter is a case in point: the girl is captured in disobedience to Spartacus' orders. But once the deed is done he realizes that she can be used as a hostage to force Crassus to grant him and his followers safe passage to their homelands, which is his ultimate goal. But she is found, "Den Dolch im Herzen und die Hand am Griff." Crassus, as a true Roman, prefers to believe that she has taken her own life—as did Philotas—in order not to influence her father's decisions. Spartacus, however, learns that she has been murdered by conspirators among the gladiators who oppose peace with Rome in favor of further vengeful pillaging. Spartacus executes the murderer but gradually understands that most of the others approved of the murder. "Dieser Augenblick," which comes at the end of the second-act outline, "ist der große tragische Wendepunkt für Spartacus. . . . Es ist jener Gedanke, der ihm raunt, daß alles, was er für jene dort tat und wollte, ein Unsinn gewesen ist, eine tragische Irrung, ein Frevel. . . ." (182) At this juncture Crassus violates the armistice and launches the surprise attack.

His army defeated, Spartacus wanders, dazed, as the thought which had seized him grows to a monstrous revelation: "Er erkannte, daß jene Menschen, die er einst hatte freimachen wollen, für deren Freiheit er gekämpft hatte wie für die seinige, nicht dazu geboren waren, frei zu sein. . . . Sie waren nicht geschaffen, sich selbst Herren über sich zu sein, sie waren nicht geschaffen zu freien Adeligen." (184) With this recognition comes the logical consequence: "Spartacus nur ist einer von diesen seltenen Adelsmenschen, von diesen seltenen, die groß und stark genug sind, frei, ganz frei zu sein. . . . " Spartacus' tragic guilt, his "Frevel" lies in his misplaced idealism: "Die anderen aber hat die Natur zu Sklaven geboren. Wer sie zu Freien macht, sündigt wider die Natur. Wer wider die Natur sündigt, muß untergehen.—-" (184) Driven mad by his insight, Spartacus revels in his coming death. "Ein dunkler Schatten ist auf ihn zugehuscht . . . " His executioner is a peasant woman who has seen her children murdered by the marauding slaves whom Spartacus has tried to control. It is a final irony which attempts to resolve the problem with which Lessing vainly struggled.

Reinhard Sorge's fragmentary treatment of the historical figure Spartacus is something more than a contribution to the history of the subject matter in the dramatic form. It is expressly an expansion of Lessing's Spartacus: he revisits Lessing's world of ideas and tries to recreate the latter's dramatic vision, starting at the same point, meeting perhaps a similar frustration. The result is in the main an attempt to reconcile Lessing's Spartacus with Sorge's own.

Sorge's Spartacus is a man of the people, a representative of the lowest social category, who is innately separate from the human herd. For Lessing, Spartacus is a man capable of ideals, compassion, and action; for Sorge he is an incipient *Übermensch*. Both are elite figures who founder on the animal instincts of "followers." Is this the genesis of the "junger Mensch" of Expressionistic drama? Is this perhaps the first manifestation of the internalized "representative man," howling at injustice? "Das Tun des Spartacus wird geadelt durch das rein Menschliche, das diesem Tun zugrunde liegt; das Tun des Spartacus ist ein weher Schrei, der sich einem gequälten Menschen entringt, ist der Ausdruck des wildesten Schmerzes ebendieses gequälten Menschentums." (398f.)

In their respective fragments Lessing and Sorge occupy quite different artistic universes and their articulation of the same subject material is of necessity different. The Enlightenment dramatist's hero condemns slavery in all forms aphoristically and in humanistic terms: "Sollte sich der Mensch nicht einer Freiheit schämen, die es verlangt, daß er Menschen zu Sklaven habe?," while Sorge's Spartacus' attack is rhapsodic:

> Es sei genug des wirren Unsinns nun
> In dieser Welt. Es sei genug gestöhnt,
> Geseufzet und geweint in Ketten. Weh'
> Wann jemals wieder einer wagt zu fesseln
> So wie ein Tier, wer seines Gleichen ist,
> Wehe ihm dann. . . .

Lessing might well have permitted his hero to die, still illustrating the contrast of a virtuous purity of the soul and a decadent, compromized civilization, but Sorge's Spartacus is driven mad by the futility of his efforts to change not social structures but mankind itself:

> . . . O nun will ich lachen,
> So wie ich niemals lachte, da ich dieses
> Sinnlose, ekle Leben von mir werfe
> Samt allem Unsinn, den es sinnlos zeugt. . . .

Sorge's fragmentary attempt to complete Lessing's meager notes on a tragedy are consistent with the rhetoric, the dynamics, and the solipcism which dominate the drama which has helped to provide a definition for his literary-historic epoch. Nonetheless, the key structures of his model are clearly recognizable.

I do not suggest, of course, that Lessing be listed beside Materlinck, Strindberg, and Nietzsche among the forebears of Expressionism, but I do argue that the evidence of his impact on an impressionable Reinhard Sorge, who composed the definitive drama of Expressionism shortly afterwards, is by no means negligible and implies that the imprint of the Enlightenment may not be totally lacking in a period long considered untouched by its ideas.

University of Cincinnati

1 The text of the fragment in the DIN A5 notebooks is reprinted in Reinhard Johannes Sorge, *Sämtliche Werke*, ed. Hans Gerd Rötzer, 3 vols. ([Nürnberg 1972]), 1, 167–185. In addition, Rötzer's notes, pp. 398–401, provide the excerpts from

letters to Arnold Bork and "Eine nachträgliche Selbstkritik an meiner Arbeit" from which I quote here. Page references will be given in the text.—**2** "Lessing, der Unsterbliche, dachte vom Spartacus beinahe so günstig, wie ich; er war Willens, ihn zum Helden einer seiner dichterischen Arbeiten zu machen, und setzte auf solche . . . im Gespräch mit vertrauten Freunden einen vorzüglichen Wert." *Werke* (Vienna 1811–12), p. 33, 9. For a general discussion of treatments of the Spartacus theme see Jan Muszkat-Muszkowski, *Spartacus: Eine Stoffgeschichte* (Leipzig 1909). See also the article in: Elisabeth Frenzel, *Stoff- und Motivgeschichte*, 2nd ed. (Berlin 1974). Sorge's fragment is not mentioned by Frenzel.—**3** Cf. Walter Sokel, *The Writer in Extremis. Expressionism in Twentieth-Century German Literature* (Stanford 1959).—**4** Erich Schmidt, *Lessing: Geschichte seines Lebens und seiner Schriften*, 2 vols., 4th unrev. ed. (Berlin 1923), II, 48f.—**5** For the text of Lessing's fragment I quote from this volume of the *Sämtliche Schriften*, pp. 469–472. Page references will be given in the text preceded by LM.—**6** The subject matter is, of course, inherently political. Karl Liebknecht and Rosa Luxemburg chose the name "Spartakusbund" in 1916 in an effort to unite the radical elements among the German socialists. Ironically, it became a simple matter to equate Gustav Noske— "Gottes Bluthund"—in the bloody suppression of the Spartacists in January of 1919 with Crassus at Lucania. Reinhard Sorge, however, died of war wounds in 1916, and as a schoolboy in 1910 he was not concerned with political activism as he addressed the Spartacus-theme.—**7** The letter is quoted in Gerd Hillen's notes to the fragment in G.E. Lessing, *Werke*, ed. Herbert G. Göpfert (Munich 1971) II, 788. Ramler's poem may be found in his *Poetische Werke* (Berlin 1800) I, 51ff.

Zur Bühnengeschichte der *Verwandelten Weiber* oder Bagatelle mit tieferer Bedeutung

Christoph Herin

Eine Beschäftigung mit dem Liederspiel *The Devil to Pay; or, The Wives Metamorphos'd* von Charles Coffey (?–1745), das 1731 in Drury Lane aufgeführt wurde, erscheint wenig lohnend; denn das Stück ist literarisch unbedeutend und kann kaum als eigene Leistung zählen.[1] Erstaunlicherweise war aber diese Bagatelle eines der am häufigsten gespielten Werke der unterhaltenden Bühnenliteratur des achtzehnten Jahrhunderts und veranlaßte eine Reihe entscheidender Bearbeitungen auf dem Kontinent.[2] Es muß wohl mehr als nur eine Fügung glücklicher Umstände gewesen sein, was diesem Werkchen die phänomenale Wirkung und zeitweilige Bedeutung verschafft hat. Vergleicht man die vielen Fassungen, die sich über nicht ganz zwei Jahrhunderte erstrecken, von 1686 bis 1871, und die über die Komödie der Aufklärung zur Ausbreitung einer populären Kleinkunst im spielfreudigen neunzehnten Jahrhundert führen, dann dürften sich Einblicke ergeben in die Wandlungen der Vorurteile und Geschmacksneigungen eines bürgerlichen Publikums.

Dabei war Coffeys Beitrag kaum mehr als eine oberflächliche Bearbeitung der derben Posse *The Devil of a Wife; or, a Comical Transformation* des Schauspielers Thomas Jevon (1652–1688), die zuerst 1686 in The Queen's Dorset Garden Theatre gegeben wurde und bis 1735 immerhin acht Auflagen erlebte. Noch in der Spielzeit 1718/19 wurde das erfolgreiche Stück zweimal in Drury Lane aufgeführt. Angeregt vom Erfolg von John Gays *The Beggar's Opera* (1728), hat Coffey Jevons Farce durch Zusatz von 48 Liedern zur Ballad Opera eingerichtet. Diese dreiaktige Fassung, an der auch der Schriftsteller John Mottley (1692–1750) beteiligt war und deren Uraufführung am 6. August 1731 erfolgte, wurde von Theophilus Cibber (1703–1758), dem Sohn des bekannten Begründers der Sentimental Comedy Colley Cibber, zum Einakter zusammengezogen und noch im selben Jahr am 8. Dezember in Goodman's Field Theatre gespielt. Und es ist diese gekürzte Fassung von acht Szenen,

Exile and Enlightenment
Copyright Wayne State University Press, 1987.

die den durchschlagenden Erfolg begründete und von der Forschung in den Mittelpunkt gerückt wurde. 1756 erschien eine französische Übersetzung von Claude-Pierre Patu (1729–1757), die Michel Jean Sedaine (1719–1797) zu seiner dreiaktigen Opéra-comique *Le diable á quatre* anregte. Sie wurde am 19. August 1756 im Théâtre de la Foire Saint-Laurent uraufgeführt; die Bühnenmusik war ein Arrangement populärer Lieder durch Philidor.[3]

In Deutschland wurde Coffeys Einakter, also Cibbers Verkürzung, schon 1743 in der Übersetzung des preußischen Gesandten Kaspar Wilhelm von Brocke (1704–1747) in Berlin gespielt, wahrscheinlich mit den englischen Melodien, und in einer Neufassung von Christian Felix Weiße (1726–1804) am 5. Oktober 1752 in Leipzig durch die Kochsche Theatertruppe aufgeführt, zur Musik von Standfuß, dem Korrepetitor der Truppe. Diese Aufführung, die als der Anfang des deutschen Singspiels gilt, rief eine heftige literarische Fehde mit Gottsched und seinen Anhängern hervor, die gegen den rohen Stoff und die opernmäßige Behandlung eines Dramas polemisierten. Der Text ist leider verschollen.[4] Weiße, der 1759 in Paris war und von der Entwicklung der französischen komischen Oper Kenntnis genommen hatte, schrieb nun nach den Modellen von Coffey und Sedaine eine dreiaktige Fassung für die Kochsche Truppe, die als *Der Teufel ist los oder Die verwandelten Weiber* am 28. Mai 1762 in Leipzig zur Aufführung kam.[5] Die Musik stammte von Johann Adam Hiller (1728–1804), der in weiteren Operetten mit Weiße zusammenarbeitete und damit die neue Gattung Singspiel durchsetzte, die über Wielands Versuche und Goethes Beiträge zu Mozarts *Entführung aus dem Serail* führen sollte, wo die Gattung ihren Höhepunkt erreicht und zur Dialogoper überleitet.

Auch die italienische Opera buffa griff den Stoff auf. Giuseppe Foppa (1760-?), von dem 122 Operntexte bekannt sind, verfaßte *Le Donna cambiate* für Marcos Antonio Portogallo (1762–1830). Das Werk muß populär gewesen sein, denn nach der Uraufführung in Venedig am 22. Oktober 1797 wurde es 1798 in Parma, 1799 in Mantua und am 2. Oktober 1799 in deutscher Fassung in Dresden gespielt. Neu komponiert durch Fernando Paër (1771–1839), kam es als *Poche, ma Buone, ossia Le Donne cambiate* am 18. November 1800 in Wien im Kärntnertortheater heraus.

Aber auch Sedaines Text wirkte weiter. Augustin François Creuzé de Lesser (1771–1839), der epische Dichtungen aus dem Artuskreis und Libretti für komische Opern von Boieldieu, Isouard und Gaveau verfaßte, arbeitete die Vorlage zum Textbuch für Jean Pierre Solié (1755–1812) um, einen Sänger, der 35 komische Opern komponierte und wegen freier Benutzung der Melodien anderer Komponisten angegriffen wurde. Sein *Diable à quatre* wurde zuerst mit dem Untertitel *La femme acariâtre* am 30. November 1809 in der Opéra Comique gegeben, 1843 brachte der Operettenkomponist Emile Jonas (1827–1905) eine Neufassung heraus. Eine der bedeutendsten Bearbeitungen des beliebten Stoffes stammt von dem routinierten Bühnenschriftsteller Adolphe de Leuven (1803–1884), der zusammen mit dem Ballettmeister Joseph Mazillier (1798–1868) das Szenar für das Handlungsballett *Le Diable à quatre* für Adolphe Adam (1803–1856) zusammenstellte. Die Aufführung fand am 11. August 1845 in Paris statt, in New York wurde es am 18. Juli 1848 gegeben.[6] Davon abhängig ist eine komische Oper von Michael William Balfe (1808–1870), *The Devil's in it*, zum Libretto von Alfred Bunn, die am 26. Juli 1852 im Londoner Surrey Theatre, im selben Jahr am 17. Dezember in New York als *The Basket Maker's Wife* gegeben wurde und noch 1871 am 14. Juni in der Bearbeitung von John Palgrave Simpson (1807–1887) im Londoner Gaiety erschien. Die letzte wichtige Fassung stammt von dem Wiener Karl Costa (1832–1907), der Volksstücke und Possen verfaßte sowie Operettentexte für Millöcker und Ziehrer und für Franz von Suppé (1819–1895) *Die Frau Meisterin* (Uraufführung am 20. Januar 1868 im Carl Theater).

Wie diese Übersicht zeigt, handelt es sich bei allen Bearbeitungen um Gebrauchskunst für das Unterhaltungstheater, dem jeweiligen Entwicklungsstand der theatralischen Gattung in England, Frankreich, Deutschland, Italien und Österreich entsprechend. Betrachtet man die motivischen Variationen und die Verschiebungen in der Charakterisierung der Hauptgestalten, dann läßt sich eine Entwicklung nachzeichnen, die den sich zunehmend emanzipierenden bürgerlichen Geschmack und die realistische Entwertung des Wunderbaren reflektiert. Mit Ausnahme der durchkomponierten Opern und des Handlungsballetts handelt es sich immer um Lustspiele, denen musikalische Einlagen zugefügt werden. Entweder unterlegt man populären Melodien neue Texte, oder es werden, wie zuerst bei Weiße, Lieder neu gedichtet und mit eingängigen Weisen versehen, deren Singbarkeit den Publikumserfolg garantiert. Was sich anfangs als Versuch zu einheimischem Liederspiel gegen die Vorherrschaft der italienischen Oper richtete, wurde später als erfolgreicher Stoff für beliebte Unterhaltungsformen ausgeschöpft.

Doch bleibt bei allen Fassungen der Grundriß der Handlung im Prinzip unverändert: zwei Bereiche, ein adliger Landsitz und eine

dürftige Schusterhütte, werden einander gegenübergestellt. Die
Lady ist eine unleidliche Haustyrannin, so zerschlägt sie einem
blinden Geiger, der der Dienerschaft zum Tanz aufspielt, die Fiedel
und macht ihrem gutmütigen Gatten das Leben schwer, während
die Schustersfrau als geduldige Griselda unter der rohen Willkür
ihres trunksüchtigen Ehemanns leidet. Durch magischen Eingriff
eines Zauberers, dem die Dame das Nachtlager verweigert, während die Schustersfrau ihn freundlich aufnimmt, werden die beiden
Frauen ausgetauscht: die Dulderin bringt als große Dame Glück
und Zufriedenheit in die adlige Welt, der vornehme Zankteufel
wird vom Schuster handgreiflich gebessert, so daß die fehlerhafte
Partnerschaft, wenigstens auf Stunden, eine zum Wesen des
Märchens stimmende ideale Korrektur erhält.[7] Politische Implikationen, die dem fragwürdigen Hof das glückliche Idyll der Hütte
gegenüberstellen, werden nicht ausgenutzt, die Satire beschränkt
sich auf das bekannte Schwankmotiv von der Bezähmung der Widerspenstigen, und, wie bei einem Lustspiel der Aufklärung zu erwarten, endet das Märchen mit der Rückkehr in die früheren, nun
allerdings gebesserten Verhältnisse. Der Zauberer, auf den nicht
verzichtet werden konnte, da er allein die Handlung in Gang
bringt, verliert die ursprüngliche Aura des Dämonischen, die Verwandlung wird als nicht mehr glaubhafter Vorgang zu possenhafter
Mechanik degradiert oder in einfacher Spielfreude an den Ver-
wandlungskünsten der Feenmärchen ohne Bedenken übernommen.
Eine Übersicht über die wichtigsten Bearbeitungen, soweit sie
zugänglich waren, soll das verdeutlichen.

Jevons Farce *The Devil of a Wife*, die durch Coffeys Bearbeitung
verdrängt wurde und in unverdiente Vergessenheit geriet, so daß die
Forschung sie kaum berücksichtigt hat, bildet den Ausgangspunkt.[8]
Zugegeben, das Stück besitzt ein Übermaß an Roheiten, vor allem
in den Szenen um den betrunkenen Schuster, die mit Schlägereien
und Schimpfwörtern niederster Komik dienen. Zusätzlich erscheint
ein Dissidentenprediger, der als engstirniger Papistenfeind, als
Heuchler und Freßsack gezeichnet ist und in einer Szene voll un-
barmherziger Grausamkeit frühmorgens im Bett von den Geistern
des Zauberers gepeinigt wird, eine Gestalt, so verächtlich, daß sie
die Grenzen des komödiantischen Spiels überschreitet. Aber dagegen enthält die Farce viele Situationen, in denen des Verfassers Talent für Humor und menschliche Einfühlung zum Ausdruck kommt.
So ist das Erwachen der bescheidenen Schustersfrau im Schlafzim-
mer der Gnädigen und ihre demütige Verlegenheit der Dienerschaft
gegenüber mit Sympathie und Verständnis dargestellt, so daß man

hier den poetischen Höhepunkt der Fabel sehen könnte. Dazu wird die Handlung in die Nähe des Weihnachtsfestes gerückt, was einen natürlichen Anlaß für Festlichkeiten und Besuche ergibt, für das Auftreten der Kurrendesänger oder den Aufbruch der Landjunker in der Frühe zu winterlicher Jagd; all das verleiht der Handlung Kolorit und zeitliche Bestimmtheit. Der Gutsherr mit seinen Trinkgesellen hat noch die Züge des lebenslustigen, plumpen Squires aus den Komödien der Restaurationszeit, aber er ist so harmlos, daß er sich in seiner Not als geplagter Ehemann an den Schwiegervater wenden muß. Alles in allem, eine grobkörnige übermütige Farce mit sinnlich bildkräftiger Sprache und aufgesetzten poetischen Lichtern.

Dagegen nun die dreiaktige Fassung von Coffey, die erst 1974 durch Walter Howard Rubsamen wieder zugänglich gemacht wurde. Sie übernimmt die Vorlage mit geringen Kürzungen im Text, die durch Zusatz von 48 Liedern ausgeglichen werden, ist somit nichts anderes als die oberflächliche Einrichtung eines übernommenen Textes zur Ballad Opera, jener Gattung, der Coffeys literarische Tätigkeit galt. Erst Theophilus Cibber, der die ursprünglichen elf Szenen auf acht reduziert und von den 48 Liedern nur achtzehn beibehält, führt die entscheidende Änderung ein, die das Stück zum Kassenschlager machte. Doch blieb Coffeys Name mit dem Werk verbunden. Cibber streicht alles Beiwerk, so die Szenen um den verhaßten Prediger, die überflüssige Rolle des Schwiegervaters, die Jagdfreunde des Squires und die Nachbarn des Schusters. Was bleibt, ist eine geschickte Vereinfachung auf die Hauptpersonen und Konzentration auf das Grundgerüst der Handlung. Die sprachlichen Derbheiten werden gemildert, obgleich noch genug in den Schusterszenen erhalten bleibt. In den Mittelpunkt rückt das magische Spiel des Zauberers, der die keifende Edeldame und die demütige Schustersfrau austauscht, um sie nach der Besserungskur in die ursprünglichen Verhältnisse zurückzuversetzen. Englischem Gebrauch folgend, ist der Einakter reich an ständigem Ortswechsel; die aus dem Original übernommenen acht Szenen spielen abwechselnd in der Schusterhütte oder am Edelhof. Solche Bearbeitungen als vereinfachende Einrichtungen älterer Dramen zu kleinen Intermezzi oder Nachspielen sind typisch für die englische Theatertradition.[9]

Der Jurist Patu, der krankheitshalber seinen Beruf aufgab, auf Reisen ging und schriftstellerte, lernte im Oktober 1755 in England das dortige Theater kennen und veröffentlichte 1756 eine Übersetzung mehrerer Stücke, unter anderem Coffeys Ballad Opera.[10] Da die Sammlung immer nur als Titel erwähnt wird, sei sie kurz be-

schrieben. Die Übersetzung ist wortgetreu. Fußnoten geben Erklärungen über Wortspiele oder Eigenheiten der englischen Rechts-
pflege. Coffeys acht Szenen werden nach französischer Gepflogen-
heit in Auftritte und Abgänge unterteilt, so daß achtzehn Szenen
durchgezählt werden. Bezeichnend sind die seltenen Abweichun-
gen im Text: So wird die wichtige Beschwörungsszene, bei Coffey
eine Musikeinlage nach "The Spirit's Song in Macbeth," von Patu
als Regieanweisung zusammengefaßt. Darauf folgt die Erklärung,
er verzichte auf weitere Versuche, die englischen Lieder zu übersetz-
zen. So entfällt das Liebesduett aus Coffeys Schlußszene zwischen
der Schustersfrau und dem beglückten Edelmann; eine Fußnote
bemerkt, der Text sei nur Ausdruck "de tendresse et de ravisse-
ment mutuel."
   Wichtig erscheint das Vorwort, in dem Patu bestrebt ist, der Gattung Farce gewisse Züge des legitimen französischen Dramas zu-
zusprechen, um durch Nachweis von Übereinstimmungen das
Fremde einem wählerischen Publikum näherzubringen. Mängel
werden eingestanden; so fehlen "sagesse d'intrigue" oder Befolgung
der "règle de théâtre," aber das Endziel des klassischen Kanons
werde befolgt: "correction des moeurs et le proscription du ridicule."[11] Um Coffeys Beitrag zu rechtfertigen, versucht er eine Definition der Farce und zählt als Elemente "la bizarrerie du sujet, la
vivacité du style et surtout la verité des caractères" auf.[12]
   Sedaine, der mehrere englische Stücke benutzte, um sie der seit
Charles Simon Favart (1720–1792) als legitime Gattung anerkann-
ten Form der Opéra-comique einzuschmelzen, bearbeitete Coffeys
Text. Die Unterschiede zur Ballad Opera sind geringfügig. Beide
Gattungen benutzen Liedeinlagen als Textneufassung volkstüm-
licher Melodien. Hier wird eine Situation humorvoll kommentiert
oder über menschliche Schwächen reflektiert, was dem lustspielhaften Ursprung der beiden Gattungen entspricht. Als bescheidene
Arien sind die Lieder oft nur Ausdruck der einfachen Gefühle einer
dramatischen Gestalt. Darüber hinaus erlaubt sich die Opéra-
comique größere Musiknummern, Ensemblesätze und abschließende Rundgesänge, meist als Vaudeville bezeichnet. Deutlich
wird hier schon die Tendenz zur Operette.
   Sedaine befolgt die Regel von der Einheit des Ortes und reduziert
Coffeys acht Szenen durch Zusammenlegung auf drei Schauplätze,
die er dann auf drei Akte ausweitet. Was bei Coffey nur skizzen-
haft angelegt ist, wird jetzt ausgesponnen und um viele Details
bereichert, so daß die Charaktere ein Eigenleben gewinnen. Die
rohe Anfangsszene im Schusterhaus wird gestrichen, um gleich

von Beginn an einen gefälligeren Ton anzuschlagen. Das Gewicht liegt auf den Vorgängen im Edelhof, nur der zweite Akt spielt in der Schusterhütte, wo die Lady ihre handgreifliche Erziehung durchmacht. Der erste Akt faßt das Fest der Diener mit dem blinden Geiger, die Verweigerung des Nachtlagers für den durchreisenden Doktor und die Begegnung mit der Schustersfrau, die ihrem Mann auf das Fest gefolgt ist, mit der Geisterbeschwörung zusammen, die ohne Szenenwechsel im Edelhof erfolgt. Der dritte Akt lenkt auch nach dem Intermezzo beim Schuster zurück zum Edelhof und beginnt mit dem traumhaften Glück der erwachenden Schustersfrau; es folgt die Rückkehr der verzweifelten Edeldame und die abschließende Entzauberung. Diese szenische Ökonomie und Konzentration der Handlung auf wenige Schauplätze ist typisch für die französische Theatertradition und kann umgekehrt auch bei den Bearbeitungen französischer Vorlagen für die englische Bühne festgestellt werden, wo wiederum möglichst viel Szenenwechsel zur Bedingung des Publikumserfolgs gehört.[13]

Zwischen diesen Extremen von Szeneneinschränkung und häufigem Ortswechsel nehmen deutsche Bearbeiter eine Mittelstellung ein. Das trifft auch auf Weißes Neufassung von 1766 zu, in der Coffeys Szenenanordnung übernommen wird, das heißt, die rohe Streitszene der Schustersleute steht am Anfang. Damit richtet Weiße sein Stück auf derbe volkstümliche Komik aus. Nur die siebente Szene entfällt, da sie lediglich die Schimpfereien und Prügel des Schusters wiederholt. Die Beschwörungsszene spielt wie bei Coffey im Freien. Aber nach Sedaines Vorbild gliedert auch Weiße den Text in drei Akte, entwickelt aus den knappen Andeutungen der Vorlage längere Dialogstrecken und malt die Situationen aus. So wird die Schustersfrau, die im Schloß die große Dame spielen soll, nach anfänglicher Schüchternheit als komische Figur gezeigt, die in ihrer Unwissenheit die Reden der Diener falsch versteht, als solle sie Kartaunen statt Kapaun essen. Verlegen bittet sie um ein Frühstück aus Ziegenkäse und Brot und gerät außer sich in kindlicher Freude über die Ausfahrt in der Glaskutsche. Als entscheidende Neuerung fügt Weiße gesellige Lieder ein, die, wie er im Vorwort zu seiner Sammlung komischer Opern betont, die rüden Verse aus dem Bierhaus verdrängen sollten. Die pädagogische Absicht, dem Volk leicht eingängige, anständige Lieder zu schenken, ist wichtiger als der dramaturgische Kalkül; Lieder halten, so Weißes Eingeständnis, die Handlung auf, weshalb man bei der Aufführung sowieso nicht alle Strophen singen soll.

Foppas Libretto zieht die richtigen Konsequenzen. Da der gesun-

gene Text bei der Aufführung erheblich mehr Zeit verlangt als der
gesprochene und da Sänger, nicht singende Schauspieler auftreten,
wird Sedaines Text auf ein Minimum reduziert. Läßt sich der Dialog zur Not als Rezitativ bewältigen, so wachsen szenische Höhe-
punkte zu Arien und Duetten an, und das Geschehen kommt zum
Stillstand. Nur das Skelett der Fabel bleibt erhalten: Schloß,
Schusterhütte, Schloß. Die Verwandlung wird durch einen Pilgrim
durchgeführt, so daß Verweigerung des Nachtquartiers fast schon
wie ein Verstoß gegen eine religiöse Ordnung erscheint. Statt der
Dienerschaft im Schloß tritt ein verliebter Kavalier auf, der mit
seinen Galanterien die brave Schustersfrau in schämige Verlegenheit versetzt. Am Ende weicht der Bann, und beide Frauen kehren
erleichtert in ihre gewohnte Sphäre zurück.

Als in den Folgejahren Spielopern und Ballette das Musiktheater
beherrschen, werden alle Stoffe, die Erfolg versprechen, seien es
Dramen oder Romane, erneut bearbeitet. So richtete Adolphe de
Leuven, einer der produktivsten Bühnenschriftsteller der Julimon-
archie, jene Fabel von den verwandelten Weibern als Szenar für
Adolphe Adams Ballett ein. Hier wird der Vorgang zur Pantomime
veräußerlicht und um Tanzfolgen bereichert. Schauplatz ist Polen,
das in der französischen Romantik öfters als Land voll archaischer
Sitten und abergläubischer Vorstellungen zitiert wird.[14] Unser
Schuster avanciert zum trinkfreudigen Korbmacher, seine Frau, die
das Tanzfieber hat, steigt zur eigentlichen Heldin des Balletts auf.
Statt der rüden Streitszenen wird humorvoll gezeigt, wie das ein-
fache Paar ernsthaft zu arbeiten versucht, wobei ihnen ihre Neigung zu Trunk und Tanz dazwischenkommt. Das Motiv des Aus-
zugs zur Jagd und das Fest der Dienerschaft, um die Verlobung
zweier Dienstboten erweitert, wird in großen Ensembleszenen aus-
gespielt. Um die Handlung zu straffen, werden die beiden Rollen
des blinden Geigers und des Magiers zusammengezogen. Das Gra-
fenpaar wird menschlicher, auch der Gatte hat seine Fehler. Da er
lieber auf die Jagd geht und seine Gattin vernachlässigt, hat diese
nun genügend Grund zur Klage. Ihre Besserung beim Korbmacher
verwandelt sich in ein groteskes Spiel mit plumpen Galanterien,
während die Handwerkersfrau im Schloß die steife Würde eines
Tanzmeisters mit einem feurigen Nationaltanz provoziert, bis der
Zauberer erscheint und sie wiederholt zur Anpassung an die
höfischen Konventionen ermahnt. Am Ende, bei einem Fest im
Wintergarten, führt der Magier die versöhnten Ehepaare zum
Versöhnungskuß zusammen, und alles endet in beschwingtem
Tanz. So lösen sich die sozialen Gegensätze als harmloser Kontrast

in gefälligem Theaterspiel auf. Mit Zauberkünsten war das Pariser
Publikum von den phantastischen Feenmärchen her vertraut.

Die letzte wichtige Umarbeitung, Suppés *Frau Meisterin*, lag mir
nur als Partiturenautograph vor, aber aus den geringen Andeutungen
der Musiknummern ließ sich Wesentliches erschließen. Hier wird
die Wiener Tradition der Volksstücke und Zauberpossen befolgt, die
seit Hensler, Gleich, Raimund und Nestroy ein biedermeierliches
Kleinbürgeridyll mit traditionellem Zauberspiel zu verknüpfen verstand. Aus dem Korbmacher ist ein rüstiger Bindermeister geworden, ein Wiener Raunzer mit goldenem Herzen, der lieber mit
seinen Freunden beim Bier sitzt und seiner Frau, einer tatkräftigen
Person, die Aufsicht über das Geschäft und die Gesellen überläßt.
Die Edeldame erscheint auf Jagdritt mit ihren Freundinnen als Ama-
zone, während ihr Gatte, ein leutseliger österreichischer Landjunker, sich galant der Frau Meisterin nähert. Der realistischen
Tendenz des Volksstücks entspricht die Psychologisierung der Gestalten, nicht von ungefähr wird die Besserung der Gräfin durch
einen Appell an ihre Mutterliebe bewirkt: Sie glaubt, man hätte ihr
das Kind weggenommen. Nur eine Szene spielt im Schloß, wo die
Meisterin als praktische Hausfrau unter den vertrottelten Dienern
Ordnung schafft. Der Zauberer ist ein landfahrender Savoyarde, also
ein Milieufremder; als ihm seine Leier zerschlagen wird, rächt er
sich mit einer grotesken Beschwörung in absurdem Kauderwelsch.
Eindeutig liegt der Schwerpunkt auf dem Handwerkermilieu. Zur
Wiener Operette gehören die zahlreichen humorvollen Auftritts-
lieder; so bemüht sich ein Läufer, der immer außer Atem ist, zu
singen, oder ein Geselle klagt, daß er nie genug zu essen bekommt.

Dieser Überblick über die Metamorphosen unseres Themas
dürfte die bedeutende Stellung des Einakters, den Cibber aus Coffeys Vorlage herausdestillierte, verständlicher gemacht haben.
Denn die acht Szenen, die lediglich das Grundgerüst einer Fabel
ausbildeten, waren eine Reihung von Vorgängen ohne spezifische
Handlungsdetails, eine zielgerichtete Profilierung auf den Kontrast
von Hoch und Niedrig und auf den Frauentausch. Das Ergebnis war
eine Abfolge von skizzenhaften Andeutungen, die zum Ausmalen
einzelner Situationen und zur Erfindung charakteristischer Einzel-
züge einluden und damit zu verschiedenen Umarbeitungen anre-
gen konnten, zur Opéra-comique oder, in Deutschland, zum Beginn eines einheimischen Singspiels.

Für alle Fassungen ist die Unterhaltungsfunktion bestimmend.
Ziel ist hier die Beilegung aller Probleme in harmlosem Spiel, das
am Ende eine gerechte, das heißt, den Wunschvorstellungen des

Publikums und den Wertmaßstäben der Gesellschaft konforme Lösung findet. Beide Frauen müssen in die ihnen zubestimmte Welt zurückkehren, die bestehenden sozialen Unterschiede werden nicht angetastet. Die Schustersfrau, anfangs ein eher plumpes Geschöpf, beweist im Bestreben, die vornehme Dame zu spielen, ihre Unbildung und törichte Eitelkeit. Sie erhält erst, als der Stoff im neunzehnten Jahrhundert vom bürgerlichen Unterhaltungstheater übernommen wird, kräftigere Züge und meistert das Leben in der ihr zugeteilten Sphäre. Ebenso erscheint der Schuster im Laufe der Entwicklung sozial annehmbarer, der Korbmacher oder Faßbinder tritt nur noch als gutmütiger Polterer auf. So werden die Gestalten den konventionellen Figuren des Salonlustspiels und Volksstücks immer ähnlicher, und der Gegensatz von Palast und Hütte gleicht sich aus.

Schließlich mögen die vielen Anklänge an traditionelle Motive aus der volkstümlichen Überlieferung zum Erfolg unserer Bagatelle beigetragen haben, die Zähmung der Widerspenstigen und das Aschenputtel gehören in diesen Zusammenhang. Das Thema vom Ehestreit als Kampf um die Hose war in populären Druckbogen weit verbreitet, und die Erziehung des Zankteufels zur gefügigen Ehefrau war in Volksmärchen und Schwankerzählungen beliebt. Abgesehen von diesen Assoziationen aus der folkloristischen Überlieferung dürfte sich der unglaubliche Erfolg der *Verwandelten Weiber* aus der Tatsache erklären, daß hier die alltäglichen Erfahrungen des Jedermann im Publikum zur Sprache kamen. Wieviele, die unter dem Joch einer unglücklichen Ehe seufzten, haben sich diesen Anschauungsunterricht auf der Bühne als Wunscherfüllung zu Herzen nehmen können.

University of Maryland

---

1 Edmond McAdoo, *Ballad Opera* (New York 1937), S. 107–10. Leo Hughes, A. H. Scouten, *Ten English Farces* (Austin 1948), S. 173–83, mit Nachweis der Drucke. Walter Howard Rubsamen, *The Ballad Opera* (New York 1974) enthält drei Fassungen von Coffeys Text.—2 Hans-Albrecht Koch, *Das deutsche Singspiel* (Stuttgart 1974) gibt die beste Einführung, da er die englische und französische Entwicklung berücksichtigt, mit Bibliographie. Die Daten im Folgenden nach Alfred Loewenberg, *Annals of Opera. 1597–1940* (Cambridge, 1943) und Franz Stieger, *Opernlexikon* (Tutzing 1979) wurden nach Möglichkeit in den einschlägigen biographischen Enzyklopädien verifiziert.—3 Eigentlich François-André Danican (1726–1795), auch bekannt wegen einem Lehrbuch des Schachspiels (1749).—4 Georgy Calmus, *Die ersten deutschen Singspiele von Standfuss und Hiller* (Leipzig 1908), S. 1–26. Fritz Brüggemann, *Bänkelsang und Singspiel vor Goethe* (Leipzig 1937), S. 13–24, in: Deutsche Literatur, Reihe Aufklärung, Bd. 10. Das Standardwerk ist noch immer

Jakob Minor, *Christian Felix Weiße und seine Beziehungen zur deutschen Literatur des achtzehnten Jahrhunderts* (Innsbruck 1880).—**5** Weißes Text in Deutsche National-Literatur, Bd. 72, *Lessings Jugendfreunde,* hrsg. v. Jakob Minor, S. XX-XXIV, 69–122.—**6** Dazu erschien ein zweispaltiges Textbuch (New York 1848).—**7** Das Thema des Hahnreis wird vermieden, rüpelhafte Anspielung bei Jevon, sonst höchstens galante Geste als Hinweis.—**8** Zur falschen Beziehung zur Mopsa aus Sir Philip Sidneys *Arcadia* und zur Mitarbeit von Thomas Shadwell vgl. Hughes-Scouten (Anm. 1), S. 175.—**9** Beispiele von Shakespeare-Bearbeitungen in Mrs. Inchbalds *British Theatre* oder Neufassungen anderer Elisabethaner zu Einaktern in *The London Stage* (London 1825).—**10** *Choix de petites pièces du théâtre anglois, traduites des originaux* (Paris 1756). Der erste Band enthält außer Coffeys Stück drei Farcen von Robert Dodsley, *The Toy-Shop, The King and the Miller of Mansfield* und *The Blind Beggar of Bethnal Green;* der zweite Band bringt Gays *The Beggar's Opera* und *What d'you call it.*—**11** Patu, Bd. 1, S. [3].—**12** Ibid.—**13** Als Beweis vergleiche man bei den Übersetzungen von Kotzebues *Menschenhaß und Reue* die Szenenzusätze in den englischen und die Verkürzungen in den französischen Fassungen.—**14** Cherubinis *Lodoiska* und Melodramen von Pixerécourt sind die bekanntesten Beispiele, Motive auch bei Nodier und Merimée.

Ein Ossian der Hohenzollern: Gleims *Preußische Kriegslieder von einem Grenadier* zwischen Nationalismus und Absolutismus

Uwe-K. Ketelsen

Für die politische Lyrik[1] der Aufklärung finden sich unter den Literarhistorikern nicht allzu viele Interessenten.[2] Die Gründe dafür sind sicherlich verschiedenartig; im Hinblick auf die neuere Aufklärungsforschung aber, die dem Geist der 60er Jahre entsprungen ist, liegen sie einigermaßen einsichtig zutage: Wenn man bei einem Literarhistoriker—als Exempel genommen—über Johann Wilhelm Ludwig Gleim und seine im Siebenjährigen Krieg entstandenen, allseits bekannten Grenadierlieder (1758) lesen kann: "Die Macht der großen Stunde hob den tändelnden Kleinkünstler über sich selbst hinaus,"[3] so ist verständlich, warum darüber eher schamhaft geschwiegen wird. Verse wie:

> Er [d.h. Friedrich] siegt!—Fürtreflicher Gesang,
> Wir haben noch zu thun,
> Halt ein, und werde künftig lang,
> Wenn wir von Arbeit ruhn.
>
> Wenn Friedrich, oder Gott durch ihn,
> Das grosse Werk vollbracht,
> Gebändigt hat das stolze Wien,
> Und Deutschland frey gemacht.[4]

vertragen sich so wenig mit dem heroischen Bild, das wir uns von der "Aufklärung" machen, daß sie nachgerade historische und ästhetische Tabus verletzen. Folglich werden Gleims *Preußische Kriegslieder in den Feldzügen 1756 und 1757 von einem Grenadier*, die als ein frühes Dokument einer im neuen Sinn politischen Lyrik des achtzehnten Jahrhunderts zu gelten haben, in jüngerer Zeit nicht mehr behandelt; nur Jürgen Wilke widmete ihnen 1974 größere Aufmerksamkeit, allerdings ausschließlich um zu zeigen, daß "lediglich ein neuer literarischer Motivbereich"[5] von Gleim aufgegriffen werde, aber keine intensive Auseinandersetzung des Autors mit Politik stattfinde.

Exile and Enlightenment
Copyright Wayne State University Press, 1987.

Recht besehen, sind Gleims Grenadierlieder trotz alledem nicht
nur für den getreulichen Chronisten der Literatur des achtzehnten
Jahrhunderts ein wichtiges Buch; auch für den Historiker des
bürgerlichen Zeitalters stellen sie ein bedeutsames Dokument dar,
weil sich an ihnen die auch konzeptionelle Widersprüchlichkeit
dieser Epoche zeigt. Unter rein innerliterarischen Gesichtspunkten
erschließt sich diese Dimension allerdings nicht. Gerade das
preußische Engagement, besser die Art und Weise dieses Engage-
ments macht die insgesamt zwölf Lieder auf Schlachten der Jahre
1756 bis 1758 dem Historiker bemerkenswert, ja einzigartig. Zwar
war der Siebenjährige Krieg—zumindest soweit er Mitteleuropa betraf—noch ein Kabinettskrieg der alten, absolutistischen Prägung,
aber in das patriotische Engagement, das er hervorrief, zeichnete
sich bereits der Geist neuer Herrschaftsorganisationen ein, wie er—
ausgehend von England und Frankreich—das heraufziehende bürgerliche Zeitalter prägen würde, auch wenn die alten dynastisch-
legitimistischen Organisationsformeln (vor allem in Deutschland)
noch lange Zeit im Gebrauch bleiben sollten. [6] An die Stelle des
rechtlich geregelten Untertanenverhältnisses wie an die Stelle der
rationalistischen Verpflichtung auf das allgemeine Wohl trat langsam—und wie sich dann zeigen sollte, gegen manche Widerstände—die neue Integrationsideologie des bürgerlichen Zeitalters:
die emotionale, verinnerlichte Identifizierung mit dem politischen
Verband, die Projizierung der allgemeinen oder der als allgemein
unterstellten Belange in den individuellen Lebenshorizont.[7] In
Deutschland kam der Literatur in diesem Prozeß tiefgreifender
Veränderungen des Bewußtseins eine zentrale Bedeutung zu.[8]

Eines der frühesten Zeugnisse dieses epochalen Wandels sind die
Gleimschen Lieder; das macht—ganz unabhängig von ihrer literarischen Qualität—ihren modernen Zug aus und läßt sie bis heute
bemerkenswert erscheinen. Die literarisch interessierten Zeitgenossen haben dieses Neue, diese neue Form, Loyalität zu stiften,
auch sogleich wahrgenommen: Die Grenadierlieder waren nicht
nur ein großer Erfolg beim lesenden Publikum; auch bei "Generals
und Prinzen" fanden sie Anklang, wie Lessing ihrem Verfasser am
12. Dez. 1757 voll Freude aus Berlin mitteilte;[9] und vielfältige Nach-
ahmer folgten der Spur—am Ende sogar ihr Urheber selbst. Das
bekannteste Zeugnis dafür sind Goethes vielzitierte Notizen in
Dichtung und Wahrheit: Seine eigenen Leipziger anakreontischen
Tändeleien privaten Zuschnitts setzt er in harter Fügung dem Zustand der Nationalliteratur entgegen, die durch den Siebenjährigen
Krieg ihren ersten wahren, eigentlichen, und d.h. einen öffentli-

chen Lebensgehalt bekommen habe, und mit Bedacht stellt er Gleim mit den Grenadierliedern an die Spitze seines Literaturberichts über diesen Zeitabschnitt.[10] Von der Bardenpoesie der 60er Jahre, den Liedern des Hains wider die Franzosen, über die Gedichte im Schatten der Französischen Revolution und die Gesänge der antinapoleonischen Kriege bis hin zu den chauvinistischen Machwerken des I. Weltkriegs wird sich ein breites Band von Dichtung hinziehen, die diese Integrationsideologie des bürgerlichen Zeitalters lautstark propagiert. Gleim markiert den Anfang.

Im Kreis der Freunde, also vor allem von Kleist, Lessing, Ramler, Sulzer und (in einiger Distanz auch) Uz, wurde diese neue Situation durchaus bemerkt; die Veränderungen ereigneten sich nicht hinter dem Rücken der Zeitgenossen. Deswegen bleiben auch die Briefe, die während der ersten Kriegsjahre innerhalb des Halberstadt-Berliner Kreises gewechselt wurden, wichtige Dokumente. Mit Staunen erkannten die Freunde nämlich, daß sich an ihnen ein Politisierungsprozeß vollzog, der durchaus nicht zu den tradierten Vorstellungen vom Poeten paßte. Im Sommer 1745, also gegen Ende des II. Schlesischen Krieges, hatte Gellert noch geschrieben: "Mir ist es sehr gleichgültig, wer Schlesien oder Böhmen, beherrscht, und ich gönne es jedem, dem es das Schicksal überlassen will;"[11] gut ein Jahrzehnt später, am 17. Nov. 1756, also nach Beginn des Siebenjährigen Krieges, schrieb Ramler an Gleim: "ich will... Ihnen zuerst sagen, daß mir jetzt die Thaten der Könige nicht mehr so gleichgültig sind, wie sonst.... Ich lese jetzt die Altonaer Zeitung mit so vieler Hitze, wie sonst den Horatz."[12] Allerdings ergriff der Politisierungszwang die Freunde noch lange nicht in der umfassenden Weise, die in der Zukunft für die bürgerlichen Gesellschaften—ob nun demokratisch oder nicht— charakteristisch werden würde. Und doch nahmen die politischen Dinge zunehmend mehr Raum ein (was nicht nur daher rührte, daß die Kriegsereignisse ab Mitte 1757 näher an und in die preußischen Lande heranrückten und die Beteiligten direkt betrafen). Die Schreiber kommentierten diese Verschiebung teilweise mit verwunderter Ironie. Ihre Briefe beschreiben die Veränderung gleichsam als ein Fluidum, das sie von außen ergriffen habe. Folglich findet der Leser denn auch keine Analyse der Lage, geschweige denn eine Reflexion auf den weitgreifenden Umformungsprozeß, den wir heute aus der historischen Distanz erkennen. So heißt es nach einem politischen Räsonnement (das durchaus Züge von "Kannegießerei" trägt) in einem Brief Ramlers vom 29. Jan. 1757 an Gleim: "Seht doch, der Ramler spricht ja gar politisch. Ich weiß

in der That nicht, wie ich dazu kommen etwas dergleichen in
einen Brief an Sie zu setzen. . . . Ein ehemaliger Dichter sitzt mit
einer Zeitung bey einem Glase Fredersdorfer und raucht. Ich lache
selbst über mein eigenes Porträt."[13] Gleim seinerseits belobigte
diesen neuen Ton,[14] er feuerte seinen Freund sogar an, für den
Preußenkönig die Feder zu rühren: Als sich das Kriegsglück 1757
zugunsten Preußens zu wenden schien, schwemmte die Begeisterung alle traditionellen literarischen Arbeiten hinweg: "Adieu, Batteux und alle schönen deutschen Dichter die Ramler nach der Reihe zu Mustern . . . anführt,"[15] schrieb dieser am 9. Nov. 1757, also
vier Tage nach der Schlacht bei Roßbach, begeistert an Gleim. Ja,
am 5. Febr. 1758 gesteht er seinem Freund sogar, heute würde er
sich nicht mehr dem Batteux zuwenden![16] Die Patrioten eiferten
sich schnell in Rage: "Keine Gnade für diese infamen Räuber! Laß
sie auf ihren Bäuchen liegen und Gnade bitten, aber der Reuter
zertrete ihren Hals mit dem Hufe seines Pferdes!,"[17] trompetete
Ramler in einem Brief vom 28. Jan. 1758 nach Halberstadt, damit
wohl indirekt Kritik an einer Lauheit Gleims übend, hatte der doch
im Siegeslied auf die Schlacht von Roßbach den bäuchlings um ihr
Leben Bittenden immerhin noch Gnade gewährt (Sauer, S. 25). So
ließ sich Gleim mitreißen und verschärfte den Ton des Grenadiers
in einer Weise, wie sie die Kriegspoesie bis in den I. Weltkrieg
hinein "zieren" sollte, etwa: "Wir sahn den Feind mit Mord-
begier,/Wir dürsteten sein Blut!" (Sauer, S. 31) oder: "Wir, Menschen, riefen im Gefecht,/Sterbt Hunde! Menschen zu!" (Sauer, S.
32). Vor allem in dem Lied auf den Sieg bei Zorndorf—das (allerdings aus anderen Gründen) die Berliner Zensur zunächst nicht
passierte—legte sich Gleim keine Hemmungen auf.

     Hier erhob Lessing bekanntlich vehement Einspruch; der Patriot,
so tadelte er in einem Brief vom 16. Dez. 1758 an Gleim, über-
schreie den Dichter. Häufig zitiert wird die Änderung, die er als
Herausgeber der Gesänge im letzten Lied der ursprünglichen
Sammlung anbrachte: Wo Gleim Maria Theresia aufforderte:
"Bitte Frieden nun!," da änderte er zu: "Biete Frieden nun!" (Sauer,
S. 33). Diese Art von Patriotismus, so schrieb er kritisch an Gleim,
lehre ihn vergessen, daß er ein Weltbürger sein sollte. Wahrhaft
prophetische Worte! Die ganze Tragweite dieses Politisierungspro-
zesses hat aber auch er in seiner Kritik nicht aufgedeckt. Wenn
man gemäß der naturrechtlich begründeten Vertragstheorie nicht
allein dem Herrscher und den Institutionen, die es ihm ermög-
lichten, die Macht auszuüben, das Recht des politischen Handelns
zuschrieb, sondern—als Staatsbürgern—potentiell allen Einwoh-

nern, dann bedurfte es neuer Ansätze, Loyalitäten zu stiften. Insofern ist der Nationalismus die Lösung eines Problems der Aufklärung. Im Siebenjährigen Krieg, vor allem in seinen Anfangs-
jahren, wurde deutlich, welche am Ende nicht nur unpolitischen,
sondern—wie Lessing richtig ahnte—ungeheuren Wege der Nationalismus als Integrationsideologie eröffnete. Gleims Ausfälle gegen
Ungarn oder Russen waren in der Tat ein Vorspiel nur.

Entscheidend bleibt hier zunächst, daß Lessing—was immer er in
dieser Sache auch "wirklich" gedacht haben mag—ähnliches
bewußt macht wie die Freunde in ihren Briefen. Das emotionale
Engagement wird als etwas Neues bemerkt und als eine Grenze
registriert, die diese Vertreter der literarischen Intelligenz zu überschreiten im Begriff waren. Das gibt ihren Briefen und Gleims
Grenadierliedern nachgerade die Qualität von Urtexten des deut-
schen/preußischen Nationalismus. Der Code der nationalen Poesie,
wie er bis 1914/18 in vielfältigem Gebrauch gewesen ist, kommt
hier zum ersten Mal zu poetischem Worte. Darin findet auch Lessings sich strikt und mit voller Absicht auf die literarische Dimension beschränkender "Vorbericht" seine eigentliche literarhistorische Pointe. Gleich zu Anfang stellt er den Bruch gegenüber der
Überlieferung heraus: Der Verfasser habe sich "eher eine eigene
Gattung von Ode gemacht, als in dem Geiste irgend einer schon
bekannten gedichtet zu haben." (Sauer, S. 3) Die Autoritäten, die in
diesem Genre einschlägig gewesen wären, also die Horaz, Pindar,
Tyrtäus, so deutet Lessing an, ließen sich als Folic kaum zitieren;
die Qualitäten gelehrter Poesie (nämlich "Witz," wie Gottsched das
genannt hätte, und der "ornatus," wie die traditionelle Poetik das
bezeichnete) gingen dem Grenadier völlig ab. Vielmehr läßt Lessing
Gleims Lieder zunächst aus einem Raum der Geschichtslosigkeit
kommen (sie seien "naiv") und siedelt sie—das war ja auch Gleims
mit Beharrlichkeit durchgehaltene Fiktion—im "Volk" an. Er kon-
statiert denn auch stilistische Züge, die Herder später in aller
Ausführlichkeit als Charakteristika der "Volkspoesie" ausmachen
sollte. Allenfalls in die Tradition der Barden sei der Grenadier zu
stellen, ein Vergleich, der den Zeitgenossen einigermaßen verwun-
derlich in den Ohren geklungen haben muß, denn die Bardenmode
der 60er Jahre lag ja noch im Dunkel der Zukunft. Die Funktion
dieser Berufung ist indes deutlich: den Bruch mit der Poesie der
gelehrten Tradition und des höfischen Kunstideals zu markieren.

In dieser Argumentation machte Lessing Gleim allerdings origi-
neller, als dieser wirklich war. Zwar erweist sich die Richtigkeit
dieser Einschätzung, wenn man die Lieder mit anderen zeit-

genössischen Produkten zum gleichen Anlaß vergleicht, etwa mit
der Ode "Die besiegten Heere," die Samuel Gotthold Lange 1758
erscheinen ließ:[18] Über endlose 62 zehnzeilige Strophen hinweg
beutete Lange von der Metrik bis zur Topik das Arsenal gelehrter
Poesie aus. Indes ist der Gleimsche Wurf so traditionslos nicht, wie
wohl auch Lessing wußte. Die Chevy-Chase-Strophe hatte Addison
bereits 1711 im *Spectator* als ein Beispiel für sozialintegrative Poesie vorgestellt: ". . . the same Paintings of Nature which recom-
mend it to the most ordinary Reader, will appear Beautiful to the
most refined."[19] Klopstock hatte dann 1749 in seinem Friedrich II.
besingenden "Kriegslied" allerdings nicht allein—wie die Gott-
schedin in ihrer *Spectator*-Übersetzung—die Reime weggelassen,
sondern auch—sieht man von einigen Wendungen ab—den "Volks-
ton;" aber er hatte dem "old Song," wie Addison ihn nannte, einen
zeitgenössischen Gegenstand gefunden und über die Horazpara-
phrase bereits Gleims patriotische Töne präludiert, so daß später
Carl Friedrich Cramer verständlicherweise zu der Irrmeinung ver-
leitet werden konnte, Klopstock sei "Gleimen ins Amt gefallen."
So war denn Gleims "naiver" Ton doch mehr das Produkt gelehrten Schreibens, als Lessing es darstellen mochte. Auch unter diesem Aspekt zieht sich durch die Texte jene Grenzlinie, an der
historisch Altes und Neues zusammentreffen.

   Tatsächlich sticht ins Auge, daß Lessing (wie auch jeder der Brief-
schreiber) auf eine andere Grenzberührung, wenn nicht gar Über-
schreitung gar nicht einging, deren Charakter möglicherweise in
viel größerem Maße politischer Natur war als das Thema selbst
(zumal darin eine gravierende Veränderung gegenüber dem "Song of
Chevy-Chase" liegt). Die Regulative der rhetorischen Poesie erlaub-
ten es durchaus, Figuren der niederen Stände agierend auftreten zu
lassen, aber die Ständeklausel legte deutlich fest, welche Rolle sie
zu spielen hatten. Zwar siedelte Gleim—zumindest auf weite
Strecken—seinen dichtenden Grenadier auf der Ebene des *genus
humile* an, zwar sind die Hauptakteure in den höheren Ständen
angesiedelt, aber der Grenadier und seine Kriegskameraden sind
doch mehr als nur ausführende Statisten; sie werden als eigen-
ständig Handelnde dargestellt; das politische Räsonnement des
Grenadiers hält sich wohl in bescheidenen Grenzen, aber er rä-
sonniert eben doch und usurpiert damit ein Privileg der Herrschenden. Das verstieß eindeutig gegen die Regularien, und nicht nur
gegen poetische, sondern auch gegen politische. Im Sinne der neuen
Loyalitätsbindung überstieg Gleim hier die Grenze der alten
Ständeklausel, denn es waren gerade die unteren Schichten, das

"Volk," das es in dieser Weise zu binden galt. Darin nun allerdings
sogleich eine antiabsolutistische Tendenz Gleims zu sehen, ließe
sich kaum rechtfertigen. Zwar findet sich hin und wieder in seinen
Briefen ein zarter Ton der Distanzierung, so wenn er Ramlers Ein-
wand widerspricht, der Grenadier dürfe den König nicht weinen
lassen (Sauer, S. 40), weil das bei Hofe Mißfallen erregen werde:
"Mich dünckt, er [d.h. der Grenadier] ist sehr gleichgültig, ob er dem
Hofe gefalle oder nicht."[20] Auch Friedrichs II. Distanz zur deutschen
Literatur wird mit Empfindlichkeit zur Kenntnis genommen. Aber
das Engagement in den Briefen wie in den Grenadierliedern gerade
für den König springt doch zu sehr in die Augen, als daß man einer
solchen antihöfischen Tendenz einige Tiefe zuschreiben dürfte.
Hier stoßen wir auf einen der eklatantesten Widersprüche der
Gleimschen Auffassung, und zwar auf einen zukunftsträchtigen.
Der Nationalismus wendet sich seinem Prinzip nach ja gegen die
absolutistische Herrschaftstheorie, er bindet die Loyalität an den
Staat bzw. an die Nation, nicht an den Herrscher. Diese Haltung
findet sich bei Gleim durchaus, so wenn er am 6. Jan. 1759 an
Ramler schreibt: "Ueberzeugt, daß, nicht so wohl der König, als
vielmehr die preußische Nation, den allergerechtesten Vertheidi-
gungs Krieg, führet, kan, nach meiner Denckungs Art, kein Preuße,
ein allzu eifriger Patriot seyn. . . . "[21] Ähnlich (wenn auch zurück-
haltender) wird in den Grenadierliedern argumentiert (Sauer, S. 39),
aber die Idee des Nationalismus entfaltete ihr antifeudalistisches
Potential bei Gleim gerade nicht. Im Gegenteil: er band sie an die
Person des Königs. In einem Atemzug bringt er das Gegensätzliche
zusammen, so wenn er unmittelbar im Anschluß an seine These,
ein Preuße könne gar nicht eifrig genug Patriot sein, da ja Preußen
und nicht der König angegriffen worden sei, fortfährt: "ein König ist
das einem Volcke, was ein Vater seinen Kindern ist."[22] Diese fami-
liale Metapher, die das absolutistische Bild vom Staat als eines
Körpers oder einer Maschine ersetzt, leistet zweierlei: das anein-
ander zu binden, was konzeptionell eigentlich in Opposition steht,
nämlich den Herrscher und das Volk; zugleich emotionalisiert und
privatisiert sie die Herrschaftsverhältnisse. Es ist Liebe (und nicht
etwa ein Interesse), was Herrscher und Beherrschte bindet. Diese
Bilder finden auch in den Liedern des Grenadiers allenthalben Ver-
wendung. Ähnlich argumentierte übrigens auch Friedrich II. selbst,
als er 1779 in seinen *Briefen über Vaterlandsliebe* Absolutismus
und Patriotismus zu harmonisieren trachtete.[23] Die Königin Luise
fand mit der ihr zugeschriebenen Äußerung, Gleim sei der "Ossian
unseres Hauses," unbewußt, aber passend eine knappe Formel für

die fundamentale Widersprüchlichkeit dieses Poeten, die zugleich eine der Aufklärung in Deutschland ist: der Ausgang aus einer Unmündigkeit führt in die nächste.

Universität Bochum

1 Der Begriff wird hier im allerengsten Sinn verstanden: Texte, die unmittelbar öffentliches Handeln thematisieren.—2 Vgl. zuletzt: Peter Pütz, "Geschichte der politischen Lyrik in Deutschland: Aufklärung," *Geschichte der politischen Lyrik in Deutschland*, Hrsg. Walter Hinderer (Stuttgart 1978), S. 114–40. Wegen des knappen Raums wird nur diejenige Literatur genannt, auf die sich mein Beitrag unmittelbar bezieht.—3 Albert Köster, *Die deutsche Literatur der Aufklärung* (Heidelberg 1925), S. 155.—4 Johann Wilhelm Ludwig Gleim, *Preußische Kriegslieder in den Feldzügen 1756 und 1757 von einem Grenadier*, Hrsg. August Sauer (Heilbronn 1882), S. 25. Nach dieser Ausgabe wird im folgenden fortlaufend als "Sauer" im Text zitiert.—5 Jürgen Wilke, *Das "Zeitgedicht"* (Meisenheim 1974). Zitat S. 166.—6 Einen knappen Abriß dieser grundsätzlichen Neuorientierung gibt das *Historische Wörterbuch der Philosophie*, Hrsg. Joachim Ritter, VI (Basel 1981), Sp. 408f.—7 Gerhard Kaiser, *Pietismus und Patriotismus im literarischen Deutschland* (Wiesbaden 1961), hat weitläufig den problemgeschichtlichen Zusammenhang, vor allem die Bedeutung des Pietismus, für diese epochale Veränderung von kollektiven Bewußtseinsinhalten dargestellt. —8 Friedrich Meinecke, *Weltbürgertum und Nationalstaat* (München 1908), S. 26 u.ö.—9 *Lessings Briefe*, Hrsg. Herbert Greiner-Mai (Berlin 1967), S. 93.—10 Johann Wolfgang Goethe, *Aus meinem Leben. Dichtung und Wahrheit.* HA IX, 3. Aufl. (Hamburg 1959), S. 279f.—11 *C.F. Gellerts Briefwechsel*, Hrsg. John F. Reynolds, I (Berlin 1983), S. 39.—12 *Briefwechsel zwischen Gleim und Ramler*, Hrsg. Carl Schüddekopf, II (Tübingen 1907), S. 257.—13 Ebd., S. 278.—14 Ebd., S. 281f.—15 Ebd., S. 302. —16 Ebd., S. 317.—17 Ebd., S. 312.—18 M. S. G. Lange, *Die besiegten Heere, eine Ode, nebst dem Jubelgesange der Preußen* (Halle 1758).—19 Joseph Addison u.a., *The Spectator*, Hrsg. C. Gregory Smith, Neue Ausgabe, I (London 1967), S. 215.—20 *Briefwechsel zwischen Gleim und Ramler*, S. 348.—21 Ebd., S. 358.—22 Ebd., S. 358f. —23 Friedrich der Große, "Briefe über die Vaterlandsliebe," *Ausgewählte Werke*, Hrsg. Gustav Berthold Volz, Neue Ausg., II (Berlin o.J.), S. 174–196. (— "Lettres sur l'amour de la patrie, ou correspondence d'Anapistémon et de Philopatros, *Oeuvres de Frédéric Le Grand* IX [Berlin 1848], S. 211ff.)

Exile in his Own Homeland: Kleist's Satiric Propaganda Against his Compatriots

Gustave Bording Mathieu

When we think of Heinrich von Kleist, the poet turned political propagandist during Germany's struggle for freedom from Napoleonic rule, we chiefly think of *Die Hermannsschlacht*. Here Kleist is the overt propagandist hoping to incite his fellow citizens to emulate Hermann's "ideal" political conduct. And here Kleist's propagandistic weapon is the sledgehammer, swung with a crude and often cruel hand.[1]

It may therefore be surprising that Kleist could also use humor and satire as a propagandistic weapon as a covert propagandist. Satire can be employed to control or correct political attitudes and Kleist uses it in satiric letters to subject five prototypes to scathing criticism: a *Junker* who would avoid paying the luxury taxes imposed by the Hardenberg government for the good of the nation; the *Burgemeister* of a fortified town who sabotages its defense; a *rheinbündischer Offizier* who keeps putting off his noble intention to defect to the Austrian army of liberation; a *Nürnberger Zeitungsschreiber* who toes the line of Napoleonic propaganda; and a *märkisches Landfräulein* who fraternizes with the enemy.[2]

Satire seeks to reveal the disparity between reality and ideal, between what is and what ought to be. And by exposing what his errant compatriots actually are, Kleist hoped to shame them out of their unpatriotic behavior by making them feel guilty, disgraced and ostracized. As a propagandistic weapon satire is most effective when—to speak with Schiller—it is both *scherzend* and *strafend*. Kleist proves to be a master at the latter: in his satires he succeeds in making us both laugh at, and condemn, his quarry, for his aim is to make his five compatriots appear ridiculous as individuals and dangerously evil as citizens.

Bound up with Kleist's technique of attacking with a chuckle *and* tar and feathers is the device of dissimulation. The five purported letter writers serve as ambush for Kleist's intentions in which his quarry will trap itself.

In the counterpropagandistic "Brief eines politischen Pescherü über einen Nürnberger Zeitungsartikel," Kleist hides behind a naive foreign visitor, a pure fool,[3] to expose the collaborating German press.[4] In his *Voyage autour du monde* (Paris 1772) Bouginville told of a tribe on Tierra del Fuego who had greeted the explorers with a sound like "pescherü" which they kept repeating on all occasions and for all purposes. In fact, as Kleist's Fuegian explains: "Wenn wir z.B. sagen wollen: es ist Tag, so sagen wir: Pescherü; wollen wir hingegen sagen: es ist Nacht, so sagen wir: Pescherü. Wollen wir ausdrücken: dieser Mann ist redlich, so sagen wir: Pescherü; wollen wir hingegen versichern: er ist ein Schelm, so sagen wir Pescherü."

Elaborating further on his source, Kleist demonstrates that the language of Pescherü is the "doublespeak" of the collaborationist "Nürnberger Zeitungsschreiber." The "naive" Fuegian expresses his utter bewilderment over the "verwirrte Sprache" of the Germans in the article:

> Es sind nicht sowohl die Franzosen, welche die Freiheitsschlacht, die bei Regensburg gefochten ward, entschieden haben, als vielmehr die Deutschen selbst.
> Der tapfre Kronprinz von Bayern hat zuerst, an der Spitze der rheinbündischen Truppen, die Linien der Österreicher durchbrochen. Der Kaiser Napoleon hat ihn, am Abend der Schlacht, auf dem Wahlplatz umarmt, und ihn den Helden der Deutschen genannt.

Exasperated by the Orwellian-like "Freedom is Slavery" perversion of the Napoleonic victory into a battle of liberation for the Germans, Kleist's Fuegian exclaims: "Hätte doch der Nürnberger Zeitungsschreiber in der Sprache der Pescherüs geschrieben!" For then he would have read "mit völliger Bestimmtheit und Klarheit:"

> Es sind nicht sowohl die Franzosen, welche die Schlacht, die das Deutsche Reich dem Napoleon überliefern sollte, gewonnen haben, als vielmehr die bemitleidenswürdigen Deutschen selbst. Der entartete Kronprinz von Bayern hat zuerst, an der Spitze der rheinbündischen Truppen, die Linien der braven Österreicher, ihrer Befreier durchbrochen.

In the four remaining letters the fictitious correspondents reveal not the political aberrations of others, but their own. Now the ultimate satiric effect is not achieved through the role of an ironic observer like the Fuegian, but instead the *Junker*, the *Burgemeister*, the *Landfräulein*, and the *rheinbündischer Offizier* are made to convict themselves, almost inadvertently, out of their own mouth.[5] From a propagandistic point of view the unwitting self-unmasking of their lack of patriotism admits no reply and permits no defense.

The satiric self-condemnation by the Junker begins with the first paragraph when the Junker, proud of his criminal ingenuity, boasts to his brother of the numerous legal loopholes he discovered to escape paying his taxes. Although he understands the intent of the *Luxussteueredikt vom 28. Oktober 1810*, he unblushingly admits that its patriotic purpose does not concern him: "Die Auslegung aber kömmt dem Publiko zu; und je öfter ich es überlese, je mehr überzeuge ich mich, daß es dich und mich gar nicht trifft."

"Es ist wahr," the Junker admits, "ich halte 2 Kammerdiener und 5 Bediente; Haushofmeister, Kutscher, Koch und Kunstgärtner mit eingerechnet, beläuft sich meine Livree auf 12 Köpfe. Aber meinst du deshalb (denn der Satz im Edikt pro Mann beträgt 20 Tl.), daß ich 240 Tl. an die Luxussteuer-Kasse entrichten würde? Mit nichten!" And rationalizing his way out of paying the taxes, he argues:

> Mein Gärtner ist, wie du weißt, eigentlich mein Vizeverwalter, der Koch, den ich bei mir habe, ursprünglich der Bäcker des Orts; beide sind nur nebenher Gärtner und Koch; der Kutscher, der Jäger auch, der Friseur nebst Kammerdiener, und zwei Bediente sind, so wahr ich lebe, bloße Knechte; Menschen, die zu meinem Hofgesinde gehören, und die ich, wenn es not tut, auf dem Feld oder im Walde brauche. Da nun das Edikt (§ II.10.a.) sagt, daß Leute, die nur nebenher dienen, mehr nicht, als die Hälfte des Satzes und Knechte gar nichts zahlen: so bleibt für mich nur der Haushofmeister und zwei Bedienten als steuerpflichtig übrig: macht (à 10 Tl.) 30 Reichstaler, oder drunter.

From here on Kleist achieves a scornfully cumulative satire as we hear the Junker explain how it is, "Ebenso, siehst du, mit den Hunden," and "Ein Gleiches gilt von den Pferden!," and "Endlich, was die Wagen betrifft!," they, too, can be classified as items necessary for the tax-exempt purpose of running his estate since they are now and then used for bringing in hay. Up to now the Junker seemed only ridiculous in his eagerness to evade his luxury taxes, but when he adds that he would rather burn or sell his handsome cab than see it taxed for the national good, the reader's chuckle may well have turned into hatred—that is, in Kleist's time.

The "Schreiben eines Burgemeisters in einer Festung an einen Unterbeamten" adds a new dimension to the device of dissimulation. By publishing the mayor's memorandum Kleist sets up a national tribunal peeking over the shoulder of a German who fails to do his patriotic duty. And this time the culprit is no mere private citizen but a government official. The mayor does not blatantly boast of his selfish designs. Here we find dissimulation within dissimulation as Kleist hides behind the mayor and the mayor hides his unpatriotic motives behind a highflown pretense of patriotism until his overblown pretensions are gradually deflated before our eyes by himself and he stands shamed in the failing he so studiously sought to conceal.

The *Burgemeister*, obeying an order from the commandant of the fortress which was approved by a vote of the city council, writes a memorandum to a subordinate ordering him to procure three thousand firepots to burn down the houses surrounding the fortress' glacis. The houses must be razed in order to open a field of artillery fire on the advancing French. Apparently in full agreement with the commandant's order, the mayor writes: "Nichts ist notwendiger, als, in diesem Augenblick der herannahenden Gefahr, alles aufzubieten, und kein Opfer zu scheuen, das imstande ist, dem Staat diesen, für den Erfolg des Kriegs höchst wichtigen, Platz zu behaupten."

Fooled at first by Kleist's delightful mock imitation of the *Kanzleistil*—the gobledygook of his time—it gradually dawns on the reader that while mouthing high sentiments and professing to cooperate with the commandant, the mayor is actually arranging by his directive to the subordinate to delay, thwart, and even sabotage the procurement of the firepots! The reason being, of course, that his own house is among those marked for destruction. And so is that of the *Unterbeamte* whom he has wisely selected to carry out the order and to whose efficiency and zeal he ostensibly appeals:

> Da nun unser sowohl, des Burgemeisters, als auch Euer, des Unterbeamten, Haus in dem angegebenen Fall sind, indem sie, von der Q . . . schen Vorstadt her, mit ihren Gärten und Nebengebäuden, das Glacis beträchtlich embarrassieren: so wird es bloß von Euren Recherchen, und von dem Bericht abhangen, den Ihr darüber abstatten werdet, ob wir den andern ein Beispiel zu geben, und den Pechkranz zuerst auf die Giebel derselben zu werfen haben.

Instead of exhorting us into an obvious response, Kleist's satire allows us the pleasure of discovering, unassisted, the truth behind the mayor's double-talk and the fun of bringing down his prey ourselves.

Kleist's Junker made no bones about his scheme how not to pay
his taxes: his letter communicated his intentions. The mayor disguised his self-seeking as patriotism: his memorandum communicated the reverse of the impression he tried to make. A further
change is rung by the "Brief eines rheinbündischen Offiziers an
seinen Freund:" the officer seeks to justify his unwillingness to
defect to the Austrian army of liberation and in doing so precisely
reveals his opportunistic attitude and lack of patriotism. His letter
is a specious modulation on the theme: *Qui s'excuse, s'accuse,*
culminating in the absurd self-justification that the best way to
serve the fatherland is by collaborating with the enemy:

> Muß man denn den Abschied nehmen, und zu den Fahnen der
> Österreicher übergehen, um dem Vaterlande, in diesem Augenblick,
> nützlich zu sein? Mit nichten! Ein Deutscher, der es redlich meint,
> kann seinen Landsleuten, in dem Lager der Franzosen selbst, ja, in
> dem Hauptquartier des Napoleon, die wichtigsten Dienste tun. Wie
> mancher kann der Requisition, an Fleisch oder Fourage, vorbeugen;
> wie manches Elend der Einquartierung mildern?

To be sure, our officer admits, appearances speak against his
being an "ebenso enthusiastischer Anhänger der Deutschen, wie
vormals. Zwar der Schein, ich gestehe es, ist wider mich." So it
is, indeed: after the Peace of Tilsit of 1807 in which Prussia lost
all territories West of the Elbe, he was awarded the *Kreuz* of the
Légion d'honneur by his quisling king and promoted to colonel:
"Aber was folgt daraus?," he asks his friend who had accused him
of being a lukewarm patriot. "Meinen Sie, daß diese Armseligkei-
ten mich bestimmen werden, die große Sache, für die die Deutschen fechten, aus den Augen zu verlieren? Nimmermehr!" he
exclaims and, opportunist that he is, hints that once the Arch-
duke of Austria is victorious, he would join his forces: "Lassen
Sie nur den Erzherzog Carl, der jetzt ins Reich vorgerückt ist,
siegen, und die Deutschen, so wie er es von ihnen verlangt hat, *en
masse* aufstehen; so sollen Sie sehen, wie ich mich alsdann entscheiden werde."

Kleist achieves the satiric effect by inversion. It is true, our officer has not lost sight of what constitutes his patriotic duty, but
he takes no step in that direction, preferring instead to procrasti-
nate from opportunistic motives and against his better patriotic
judgment and conscience. And his "Nimmermehr!" to his patriotic
duty is pronounced at the very moment—as we learn from a postscript—when he hears the news that the Austrian army was

routed, "total pulverisiert, alle Korps der Armee vernichtet," as the *Bülletin* of the French command put it.

As Kleist implies, the Austrian army was defeated precisely because it was deprived of the help of officers, who like our letter writer, let the "others" do the fighting and dying; who decided to wait until the Austrians were victorious before casting their lot with them. In this postscript there is something that transcends satiric ingenuity: it is as if Fate, in the brutal facts of defeat, had intended to reveal at the moment when it was too late, the baseness of sham patriotism. And as we watch our officer gloat of his wisdom not to have joined prematurely the loosing side, we begin to loath him—*sans* an inner chuckle. Now he can safely enjoy the fruits of collaboration and need fear no retribution from his fellow citizens.

In his postscript our officer also reports that his quisling king rewarded Napoleon's chamberlain with a "Tabatiere, schlecht gerechnet 2000 Dukaten an Wert" for having delivered the *Bülletin* of Napoleon's victory. A German king's bestowal of a reward for the news of a German defeat provides a final sardonic touch. The type of "patriot" Kleist unmasks here is the type he hated most: those who shirk their duty while paying lip service to patriotism at a "patriotisches Konvivium"—as our officer suggests to his friend—over "frische Austern und . . . Burgunder . . . vom Besten." One wonders how many officers in Kleist's time would have recognized themselves if his satire had had a chance of being published?

In the "Brief eines jungen märkischen Landfräuleins an ihren Onkel" Kleist refines his satiric art into his masterpiece. Here he directs his scorn against both his compatriots and the enemy. Kleist's young noblewoman, due to "Verhältnissen, die ich nicht nennen kann," feels obliged to inform her guardian uncle that she had been compelled to become engaged to "Hrn. Lefat[6], Kapitän bei dem 9ten französischen Dragonerregiment, der in unserm Hause zu P . . . einquartiert war." Her letter is in effect—in my opinion—a most tragic appeal to her guardian to allow her to be married lest she be disgraced as an unwed mother. For it seems that her devoted captain is determined not to marry her until "Sie die Güte gehabt haben, ihm das Legat zu überantworten, das mir aus der Erbschaft meines Großvaters bei dem Tode desselben zufiel, und Sie, als mein Vormund, bis heute gefälligst verwalteten."

There looms, however, one formidable obstacle to her desperate cry, "Kurz, mein teuerster, und bester Onkel, retten Sie mich!" She knows that he is bitterly opposed to fraternization as long as the war lasts, and she even admits: "Ich will Ihnen hierin nicht ganz unrecht geben." Although she realizes that "Diese Männer sind unsere Feinde; das Blut unserer Brüder und Verwandten klebt, um mich so auszudrücken, an ihren Röcken," she seeks to escape her dilemma by trying to persuade her uncle that there is no such thing as collective guilt, for: "Ja, gibt es nicht einzelne unter ihnen, die den rasenden Heereszug, mit welchem Napoleon von neuem das Deutsche Reich überschwemmt, verabscheuen, und die das arme Volk, auf dessen Ausplünderung und Unterjochung es angesehen ist, aufs innigste bedauern und bemitleiden?"

From this on point Kleist achieves a cruelly satiric effect as we perceive her self-delusion. Her own case—as presented by Kleist for propagandistic purposes—demonstrates that the individual exception she is about to marry represents the worst type of Frenchman: Captain Lefat turns out to be not only a dowry chaser, but a liar, an adulterer, and a false lover, to boot. The core of Kleist's satire is the *Landfräulein's* effort to convince her uncle of the fine qualities of her fiancé; but her claims tend unwittingly to reveal her latent doubts about his true worth. It appears that he is already married, but in order to convince her uncle that this is nothing but a "schändliche und niederträchtige Verleumdung" on the part of the captain's sergeant, she encloses an attest to the contrary, "das Hr. von Lefat sich, auf die Forderung meiner Mutter, von seinem Regimentschef zu verschaffen gewußt hat."

She feels even more hurt by the "niedrige Meinung, die man, hier in der ganzen Gegend, von diesem jungen Manne hegt." To be sure, she cannot deny, "daß der Vorfall, der sich, vor einiger Zeit, zwischen ihm und der Kammerjungfer meiner Mutter zutrug, einige Unruhe über seine sittliche Denkungsart zu erwecken, geschickt war." However the "Beweise" of his undivided love as he sank crying on her bed were "so eindringlich, [!] daß ich die ganze Erzählung als eine elende Vision verwarf, und, von der innigsten Reue bewegt, das Band der Ehe, von dem bis dahin noch nicht die Rede gewesen war, jetzt allererst knüpfen zu müssen glaubte.— Wären sie [die Beweise] es weniger gewesen, und Ihre Laura noch frei und ruhig wie zuvor!"

Although Kleist directs his barbed shafts at both the French military and fraternizing German women, his satiric treatment of the latter is less biting. He portrays Laura's all-too-human weakness indulgently as she seeks his sympathy "mit einem armen, schwachen Mädchen, . . . das, wie man leider weiß, auf die Vernunft nicht mehr hört, wenn das Herz sich bereits, für einen

Gegenstand, entschieden hat." Nevertheless Kleist hoped that the unhappy fate of his weak and victimized Laura would warn others of such "unpatriotic" weakness.

The true villain is the French captain. Just as Laura has her counterpart in Thusnelda, Lefat has his in the Roman ambassador Ventidius.[7] Like the latter, Lefat is incapable of real love, "So was ein Deutscher lieben nennt, / Mit Ehrfurcht und mit Sehnsucht" (Hermannschlacht, II, 8). A lecher and scoundrel he is not worth saving, as is the young Prussian lady. Kleist's rascally French captain, and the sergeant who denounces his own officer, discredit propagandistically the much vaunted discipline and comradship of Napoleon's Grande Armée.

In these five letters Kleist used the propagandistic weapon of satire to shame many of his compatriots into the idealistic behavior he saw necessary to win the war of liberation against Napoleon. As a brilliantly talented satirist Kleist succeeds even in our time. As a propagandist he remained an exile among his countrymen.

California State University at Fullerton

---

1 For an analysis of the play as Kleist's policy of how to arouse a nation to war through propaganda, see G. Mathieu, "Kleist's Hermann: The Portrait of an Artist in Propaganda," GLL 7 (1953), 1–10.—2 Published in Kleist's "Abendblatt" of 20. December 1810, this was the only of the five satiric letters to be published in Kleist's lifetime. The others never appeared because the weekly "Germania" for which they were intended could not be published due to the Austrians' defeat at Wagram in July 1809 by Napoleon. The five texts upon which my discussion is based can be found in H. von Kleist's Werke, ed. Erich Schmidt, 4 (Leipzig [1936–38]) on the following pages (in the order of my discussion): 89–92; 223–26; 87–89; 83f.; and 84–87.—3 Montesquieu used the Simplizissimus (Simpleton) device combined with that of the "Stranger from Mars" in his satiric novel Lettres Persanes (1721), in which the Persians Rica and Usbeck voice their bewilderment at the baffling admiration of corrupt manners by French nobility.—4 For a discussion of Kleist's counterpropagandistic "Lehrbuch der französischen Journalistik" see Mathieu, "Heinrich von Kleist's Primer for Propaganda Analysis," Monatshefte 46 (1954), 375–82.—5 The classic precedent for this device are the Epistolae obscurorum virorum, or Dunkelmännerbriefe, of 1515.—6 French un fat: a vain fob, coxcomb.—7 Kleist once characterized Thusnelda as a "good girl, but a bit simple-minded and vain, as are the girls of today who are impressed by the French; when such natures return to themselves, they require a grim revenge." See Briefwechsel zwischen Jacob und Wilhelm Grimm, Dahlmann und Gervinus, ed. Eduard Ippel (Berlin 1886), p. 199. Thusnelda, who had almost succumbed to the charms of Ventidius, lures him into a bear pen where he is mauled to death. See Hermannschlacht, V.

Weisheit und Macht:
Zu Lessings Fabel *Die Esel*

Wolfram Mauser

Lessings Fabel *Die Esel* ist eine der schärfsten und bittersten Auseinandersetzungen des Dichters mit der Herrschaftspraxis im aufgeklärt-absolutistischen Staat. Sie enthüllt nicht allgemein menschliche Schwächen, wie viele seiner Fabeln, sondern den 'faulen Kern' des politischen Systems seiner Zeit. Lessing nennt das 'System' nicht beim Namen, sondern bedient sich für seine 'Beweisführung' einer mythologischen Einkleidung. Dies macht sie generalisierbar—für seine Zeit, aber auch darüber hinaus. Was Lessing ins Licht rückt, ist nicht nur die fatale Diskrepanz zwischen Natur und Naturrecht einerseits und Herrschaft und Machtmißbrauch andererseits, sondern vor allem der hinterhältige Versuch, naturrechtlich begründete Forderungen zu Lasten der ohnehin Benachteiligten in ihr Gegenteil zu kehren. Lessing zeigt, wie im Interesse der Herrschaft und zum eigenen Vorteil das Prinzip der Natur-Begründung auf den Kopf gestellt wird: 'Gnade' und 'Weisheit'—die Säulen geistlicher und weltlicher Ordnung— wirken sich in der Folge nicht zum Nutzen, sondern zum Schaden der Menschen aus. Nicht die Tatsache der Machtausübung selbst ist für Lessing das Problem, sondern die vernunftwidrige, zynisch- unmenschliche Anwendung von Gewalt, die sich gegen jene richtet, die geschützt werden sollten.

Die Fabel ist von außerordentlicher Dichte; jedes Wort hat Gewicht. Sie erfordert genaue Lektüre. Die Fassung von 1759 lautet:

> Die Esel beklagten sich bei dem Zeus, daß die Menschen mit ihnen zu grausam umgingen. Unser starker Rücken, sagten sie, trägt ihre Lasten, unter welchen sie und jedes schwächere Tier erliegen müßten. Und doch wollen sie uns, durch unbarmherzige Schläge, zu einer Geschwindigkeit nötigen, die uns durch die Last unmöglich gemacht würde, wenn sie uns auch die Natur nicht versagt hätte. Verbiete ihnen, Zeus, so unbillig zu sein, wenn sich die Menschen anders etwas Böses verbieten lassen. Wir wollen ihnen dienen, weil es scheinet, daß du uns darzu erschaffen hast; allein geschlagen wollen wir ohne Ursach nicht sein.

Exile and Enlightenment
Copyright Wayne State University Press, 1987.

Mein Geschöpf, antwortete Zeus ihrem Sprecher, die Bitte ist
nicht ungerecht; aber ich sehe keine Möglichkeit, die Menschen zu
überzeugen, daß eure natürliche Langsamkeit keine Faulheit sei.
Und so lange sie dieses glauben, werdet ihr geschlagen werden.—
Doch ich sinne euer Schicksal zu erleichtern.—Die Unempfindlichkeit soll von nun an euer Teil sein; eure Haut soll sich gegen die
Schläge verhärten, und den Arm des Treibers ermüden.
    Zeus, schrien die Esel, du bist allezeit weise und gnädig!—Sie gin-
gen erfreut von seinem Throne, als dem Throne der allgemeinen
Liebe.[1]

Bei meinen Überlegungen folge ich nicht dem Fortgang der
Erzählung, sondern dem gedanklichen Zusammenhang der einzelnen Aussageelemente. Zunächst ist festzuhalten: Die Esel wenden
sich mit ihrer Klage über die Grausamkeit der Menschen an Zeus
als die oberste Instanz überhaupt. Indem Lessing den höchsten
Gott der antiken Mythologie mit den Worten "Mein Geschöpf"
dem Sprecher der Esel antworten läßt, evoziert er im Leser die
Vorstellung von 'Schöpfung' und damit von 'Schöpfungsgeschichte'
im Sinne des christlichen Glaubens. Die Frage der Theodizee
klingt an. Sie wird in der Fabel aber nicht—wie etwa bei Haller—
an den Glauben und an die Weisheit Gottes zurückgebunden, Lessing legt vielmehr nahe, sie auf die kirchlich-staatliche Legitimati-
onspraxis zu beziehen. Dabei erkennt der Leser, daß die 'Weisheit'
der damit angesprochenen Institutionen darin besteht, das Übel an
die 'Absicht der Natur' zu knüpfen. So erledigt sich die Frage nach
der Rechtfertigung der Übel in dieser Welt.
    In der Fabel—als Gattung eine Erfindung der griechischen An-
tike—liegt es nahe, daß sich Esel als Hilfesuchende an Zeus, den
obersten griechischen Gott wenden, der die Möglichkeit besitzt, in
den Lauf der Welt einzugreifen. Lessing denkt Zeus hier aber—im
Unterschied zur Antike—als Schöpfergott, der es vermag, nicht nur
das Geschehen der Welt zu beeinflussen, sondern die Schöpfung
selbst zu verändern. Bei dieser absichtsvoll konstruierten Zeusfigur
geht es Lessing aber nicht um den höchsten Gott der griechischen
Mythologie, im Grunde auch nicht um den christlichen Schöp-
fungsgott, sondern um den aufgeklärt-absolutistischen Herrscher,
der sich als "erster Diener" des Staates versteht (und insofern für
die Klagen der Untertanen 'zuständig' ist) und der sich zugleich am
Bild des barmherzigen christlichen Gottes und am Opfertod Christi
orientiert. Nichtsdestoweniger hält er aber an einer Vorstellung
von Beherrschen fest, die im Ernstfall sowohl Barmherzigkeit als
auch Fürsorge den Machtinteressen unterordnet.

Mehr als alles andere kennzeichnet der Widerspruch zwischen Fürsorge und Macht-Strategie die Form seines Herrschens. An ihm ist die Signatur des aufgeklärt-absolutistischen Staates zu erkennen. Er wiederholt sich auf allen Ebenen. Lessing ordnet den Bereich der Arbeitswelt, von dem die Fabel handelt, nicht einem bestimmten Stande zu. Was er sichtbar macht, ist der Leistungs- und Gehorsamsdruck, dem wirtschaftlich und politisch Abhängige ausgesetzt sind. Lessings Forderung, selbst zu denken und selbst zu urteilen, ist die eine Seite seines Aufklärertums, die Forderung nach zumutbaren Voraussetzungen für vernunftgemäßes Handeln und Tätigsein ist die andere. Beides wird in der Fabel zwar nicht programmatisch entwickelt, durch die 'Inszenierung' des Geschehens aber als Notwendigkeit anschaulich vor Augen geführt. Mitmenschen (Untertanen, Abhängige) dem eigenen Willen zu unterwerfen und sie zum eigenen Vorteil auszunützen, ist für Lessing ein schwerwiegendes Vergehen an der Integrität und Würde des Menschen.

Den argumentativen Angelpunkt der Fabel stellt das Naturprinzip dar. In der Ordnung der Natur wurde der Esel mit einem "starken Rücken" ausgestattet, d.h. mit einer besonderen Fähigkeit, Lasten zu tragen. Diese Fähigkeit hat "natürliche Langsamkeit" zur Folge. Dennoch versuchen die Menschen—die 'Verfügungsberechtigten'— die Esel zu einer Geschwindigkeit anzutreiben, die auch bei geringerer Last nicht erreichbar wäre, da sie den Eseln von Natur aus versagt ist. In der fehlenden Einsicht des Menschen in die naturbedingten Voraussetzungen und Grenzen der Leistungsfähigkeit (der Esel)—und analog dazu: in der fehlenden Einsicht der Obrigkeit in die Bedingungen tätigen Handelns (der Menschen) liegt für Lessing die Ursache der Übel. Damit bezieht er die Klage der geschundenen Esel bzw. die Klage der unterdrückten Untertanen nicht auf einen Mangel der Schöpfung und der naturgesetzhaften Ordnung, sondern auf ein mangelndes Verständnis, das interessenbedingt ist, durch 'Aufklärung' aber beseitigt werden kann.

Genauer: Die Bitte der Esel wendet sich an eine Instanz, von der sie annehmen, daß diese als einzige die "grausame Behandlung" durch Menschen unterbinden kann. "Verbiete ihnen, Zeus, . . ."— der Appell, durch Verbot Mißstände und Mißbrauch zu beseitigen, entspricht dem Denkmodell und den Lösungsvorstellungen des aufgeklärten Absolutismus. Seine politische Struktur ist es, die den Denk- und Handlungsrahmen der Fabel ausmacht. Mitgedacht wird zugleich aber der grundsätzliche Zweifel an der Wirksamkeit der Verbotsstrategie des Staates: ". . . wenn sich die Menschen

anders etwas Böses verbieten lassen." Dieser Skepsis liegt ohne
Zweifel Erfahrung zugrunde. Darüber hinaus visiert der Text eine
grundsätzliche Problematik an: Wo ist die Grenze des Verbietens?
Kann man das Böse verbieten? Soll die wohlmeinende Fürsorge des
aufgeklärt-absolutistischen Fürsten nur über Verbote wirksam
werden können? Wenn der Obrigkeit nichts anderes einfällt, als
Konflikte durch Verbote entschärfen zu wollen—ist dann nicht das
ganze System in Frage zu stellen? Und kann man verbieten, dies zu
denken?

Der absolutistische Staat und das Feudalsystem wurden, vor allem in ihrer glanzvollsten Periode, durch eine vielfältige Argumentation vom 'Nutzen des Übels' unterstützt. Das Übel in der Welt
(Krankheit, Krieg, Feuer, soziale Not) wurde über das siebzehnte
Jahrhundert hinaus als Probe der Tugend und als "Wetzstein" des
Glaubens gedeutet und damit funktional an die Heilserwartung
gebunden: "Du steupest / die Du liebst"[2] (J. Heermann); "Die Pe-
stilenz ist eine verborgene Wolthat Gottes"[3] (A. Fritsch); "Tugend
will durch keine weiche Lehre begriffen seyn"[4] (D. C. von Lohenstein). Die allgemeine Eschatologisierung des Bösen deckte auch
jene von Menschen gemachte Not ab, die mit dem Regiment, mit
der Herrschaftspraxis einherging.

Das achtzehnte Jahrhundert entwickelte demgegenüber früh eine
Legitimation des Übels (der Armut, der Not) auf innerweltlicher
Basis, ohne freilich die traditionelle Lehre vom Nutzen des Bösen
außer Kraft zu setzen. Brockes z.B. sah im Übel einen Motor des
Fortschritts und der Innovation—dies freilich als Erfüllung des Willens Gottes.[5] Das Dilemma des aufgeklärten Absolutismus lag u. a.
darin, daß er sich zum einen der traditionellen Argumentation vom
Nutzen des Übels (im heilsgeschichtlichen und innerweltlich-
funktionalen Sinne) nicht entziehen konnte, zum anderen aber die
Verbesserung der Lebensbedingungen der Untertanen auf seine
Fahnen geschrieben hatte. Die Tatsache, daß Zeus anerkennt, daß
"die Bitte . . . nicht ungerecht" sei, läßt ihn geistig als Vertreter
aufgeklärt-absolutistischer Ideen erscheinen. Es fragt sich aber:
Was wird er, was kann er tun, um die Grausamkeiten zu unterbinden? Zur Pointe der Fabel gehört es, daß sie das Dilemma einer
Obrigkeit sichtbar macht, die sich zwischen Fürsorgeversprechen
und Machtinteressen entscheiden muß.

Für die Klagenden zählen nicht politisch-philosophische Grund-
sätze, sie folgen vielmehr einer sozial-ethischen Orientierung:
"Wir wollen ihnen dienen, . . . allein geschlagen wollen wir ohne
Ursach nicht sein." Unterordnung und Dienstleistung werden

nicht in Zweifel gezogen. Beklagt wird das Ausmaß des Antreibens, des Disziplinierens und damit eine Bestrafung "ohne Ursach." Hier wird ein Prinzip der Billigkeit, der Gemäßheit als wichtige Kategorie aufklärerischen Denkens erkennbar. Es dient als Maßstab naturhaften Begründens, mit dessen Hilfe unerträgliche Belastungen im sozialen und politischen Feld auf eine für die Zeit überzeugende Weise als unzumutbar gekennzeichnet werden können. Die Folgen eines solchen Denkens werden erst im neunzehnten Jahrhundert, und vor allem im Zusammenhang der sozialen Auseinandersetzungen in ihrer ganzen Tragweite erkennbar.

Die Fabel bewegt sich aber nicht auf der Ebene sozialethischer Pragmatik. Man darf das Wort "scheinet" nicht überlesen: ". . . weil es scheinet, daß du uns darzu [zum Dienen] erschaffen hast." Entspricht das Lastentragen überhaupt der Absicht der Natur? Trägt ein nicht-domestizierter Esel Lasten? Man kann das Wort "scheinet" in doppeltem Sinne verstehen: (a) Aller Schein spricht dafür, daß wir zum Dienen erschaffen sind. (b) Der Gedanke, daß wir zum Dienen erschaffen sind, ist scheinhaft, er trügt. Mitzubedenken ist darüberhinaus, daß die Bittsteller mit ihrer Argumentation ein naheliegendes Ziel verfolgen. Wenn die Bitte eine Chance haben soll, wäre es unklug zu bestreiten, daß die Bestimmung zu dienen in der Schöpfung angelegt ist.

Die Offenheit von Lessings Formulierung entspricht seiner Absicht. Zum einen wird sie der Bitte der Klagenden gerecht, zum anderen setzt sie für den Leser ein Signal. Mit ihr wird ein (aufgeklärter) Leser antizipiert, der frei prüft und sich selbständig seiner Vernunft bedient. Für einen solchen Rezipienten genügt der Denkanstoß, den Lessing gibt; er wird selbst hinter die Wahrheit kommen (VI, 470). Mit dem Wort "scheinet" macht der Erzähler also darauf aufmerksam, daß man darüber auch anders als auf der Linie des Faktischen (zum Dienen erschaffen) denken kann. Eine solche 'Wahrnehmung' löst beim Leser eine "Neubegierde" (VIII, 33) aus, sie setzt eine Gedankentätigkeit in Gang, die wirksamer und bedeutender ist als der Versuch, fertige Denkergebnisse zu vermitteln. Der Leser soll "sein eigener Führer sein" (VIII, 420). Das Denkergebnis könnte lauten: Im Naturzustand tragen Esel keine Lasten; bedeutet Lasten-Tragen-*Können*, daß man auch Lasten tragen *muß*? Ist Dienen in der Ordnung der Natur überhaupt vorgesehen? Konsequent weitergedacht schießen solche Überlegungen über den Aspekt Grausamkeit und Unbarmherzigkeit hinaus, u. U. bis zu dem Punkt, an dem das absolutistische

System von innen her aus den Angeln gehoben wird. Dies konnte den Zeitgenossen kaum entgehen.

Es ist anzunehmen, daß solche Denkangebote in der Form der Fabel—als subversive Kraft—imstande waren, das Bewußtsein der Zeitgenossen wirksam zu verändern.[6] Was man ahnt, aber noch nicht zu denken wagt, kann allein dadurch, daß ein anderer es andeutet, zu einer Denkmöglichkeit werden. Ihr stehen zunächst verinnerlichte Ordnungsstrukturen entgegen, ein Gewissen, das hemmt und das es schwer macht, geläufige Vorstellungen von 'natürlich' aufzugeben. Hat man aber den Vorrang der frei prüfenden Vernunft (deren Funktionieren die Fabel selbst vorführt) erkannt, dann kann der Erkennensprozeß eine Dynamik gewinnen, der gegenüber das Vernunftwidrige keine Chance hat. Dies jedenfalls ist Lessings Überzeugung und eines der Grundprinzipien seiner Aufklärungsbestrebungen.

Die Frage nach der naturrechtlichen Legitimation von Dienstbarkeit—eine der Grundfragen der aufgeklärt-absolutistischen und aller späteren Staatsformen—und nach der möglichen Aufkündigung von Dienstbereitschaft steht im Horizont der Fabel, sie wird aber nicht herausgespielt. In den Vordergrund rückt Lessing vielmehr den Aspekt der Zumutbarkeit; solange die Menschen/die Obrigkeit die Grenzen der Zumutbarkeit nicht überschreiten, wird die grundsätzliche Frage nach der Legitimation von Herrschaft und Dienstbarkeit nicht weiter verfolgt, wird über den Willen der Natur nicht weiter nachgedacht—jedenfalls nicht von den Eseln und nicht in der Fabel. Doch auch von der Frage, was dem einzelnen zumutbar ist, kann für den Leser ein wichtiger Denkanstoß ausgehen.

Die Bitte, "verbiete ihnen, Zeus . . . " nimmt der Herr des Olymps mit der Geste eines aufgeklärt-absolutistischen Herrschers auf: Er gibt vor, nicht auf Verbote zu setzen, sondern auf Überzeugungskraft: ". . . ich sehe keine Möglichkeit, die Menschen zu überzeugen, daß eure natürliche Langsamkeit keine Faulheit sei. Und solange sie dieses glauben, werdet ihr geschlagen werden." Aber: Will Zeus überhaupt, daß die Menschen anders denken? Er kann dies nicht wollen, da ihm ja daran liegt, das Böse in den Menschen, in seine Uneinsichtigkeit zu verschieben. Er verbirgt und verleugnet seine 'Zuständigkeit' für das Böse mit einer Argumentationsweise, die sich aufgeklärt und tolerant gibt. Zynischer könnte Macht nicht mißbraucht werden. Der Leser fragt sich: Wenn Zeus nicht imstande oder willens ist, die Menschen durch Überzeugung zu beeinflussen, wer könnte dazu fähig sein? Die Schlußfolgerung, die

die Fabel suggeriert, lautet: Nicht der Herrscher und die Nutz-
nießer der Arbeitsbedingungen können es, sondern diejenigen, die
"einmal klüglich gezweifelt" haben[7] und sich an der Natur orien-
tieren. Der oberste Gott aber, der die Macht besitzt, in die
Schöpfung einzugreifen, denkt nicht darüber nach, wie er dem Ge-
setz der Natur entsprechen kann. Ausgestattet mit der Kraft, Na-
turgesetze zu verändern, entscheidet er sich nicht für die Beseitigung von Grausamkeiten, die die Menschen selbst verursacht
haben, sondern dafür, die Betroffenen unempfindlich zu machen.
Nicht die irrige Auslegung des Naturgesetzes (Faulheit statt Langsamkeit) wird korrigiert, sondern die Schöpfung selbst, und dies
allein in der Absicht, Begünstigte im Genuß ihrer Vorteile zu be-
lassen. Damit wird eine interessengesteuerte Fehldeutung, wird
Ausbeutung, wird Disziplinierung zur Leitlinie einer Veränderung
der Schöpfung gemacht. Die Unempfindlichkeit, die der Fabel nach
von nun an "Teil" jedes Betroffenen sein wird, macht es ihm nicht
nur leichter, die Belastungen zu ertragen, er kann sie auch "erfreut" auf sich nehmen, denn er weiß sich in Übereinstimmung
mit der Obrigkeit und der Natur, ja er kann in dieser Übereinstimmung eine Bekräftigung des ihm ohnehin vertrauten Gedankens
sehen, daß alles, was die Obrigkeit tut, *eo ipso* dem Willen der
Natur entspricht. Diese 'Einsicht' ist die wirksamste Form der Konditionierung von Untertanen.

  Die 'Lösung' von oben mit dem Ziel einer Veränderung der
Natur selbst, durch die das Böse in der Welt unangetastet bleibt,
deckt eine Denkstruktur auf, eine Taktik der Herrschaftssiche-
rung, wie sie menschenverachtender kaum vorstellbar ist. Und dies
in einem Zeitalter, das in der Summe der Glückseligkeiten aller
die Glückseligkeit des ganzen Staates und darin auch seine Da-
seinsberechtigung sah. Mußte sich ein Untertan, der gelernt hatte,
"klüglich" zu zweifeln, nicht fragen, ob die Glücksfähigkeit und
die Glücksmöglichkeit des einzelnen mit den Machtinteressen des
Staates überhaupt vereinbar sind? Und wenn dies nicht der Fall ist,
hat die Anerkennung von Glückseligkeit als übergeordneter Be-
gründungsinstanz dann nicht zur Folge, daß der Argumentations-
gang umspringt in eine Kritik des absolutistischen Fürsten—bis zur
Forderung nach dessen Abschaffung?

  Ihre Konditionierung nehmen die Esel nicht nur mit Freude wahr
(der Umkehrschluß: Wer sie mit Freude aufnimmt, ist ein Esel,
blieb den Zeitgenossen bestimmt nicht verborgen), in der 'Lösung,'
die Zeus ihnen anbietet, sehen sie sogar ein Zeichen des Gnädig-
Seins und der Weisheit. Eben darin liegt für sie ja der Beweis, daß

der Thron des Zeus ein "Thron[e] der allgemeinen Liebe" sei.
Nicht Zeus aber, sondern der christliche Gott ist der Inbegriff der
"allgemeinen Liebe." Doch dessen Liebe erweist sich nicht darin,
den Menschen gegen Übel und Leiden unempfindlich zu machen,
sondern darin, ihnen Kraft zu geben, sie zu ertragen.

In der ersten Ausgabe von Lessings *Fabeln* (1753) war die Fabel
noch um einen Absatz länger; er lautete:

> Gott, mein Gebet soll künftig weiser sein. Ist mein Unglück un-
> vermeidlich; wohl, es geschehe. Nur mache mich stark genug, das,
> was andre tödlich niederschlägt, nicht zu achten; und wann es sein
> kann, nicht zu fühlen. Doch tue was du willst! Du bist immer gnädig
> und weise. (II, 628)

Lessing erkannte offenbar, daß die Rückwendung der letzten
Zeilen zur Erzählfigur den 'moralischen Satz' im ganzen schwächt.
Aspekte wie "mein Unglück ... mache mich stark genug ... nicht
zu achten ... nicht zu fühlen ... " lenken den Blick des Lesers auf
den betroffenen einzelnen und auf seine Standhaftigkeit, die Lessing in deutlicher Abhängigkeit vom Willen Gottes sieht. Der Anstoß zu kritisch prüfendem Selbstdenken, den die Fabel-Erzählung
vermitteln möchte, könnte durch den 'moralischen Satz' "mein
Gebet soll künftig weiser sein" in eine gegenläufige Richtung ge-
wiesen und damit in ihrer Wirkung entschärft werden. Die Korrela-
tion von Vernunft, Tat und göttlichem Willen, auf die es Lessing in
der Erstfassung wohl ankam, verliert für den Dichter im Lauf
seines Lebens nichts an Gültigkeit. (Dies zeigt unter anderem das
dramatische Gedicht *Nathan der Weise.*) Indem Lessing aber den
letzten Absatz wegläßt, stellt er sicher, daß der Denkanstoß, den
die Frage nach täuschender und wahrer Liebe vermittelt, in seiner
ganzen Schärfe erhalten bleibt.

Die Annahme, daß Lessings Fabel im Sinne einer Denkaufgabe
zum Thema 'Thron der allgemeinen Liebe' im achtzehnten Jahrhundert verstanden wurde, ließe sich anhand zahlreicher Beispiele
erhärten. Hier soll nur ein Beleg angeführt werden, der zeigt, daß
der satirisch gemeinte Hinweis auf die 'Menschen—Liebe' des
Fürsten der Zeit geläufig war. Er findet sich auch im 26. Traum in
Johann Gottlieb Krügers umfangreicher Sammlung *Träume* (1756).
Offenbar unter dem Eindruck Baumgartens, der die dichterische
Einbildungskraft und die Traumtätigkeit in enge Beziehung zueinander rückte,[8] entstand die von der Forschung kaum beachtete literarische Gattung *Traum*, die sich für die satirische Behandlung

brisanter Themen nicht weniger eignete als die Fabel und die sich
auf Traditionen wie Lukians Träume oder Scipios Traum in Cice-
ros *De re publica* berufen konnte. Der "fürchterliche" *26. Traum*
(S. 127–129) erzählt von einer unterirdischen Gruft, in der Teufel
"Unglückselige" quälen, foltern und bei lebendigem Leib verbren-
nen. Dann heißt es:

> O welche Unmenschlichkeit! rief ich, als mich einer der Zu-
> schauer so gewaltig vor die Brust stieß, daß ich zu Boden sank.
> Bösewicht schrie er, nennest du Unmenschlichkeit, was Werke der
> christlichen Liebe sind. Den Augenblick solst du Hund in die Inqui-
> sition. Das Schrecken erweckte mich, und ich dankte dem Himmel,
> daß ich mich in einem Lande befand, wo solche Grausamkeiten un-
> bekannt sind, weil es von einem Herrn regieret wird, deßen Cha-
> rakter man nicht vollkommener ausdrücken kan, als wenn man sagt,
> daß er die Menschen—Liebe selbst ist.

Die Spannung von 'Grausamkeit' und 'Menschenliebe' (beide
Begriffe erscheinen in der Fabel und im Traum), die die politische
Situation des achtzehnten Jahrhunderts kennzeichnet, wiederholt
sich im Zusammenhang von Unvernunft und Weisheit, sowie Unbarmherzigkeit und Gnädigsein (in der Fabel expliziter als im
Traum). Die Begriffe spielen vielfach ineinander: Die Unvernunft
der Esel im Sinne von Unverständnis wird von der 'Unvernunft'
der Obrigkeit im Sinne von zynischem Machtmißbrauch übertrof-
fen. Der nach eigenem Verständnis gnädige Fürst erweist sich als
gnadenlos und unbarmherzig. Die Unempfindlichkeit den Schmerzen gegenüber ist in doppelter Hinsicht 'grausam': Zum einen
stellt sie sicher, daß die Unterdrückung kein Ende findet. Zum
anderen nimmt sie den Betroffenen aber auch die noch im achtzehnten Jahrhundert verbreitete Hoffnung, daß Leiden im Dies-
seits das Heil im Jenseits begründen könnte. Auch insofern ist die
Erleichterung eine vermeintliche: Was den Betroffenen als gnä-
diger Akt erscheint, bedeutet in Wirklichkeit nicht nur Erniedri-
gung, sondern auch eine Beeinträchtigung christlicher Heils- und
Gnadenerwartung.

Der Begriff 'Weisheit' schillert in der ganzen Breite seiner Be-
deutungen. Zunächst tritt die Vorstellung von Weisheit als Wissen um das Göttliche und als höchste Tugend des Herrschers—
beides aber in ironischer Brechung—in den Blick des Lesers. Sie
wird abgelöst von einer Erfahrungs-Weisheit, wie der Fabel-
Erzähler sie verkörpert. Ohne daß es dem Leser bewußt wird,
vertraut er sich der Führung des Erzählers an, weil er ihn zu

Erkenntnissen führt, die unmittelbar einleuchtend sind. Was den
Fabel-Erzähler qualifiziert, ist allem voran seine Einsicht in
Zusammenhänge politisch-gesellschaftlicher Mechanismen, die in
der Regel verborgen bleiben. Die 'Weisheit' des Fabel-Erzählers
fließt nicht aus göttlicher Eingebung und ist nicht das Ergebnis
lebenslangen Nachdenkens, sie ist vielmehr der Ertrag unermüdlichen Tätigseins in einer Welt, in der Wirtschaft und Politik zu den größten Herausforderungen des Menschen zählen.
Eine solche exemplarisch weise Gestalt ist für Lessing weder der
Fürst noch der Philosoph, sondern der Kaufmann, wie er ihn in
der Gestalt des Nathan exemplarisch vorstellt. In ihr verbindet
sich das hohe Prestige des Kaufmannsstandes seiner Zeit mit
einem auf die jeweilige Religion gegründeten überkonfessionellen
Glauben.

Die Position, die Nathan der Weise verkörpert, visiert die Fabel
auf indirekte Weise an: Zur Ironie des Schlußsatzes: "Sie gingen
erfreut von seinem Throne, als dem Throne der allgemeinen Liebe"
gehört, daß sich die im herkömmlichen Sinne weise Herrscherfigur
als höchst unvernünftig erweist. Die 'neue' Weisheit bewährt sich
demgegenüber in der Fähigkeit, vermeintliche Weisheit als Täu-
schungselement zu durchschauen und zu erkennen, daß es in
Wirklichkeit um Macht und Vorteil geht. Und liegt ein Teil des
Reizes einer Fabel wie "Die Esel" nicht auch darin, daß sich dem
Leser (nur des achtzehnten Jahrhunderts?) Zusammenhänge von
Macht und Interesse eröffnen, daß er Machtsicherungstaktiken, die
ihm sonst verborgen bleiben, erkennt und daß er sich durch die
Lektüre ein gutes Stück 'weiser' erlebt, als er es kraft eigener Ein-
sicht sein könnte?

Freiburg i. Br.

1 Gotthold Ephraim Lessing, *Werke*, 7 Bde., hrsg. Herbert G. Göpfert (München
1971–79), I, 248–49. Ähnlich in der Tendenz: XVIII. *Zeus und das Schaf*, I, 252.
—2 Johannes Heermann, *Poetische Erquickstunden* (Nürnberg 1656), I, Bl. 2.
—3 Ahasver Fritsch, *Andachten über das vergossene Blut und die Thränen des
gecreuzigten Jesu* (Pirna 1687), S. 195.—4 Dan. Casp. von Lohenstein, *Gros-
müthiger Feldhern Arminius...* (Leipzig ²1731), S. 100.—5 Barthold Heinrich
Brockes, *Irdisches Vergnügen in Gott*, 9 Bde. (Hamburg 1721–1746), VIII, 296: "Der
Mangel uns nothwendiger Güter... spornet... zum Denken an...."—6 Vgl.
Uwe-K. Ketelsen, "Vom Siege der natürlichen Vernunft: Einige Bemerkungen zu
einer sozialgeschichtlichen Interpretation der Geschichte der Fabel in der deutschen
Aufklärung," *Seminar* 4 (1980), 208–23. Mit meinen Überlegungen stehe ich in
Gegensatz zu Ketelsen, der Lessings Fabeln für ein "intellektuelles Spiel" (216), für
"in erster Linie Intellektuellenvergnügen, artistische Solonummern auf der Basis

solider Gelehrsamkeit" (222–23) hält.—Vgl. demgegenüber auch Günther Jahn, "Von der Art, wie man hinter die Sache kommt—Anmerkungen zu Lessings 'Methode'," *Wirkendes Wort* 34 (1984), 357–67 und ders., "Lessings 'Wortgrübelei' und Selbstdenken," *Sprachhorizonte* 43 (1981).—7 Gotthold Ephraim Lessing, *Gesammelte Werke*, 10 Bde., hrsg. Paul Rilla, (Berlin 1958), IX, 21. (Brief an den Vater vom 30. 5. 1749).—8 Alexander Gottlieb Baumgarten, *Metaphysik* (Halle 1766), S. 194–96.

"Die Verbergung der Kunst"—Wiederaufnahme und Weiterführung eines Themas

Albert M. Reh

Im *Jahrbuch der deutschen Schillergesellschaft* hat Peter Michelsen unter dem Titel "Die Verbergung der Kunst: Über die Exposition in Lessings *Minna von Barnhelm*"[1] die (1) *Anlage* und (2) die *Funktion* dieser Exposition einer Analyse unterzogen, die in überzeugender Weise jene Kontroversen zu klären vermochte, die die Minna-von-Barnhelm-Forschung bis dahin gekennzeichnet haben. Es sind dies die Streitfragen, ob es sich in dieser 'ernsthaften Komödie' bei der Figur des Majors von Tellheim um einen komischen, einen tragikomischen oder einen (im Grunde) tragischen Charakter handele, ob sich also in seiner Ehrauffassung eine lächerliche Übertreibung oder eine tragische Bedrohung seiner Menschenwürde zeige, ob dementsprechend eine 'Erziehung' Tellheims durch Minna oder keine solche stattfinde, und letztlich ob dieses von Lessing als "Lustspiel" bezeichnete Drama überhaupt eine Komödie oder nicht vielmehr eine Tragikomödie oder sogar eine nur in einen lustspielhaften Schluß abgebogene Tragödie sei.[2]

Peter Michelsens Analyse der Exposition zeigt zunächst, daß Lessing in seinem "Lustspiel" mit zwei Handlungssträngen arbeitet. Den einen kann man vereinfachend 'die Wiederbegegnung Minnas mit ihrem Verlobten' nennen, den anderen 'die Vorgeschichte und die Klärung der Situation,' in der Tellheim sich bei dieser Wiederbegegnung befindet.

Was nun zunächst (1) die *Anlage* der Exposition betrifft, so besteht ihre "Merkwürdigkeit" (204) darin, daß der zweite Handlungsstrang, jene 'Vorgeschichte,' erst in IV,6 voll und ganz zur Sprache kommt, und das noch dazu in einer Weise, die sowohl dem Zuschauer als auch dem aufmerksamen Leser nicht die klare Einsicht vermittelt, die zum Verständnis der Reaktion und des Charakters Tellheims, wie sie im ersten Handlungsstrang, bei der Wiederbegegnung Minnas mit ihrem Verlobten, erscheinen, doch nötig wäre. Als Tellheim nämlich endlich in IV,6 den wahren Grund seiner Weigerung, Minna zu heiraten, nämlich das Faktum seiner

Ehrenkränkung, ausspricht, tut er das in einer Sprache, die "den gesamten Vorgang in eine geradezu eminente Unanschaulichkeit hüllt" (227). Wir hören da von einem "Wechsel," den Tellheim "unter die zu ratihabierenden Schulden eintragen lassen" wollte, der "für gültig erkannt," aber ihm [Tellheim] "das Eigentum desselben streitig gemacht ward," von einer "Valute," von einem "Gratial," von einer "Vollmacht" (alle Zitate IV,6),—das alles klingt "wie ein Abschnitt aus dem Wirtschaftsteil der Zeitung, abschreckend und unverständlich. . . ; so liest er [der Leser] schnell darüber hinweg" (229). Das einzige Wort, das dem Zuschauer und Leser "deutlichen Aufschluß gibt" (228), ist der Terminus "Bestechung" (IV,6). Und dieses Wort erscheint nicht etwa am Ende der Tellheimschen Rechtfertigung als deren rhetorischer Höhepunkt, sondern in der Mitte als Glied eines Asyndetons, auf dessen zweitem Glied, dem "Gratial der Stände" (IV,6), der Hauptakzent liegt. Schon in II,9, wo Tellheim zum ersten Mal von seinem "Unglück" spricht, das ihm vor der "Vernunft" und aus "Notwendigkeit" verbietet, Minna zu heiraten, ist die Ehrenkränkung (also die wahre und de facto einzige fundierte Begründung dieser Weigerung) lediglich einer von vier Gründen: "Ich bin Tellheim, der verabschiedete, der an seiner Ehre gekränkte, der Krüppel, der Bettler" (II,9).

So bekommt das Kernproblem des zweiten Handlungsstranges, jene Ehrenkränkung und ihre Bedeutung für das Lustspiel im gesellschaftlichen und ethischen Kontext des achtzehnten Jahrhunderts, nicht nur einen Nebenakzent, sondern Lessing suggeriert dem Zuschauer und Leser darüber hinaus vier Akte lang den gleichen Irrtum, den er auch Minna begehen läßt: "Weil Sie verabschiedet sind, nennen Sie sich an Ihrer Ehre gekränkt." (IV,6)

Aber der zweite Handlungsstrang bleibt nicht nur vier Akte lang jenseits der Einsicht und außerhalb der Aufmerksamkeit des Zuschauers und Lesers. Ein weiterer Zug dieser Expositionsanlage ist, daß er unverbunden neben dem ersten herläuft und deshalb auch seine eigene Lösung haben muß. Das wird deutlich, wenn wir uns das "Unglück" Tellheims näher ansehen. Jene Streitfrage, ob es sich bei diesem "Unglück," bei der Ehrenkränkung, um die Verletzung eines "durch die Öffentlichkeit garantierten Wertes," der "existimatio" (198), oder um einen Angriff auf die Würde der Person (honor) handele, ist letztlich gegenstandslos. Wie ich an anderer Stelle gezeigt habe,[3] und wie man in jedem Lehrbuch der Psychologie nachlesen kann, hat die Ehre als sozialpsychologisches Phänomen in der west- und mitteleuropäischen Tradition immer beide Aspekte. Einmal ist sie das Bewußtsein des Wertes, den der Mensch vor seinem

Gewissen besitzt, und zum andern ist sie ein 'Kodex,' eine Konvention der 'Öffentlichkeit'. Zu dieser Konvention gehört nun, sagt Harald Weinrich in seiner Studie über die Ehre, "daß eine Person da ist, die über aller Ehre steht. Das ist der Souverän, also der Kaiser, König oder Landesfürst. Von ihm geht alle Ehre aus. . . . Wenn er einem Ehrenmann die Ehre nimmt, so nimmt er nur zurück, was er vorher 'verliehen' hat."[4]

Was nun den ersten Aspekt, die Würde der Person, das Bewußtsein des Wertes, das sie vor ihrem eigenen Gewissen besitzt, betrifft, so hat Peter Michelsen gezeigt, daß Tellheim "in seiner persönlichen Ehre (honor) durchaus unbeschädigt" ist, daß ihn "sein Gewissen und rechtschaffene Freunde freisprechen." Er ist "in seiner bürgerlichen Ehre (existimatio) gekränkt, wenn er öffentlich einer unehrenhaften Handlung beschuldigt wird" (198). Und in Anbetracht einer solchen öffentlichen Beschuldigung "war eine Eheschließung im achtzehnten Jahrhundert ein Ding der Unmöglichkeit" (199). (Den ersten Aspekt der Ehre—honor—stellt Lessing also überhaupt nicht in Frage.) Eine solche öffentliche Beschuldigung ist nun—wie dargestellt—"keine subjektive Bedingung, die stellen zu können Sache seiner [Tellheims] eigenen Wahl wäre" (199). Denn nur der König kann einem Ehrenmann die Ehre, die er ihm genommen hat, wiederverleihen. Damit ist auch die Lösung des zweiten Handlungsstrangs gegeben: der deus-ex-machina-Coup.

Bei dieser Expositionsanlage wird—wie gezeigt—die Aufmerksamkeit des Zuschauers und Lesers voll und ganz vom ersten Handlungsstrang, der Wiederbegegnung, eingenommen, womit Lessing erreicht, daß Tellheims Reaktionen vier Akte lang als "Übertreibung" und d.h. in komischem Licht erscheinen müssen, ein Eindruck, den Minna noch mit den Worten verstärkt: "Und ist es meine Einrichtung, daß alle Übertreibungen des Lächerlichen so fähig sind?" (IV,6)

Die Technik der doppelten Handlungsführung gehört zur Komödientradition seit Aristophanes und Menander. Denn auf ihr beruht eine der großen komischen Wirkungen des europäischen Lustspiels, nämlich die stets Lachen erregende Verkennung der wahren Zusammenhänge, die den zweiten Handlungsstrang ausmachen, durch den oder die Protagonisten des ersten Handlungsstrangs. Diese Wirkung entsteht aber nur dann, wenn der Zuschauer über jene Zusammenhänge informiert ist und so die Verkennung, welcher der oder die Protagonisten verfallen, an seiner Einsicht in die wahre Situation messen kann. Genau das aber ist in der *Minna von Barn-*

helm nicht der Fall. Lessing kehrt die alte Komödientechnik um und läßt den Zuschauer und Leser den Antagonisten bis zum Ende des vorletzten Akts mit den Augen der Protagonistin, mit den Augen der Verkennung also, sehen. So entsteht ein Spiel im Spiel, dessen "Merkwürdigkeit" darin besteht, daß es sich gerade nicht als Spiel, als Schein-Welt, sondern auf der Bühne als Wirklichkeit ausgibt, "während die eigentliche Wirklichkeit im Hintergrund des Stücks verborgen bleibt" (244). Und nur in dieser Schein-Welt des Spiels im Spiel, der Fiktion innerhalb der Fiktion, erscheinen Tellheims Reaktionen als jene "Übertreibungen, die des Lächerlichen so fähig sind," findet Tellheims Überwindung dieser "Übertreibungen," seine 'Erziehung' durch Minna statt.

Die Frage, die sich hier stellt—und damit kommen wir zur (2) *Funktion* dieser "merkwürdigen" Exposition, lautet: Warum rückt Lessing eine durchaus ernste, ja potentiell tragische Situation in ein komisches Licht? Anders ausgedrückt: Was macht eigentlich gerade diese ernste, potentiell tragische Situation zum Vorwurf für ein Lustspiel? Peter Michelsen antwortet: "Die dunkle Grundierung, die der Ernst dem darüberliegenden, ihn verdeckenden [komischen] Spiel gibt, hat zur Folge, daß man mit der Tellheim-Figur nie ganz fertig wird. In ihr steckt als Anlage etwas von jenem fürchterlichen, absoluten Gerechtigkeitsanspruch, der in der deutschen Literatur später in Werken wie den *Räubern* und schließlich in *Michael Kohlhaas* seinen Niederschlag finden sollte. Das dort zum Durchbruch Kommende ist hier noch nicht entwickelt, nur erst im Keim—dort aber eben doch schon—enthalten" (249). Diesen "fürchterlichen, absoluten Gerechtigkeitsanspruch" und die aus ihm resultierende Misanthropie, die den Menschen in ein "schönes Ungeheuer" verwandeln kann, wie Conrad Wiedemann es formuliert hat, zum Gegenstand des Lachens, und d.h. der lachenden Einsicht in die Gefahren zu machen, die sie für den Misanthropen selbst wie für seine Mitmenschen hat, das war ein Vorwurf, der den aufklärenden Erzieher Lessing mehr reizte als seine tragische Darstellung.

Die fiktive Lösung des ersten Handlungsstranges, des Spiels im Spiel, und die deus-ex-machina-Lösung des zweiten sind für Peter Michelsen Ausdruck des Glaubens an eine letztlich gütige Vorsehung, den Lessing und die Aufklärung noch besaßen. Von ihm her gesehen erscheint die *Minna von Barnhelm* "nicht als das erste deutsche Lustspiel . . . , sondern als das letzte" (251). Ich möchte diese in eine religionsphilosophische Schlußfolgerung mündende Interpretation durch eine poetologische ergänzen, die dieser Komödie eine etwas andere literarhistorische Bedeutung gibt. Die *Minna von Barnhelm* ist ja nicht nur Ausdruck von Lessings 'Weltanschauung,' sondern auch Ergebnis seiner jahrzehntelangen praktischen und theoretischen Bemühungen um die dramaturgischen Probleme, die die Komödie allgemein und das 'Hohe Lustspiel' im besonderen aufwerfen. Auf sie stieß bereits der neunzehnjährige Lessing bei dem Entwurf und der Ausarbeitung seiner beiden Lustspiele *Der Freigeist* und *Die Juden*. Da war einmal die bloße 'Verlachkomödie,' das Possenspiel, die Farce, in der das Lächerliche uneingeschränkt herrschte. Da war zum anderen die comédie larmoyante, die 'weinerliche Komödie,' wie Lessing sie nennt, in der das Komische nur noch bei den Nebenfiguren in Erscheinung treten durfte, wenn es nicht überhaupt verbannt war. "Das Possenspiel," sagt Lessing, "will nur zum Lachen bewegen; das weinerliche Lustspiel will nur rühren; die wahre Komödie will beides."[5] Diese "wahre Komödie" zwischen den Extremen hat er später in der *Hamburgischen Dramaturgie* nach Diderot *la comédie sérieuse*, die 'ernsthafte Komödie' genannt. Sie hat er nach jenen ersten Ansätzen im *Freigeist* und in den *Juden* in der *Minna von Barnhelm* verwirklicht.

Die dramaturgische Schwierigkeit, die diese "wahre" (die ernsthafte) Komödie dem Dramatiker bereitet, hat Lessing selbst in der *Hamburgischen Dramaturgie* in der besonderen Art des *Komischen* gesehen, die sie im Unterschied zum Possenspiel und zur 'weinerlichen Komödie' erfordert, wenn er sagt: "Jede Ungereimtheit, jeder Kontrast von Mangel und Realität ist lächerlich. Aber lachen und verlachen ist sehr weit auseinander. Wir können über einen Menschen lachen, bei Gelegenheit seiner lachen, ohne ihn im geringsten zu verlachen." (*Hamburgische Dramaturgie*, 28. St.) Es bedarf eines kurzen Exkurses über das Komische, um deutlich werden zu lassen, worum es hier in einer grundsätzlichen Weise geht. Wie schon Aristoteles und fast alle anderen Denker und Dichter nach ihm hat auch Lessing die Frage nach dem Wesen des Komischen zur psychologischen Frage: Warum lachen wir? gemacht. Das liegt in der Besonderheit, die das Komische gegenüber dem Tragischen auszeichnet. Das Bewußtsein des Tragischen teilt der tragische Held mit seinem Betrachter. Dem Er-leiden des tragischen Helden entspricht das Mit-leiden des Zuschauers. Der komische Charakter dagegen kommt sich selbst nicht komisch, sondern ernst, in manchen Fällen sogar tragisch vor. Komisch ist er nur für den Zuschauer. In der Komödie lachen ja nicht Held und Zuschauer gemeinsam, wie sie in der Tragödie gemeinsam leiden, vorausgesetzt, daß es sich um ursprüngliche, reine Komik handelt und nicht um das bewußte Spiel einer erlernten oder improvisierten komischen Rolle. Alles Tragische lebt aus sich selbst und bedarf weder einer Bestätigung noch einer Zustimmung durch einen Zuschauer. Dagegen tritt das Komische erst in Erscheinung, wenn es lachend bemerkt wird. Erst im Lachen erscheint, erst im Lachen verwirklicht sich das Komische. Aus der Tatsache, daß das Bewußtsein der Komik nicht im komischen Helden, sondern allein im Zuschauer existiert, ergibt sich der für den Interpreten der Komödie wesentliche Aspekt: Komisch kann eine "Ungereimtheit," ein "Kontrast," ein Konflikt nur dann erscheinen, wenn er von *außen*, vom Zuschauer und nicht vom Helden her gesehen wird, und das heißt zugleich, wenn auch der Autor ihn von *außen* darstellt. Damit wird der Nomos, den der komische Held mit seiner "Ungereimtheit," seiner "Übertreibung" verletzt, mit der Sehweise des Zuschauers, mit dem, was dieser als 'Maß' empfindet, gleichgesetzt. Der komische Protagonist steht also mit seiner "Ungereimtheit," seiner "Übertreibung" nicht nur im Konflikt mit seinem oder seinen Antagonisten auf der Bühne, sondern zugleich mit dem lachenden Publikum, mit dem im Zuschauerraum anwesenden Teil seiner Gesellschaft. Dem von ihr als 'Maß' angesehenen Nomos gegenüber stellt die Haltung des komischen Protagonisten eine unangemessene Provokation dar. Diese Unangemessenheit ist es, von der sich das Publikum lachend distanziert und mit dieser inneren Distanzierung eine Haltung einnimmt, die der des Tragödienpublikums, das sich in Furcht und Mitleid mit dem Helden identifiziert, gerade entgegengesetzt ist.

So ist es also kein Wunder, wenn die so zahlreichen Theorien des Komischen seit Aristoteles an der Frage: Warum lachen wir? entweder das Warum, die besondere Art der "Ungereimtheit," des "Kontrasts," der "Übertreibung," die *objektive* Ursache des komischen Konflikts also, interessiert hat, oder—wie es z.B. bei den Romantikern der Fall ist—das Wir, der lachende Zuschauer, das *subjektive* Bewußtsein des Komischen. Der belachte Mensch selbst steht hier wie dort außerhalb der Aufmerksamkeit. Er ist in seinem Widerspruch bloßes *Objekt* für das lachende *Subjekt*.

Und hier ist der Ansatzpunkt der Komödie, die Lessing die "wahre," die ernsthafte nennt: der *Mensch* in seinem komischen Konflikt. "Wir können über einen Menschen [!] lachen, bei Gelegenheit seiner lachen, ohne ihn im Geringsten zu verlachen." Und wenn Lessing an anderer Stelle—wie zitiert—sagt: "Das Possenspiel will nur zum Lachen bewegen; das weinerliche Lustspiel

will nur rühren; die wahre Komödie will beides," so heißt das in
der hier dargestellten Perspektive: Die innere Distanz des Zuschauers, die in seinem Lachen zum Ausdruck kommt und die
ihm jenes Gefühl intellektueller Überlegenheit gibt, das das *eine*
Wirkungsziel der Komödie ist, muß in der "wahren," der ernsthaften Komödie balanciert werden durch eine emotionelle An-
teilnahme, die der Zuschauer dem Protagonisten in seinem komischen Konflikt entgegenbringt. Dieser Konflikt soll zugleich
Lachen und Rührung bewirken. "Die Wirkung . . . einer [wahren]
Komödie und deren künstlerische Qualität werden umso größer
sein," meint dazu Fritz Martini, "je mehr der Zuschauer in ein
simultanes dialektisches Wechselspiel zwischen der Identifikation . . . einerseits . . . und der Distanzierung . . . , der Überlegenheit und kritisch-heiteren Freiheit andererseits hineingeführt
wird."[6]

Die beiden Beispiele, die Lessing in der *Hamburgischen Dramaturgie* hierfür bringt, sind Regnards *Der Zerstreute* und Molières *Le
Misanthrope*. In beiden Komödien liegt die Ursache, derentwegen
ihre Protagonisten in einen komischen Konflikt geraten, in ihrem
Charakter. Besonders beim *Misanthropen* hat das zu einem fol-
genschweren Mißverständnis geführt, das Lessing so zu berichtigen
versucht:

> 'Molière,'sagt Rousseau . . . , 'macht uns über den Misanthropen
> lachen, und doch ist der Misanthrop der ehrliche Mann des Stücks;
> Molière beweiset sich also als einen Feind der Tugend, indem er den
> Tugendhaften verächtlich macht.' Nicht doch; der Misanthrop wird
> nicht verächtlich, er bleibt, wer er ist, und das Lachen, welches aus
> den Situationen entspringt, in die ihn der Dichter setzt, benimmt
> ihm von unserer Hochachtung nicht das geringste. Der Zerstreute
> gleichfalls, wir lachen über ihn, aber verachten wir ihn darum? Wir
> schätzen seine übrigen guten Eigenschaften, wie wir sie schätzen
> sollen; ja, ohne sie würden wir nicht einmal über seine Zerstreuung
> lachen können. Man gebe diese Zerstreuung einem boshaften,
> nichtswürdigen Manne, und sehe, ob sie noch lächerlich sein wird?
> Widrig, ekel, häßlich wird sie sein; nicht lächerlich. (*Hamburgische
> Dramaturgie* 28. St.)

Es ist deutlich, daß Lessing das Mißverständnis, dem nicht etwa
nur Rousseau verfallen ist, dadurch auszuschalten sucht, daß er
allen Akzent auf die "Situationen" legt, "in die der Dichter [den
Protagonisten] setzt," so daß wir nur "bei Gelegenheit seiner
lachen, ohne ihn im geringsten zu verlachen." Es liegt deshalb
nahe anzunehmen, daß er in seinem eigenen Lustspiel den

"fürchterlichen, absoluten Gerechtigkeitsanspruch," der als Anlage in Tellheims Reaktion auf sein "Unglück" steckt, nicht wie Molière den fürchterlichen, absoluten Wahrheitsanspruch, der als Anlage im Misanthropen steckt, ausschließlich im Charakter des komischen Helden wurzeln lassen wollte. Er sollte *auch* aus der extremen Situation entspringen, in die er geraten war, und die deshalb so dargestellt werden mußte, daß wir auch "seine guten Eigenschaften schätzen" können. Diese kommen in seinem Umgang mit Just und der Witwe Marloff, vor allem aber bei seiner 'Erziehung' durch Minna zu Tage.

Hier liegt der poetologische und dramaturgische Grund für die "Verbergung der Kunst," für die "Merkwürdigkeit" dieser Exposition, den ganzen Ernst der Situation, in der sich Tellheim befindet, so im Hintergrund der Aufmerksamkeit zu halten, daß die komische "Übertreibung," die in seiner Anlage zum "fürchterlichen, absoluten Gerechtigkeitsanspruch" begründet ist, sichtbarer und für den lachenden Zuschauer lehrreicher wird, als die tatsächliche Gerechtigkeitsforderung, um die es hier geht und die—wie der Zuschauer bereits während der Handlung in Andeutungen und am Schluß de facto erfährt—bereits *vor* dem Handlungsbeginn vom König erfüllt worden war. Nur so hat Lessing mit seinen Mitteln vermocht, jenes "simultane, dialektische Wechselspiel zwischen der Identifikation [des Zuschauers] einerseits und der Distanzierung, der Überlegenheit und kritischen Freiheit andererseits" zu gestalten, zugleich Lachen und Rührung zu bewirken, die "wahre," die ernsthafte Komödie zu verwirklichen.

Als Ausdruck von Lessings aufklärerisch-optimistischem Glauben an eine letztlich gütige Vorsehung, der die religionsphilosophische Basis der Komödienhandlung und ihres glücklichen Endes ist, erscheint die *Minna von Barnhelm*, wie Peter Michelsen sagt, "nicht als das erste deutsche Lustspiel, sondern als das letzte." In poetologischer und dramaturgischer Sicht dagegen hat Lessing in seinem Lustspiel das erste große Beispiel für jene Gattung der 'ernsthaften Komödie' geschaffen, die in der europäischen Literatur in Shakespeares 'Problem-Komödie' *Maß für Maß* und Molières *Misanthropen*, um nur diese zu nennen, bereits eine Tradition besaß. Mit der *Minna von Barnhelm* beginnt diese Tradition endlich auch auf der deutschen Bühne, wo sie über Kleists Komödien[7] bis—wie Hilde D. Cohn gezeigt hat—zu Hofmannsthals *Schwierigem* reicht.[8]

University of Massachusetts, Amherst

1 Peter Michelsen, "Die Verbergung der Kunst: Über die Exposition in Lessings *Minna von Barnhelm,*" *Jahrbuch der deutschen Schillergesellschaft* 17 (1973), 192–252. Im folgenden steht die Seitennummer im Text.—**2** Siehe dazu: Albert M. Reh, *Die Rettung der Menschlichkeit. Lessings Dramen in literaturpsychologischer Sicht* (Bern 1981), S. 238–41.—**3** Albert M. Reh (Anm. 2), S. 253–55.—**4** Harald Weinrich, "Mythologie der Ehre. Ethik der Öffentlichkeit," *Merkur* 23 (1969), 226. —**5** Gotthold Ephraim Lessing, *Gesammelte Werke,* hrsg. Paul Rilla, 3 (Berlin 1956), 649.—**6** Fritz Martini, *Lustspiele und das Lustspiel* (Stuttgart 1974), S. 16. —**7** Siehe dazu: Albert M. Reh, "Der komische Konflikt in dem Lustspiel *Der zerbrochene Krug,*" *Kleists Dramen. Neue Interpretationen,* hrsg. Walter Hinderer (Stuttgart 1981), S. 93–113.—**8** Siehe dazu: Hilde D. Cohn, "Die beiden Schwierigen im deutschen Lustspiel: Lessing, *Minna von Barnhelm*—Hofmannsthal, *Der Schwierige,*" *Monatshefte* 44 (1952), 257–269.

Die "Declaration of Independence" und Lessings *Ernst und Falk*: eine bare Koinzidenz?

Hans-Georg Richert

In seinem umsichtigen Buch *Die Grundrechte*, in dem u.a. die einflußreiche "Virginia Bill of Rights" die ihr gebührende Würdigung erfährt, spricht Konrad Löw[1] die seit dem achtzehnten Jahrhundert bis zum Überdruß wiederholte zweifelhafte Behauptung vom "lebhaften Anteil" nach, den die "geistige Elite des deutschen Volkes" seinerzeit "an den Vorgängen in Nordamerika" genommen habe (vgl. die nuanzierte Beurteilung bei Henry S. King[2] oder Horst Dippel[3]) und zitiert, nicht unbezeichnend, als erstes Beispiel aus—Lessings *Nathan*.

Das relativ wenige, was sich explizite zum Thema "Lessing und Amerika" sagen läßt, hat Heinrich Schneider scheinbar erschöpfend in einem schmalen Aufsatz zusammengestellt,[4] dessen eine Hälfte sich zudem noch mit der 1789 in Philadelphia erschienenen englischen Übersetzung von *Miß Sara Sampson* befaßt. Daß Lessing mehr über den Gegenstand wußte, muß, wie hinsichtlich etlicher anderer zeitgenössischer Ereignisse selbst höchsten Rangs, großenteils aus Andeutungen geschlossen werden: das Briefwerk etwa läßt einen oftmals in enttäuschender Weise im Stich.

Wo auch immer besagte Thematik angesprochen wird, kommt unweigerlich *Ernst und Falk*[5] zur Erwähnung. Meine begrenzte Fragestellung gestattet mir, die in letzter Zeit vehement geführte Diskussion darüber außer acht zu lassen, inwieweit der Titel *Gespräche für Freymäurer* ernstzunehmen sei, anders gesagt: inwieweit ihr Autor als "Profaner" oder als Logenbruder spreche—offenbar hegten da bereits Zeitgenossen wie Herzog Ferdinand, Lichtenberg, Hamann, Fr. Schlegel u.a. ihre nicht unberechtigten Zweifel. Zutreffender als James Simes generalisierende Feststellung, "[a]lthough Freemasonry is the nominal subject of the work, its real interest is concentrated in the ideas it contains respecting society,"[6] scheint mir Gonthier-Louis Finks Schluß: "Lessings Freimaurergespräche sind letzten Endes vielstimmig."[7]

Die Werkgenese läßt sich nicht mit letzter Klarheit rekon-

struieren.[8] Sicher ist, daß zwischen dem frühsten Plan einer Frei-
maurerschrift (1766/67), dem ersten Entwurf (1770/71, möglicherweise bereits 1768) und der endlichen Ausarbeitung (1776/77) eine
Lücke von mehreren Jahren klafft. Das letztere Datum überrascht
angesichts der Tatsache, daß Lessing sich seit seiner Aufnahme in
die Hamburger Loge "Zu den drei Rosen" (1771) von jeglicher aktiven Beteiligung an der Logenarbeit fernhielt (vgl. die Anspielung
darauf im vierten Gespräch: L/M 13, 398) und der Plan einer eigenen Logengründung in Wolfenbüttel nie wieder zur Sprache kam.
H. Schneiders Versuche, die Anstöße zur Wiederaufnahme des Pro-
jekts zu erklären,[9] überzeugen nicht, da sie zu einseitig von Lessings konkretem Interesse an der eigentlichen Maurerei ausgehen;
sie wären glaubhafter, wenn Lessing sich enger an den vom
ursprünglichen Entwurf abgesteckten Rahmen gehalten hätte, was
indes nicht der Fall ist.

Eine zweifache Koinzidenz fällt auf. 1776 ist das Jahr der "Virginia Bill of Rights" und der "Declaration of Independence." Neben
anderen exemplarisch gemeinten "inherent rights" wie "life," "li-
berty" und "property" akzentuiert George Masons Entwurf, auf
den sich Jefferson im Eingangsteil der "Declaration" kräftig stützt,
"the means of . . . pursuing and obtaining happiness and safety."
Helen H. Miller kommentiert dazu[10]:

> Locke's trinity of life, liberty, and property was familiar to every
> political thinker of the period, but Mason's treatment of its third
> term was new, and this treatment not only led off the Virginia decla-
> ration of rights, but in elided form was incorporated in the substan-
> tive part of Jefferson's Declaration of Independence: "We hold these
> truths to be self-evident, that all men are created equal, that they are
> endowed by their creator with certain unalienable rights, that among
> these are life, liberty, and the pursuit of happiness."

Das traditionserfüllte Konzept der *eudaimonia* war im Schrifttum der Aufklärungszeit allgegenwärtig,—s. als eines unter schier
unzähligen Beispielen Johann August Eberhards *Sittenlehre der
Vernunft* (1781). Das Bemerkenswerte ist, daß es nunmehr "in bislang unbekannter Weise"[11] als integrierender Bestandteil in kon-
stitutionelle Texte einging. Was selbst den heutigen Leser dieser
Dokumente nicht unbeeindruckt lassen kann, mußte den politischen Menschen im Europa des achtzehnten Jahrhunderts wie ein
Donnerschlag treffen.

Ich verfolge im weiteren nur die "Declaration of Independence,"
weil sie in Europa, wenn überhaupt, einer stärkeren Beachtung

sicher sein durfte. Wann sie Lesern in der Alten Welt im Original-
text zugänglich wurde, wird sich schwerlich ermitteln lassen. Als
Minimalzeit wird man ansetzen müssen, was H. Dippel[12] über den
Postverkehr zwischen Nordamerika und Europa anführt, also etwa
sechs Wochen. Theoretisch könnte sie Lessing im Herbst 1776
vorgelegen haben; bekanntlich bezog Lessing einen Großteil ver-
schiedenartigster Informationen aus Zeitungen, Briefen, Briefeinla-
gen, Gesprächen etc.: Vieles läßt sich hier ganz einfach nicht
rekonstruieren.

Die frühste deutsche Übersetzung der "Declaration" folgte dem
Original um nur fünf Tage nach (*Pennsylvanischer Staatsbote* vom
9. Juli; als Flugblatt offenbar schon am 6. Juli): "happiness" wird an
beiden Stellen—aus der Zeit heraus naheliegend, wenn auch sprachlich nicht zwingend—mit "Glückseligkeit" wiedergegeben, woran
sich, beiläufig, bis heute nichts geändert zu haben scheint.[13] H. Dippel weist die frühste in Europa gedruckte deutsche Version in den
gerade entstandenen *Ephemeriden der Menschheit, oder Bibliothek
der Sittenlehre und Politik* für den Oktober 1776 nach und kommentiert dazu: "Isaak Iselin was probably the first, and perhaps the
only[!], journalist to publish a complete German translation of the
Declaration of Independence . . ." Und allgemeiner: "Even such
basic documents as the Declaration of Independence and the Articles of Confederation were printed only sporadically, and usually
in excerpts."[14] Entgegen meiner anfänglichen Erwartung besteht
zwischen dem deutschen Text des *Staatsboten* und Iselins unge-
lenker, z.T. sogar fehlerhafter Übersetzung schwerlich ein Zusammenhang.[15] An den hier vor allem interessierenden Stellen ("pursuit
of happiness" bzw. "safety and happiness") heißt es in den *Ephemeriden*: "die Begierde glücklich zu seyn" bzw. "um ihre Sicherheit
und ihren Wohlstand festzusetzen," wiewohl Iselin ansonsten mit
dem Wort "Glückseligkeit" nicht eben sparsam umging (vgl. die
"Nachricht" sowie den "Entwurf" gleich zu Beginn des ersten Bands
aus dem Jahr 1776). Die *Göttingischen Anzeigen von Gelehrten
Sachen* reagierten mehrfach auf die mit den amerikanischen Belan-
gen sympathisierenden *Ephemeriden*; charakteristisch ist der Tenor: "Die Billigung des Aufruhrs der undankbaren[!] Englischen
Colonien sehen wir ungern." (1777, S. 387) Im Vorjahr heißt es in
der Besprechung eines Reiseberichts: "Das kleine Werk schickt sich
zu den Zeiten, in welchen die Kolonien überall[!] alle Gespräche[!]
beschäftigen." (1776, Zugabe, p. CCLXXIV s.) Ist das der Fall? 1778
rezensieren die *Anzeigen* den gesamten ersten Jahrgang (1776) der
Ephemeriden (1778, Ss. 627ff.): die "Declaration" findet keine

Erwähnung. Einleuchtend heißt es in der Einleitung zu Thomas Paines *Common Sense*: "The cause of America is in a great measure the cause of all mankind."[16] Inwieweit jedoch die geistige Elite des deutschen Volkes den politischen Entwicklungen in Nordamerika, genauer hier: seinen vornehmsten konstitutionellen Manifestationen tatsächlich Aufmerksamkeit widmete, bleibt nach wie vor am individuellen Fall nachzuprüfen.

Der zentrale Begriff "happiness" und seine Übersetzung im *Staatsboten* waren zur Sprache gekommen. Die sachlich wünschenswerte Erörterung der unterschiedlichen Konnotationsspektren von "happiness" und "Glück" bzw. "Glückseligkeit" unterbleibt hier aus Raumgründen ebenso wie der Versuch, die mit Recht beanstandete Unschärfe des englischen wie des deutschen Begriffs im Kontext der zum Vergleich stehenden Dokumente in den Blick zu fassen. Es geht im folgenden vornehmlich um das Konzept im Deutschen, wie es in *Ernst und Falk* erscheint. Das Grimmsche Wörterbuch (4, I, 5) weist "Glückseligkeit" seit dem fünfzehnten Jahrhundert in üppiger Bedeutungsbreite nach; im achtzehnten und frühen neunzehnten Jahrhundert scheint das Wort seine große Zeit zu erleben, wie die entsprechenden Belege zeigen, die sich mühelos ergänzen lassen und kaum einen prominenten Autor dieser Zeit aussparen. In der Mehrzahl der Fälle entsprechen die Konnotationen denen von "Glück" (vgl. auch die Adjektive "glücklich" bzw. "glückselig"), und in der Tat ersetzen Autoren gelegentlich das eine durch das andere. Daneben finden sich jene Belege, in denen das Kompositum nicht nur eine höhere Stillage kennzeichnet, sondern auch seiner Bedeutung nach eine Ebene erreicht, die dem Simplex nicht leicht eignet. (Vgl. die Wörterbücher von Adelung und Campe zu den betreffenden Stichwörtern: "in der edlen und höhern Schreibart noch mit glücklich gleichbedeutend gebraucht;" "in dieser Bedeutung und zwar in einem verstärkten Sinne kömmt es auch in der edlern und höhern Schreibart vor;" Glückseligkeit: "Der Zustand, da man glückselig oder höchst glücklich ist, da man des höchsten Glückes genießt . . .") Bei Grimm wird für den vorliegenden Fall am ehesten der Abschnitt 4 c (346) zu vergleichen sein: "gern auf den staat, ein land o. dgl. bezogen, 'grösze, macht, wohlfahrt des staates sowie das dadurch bedingte wohlergehen der untertanen' "; hier wird u.a. der Beleg aus Lessings *Philotas* angeführt.

Ohne für den hier verfolgten Zweck Vollständigkeit des Materials anzustreben, möchte ich behaupten, daß "Glückseligkeit" nicht zu den Wörtern gehört, die in Lessings eigener Diktion eine größere quantitative Rolle spielen.[17] Läßt sich gelegentlich eine leichte Kondensierung beobachten (etwa *Miß Sara Sampson*, 1755—zeitlich dem wohl 1753 entstandenen Alexandriner-Torso "Aus einem Gedicht über die menschliche Glückseligkeit" [L/M 1, 237 ff.] benachbart, das den vielleicht frühsten Beleg darstellt—, mit insgesamt fünf, *Emilia Galotti*, 1772, mit drei Belegen), so kann man anderseits Hunderte von Seiten durchgehen, ohne fündig zu werden. Als illustratives Beispiel nenne ich das Briefcorpus[18], das insgesamt vier Belege einschließt (Ss. 96, 557 [2], 650), von denen drei in Briefen an Eva König erscheinen, wobei in dem vom 29. 9. 1771 datierten der Tod von Evas Mutter das etwas intensivierte Pathos miterklären mag: "Diese Person [d.i. Lessing selbst] erwartet alle Glückseligkeit, die ihr hier noch beschieden ist, nur allein von Ihnen, und sie beschwört Sie, um dieser Glückseligkeit willen, sich allem Kummer über das Vergangene zu entreißen. . . . " Insgesamt läßt sich sagen, daß Lessings eher spärlicher Gebrauch des Worts dem Bereich des persönlichen, irdischen Glücks gilt, wiewohl es auf der anderen Seite zu religiösen, moralischen oder auch—vgl. *Philotas* (L/M 2, 372)—politischen Anklängen kommen kann.

Halten wir fest: wie philosophisch-moralisch das Konzept der *eudaimonia* eine bedeutende Stelle einnahm, so sprachlich im Deutschen das Wort "Glückseligkeit," das sich u.a. in entsprechenden Textsorten als nahezu stereotype Übersetzung für engl. "happiness" bzw. franz. "bonheur" eingebürgert hatte. (Je ein Beispiel: Der Originaltitel *Masonry the Turnpike Road to Happiness* . . . , 1778, erscheint ein Jahr später als *Die Freimaurerei, der gerade Weg zur Glückseligkeit*; die Rezension eines 1777 publizierten *Essai sur le bonheur, où l'on recherche, si l'on peut aspirer à un vrai bonheur* . . . in den *Göttingischen Anzeigen* 1778, 699 ff. enthält auf einer einzigen Oktavseite zehnmal das Substantiv "Glückseligkeit," einmal das Adjektiv "glückselig.") Anderseits konnten Werke, denen es in der einen oder anderen Weise um dasselbe Konzept ging, des Worts entbehren: *Nathan* etwa oder das Libretto der *Zauberflöte* kommen ohne es aus. Es bleibt im ganzen somit undurchsichtig, was Lessing jeweils dazu veranlassen konnte, sich des zwar populären, ihm selber aber offenbar nicht sonderlich nahestehenden Kompositums zu bedienen.

Im Blick auf das eben Skizzierte und zugleich auf den hier aktuellen Zeitpunkt überrascht es deshalb, wenn im zweiten Gespräch von *Ernst und Falk*, an das sich im Entwurf von 1770/71 (L/M 15, 484 ff.) selbstredend noch kein Anklang findet, das Wort mit einer Häufigkeit erscheint, für die es bei Lessing keine Parallele gibt.

Eine nähere Betrachtung der neun[!] Belege (wozu einmal "Glück"
in derselben Bedeutung) in ihrem Kontext erscheint angebracht.[19]
Das übergreifende Thema ist die "bürgerliche Gesellschaft."[20] Betont ist von "Staatsverfassungen" die Rede; die "Staaten" sind
nicht Zweck, sondern Mittel, um die Glückseligkeit jedes einzelnen Menschen "desto besser und sicherer" zu garantieren. "Das
Totale der einzeln Glückseligkeiten aller Glieder, ist die Glückseligkeit des Staats. Ausser dieser giebt es gar keine. Jede andere
Glückseligkeit des Staats, bey welcher auch noch so wenig einzelne Glieder leiden, und leiden *müssen*, ist Bemäntelung der
Tyranney." (Es scheint mir unangemessen, Falk hier mit Fink[21]
spezifisch auf "den christlichen Standpunkt der Fürsorge für die
Geringsten" festzulegen.) Leiden "auch noch so wenig einzelne[r]
Glieder" als Gegensatz zu jener Glückseligkeit, auf die "jeder einzelne Mensch" ein unveräußerliches Recht hat: die gedanklichen
Parallelen zur "Declaration" im Blick auf "absolute despotism,"
"absolute tyranny" liegen auf der Hand. Mag Lessing in Preußen
auch "das sklavischste Land von Europa"[22] gesehen haben, so
wußte er nur zu gut, daß die politischen Bedingungen, die das
Leiden eines Teils der Untertanen zur Folge hatten, auch in anderen Staaten des Kontinents gegeben waren; schränkten nicht sogar die persönlichen Erfahrungen, die er selber mit seinem "Durch-
lauchtigsten Herzog," etwa im Bereich der Zensur, gemacht hatte,
die Glückseligkeit des "einzelnen Menschen" Lessing zuzeiten in
einer Weise ein, die den Ton seiner Briefe bitter werden läßt?
Gewiß waren dies "Wahrheiten, die man besser verschweigt:" war
das ins Ohr Ferdinands gesagt? Ich kann Fink angesichts des
weitgefaßten Skopus dieser Passage nicht zustimmen, wenn er
meint, Lessing habe hier "durch die grobe Gegenüberstellung von
Freiheit und Tyrannei den friderizianischen Despotismus entlar-
ven" wollen.[23]
     Wie andere Kernkonzepte des Dialogs, so wird auch dieser Ge-
danke nachdrücklich wiederholt und zugleich erweitert: "Nichts
als Mittel! Und Mittel menschlicher Erfindung; ob ich gleich nicht
leugnen will, daß die Natur alles so eingerichtet, daß der Mensch
sehr bald auf diese Erfindung gerathen müssen." Menschliche Erfindung ist es, die diesen Zentralgedanken der "Staatsverfassungen" als Mittel zur menschlichen Glückseligkeit aus der "Natur"
ableitet; die "Declaration" spricht zunächst von "the laws of nature and of nature's God," um im zweiten Absatz "Creator" als
Synonym dafür einzusetzen. Die "Ableitung" bedingt, daß ihr die
Unfehlbarkeit göttlicher Mittel nicht eignet, sondern daß sie fehl-

bar ist. Der zuversichtlich-konstruktive Gedankengang wird hier unterbrochen und in der nahezu visionären Überlegung fortgesetzt, daß auch "die beste Staatsverfassung" (Falk: "Setze [sie] . . . schon erfunden . . . "[!]), da als "menschliche Erfindung" unvollkommen, das Potential in sich birgt, die menschliche Glückseligkeit zu gefährden. Mit anderen Worten: sie ist nicht ein für allemal übertragbar, gewährt, einmal "erfunden," nicht die Aussicht, die Glückseligkeit der individuellen Menschen zu einer Glückseligkeit der Menschheit oder auch nur eines ganzen Staatswesens werden zu lassen. Mit Recht sagt Ehrhard Bahr: "Es besteht also selbst unter den besten Verhältnissen eine unauflösbare Antinomie insofern, als der Staat als das Mittel, 'welches die Menschen vereiniget, um sie durch diese Vereinigung ihres Glückes zu versichern,' die Menschen aufgrund ihrer Staats-, Konfessions- und Standeszugehörigkeit zugleich trennt und unglücklich macht."[24] Falk nennt die sich daraus ergebenden "Trennungen" im Großen wie im Kleinen, im Nationalen und Religiösen wie im Sozialen; doch ihre Notwendigkeit macht sie weder "gut" noch "heilig" noch unantastbar, d.h. es kann nicht verboten sein, "Hand an sie zu legen," um das Übel der Trennungen nicht größer werden zu lassen, "als die Nothwendigkeit erfodert." Zu wünschen sei, "daß sich die Weisesten und Besten eines jeden Staats diesem *Operi supererogato* freywillig unterzögen," Männer, "die über die Vorurtheile der Völkerschaft hinweg wären und genau wüßten, wo Patriotismus, Tugend zu seyn aufhöret," "die dem Vorurtheile ihrer angebohrnen Religion nicht unterlägen; nicht glaubten, daß alles nothwendig gut und wahr seyn müsse, was sie für gut und wahr erkennen," die "bürgerliche Hoheit nicht blendet, und bürgerliche Geringfügigkeit nicht eckelt; in deren Gesellschaft der Hohe sich gern herabläßt, und der Geringe sich dreist erhebt." Dies ist, wohlgemerkt, nicht im Blick auf die Logen, sondern auf die bürgerliche Gesellschaft gesagt. J. M. Goeze mag so ganz unrecht nicht gehabt haben, als er Lessing den Grundsatz unterstellte: "So bald ein Volk sich einig wird, Republik seyn zu wollen, so darf es . . ."[25]

"Wie, wenn . . . diese Männer die Freymäurer wären?" Es ist offensichtlich, daß Lessing bei dieser suggestiven Frage nicht—oder jedenfalls nicht primär—an die Zusammensetzung des amerikanischen Kongresses dachte, auf den an anderer Stelle (L/M 13, 400) angespielt wird, sondern an Vertreter jener Maurerei, die schon "immer gewesen," jener, von der Lichtenberg nach der Lektüre der ersten beiden Gespräche von *Ernst und Falk* meinte: "Wenn die Freymäurer *das sind*, so ist es eine Sünde wider die menschliche

Natur keiner zu seyn."[26] Oder wie Falk es ausdrückt: "Weil man etwas seyn kann, ohne es zu heissen."

Ich verzichte auf die Erwähnung der direkten oder vermeintlichen Anspielungen auf amerikanische Zeitgegebenheiten besonders im fünften Gespräch, ebenso auf eine Diskussion der Frage, welche Einstellung Lessing zum amerikanischen Unabhängigkeitskrieg eingenommen habe.[27] Mir geht es hier um die zeitliche und konzeptionelle Übereinstimmung einer zentralen Wertvorstellung in zwei Texten, denen jener "Wandel der Gesinnung" gemeinsam ist, von dem Fink in anderem Zusammenhang spricht[28], die beide jenes traditionelle Konzept der "happiness from above"[29] hinter sich lassen und einer Staatsverfassung zur Pflicht machen, den Bürgern als eines ihrer wesentlichen unveräußerlichen Rechte Glückseligkeit zu garantieren. In der Skepsis gegenüber den sich daraus ergebenden realen Konsequenzen hätte Lessing u.a. einige der amerikanischen Verfassungsväter auf seiner Seite gehabt. In einem Brief von John Adams etwa, geschrieben am 3. Juli 1776, heißt es: "You will think me transported with Enthusiasm but I am not.—I am well aware of the Toil and Blood and Treasure, that it will cost Us to maintain this Declaration, and support and defend these States."[30] Lessing deshalb ein "anti-eudämonistisches Ideal" zu unterstellen[31], ist schwerlich die ganze Wahrheit.

Eine bare Koinzidenz? Das Gegenteil läßt sich nicht behaupten, geschweige denn beweisen,—immerhin basierten Männer wie G. Mason und vor allem Jefferson weitgehend auf derselben philosophischen Grundlage wie Lessing. Von den sachlichen Gegebenheiten her indes läßt sich nicht ausschließen, daß Lessing die "Declaration of Independence" bekannt gewesen sei, ja, daß sie die Anregung dazu lieferte, das Projekt *Ernst und Falk* zu *diesem* Zeitpunkt, d.h. mitten in einer ohnedies äußerst arbeitsreichen Phase, erneut aufzugreifen und seiner "Vielstimmigkeit" das hochaktuelle zweite Gespräch hinzuzufügen. Sollte das der Fall gewesen sein, so mußte er in ihr die politische Manifestation von Ideen erkannt haben, die Umsetzung von Gedanken, mit denen er seit langem sympathisiert hatte, in "Handlungen," in "Taten der Freymäurer," freilich nicht, ohne zugleich die inhärente Begrenztheit dieser Konkretisierung wahrzunehmen. Arnold Heidsieck schließt seinen Aufsatz zu "Adam Smith's Influence on Lessing" mit den Worten: "Lessing's political tract [*Ernst und Falk*] argues against the political privileges of the feudal class by demonstrating that the sole political purpose of government is individual happiness. Any abridgement of the universal right to (the pursuit of) happiness is tyrannical. With his views, Lessing stands as one of the most progressive German authors of the 18th century."[32] Sollte diesem fortschrittlichen Arbiter das folgenschwere historische Ereignis des 4. Juli 1776 entgangen sein?

University of Cincinnati

1 Konrad Löw, *Die Grundrechte. Verständnis und Wirklichkeit in beiden Teilen Deutschlands* (München 1977), S. 56.—**2** Henry Safford King, *Echoes of the American Revolution in German Literature* (Berkeley, California 1929).—**3** Horst Dippel, *Germany and the American Revolution. 1770–1800,* transl. Bernhard A. Uhlendorf (Chapel Hill 1977).—**4** Heinrich Schneider, "Lessings Interesse an Amerika und die amerikanische *Miß Sara Sampson,*" *Lessing. Zwölf biographische Studien* (Bern 1951), Ss. 198–221.—**5** Unter Berücksichtigung anderer Editionen, vor allem der von Ion Contiades (Frankfurt/M 1968), stütze ich mich auf den Text in Bd. 13 der Ausgabe von Lachmann / Muncker (L/M 13, 339ff. [I-III]; 387ff. [IV + V]).—**6** James Sime, *Lessing,* 2nd ed. (London 1879), S. 282.—**7** Gonthier-Louis Fink, "Lessings *Ernst und Falk.* Das moralische Glaubensbekenntnis eines kosmopolitischen Individualisten," *Recherches Germaniques* 10 (1980), 58.—**8** Vgl. H. Schneider, "Lessing und die Freimaurer," a.a.O. Ss. 166–197, sowie Karl S. Guthke, "Lessings 'Sechstes Freimaurergespräch'," *ZfdPh* 85 (1966), 576–97.—**9** H. Schneider, a.a.O. 184–88. —**10** Helen Hill Miller, *George Mason. Gentleman Revolutionary* (Chapel Hill 1975), S. 152.—**11** K. Löw, a.a.O. 52.—**12** H. Dippel, a.a.O. 17.—**13** K. Löw, a.a.O. 15; zu dem Flugblatt vom 6. Juli s. Karl J. R. Arndt, "The First Translation and Printing in German of the American Declaration of Independence," *Monatshefte* 77 (1985), 138–42.—**14** H. Dippel, a.a.O. 29 und 23.—**15** Die Originalausgabe von 1776 (Basel: Joh. Schweighäuser) war mir nicht zugänglich; ich stütze mich auf den Nachdruck von 1778 (Leipzig: Carl Friederich Schneider). Die Baseler Ausgabe mit dem Eintrag "Fürstliche Pagen Bibliothec" befindet sich in den Beständen der Herzog August Bibliothek; das Erwerbsdatum ist unbekannt. (Freundlicher Hinweis von Wolfgang Milde, Wolfenbüttel.)—**16** Ed. Nelson F. Adkins, *Common Sense and Other Political Writings. Thomas Paine* (Indianapolis 1953), S. 3.—**17** Keine eigentliche Relativierung dieser Aussage ergibt sich aus dem Vergleich von Francis Hutchesons *A System of Moral Philosophy* (1755) und Lessings Übersetzung des Werks (*Sittenlehre der Vernunft,* 1756), in der—exemplarisch nachgeprüft an etwa zwei Dutzend Beispielen—Lessing "happiness," einen der Kernbegriffe Hutchesons, konsequent durch "Glückseligkeit" wiedergibt: er folgt damit der unten erwähnten Übersetzungsroutine im Bereich theologischer, philosophischer und moralischer Texte. (Diese Einsicht ermöglichte mir durch freundliche Vermittlung Arnold Heidsiecks Frau Jutta Brandt, University of Southern California.)—**18** Hrsg. Paul Rilla, *G. E. Lessing, Gesammelte Werke,* Bd. 9 und 10 (Berlin 1957, 1958).—**19** Zum Thema insgesamt vgl. Ehrhard Bahr, "The Pursuit of Happiness in the Political Writings of Lessing and Kant," *Studies on Voltaire and the Eighteenth Century* 151 (1976), 167–84.—**20** Zu Lessings Auffassung von "bürgerlicher Gesellschaft" (societas civilis) s. Peter Michelsen, "Die 'wahren Taten' der Freimaurer. Lessings 'Ernst und Falk'," *Geheime Gesellschaften,* Hrsg. Peter Christian Ludz (Heidelberg 1979), S. 300.—**21** G.-L. Fink, a.a.O 43.—**22** Hrsg. P. Rilla, a.a.O. S. 9, 327.—**23** G.-L. Fink, a.a.O. 43f.—**24** Ehrhard Bahr, "Lessing: Ein konservativer Revolutionär? Zu 'Ernst und Falk: Gespräche für Freimäurer'," *Lessing in heutiger Sicht,* Hrsg. Edward P. Harris und Richard E. Schade (Bremen 1977), S. 301.—**25** Hrsg. Erich Schmidt, *Goezes Streitschriften gegen Lessing.* Deutsche Litteraturdenkmale des

18. und 19. Jahrhunderts 43/45 (Stuttgart 1893), S. 24.—Goeze verwendet dieselbe Formulierung bereits in einer Besprechung vom 20. Februar 1778: a.a.O. S. 191. —**26** Hrsgg. Albert Leitzmann und Carl Schüddekopf, *Lichtenbergs Briefe,* I (Leipzig 1901), 309.—**27** Vgl. H. Schneider, a.a.O. Ss. 205ff., sowie G.-L. Fink, a.a.O. S. 30.—**28** G.-L. Fink, a.a.O. S. 57.—**29** E. Bahr (1976), a.a.O. S. 167.—**30** Ed. Lyman H. Butterfield, *Adams Family Correspondence,* 2 (Cambridge, Massachusetts 1963), 31.—**31** G.-L. Fink, a.a.O. S. 63.—**32** Arnold Heidsieck, "Adam Smith's Influence on Lessing's View of Man and Society," *Lessing Yearbook* 15 (1983), 140.

Charlotte Corday, Adam Lux, and
Hermann und Dorothea

Thomas P. Saine

It is well known that Klopstock greeted the beginning of the French Revolution with great hope and enthusiasm.[1] In the period from late 1788 to 1795–96 he wrote some twenty-five poems dealing with the Revolution, so that he, more than any other, qualifies for the title of "Poet of the Revolution." By the summer of 1793, however, Klopstock's ardor for the French Revolution had cooled considerably, basically for two reasons: 1) the evolution of the war between France and the Coalition powers into what he considered to be an offensive war on the part of the French; and 2) internal French political developments which had seen the deterioration of revolutionary idealism into what Klopstock and other Germans tended to view as sordid factionalism, leading to the Massacres of September, 1792, which were a rude shock to German liberal sensitivities, the rise of the Jacobin Mountain faction in the National Convention, and the Fall and destruction of the Gironde in the summer of 1793. Klopstock and most other German liberals who had been sympathetic to the Revolution were Girondists at heart and were shocked and appalled by the establishment of the Jacobin dictatorship in the summer of 1793. They had no real understanding of the dynamics of the revolutionary situation which had led to the dictatorship in this time of crisis.

In one of his most powerful and melancholy poems about the Revolution, "Mein Irrthum," Klopstock combines the themes of disappointment at the destruction of the ideal of freedom and disappointment at the French reversion to waging offensive warfare. "Freyheit" no longer has any beneficial effect on the French—they only come alive "wenn das Ungesetz winkt." The French obey Alekto[2] and speak falsely of "freedom," even while waging a war of conquest against peace-loving neighbors:

> Freyheit, Mutter des Heils, nanten sie dich
> Nicht selbst da noch, als nun Erobrungskrieg,
> Mit dem Bruche des gegebnen
> Edlen Wortes, begann?[3]

Exile and Enlightenment
Copyright Wayne State University Press, 1987.

In "Mein Irrthum" Klopstock pronounces the death of his dream of freedom for the French and for all other peoples; the only emotion of which he is still capable is sorrow. There are no more shining lights, no "goldener Traum" or "Morgenglanz" to inspire him; Charlotte Corday appears to him in the character of an avenger of the justice that had been aborted by corrupt judges, an upright and virtuous person, "die erhabne Männin," but now the exception and not the rule, incapable of inspiring emulation by her countrymen. Corday, in spite of her heroic deed, which will be told by generations to come, "mit Glut einst auf der Wange, Tränen," is by now only a "Schatten am Weg' / In der Öde, der weit umher sich krümt"—such a shade can refresh the wanderer, but only momentarily, as he too must soon be again upon his long and difficult way.

For all the understanding and good will with which Klopstock had been able to maintain his sympathy for the Revolution through the difficult fall of 1792 and the winter of 1792–1793, he was apparently mesmerized by the demonic face of the Revolution represented for him by the figure of Jean Paul Marat and the beginning of the Reign of Terror. Charlotte Corday, who murdered Marat on 13 July 1792 and was quickly tried and guillotined for her deed on 17 July, is for Klopstock a pure and ideal figure, but one incapable of inspiring hope for the future, and his despair about the Revolution is encapsuled in the images of La Rochefoucauld[4] and Corday in the poem "Die beyden Gräber" of mid-1793. Here again we meet a wanderer, who discovers two graves and asks whose they are. Voices answer that the graves are those of "Roschefoko" and "Kordä." When the wanderer expresses the wish to gather flowers and plant a weeping willow, "Denn ihr starbt für das Vaterland!" he is told by the voices, "Samle nicht," and "Pflanze nicht." At the close of the poem they command the wanderer to return as soon as he has truly learned to weep,

> Und weine,
> Aber blutige Thränen!
> Denn wir starben umsonst für das Vaterland!

In the atmosphere of fall, 1793, it was inevitable that Charlotte Corday should function more as an elegiac than as a heroic figure and that her deed and her sacrifice should have been viewed as having been in vain. J.W. von Archenholz, whose *Minerva* was probably the most respected journal of contemporary history at the time, wrote in an article in the December, 1793, issue devoted to the latest French developments: "... vergebens hatte die edle *Corday*, aus Unkunde der eigentlichen Lage der Dinge, ihr Leben aufgeopfert."[5] In his novel, *Hans Kiekindiewelt*, A. G. F. Rebmann found it necessary to defend Corday against disparaging judgments that had been passed on her by other German writers, but even he admitted that she had been a "Schwärmerin" who had not fully understood the consequences of her action:

> Ich weiss nicht, ist es die übelgegründete Furcht, dass Teutschland eine ähnliche Virago hervorbringen möchte, oder ist es teutsche Unempfänglichkeit, die so manche Aufsätze hervorgebracht hat, worinn Charlotten Cordais That, fern vom Schauplatz der fürchterlichen Kämpe, auf einer geheizten Stube bey einer Pfeife Tobak, wie mit der Elle abgemessen wird, um zu beweisen, dass auch gar nichts grosses in ihr liege. ... Es ist ja wohl bey uns Teutschen sonderlich nöthig, allen Enthusiasmus fürs Erhabene in der Geburt zu ersticken, denn der grösste Theil unsrer Mitbürger ist ohnedem zu empfänglich dafür! Auch bey der kältesten Betrachtung bleibt die Schwärmerin Cordai, ob sie gleich die Folge ihrer That irrig berechnete, immer ein grosses Weib, die sich für ihr Vaterland aufopferte, wenn gleich diese Aufopferung fruchtlos war.[6]

German liberals sanctified the memory of the Girondins who had fallen in the summer of 1793. Above the Girondins they raised, in their mind's eye, two saintly martyrs whose hatred of despotic Jacobin tyranny and devotion to the true principles of republicanism and the public good made them exemplary figures for a future free of Jacobinism: Charlotte Corday and Adam Lux.[7] Lux had been, along with Georg Forster and Adam Potocki, one of the three delegates sent to the French National Convention in March, 1793, to petition for annexation of the new Mainz Republic. When Mainz was besieged by the Prussian army there was no hope of returning home. Lux was reportedly very much a loner who brooded over the state of the Revolution and read extensively in the classical historians, while Forster was more successful in establishing himself in Paris. According to those who knew him, Lux had, apparently quite by accident, come across and joined the procession leading Corday to her execution, had been entranced by her beauty and her calm and heroic bearing, and immediately went home and wrote a pamphlet praising the virtue of Charlotte Corday and claiming that she was greater even than the Roman Brutus. He begins his pamphlet, illogically enough, with a demonstration that tyrannicide is

philosophically unjustified, only to praise and revere Charlotte
Corday almost as a divinity for her action:

> *Charlotte!* himmlische Seele! warst du nur eine Sterbliche? Hat
> die Geschichte deines Gleichen aufzuweisen? Triumphire Frank-
> reich! triumphire Caen! Du hast eine Heldin hervorgebracht, deren
> Beyspiel man vergebens in Rom und Sparta sucht. Sie verließ die
> Erde, die ihrer nicht mehr würdig war; sie fuhr wie ein Blitz vorüber;
> aber, Franzosen! sie ließ uns das Andenken ihrer Tugenden; dieses so
> süße und so geliebte Andenken wird für mein Herz nie verloren
> gehen; es vermehrt und erhält meine Liebe für dieses Vaterland, für
> welches sie sterben wollte.[8]

Soon afterwards he wrote a second pamphlet attacking the Jacobins
for the brutal annihilation of the Gironde in May and June. Under
the circumstances these were of course seditious, even treasonous
pamphlets, for which Lux willingly allowed himself to be arrested,
in the hope or with the intention of joining Corday in death. He
was eventually put on trial, condemned, and guillotined, although
not until 4 November 1793.

An article in Ludwig Ferdinand Huber's *Friedenspräliminarien* in
1795, probably by Konrad Engelbert Oelsner,[9] gives more details
about the fate of both Corday and Lux, as well as the author's
personal impression of Corday:

> Sie fuhr vorüber, wie es sich für das Ideal der Tugend ziemte;—mit
> dem Triumph ihrer vollendeten Sendung im Herzen, unbekümmert
> über das Lob oder den Tadel, die zu ihren Füßen wühlten—große
> Seelen erkennen keine Richter als sich selbst—von süßen Träumen
> begeistert, ging sie dem Tode wie eine Braut entgegen. Heil dir Un-
> sterbliche! . . . Dein Beispiel belegt neue Rächer der Vernunft, und
> die Reihen kommender Jahrhunderte danken, staunen, und beten
> dich an! Die Nachwelt wird dir Lobgesänge singen, dir Bildsäulen
> und Tempel weihen, und auf deinem Grabe Freiheitsfeste feiern.[10]

According to the author the Jacobins had done everything in their
power to minimize Corday's impact, but in spite of all their efforts
there had been overwhelming public interest in the case, her trial,
and her execution. Oelsner also has details about Lux which he had
gleaned from Forster, and he closes the passage about Lux on a note
of high praise: "Ihm gehört die Ehre, in der Unglücks-Epoche vom
31sten May bis zum Sturze *Robespierre'ns* der Einzige gewesen [zu]
seyn, der die volle Stimme der Wahrheit zu erheben wagte. Kein
Journalist ist seinem Berufe treu gewesen . . ." (p. 371).

In the third and fourth numbers of *Das neue graue Ungeheuer* Rebmann printed materials about Corday and Lux, most of which had already appeared in other publications.[11] There is nothing new in Rebmann's admiration of Corday and Lux, but the context in which he places them is an illuminating one. In a letter to the French National Convention written in November, 1794, but never sent, Klopstock called upon the Convention to restore the ideological purity of the Revolution by cleansing the Pantheon of the relics of Marat and enshrining Charlotte Corday there in his place.[12] At the moment when the Jacobin dictatorship and Robespierre had been overthrown, Corday was no longer the elegiac figure Klopstock had represented in his odes, but an inspirational heroine worthy of the highest honor and recognition. Rebmann does much the same thing for Adam Lux in *Das neue graue Ungeheuer*, not only by placing him in the company of Charlotte Corday, for whom he had gone to his death, but by linking him directly to the Gironde and to its surviving members who had returned to Paris to overthrow the tyrant and avenge their companions who had been executed in 1793: "Die Republikaner [the Girondins] fielen . . . , und—Dank sey es dem Schutzgeist der Menschheit!—die Republik fiel nicht mit ihnen, denn der Rest der geächteten Edeln siegte endlich, und Vergniauds Manen stürzten den neuen Tyrannen vom erkrochenen Throne."[13] According to Rebmann's account, Lux had made up his mind, early in May, to support his Girondin friends as demonstratively as possible: "[Er beschloß] zu Anfange des Mays den Tugenden seiner Freunde, der Girondisten, öffentlich zu huldigen, und sich zur Bestätigung der Wahrheit den Dolch des Cato in die Brust zu stoßen. Seine Freunde, noch auf Rettung vertrauend, widerriethen ihm das vergebliche Opfer, indem sie ihm die gutgesinnten Departments zeigten" (p. 6). In July, when it was much too late to save the Girondins by any action, demonstrative or otherwise, Lux had fastened on Charlotte Corday's murder of Marat as just such a demonstrative republican act of heroism as he had once intended and not been able to carry out and, single-minded to the end, he praised her, denounced the Mountain Faction as he had always wanted to do, and joined her in death. Rebmann quotes from a letter Lux had written to Forster just before his arrest, in which he had expressed complete satisfaction with the fate he had thus made for himself:

> Glauben sie ja nicht, daß ich Thor genug sey, um nicht das Schicksal vorauszusehen, welches mir eine Schrift bereitet, die um so mehr

die Machthaber verwunden muß, da sie mich nicht persönlich beleidigt haben. Allein, mein Grundsatz ist, daß man, was es auch kosten möge, laut der gerechtesten Parthey folgen müsse. Meine Uneigennützigkeit und mein Gewissen werden mich, wie ich hoffe, für das Schicksal entschädigen können, welches meiner wartet. (pp. 9–10)

If Charlotte Corday is apotheosized in Klopstock's letter to the National Convention as a saintly figure to be enshrined in the revolutionary Pantheon, I would like to argue that Adam Lux undergoes a parallel apotheosis at almost precisely the same historical moment, in Goethe's *Hermann und Dorothea*. I refer, of course, to the figure of Dorothea's first fiancé, who, obviously a resident of the French-occupied Left Bank of the Rhine, had gone off to Paris in the fervor of revolutionary commitment, there to espouse revolutionary purity and idealism and meet with a terrible death. The fiancé is eulogized in two passages of Goethe's epic, first in the sixth canto by the leader of the émigrés when asked to evaluate Dorothea for Hermann's "Brautschauer," the pharmacist and the pastor, and at the very end of the epic by Dorothea herself.

The figure of Dorothea's fiancé has often been identified in the literature with Georg Forster.[14] For those friendly to Forster[15] there is certainly reason to wish that this were so, but, as we shall see, upon close analysis there is absolutely nothing in Goethe's text or in the historical context of *Hermann und Dorothea* to support this identification. In the 1790s even German liberals who had been Forster's friends were gravely disillusioned by his having become not just an adherent of the French Revolution, but a fanatic and intolerant proselytizer for the republic in Mainz. Any number of contemporary discussions of the Mainz "revolution" single out Forster for special criticism. While Goethe may have felt a certain sadness about Forster's end in Paris in January, 1794, his attitude towards Forster probably did not allow for apotheosizing him as a revolutionary idealist,[16] and there is of course a series of Goethe-Schiller *Xenien* which make of Forster anything *but* the idealist who left a loving woman behind when he went off to Paris in 1793.[17]

Dorothea's fiancé is first mentioned by the old judge when asked about Dorothea, and his words clearly convey admiration both for the fiancé and for the faithful bride he had left behind: "Auch mit stillem Gemüt hat sie die Schmerzen ertragen Über des Bräutigams Tod, der, ein edler Jüngling, im ersten Feuer des hohen Gedankens, nach edler Freiheit zu streben, Selbst hinging nach Paris und bald den schrecklichen Tod fand; Denn wie zu Hause, so dort, bestritt

er Willkür und Ränke." (VI, 186–90) Two parts of this characterization are important for our purposes. First, we note that the old
judge describes the fiancé as "ein edler Jüngling," as which Forster,
who had been thirty-nine when he left for Paris, would probably
not qualify. (Lux was at any rate eleven years younger than Forster
and could possibly still have passed for a "Jüngling" at the time of
his execution). The second interesting part of the passage is the
final clause, that the fiancé "bestritt . . . Willkür und Ränke."
There is no record of Forster's having engaged himself in any of the
struggles going on in Paris at the time of his arrival there. Lux, on
the other hand, in addition to his fateful praise of Charlotte Corday, had written a pamphlet which constituted a radical attack on
the Robespierre faction of the Jacobins, who were certainly, for the
German mind of the 1790s, the archetypical representatives of
"Willkür und Ränke."

At the end of the epic, Dorothea, though she loves Hermann and
is happy to become his bride, asks permission to commemorate her
dead fiancé for a moment:

Alles sah er voraus, als rasch die Liebe der Freiheit,
Als ihn die Lust, im neuen, veränderten Wesen zu wirken,
Trieb, nach Paris zu gehn, dahin, wo er Kerker und Tod fand. (IX, 259–
61)

If there were any remaining doubt, these lines should be enough to
demonstrate convincingly that Forster could not be the figure who
inspired Goethe to invent Dorothea's fiancé. Dorothea's speech
amplifies the fate of her fiancé, adding to what the judge had said
before: if the judge only said that the fiancé had found a "schrecklichen Tod," Dorothea tells us clearly that it was a death linked to
imprisonment, that is, the fiancé had most likely been first imprisoned and then executed. The words of Dorothea and the judge can
by no stretch of the imagination be applied to Forster's fate in
Paris: Forster was never in any danger of being imprisoned, and his
death at an early age, while regrettable, can hardly be classified as
"schrecklich." He died in bed after an illness. It is almost incon-
ceivable that Goethe would have idealized the fate of Georg Forster
and transformed him into Dorothea's young fiancé when the fate of
Adam Lux, which so much better suited his purposes, was so ready
to hand.[18] It is the fiancé who has almost the final word in *Hermann und Dorothea*, as Dorothea relates at length his parting ad-
monition to her:

Nur ein Fremdling, sagt man mit Recht, ist der Mensch hier auf Erden;
Mehr ein Fremdling als jemals ist nun ein jeder geworden.
Uns gehört der Boden nicht mehr; es wandern die Schätze;
Gold und Silber schmilzt aus den alten heiligen Formen[19];
Alles regt sich, als wollte die Welt, die gestaltete, rückwärts
Lösen in Chaos und Nacht sich auf und neu sich gestalten.
Du bewahrst mir dein Herz; und finden dereinst wir uns wieder
Über den Trümmern der Welt, so sind wir erneute Geschöpfe,
Umgebildet und frei und unabhängig vom Schicksal.
Denn was fesselte den, der solche Tage durchlebt hat! (IX, 269–78)

Clearly the strategic placement of this rendering of the fiancé's
sentiments in Dorothea's reminiscence just before betrothing herself to Hermann gives them enduring status as a credo of love and
commitment, even though the young man's idealistic faith in the
revolutionary moment is overshadowed by the atmosphere of confusion and historical uncertainty in which he was forced to act.
The dead fiancé is accorded a place as the omnipresent third in the
relationship between the newly betrothed young people when
Dorothea, at the end of the epic, continues to wear the fiancé's ring
as well as the new one placed on her hand in Hermann's home.
The enduring presence of the idealistic third person, in my interpretation the shade of Adam Lux[20], will ensure the transformation
of Hermann, the German, into Hermann, the German citizen of
the world. The fact that the memory of the "cosmopolitan" fiancé
will live on in the marriage between Hermann and Dorothea mili-
tates against any purely "national-German" interpretation of Hermann's character and of the ending of the epic.

University of California at Irvine

1 This essay is taken from a work in progress about the impact of the French
Revolution on German intellectuals. I wish to thank the American Council of
Learned Societies and the John Simon Guggenheim Memorial Foundation for their
support in 1982–1983.—**2** The personification of "das Ungesetz" which has forced
the spirit of "Freyheit" to return to heaven from whence she came. "Alekto" first
appears in the poem "An La Rochefoucauld's Schatten."—**3** I quote, here and in the
following, without further attribution, from the texts as published in *Friedrich
Gottlieb Klopstocks Oden,* ed. Franz Muncker and Jaro Pawel, 2 vols. (Stuttgart
1889).—**4** The Duke de la Rochefoucauld, with whom Klopstock had corresponded
and who represented for Klopstock the idealistic face of the Revolution, had been
murdered on 2 September 1792, the first day of the Massacres.—**5** *Minerva,* 8
(December, 1793), 362.—**6** *Hans Kiekindiewelt's Reisen in alle vier Welttheile und
den Mond* (Leipzig 1794), pp. 242–3.—**7** Lux, born in 1765, was a private citizen of
Kostheim who became a delegate to the Rhenish-German National Convention.

(The article in the *Allgemeine Deutsche Biographie*, which is not extremely useful, errs in having him born in 1766. The *Neue Deutsche Biographie* has not yet gotten to Lux). Though he had been a member of the Mainz Jacobin Club before becoming a delegate to the Rhenish Convention, Lux was not one of the militant propagandists for the Mainz revolution and his image was untouched by the general disdain in which the Mainz revolutionaries were held by most German intellectuals of the time. —8 In the August, 1793, *Minerva* Archenholz published "Briefe und Verhör der Charlotte Corday" and "Ueber Charlotte Corday, von Luchs." I quote from this version of the Lux pamphlet, p. 309.—9 The article has the title "Beiträge zur Revolutionsgeschichte. Zweiter. den 19ten Julius 1793."—10 *Friedenspräliminarien*, 7 (1795), 362.—11 He makes particular reference to an article in Paul Usteri's *Klio*, 3 (1795), which contained considerable information about Lux. —12 Klopstock published the letter to the National Convention in the article "Das nicht zurückgeschickte Diplom," in a 1796 number of the *Berlinische Monatsschrift*. Here Klopstock explained his reason for not having returned the diploma of honorary French citizenship awarded him by the decree of 26 August 1792. —13 *Das neue graue Ungeheuer*, 4. Stück (1796), p. 4. The statement about the revenge of "Vergniauds Manen" in the overthrow of Robespierre is stretching the historical truth somewhat. The Girondin deputies who had fled in 1793 had no part in Robespierre's downfall, but were rather recalled to Paris after Thermidor.—14 It would seem that this identification began with the Forster scholars, namely in Paul Zincke's book, *Georg Forsters Bildnis im Wandel der Zeiten. Ein Beitrag zur Geschichte des öffentlichen Geistes in Deutschland* (Reichenberg i.B. 1925), pp. xix–xx. One of those arguing recently that Forster was the model for the fiancé has been my own colleague, Helmut J. Schneider, in his essay "Idylle und bürgerliches Epos" in Horst Glaser's *Deutche Literatur. Eine Sozialgeschichte*, 5 (Reinbek 1980), 136, and it was in fact the rather casual assertion by Schneider (in parentheses) in a still unpublished article to the effect that Forster was "bekanntlich" the model for the fiancé that has given rise to the present essay.—15 Most recently, Peter Morgan, "The Polarization of Utopian Idealism and Practical Politics in the Idyll: The Role of the First 'Bräutigam' in Goethes *Hermann und Dorothea*, GQ, 57 (1984), 532–45. Space does not permit of extensive argument with Morgan's main thesis that Goethe displayed an attitude toward Forster that had been softened somewhat by publication of some of Forster's correspondence and his private views about the Revolution in Huber's *Friedenspräliminarien* after Forster's death.—16 In spite of Peter Morgan's argument, pp. 535ff.—17 Though these particular *Xenien* are primarily Schiller's, there is no good reason to dissociate Goethe from their sentiments. I quote only the first of three consecutive distichs: "O ich Tor! Ich rasender Tor! Und rasend ein jeder, / Der, auf des Weibes Rat horchend, den Freiheitsbaum pflanzt!" This and the third distich clearly refer to Forster's wife, Therese, who had more or less abandoned the Revolution, left him for Ludwig Ferdinand Huber, and was negotiating for a divorce at the time of Forster's death.—18 Dieter Borchmeyer has identified the fiancé with Lux, without, however, offering any argument or evidence for his candidate (see Viktor Zmegac, ed., *Geschichte der deutschen Literatur vom 18. Jahrhundert bis zur Gegenwart*, I/2, Königstein/Ts 1978, 10). Morgan, after dismissing the possibility that Rebmann or Lux inspired the character of the fiancé, claims that "neither Rebmann nor Lux nor any of the other German Jacobins had the significance of Georg Forster as a symbol of German reaction to the revolution during the 1790s" (p. 534). As I have argued above, however, Forster's reputation among his contemporaries was sullied by his activities in Mainz, while Lux had had a very favorable press and needed no ideological or moral rehabilitation. It is also questionable whether Rebmann, the leading political journalist among German liberals of the period 1795–1800, was not much better known and admired than Forster.—19 Morgan (p. 537) takes this passage as an expression of the "individualistic nature of the experience of the revolution and the chiliastic hopes for the future . . . [revealing] the heritage of German Protestant pietism." He fixes upon the use of the verb "schmelzen" to support the finding of the "heritage" of Pietism; but the line "Gold und Silber schmilzt aus den alten heiligen Formen" seems to me to refer clearly to the French occupation practice of taking all the valuable metal objects from the Rhenish churches and melting them down for their gold and silver content.—20 It is of course interesting to speculate that if the original fiancé is inspired by the fate of Adam Lux, there may be something of Charlotte Corday in Dorothea herself. Certainly her determined action in defending herself and her young charges against ravishment by French brigands, during which she apparently kills or seriously wounds at least one of the attackers, is akin to the action of Corday in felling Marat.

Language and Rhythm in the Poetry of Johann Christian Günther

Marvin S. Schindler

Even after considering the convincing positions advanced by more recent critics who move in a quite different direction, one may feel hard put to dismiss the readings of those earlier commentators of Johann Christian Günther's poetry whose interpretations prevailed throughout the nineteenth and for much of the twentieth century. The views of the two groups and certainly their approaches to poetry often seem contradictory, even exclusionary. But if the arguments of the proponents of rhetorical criticism in particular must be accepted as cogent and significant for all future investigations into Günther's lyric, there is something undeniably appealing in the enthusiastic readings of those who speak of Günther as the first modern German confessional poet, of the subjective quality of his poems, of the personal experience and the outpouring of feeling perceived in them. And from a certain standpoint, such words still ring true. It is still certainly difficult to fault Trunz' characterization of Günther's work as a "lyrical diary."[1] And Krämer's observation, used as the justification for making chronological sequence the basis of his Günther edition, despite its somewhat exaggerated and extravagant formulation, nonetheless contains a valuable perception about the nature of the poetry: "Bei der Unerfülltheit der einzelnen Augenblicke seines Lebens und auch dem nicht in sich Erfülltsein der meisten seiner Gedichte, die mehr als unter sich zusammenhängende Glieder eines grossen Organismus denn als einzige fertige Gebilde zu betrachten sind, kann nur eine Gesamtausgabe der Gedichte Günthers in zeitlicher Folge—man könnte auch sagen: der lückenlose dichterische Selbstbericht über sein Werden—zu Erkenntnis seines Wesens und Schaffens führen."[2] Unfortunately, Krämer also reveals here a flaw in his approach, one which would plague Günther criticism for years to come—a confusion of the poet with his poetry.

One is startled, in fact, after reading the lyrics of his immediate

Exile and Enlightenment
Copyright Wayne State University Press, 1987.

predecessors, by the unusually large number of clear, directly recorded details and distinctly personal references in Günther's poems to specific and identifiable events, situations, places, and persons in his life. The presentation of these details from the poet's life has a complex effect on the poetry and on the reader. On the one hand, they help to create a quality of personal revelation and sincerity about the poetry. To the reader they contribute to the feeling of a kind of intimate relationship with the poet, which, while satisfying in a way similar perhaps to the vicarious pleasure obtained from reading excerpts from a diary, can also destroy that distance between poet and reader which makes it possible to distinguish between art and life, poetry and poet. The inclusion of such mundane particulars, while they provided a welcome change for many later readers put off by what they considered the anonymous and mechanical nature of much earlier Baroque poetry, could also hinder the development of more vital characteristics of lyric poetry.

Most striking about many of the personal references in Günther's poetry is their presence in the poetic construct without integration into it. Their position is literally superficial, riding on the surface, somehow external to the whole. There is often little sense of experiences or events having been refined or transformed by artistic means into something higher. For all the exposure of personal experience and of doubtlessly deeply felt emotion, there is lacking in these poems that aspect of organic aesthetic development and internal unity that results in a work of art which has evolved in accordance with its own inner laws and yields what we often refer to as a union of form and content, that inner necessity of the whole that determines all its parts. Browning is essentially correct in maintaining that many of Günther's poems fail or are seriously flawed because their autobiographical nature overloads them with too many personal details.[3] They sink of their own weight. Some of the poems where personal experiences are most clearly visible are verse letters, others read like letters, with a chatty, easy familiarity, as, for example, "An seine Schöne, die er bey einer widrigen Begebenheit tröstet" (Kr I, 55). The reference in the title is to the christening celebration of a friend's child, to which her sister, but not Leonore herself, had been invited. Considered an insult, the affront apparently resulted from gossip regarding the relationship between Günther and Leonore.[4] Günther's treatment of the episode consists of a straightforward brief summary of the incident, with a closing word of gratuitous consolation for Leonore—three strophes, twelve lines of rather unexciting lyric clothed in uninspired rhythms.

In a sensitive treatment of GÜnther's "An seine Schöne. Bora, den 22. Aug. A. 1719," Erich Trunz points to the poet's use of a concrete situation, to his dealing with ". . . das Einmalige und Besondere in Landschaft, Lebenslage und Gefühl." He is the first German poet whose poems transmit to us an exact reproduction of his outer and inner life. Thus he has "overcome" the Baroque and points the way to Klopstock and Goethe (Tr, 232–33).

> Nun Kind, ich kan dich nicht mehr bitten,
> Behalt mein Herz in treuer Brust.
> Das Denckmahl deiner muntren Sitten
> Erweckt mir auch von weiten Lust,
> Und wo ich reise, wohn und bin,
> Da folgt mir dein Gedächtnüss hin.
>
> Ein Waldhorn klingt bey Abendstunden
> Von weiten durch die Gärthen schön,
> Es reizt das Blut verliebter Wunden
> Und läst die Geister flüchtig gehn;
> Jedoch ergözt mich das Gehör
> Von deinem Wohlseyn noch viel mehr.
>
> Das Glücke spielt mir tausend Possen
> Und lockt mich auf des Hofes Eiss,
> Ich folg ihm klug und unverdrossen,
> So gut ich seine Tücke weis;
> Die Vorsicht leite, wie sie will,
> Ich halt in allen Wettern still.
>
> Die Gegend, wo ich jezund dichte,
> Ist einsam, schatticht, kühl und grün;
> Hier hör ich bey der schlancken Fichte
> Den sanften Wind nach Leipzig ziehn
> Und geb ihm allzeit brünstiglich
> Viel tausend heisse Küss an dich.
>
> Hier kann ich mich der Zeit bequemen,
> Hier ist mir Still und Ort geneigt,
> Die grosse Rechnung vorzunehmen,
> Wie viel mir Leipzig Guts erzeigt;
> Doch alles, was ich schäzen kan,
> Das kömmt auf deinen Umgang an.
>
> Erinnre dich der ersten Küsse,
> Die niemand als der Schatten sah;
> Sie machten mir die Äpfel süsse;

Ach, wäre doch die Zeit noch da!
Gedenck an Pfeifers Schlafgemach
Und zehle dort die Wollust nach.

Der Umgang wurd uns sonst verbothen,
Wir suchten die geheimste Bahn,
Wir riefen die verwandten Todten
Zu Zeugen unsrer Freundschaft an
Und liessen bey verschwiegner Pein
Den Kirchhof unsre Freystatt seyn.
                                         (Kr I, 160–61)

Again in this poem there can be no doubting the veracity of the
details from his life which Günther introduces—in fact, as elsewhere, the specific nature and the directness of the references is
sometimes startling, as in the mention by name of the friend
(Pfeifer) who made his room available to the lovers desperately
seeking a private trysting place. Yet their very inclusion as such,
bare, undeveloped facts, untransformed from literal reality, im-
pedes, rather than furthers, the lyric quality of the verses. The
poem has much that is appealing about it. Missing, however, is
that kind of internal development in which all of a poem's elements, its images and ideas, work in a reciprocal relationship to
themselves and to a central, unifying core, the focal point from
which images, themes, metaphors appear to have sprung and
around which they revolve. In Günther's poem such a relationship,
such an inner cohesion and development is lacking. There is, in
fact, no center to the poem, the elements of which are loosely
linked to each other in linear fashion. There is no progression
towards emotional, psychological, or attendant linguistic climax—
even the sequence of some strophes could be altered without doing
harm to the whole. However significant each of the personal details doubtlessly was in Günther's life, in the poem they lie on a
surface which is never really penetrated and thus give the impression of having been randomly selected for this rambling list—it is
not difficult to imagine the poem having ended earlier, with its
final strophe providing as appropriate conclusion at almost any
other point; on the other hand, it could have continued further
before being capped—and rather abruptly—by the last strophe's
recollection of the lovers' unlikely rendezvous.

Such a profusion of informal, off-hand reminiscences from the
poet's own life is something new for the poetry of the time. Their
use does not make great poetry, but when combined with the pre-
dominant parataxis of the lines, language which avoids the ornate

and excessive rhetoric, a pronounced ease of diction, and a happily unforced syntax, the result is a poetic language marked by an attractive simplicity and an unusually casual, speech-like quality. Functioning in similar fashion in this poem is the sense of immediacy created by the opening address to Leonore, a technique reminiscent of Paul Fleming and John Donne and frequently used by Günther, which places the reader, like the speaker of the lines, directly within an experiential situation as it is unfolding. Contributing also is the occasional metaphor which, like line nine's *das Blut verliebter Wunden*, exhibits a concision of expression and self-sufficiency rare in the lyric of the time.

But it is when yet another element complements the characteristics already noted that we can speak of a poetry which is markedly different from that of the contemporaries and immediate predecessors with whom Günther is sometimes linked, such as Canitz and Besser. His extraordinary and probably intuitive sensitivity to rhythm provides an ingredient indispensable to the natural sound of his language and lends his verses their distinctly modern ring. Lexical clarity and relative simplicity of expression are certainly already present in Canitz:

> So bleibt auf ewig nun das alte Jahr zurücke.
> Wie teilt der Sonnen Lauf so schnell die Zeiten ab!
> Wie schleppet uns so bald das Alter in das Grab!
> Das heisst wohl schlecht gelebt die wenig Augenblicke,
> In welchen viel Verdruss vermischt mit schlechtem Glücke
> Und lauter Unbestand sich zu erkennen gab!
> Das heisst wohl schlecht gewohnt, wenn uns der Wanderstab
> Nie aus den Händen kömmt, wenn wir durch List und Stricke
> Hinstraucheln in der Nacht, da wenig Licht zu sehn
> Und Licht, dem allemal nicht sicher nachzugehn.
> Denn so der Höchste nicht ein eignes Licht will weisen,
> Das, wenn wir uns verirrt, uns Sinn und Auge rührt,
> Ist alles Licht ein Licht, das zur Verdammnis führt.
> O gar zu kurze Zeit! O gar zu schweres Reisen![5]

Yet the flow of the verse has yet to be freed from the tyranny of a meter which dominates the rhythm absolutely and emerges as an almost independent element. Antitheses and parallels throughout only serve to heighten the reader's awareness of what has become rigid form, an alexandrine comprised of perfectly balanced halves. It is difficult to read most lines without each stressed syllable receiving almost equal emphasis, without pausing almost automatically in anticipation at the third foot caesura of each line and even slightly at the enjambements. Rhyme and meter are strong enough to force syntactical irregularities. The result is a flat, wooden quality to the verse.

Günther, on the other hand, seems to have come to the realization that meter is an abstract system which must not control expression, but be made to serve it, an element of verse which exists in a light tension with language, not a dominating force which encumbers it. In the best examples, occasionally an entire poem, more likely a strophe or two, or even a handful of lines, Günther's rhythms are functional elements of the poetry which further development. In the first strophe of an untitled and incomplete poem, given below, the sensitive mix of subordinate and main sentence elements, varying colon length, and effective enjambement bring the rhythm to the fore in the alexandrines:

> Hat jemahls Furcht und Scham, du ungemeines Kind,
> Dem niemand an Verstand und Schönheit abgewinnt,
> Den angesezten Kiel mir in der Hand verrücket,
> So ist es wahrlich wohl auf diesen Tag geschehn,
> An dem, weil ich nunmehr dein Antliz recht gesehn,
> Die kühne Feder sich zu deinem Lobe schicket.
> Zwar geb ich gerne zu, dass keines Dichters Fleiss
> Dein seltenes Verdienst recht abzuschildern weis
> Und dass dein Conterfey die Mahlerkunst beschäme;
> Jedennoch weil ich jezt von deiner Gunst den Geist,
> Von deiner Gütigkeit so Farb als Pinsel nehme,
> So waget meine Faust dies, was unmöglich heist,
> Und ist noch ungewis, ob, wenn ich dich besinge,
> Dies Unternehmen mir Ruhm oder Schande bringe. (Kr I, 147)

And the first strophe especially of "Auf die Morgenzeit bey Erinnerung Leonorens. Den 10. Juli 1720" displays a relationship between rhythm and meter which is entirely different from that of Canitz' verses:

> Ich seh dich zwar, du angenehmer Morgen,
> Und zwar nicht sonder Zärtligkeit,
> Und diese zwar zu Lust und Leid
> Vergangner Ruh und gegenwärtger Sorgen;
> Denn wenn bey deinem Blick mir ins Gedächtnüss fällt,
> Wie oft dein holder Stern auf Leonorens Wangen
> Durch seinen Widerschein mir doppelt aufgegangen,
> So fühl ich einen Trost, der Noth und Kummer hält. (Kr I, 218)

Variation and expansion of syntax and colon length work together to yield a rhythm which reflects the gradual development of the speaker's rising emotion as he examines the memories of a lost love awakened by the sight of the dawn. The meter is regular and accurate, but not overpowering. Moving from vague hesitancy with a progressive intensification until the culmination of expression in lines six through eight, the revelation of initially restrained feelings is accompanied and complemented by a parallel expression in the rhythm.

Browning's discerning characterization of "successful" lines in Günther's earlier poetry as "lucky hits" might well be extended in a certain sense to the entire body of his lyric (Br, 220). Günther seems to have had no clear program in mind, and he was a conscious innovator in only a limited sense, if at all. For models he chose Opitz, of whom he was proud to consider himself a disciple, among the later poets Canitz, to whose verses his own were incomparably superior. A "confessional" poet to the extent that he made abundant use of details from his private life in his poetry, he remained largely unable to transform that experienced life into art, a weakness which Goethe too seems to have recognized in a passing reference often given an incorrect emphasis if not simply misunderstood: "Er war ein Poet im vollen Sinne des Wortes, ein entschiedenes Talent, begabt mit Sinnlichkeit, Einbildungskraft, Gedächtnis. . . . Genug, er besass alles, was dazugehört, im Leben ein zweites Leben durch Poesie hervorzubringen. . . . Das Rohe und Wilde daran gehört seiner Zeit, seiner Lebensweise und seinem Charakter, oder wenn man so will, seiner Charakterlosigkeit. Er wusste sich nicht zu zähmen, und so zerrann ihm sein Leben wie sein Dichten."[6] Usually viewed as a moral judgment on the poet's life style, Goethe's comments have at least as much to do with an aesthetic process. The raw material was there, but somehow that second life to be achieved through art was never realized. Rather than breaking sharply with tradition, Günther seems to have been groping, probably unconsciously, for an accommodation between that tradition in which he was so thoroughly steeped and a new view of poetry only dimly perceived. What seems new and fresh in his poetry certainly involves natural phrasing, simple and direct language, and ease of diction. What he brought to lyric in the end goes far beyond the new content with which he is often credited—his most striking achievment, albeit only sporadically realized, is in fact a movement towards the union of form and content made possible by his awareness of the subtle relationship between meter and rhythm and the possibility of using the latter as a functional element in a new poetic diction.

Wayne State University

1 Erich Trunz, "Die Überwindung des Barock in der deutschen Lyrik," *Zeitschrift für Ästhetik und allgemeine Kunstwissenschaft* 35 (1941), 232. Subsequent references will be indicated in the text by Tr, followed by the page number.—**2** Wilhelm Krämer, ed., *Johann Christian Günthers Sämtliche Werke* (Stuttgart 1930–37; rpt. Darmstadt 1964), I, p. VI. Subsequent references will be indicated in the text by Kr, followed by volume and page number.—**3** Robert M. Browning, *German Baroque Poetry* (University Park 1971), p. 224. Subsequent references will be indicated in the text by Br, followed by page numbers.—**4** Wilhelm Krämer, *Das Leben des Schlesischen Dichters Johann Christian Günther 1695–1723. Mit Quellen und Anmerkungen zum Leben und Schaffen des Dichters und seiner Zeitgenossen* (Stuttgart 1980), pp. 97–98.—**5** *Die Gegner der zweiten schlesischen Schule, Zweiter Teil*, ed. Ludwig Fulda, *Deutsche National-Litteratur*, 39 (Berlin n.d.), p. 424. —**6** *Dichtung und Wahrheit, Goethes Werke*, ed. Erich Trunz, IX (Hamburg 1961), 264–65.

Alter(n): Eine "zinsbare Kunst?" Betrachtungen zu *Agathon* mit einem Seitenblick auf *Die Wahlverwandtschaften*

Christiane Seiler

"Wenn die Jugend ein Fehler ist, so legt man ihn sehr bald ab."[1] Unter den vielen Überlegungen, die Goethe zum Thema Alter angestellt hat, scheint mir diese Maxime auf vorgelegte Betrachtung der alternden und alten Charaktere am zutreffendsten. Eduard ist wahrscheinlich der einzige unter den Wahlverwandten, der diesen "Fehler" nicht so ganz einsieht. Den Traum der ewigen Jugend, den ja auch er unbewußt verfolgt, hat die Menschheit von jeher geträumt. Viele Menschen vergeuden ihre kostbarsten Jahre damit, einer verlorenen Jugend nachzuträumen, leben oft an ihrem Leben vorbei und merken gar nicht, daß doch jede Lebensstufe ihren eigenen Platz hat. Charlotte hat sich im Laufe der Jahre zu dieser Einsicht hindurchgearbeitet; sie scheut sich nicht davor, mit unwiederbringlich Geschehenem fertig zu werden. "Wie oft," sagt sie, "werden wir von einem scharf ins Auge gefaßten Ziel abgelenkt, um ein höheres zu erreichen" (S. 428). Ja, und wie oft ist gerade sie von einem Ziel abgelenkt worden, ohne zu verzweifeln, einer der Gründe, der sie älter wirken läßt, als sie in Wirklichkeit ist. Was ist denn auch um dieses Jugendalter, diesen in sich so widersprüchlichen Begriff, daß das unvermeidliche Heraustreten für die meisten Menschen zu einer Katastrophe wird? Viele Menschen beißen sich lieber die Zunge ab, als ihr chronologisches Alter zuzugeben. Frauen, heißt es im allgemeinen, seien altersbewußter als Männer. Das mag aufgrund des gesellschaftlichen Drucks wohl bis zu einem gewissen Grade der Fall sein; Männer, in fortgeschrittenen mittleren Jahren, kokettieren ja gern mit ihrem Alter, um von der Gesellschaft dann bestätigt zu bekommen, daß es doch wirklich "noch kein Alter" sei, in dem sie stünden. Frauen hingegen, die leider bis in unsere Zeiten hinein von der Gesellschaft in erster Linie nach Aussehen und Alter beurteilt werden, fühlen instinktiv das Hypokritische dieses ganzen Getues und entrinnen dem Dilemma durch diskretes Hinweggehen über ihr chronologisches Alter. Mag das alles in früheren Zeiten, als medizinischer und kos-

Exile and Enlightenment
Copyright Wayne State University Press, 1987.

metischer Fortschritt das Leben noch nicht zu verbessern wußte,
durch den Gleichschritt von Altern und Todesnähe verständlich
gewesen sein, so nimmt heutzutage der Ruhe und Schönheit des
Alter(n)s überschattende, nie endende Jugendkult doch manchmal
wunder. Die modernen Menschen müßten eben zwischen vierzig
und fünfzig sterben. Da die meisten das aber offenbar nicht wollen,
so müssen sie mit ihrer ambivalenten Einstellung lebend fertig
werden und sich eventuell wie der weise Archytas, Danaes späterer
väterlicher Freund und Gönner, ihr Altersglück selbst schaffen:
"Archytas hatte zwei Söhne, deren wetteifernde Tugend die seltene
und verdiente Glückseligkeit seines Alters vollkommen machte"
(S. 840) oder, gleich dem glücklichen Familienvater Wieland, der
im Kreise seiner "ganz artigen Nachkommenschaft" kaum merkte,
wie ihn "das Alter überschleicht." Noch viel später, am Vorabend
seines 78. Lebensjahres, gesteht er im Kreise seiner Enkelkinder,
daß es "doch eine hübsche Sache ums lange Leben" sei. Bleiben
wir weiterhin einen Moment in Wielands privatem Lebensbereich
und werfen einen Blick auf seinen Briefwechsel, so fällt auf, daß er
bereits als junger Mensch dem Alter(n) anderer positiv gegen-
überstand. In einem Brief an Bodmer aus dem Jahre 1769 setzte der
sechsunddreißigjährige Schreiber das Alter der Ehrwürdigkeit und
Frische des Geistes gleich und wandte sich an den Einund-
siebzigjährigen: "Mein ehrwürdiger alter Freund ... Gott sey dafür
gelobet, daß Sie in diesem Alter, mit diesen silbernen Haaren, noch
eben ... meine Jugend beschämten. Mögen Sie ... in diesem
glücklichen Alter, so lange fortgehen, biß. ... "[2] Noch eine andere
Briefstelle, die von einer für sein ganzes weiteres Leben so ein-
schneidenden Begegnung zeugt, beweist, daß Alter, besonders bei
einem hochkultivierten Menschen, verbunden mit Weisheit,
größten Eindruck auf den jungen Wieland gemacht hat. 1762 schildert er einem Bekannten den Grafen Friedrich von Stadion: "Stellen Sie sich einen alten Herrn von jener Gestalt und Miene vor,
von denen Shakespeare sagt: That nature might stand up and say,
this is a man! welcher mit 72 Jahren all das Feuer eines Franzosen
von 50 besitzt. ... "[3] Wieland bewunderte "Alles, wodurch wir
und unsere Mitmenschen weiser und besser werden können"[4]—
und um das zu können, braucht der Mensch lange, lange Jahre der
Erfahrung.

Die Tatsache, daß Alter und Weisheit jedoch relative Begriffe
sind, auch für hochkultivierte Menschen, verdeutlichen der weise
Archytas und der weise Hippias wohl am besten. Letzterer hatte
zwar das hohe Alter eines Archytas noch nicht erreicht, erfreute

sich jedoch, "ob er gleich über fünfzig Jahre hatte" (S. 407), einer Lebendigkeit des Geistes und noch vieler anderer, in seinem Falle allerdings ambivalenter Vorteile. Diese sogenannte Weisheit, die seine "über fünfzig Jahre" begleitete, verfolgte doch nur den Selbstzweck, sich in der zweiten Hälfte seines Lebens ein Schwelgen "in den Ergötzungen eines begüterten Müßigganges" zu gönnen, "zu deren angenehmsten Genuß," wie er sich rühmen durfte, "das zunehmende Alter viel geschickter scheint, als die ungestüme Jugend" (S. 407). So hatten ihn die Erfahrungen seiner ersten Lebenshälfte all das erreichen lassen, "was die Art von Weisheit, die er ausübte, verführisch machen konnte" (S. 407). Ob diesem weisen Hippias allerdings jemals die Annäherung an einen "erfüllt sinnvollen Augenblick"⁵ im Alter oder die "Glückseligkeit" des weisen Archytas beschieden sein könnte, ist zu bezweifeln. Als Parallele zur Fiktion soll daher Wielands mit den Jahren auf seine eigene Person bezogene Einstellung zum Altwerden herangezogen werden. Er schreibt am 24. Dezember 1798 an Göschen: "Vor zwanzig Jahren . . . hatte [ich] gar keinen Begriff davon, wie ich 60 Jahre sollte alt werden können. . . . Nach dem 55sten Jahre wurde meine Gesundheit unvermerkt immer fester, und ich befinde mich nun im 66sten so, daß ich ohne Absurdität mein 10tes Stufenjahr zu überleben hoffen kann."⁶

Obwohl Hippias "als ein Mann von edelm Ansehen, welcher schon bei Jahren zu sein schien" (S. 404) auf den Jüngling Agathon aufmerksam wird, spottet Agathon niemals öffentlich über Hippias' fortgeschrittenes Alter und Gebaren, Faktoren, die ihn bei dessen außerordentlicher Gefallsucht doch leicht hätten lächerlich erscheinen lassen können. Allerdings spottet Agathon im gegebenen Augenblick über Hippias' emphatische Rede, nachdem er naivstaunend den Abglanz dessen, "was er in seinem [Hippias'] Alter noch davon hatte," zur Kenntnis nahm, gewissermaßen als Garantie dafür, "was er [Hippias] in seinen schönen Jahren gewesen sein müsse" (S. 408). In seinem "Alter?" Wieland gebraucht den Begriff zweideutig. Trifft er auf Archytas zu, so scheint er vor allem dem modernen Leser, auf Hippias bezogen, etwas übertrieben, ganz besonders an der Stelle, an der er als substantiviertes Adjektiv dem Cilicier befiehlt, Agathon in sein Haus zu begleiten: "Begleite mich mit ihm in mein Haus, erwiderte der Alte" (S. 404–405). Der "Alte" sticht doch reichlich ab von dem Mann "von edelm Ansehen," auch wenn dieser "schon bei Jahren zu sein schien," denn schließlich war er doch erst über fünfzig Jahre alt. Archytas, der sich "wegen seines hohen Alters" zur Ruhe gesetzt hatte, wird natürlich mit Recht als der "Alte," sogar als "ehrwürdiger Greis" charakterisiert. Wie löst sich aber nun der Konflikt des Alter(n)s in der Person der schönen Danae? Der Schönheit sind in ihrem Falle keine Grenzen gesetzt. Für eine unverheiratete Frau nicht mehr ganz jung geltend, hatte sie also "izo zwar das dreißigste Jahr schon zurückgelegt," jedoch—Wieland wägt Vorteil und Nachteil sorgfältigst gegeneinander ab—als Ersatz für den verschwundenen Jugendglanz "tausend andere Reizungen" erhalten, wodurch ihre Schönheit noch "mehr gewonnen als verloren" hatte, ihr vor allem aber "nach dem Urteil der Kenner, eine gewisse Anziehungskraft" verliehen worden sei, die "in gewissen Umständen für unwiderstehlich" gehalten werden konnte (S. 471). Hippias, aus Erfahrung sprechend, zieht diese Eigenschaften in Erwägung, wenn er Danae zu seiner Komplizin macht. Im Verlaufe des Romans wird sie dem Leser mehr und mehr als ein altersloses, wunderschönes Kunstwerk vorgeführt,[7] dessen sich der Sophist Hippias bedient, denn er "war einer von diesen Glücklichen, dem die Kunst, sich die Torheiten andrer Leute zinsbar zu machen, ein Vermögen erworben hatte" (S. 407). Schönheit und "Kunst" auf der weiblichen Seite, Reichtum und "Weisheit" auf der männlichen—was bedeutet da schon das fortschreitende Alter, obwohl es zum deskriptiven Erzählen nun einmal gehört, daß es erwähnt wird! Wieland weiß auch diese wunderbare zeitlose Schönheit in Danae noch dadurch zu erhöhen, daß er beständig die Vorzüge ihres wunderschönen Charakters hervorhebt. Und so fließen—jedenfalls für den schwärmerischen Agathon—Danaes innere und äußere Schönheit ineinander und lassen schon früh die Ansätze zu einer "schönen Seele" erahnen. Danaes Vorzüge machen die Leser neugierig, und sie spekulieren mit dem "Herausgeber dieser Geschichte," in was für einem Zustande sie ihnen in ihrem, ja, sagen wir, fünften Lebensjahrzehnt, wohl begegnet wäre. Haben sie da aber nicht alle Hoffnung anzunehmen, sie wäre (wenn auch resignierter) noch so begehrenswert wie die von ihr verehrte Aspasia, dieser bis zu ihrem Tode so schönen, klugen, "so vollkommenen Meisterin" der blutjungen Schülerin Danae? Dieser Zusammenfluß von innerer und äußerer Schönheit, die Harmonie von Körper und Seele, ins Wunderbare erhoben durch die Vorstellung Aspasias, "sich mit so vielem Vergnügen in dieser jungen Person wieder hervorgebracht" (S. 478) zu sehen, läßt Danaes Lehrmeisterin weiterleben, und durch dieses Weiterleben stirbt sie als die vollkommene zeitenlose Schönheit trotz ihres Todes wenige Jahre später niemals ganz. Erfreuen sich diese Frauen auch selten eines so hohen Alters wie

Archytas, "in dem eine lange Reihe von Jahren seine Tugend zu Weisheit gereift hat" (S. 836) und dessen Gesichtsbildung noch als Greis diese wunderbare Größe und Würde widerstrahlt, so sind und bleiben diese Frauen eher ein wunderbares Kunstwerk—man denke dann auch an ihre Liebe zu Pantomime oder lebenden Bildern—das ihre Schönheit auf Ewigkeit bewahrt. Ungerecht mutet es aber doch an, daß es Danaes Los zu sein scheint, um ungefähr zwanzig Jahre früher zu "altern" als ihr Freund Hippias. Dieser durfte beinahe unbemerkt sein fünfzigstes Lebensjahr überschreiten; Danae wurde beim Überschreiten ihres dreißigsten bereits kritischst vor den Augen der Leser begutachtet.

Diese Ungerechtigkeit tritt aber noch krasser hervor, wenn Goethe das Ehepaar Eduard und Charlotte einführt, die sich beide im mittleren Lebensalter befinden. Obwohl ihr Alter (ähnlich wie bei Wieland) niemals genau angegeben wird, sind beide um vierzig herum—für den Begriff des heutigen Lesers also noch "kein Alter." Günter Hess behauptet, beider Ehe mußte aufgrund der Tatsache enden, weil Charlotte als Frau schneller gealtert sei als ihr Mann: "Denn da wir ungefähr von denselben Jahren sind, so bin ich als Frau wohl älter geworden, du nicht als Mann" (S. 246).[8] Dem möchte ich insofern widersprechen, als selbst eine Eduard so entgegengesetzte jüngere Ehefrau, die wie Charlotte die Vernunft verkörpert und nach Beständigkeit gestrebt hätte, sich immer ihrem Alter gemäß benommen haben würde und sicherlich gegen das reichlich unreife Streben ihres ewig jung bleiben wollenden Ehemannes gehandelt und sich gleich stark gegen dessen Benehmen abgesetzt hätte. Charlotte, diese reife und erfahrene Frau, ist ihrem eher unreifen, sprunghaften, sich jugendlich-egoistisch gebenden Eduard gegenüber, akzentuiert noch durch seine Liebe zu einer um so viele Jahre Jüngeren, eher eine Ehe-Kameradin. Leider muß sie aber als solche, durch die Umstände bedingt, als benachteiligt erscheinen. Hätte diese kluge, leicht kühl anmutende Frau vielleicht einen reifen , älteren Mann lieben dürfen, in dessen Schutz sie sich hätte geborgen fühlen können, ohne immer selbst die Tätige sein zu müssen, dann hätte sie wahrscheinlich einen für ihre Jahre jüngeren Eindruck gemacht.

Gegenwärtige Leser haben wohl Schwierigkeiten, mit der Tatsache fertig zu werden, daß es in den *Wahlverwandtschaften* bis zu einem gewissen Grade die Gleichaltrigkeit der Ehepartner ist, die zu Besorgnis Anlaß gibt. Ein abnormal großer Altersunterschied hingegen muß durchaus als ordnungsgemäß befunden worden sein, denn, so erklärt Eduard der ihn bewundernden Ottilie: "Ja, liebes Kind, ich pflanzte schon, da Sie noch in der Wiege lagen" (S. 303–304). Charlotte hingegen versucht vornehmlich aus Pflichtgefühl, ihre Ehe aufrechtzuerhalten und auf den Hauptmann zu verzichten. Ein natürliches Gefühl der Liebe hätte sie, wie bereits im vorherigen Zusammenhang angedeutet, sicherlich auch jünger erscheinen lassen, als sie wirklich war. So mußte Eduard, der "bei zunehmenden Jahren immer etwas Kindliches behalten" (S. 289) hatte, das auf die "Jugend Ottiliens" besonders anziehend wirkte, ja im Vergleich schon jünger wirken, vor allem auch dadurch, daß er sich stets "eines kindlichen Strebens ohne die mindeste Anmaßung bewußt" (S. 330) war. Dieser ungerechte Vergleich mit dem seine Jugend nicht abstreifen wollenden Eduard bewirkt, daß Charlotte für ihre Jahre älter auftritt, kann doch gar nicht genug immer wieder darauf hingewiesen werden, daß beide gleichaltrig sind. In Agathons und Danaes Falle hingegen, in dem die reife, schöne Danae über zehn Jahre älter ist als der Jüngling Agathon, fällt der Altersunterschied nicht negativ ins Gewicht. Danae mußte das für eine damalige unverheiratete Frau nicht sehr schmeichelhafte Opfer bringen, das "dreißigste Jahr" bereits zurückgelegt zu haben, denn sonst wäre ihre Lebenserfahrung, die sie brauchte, um bewußt "die Macht ihrer Reizungen" im Bunde mit Hippias an dem naiven Schwärmer Agathon zu versuchen, kaum glaubhaft geworden. Die Verführung Agathons reift sie als Mensch noch mehr, und parallel zu ihrer "Menschwerdung" bedeutet die gegenseitige Verführung für Agathon "eine notwendige Etappe der Menschwerdung."[9] Auf dem Wege dahin stößt sich die schöne Danae anfänglich leicht an Eitelkeit ["Du hast meinen ganzen Ehrgeiz rege gemacht, Hippias ... ich will ihn sehen ... und eine Probe machen, ob Danae ihrer Lehrmeisterin würdig ist" (S. 476)] und Agathon schwer, allzu schwer an "schwärmerischer Tugend." Letzthin aber konnte niemand anderes als Danae ihn verführen, aber auch niemand anderes als Agathon vermochte den Sieg der Liebe, die beiden sonst "in ganz anderer Gestalt" begegnet war als bisher, über sie erringen. Der herzliche Überdruß der schönen Hetäre an ihren "mechanischen Liebhabern" ist ebenso stark wie Agathons unbeabsichtigtes Verstricktwerden in die Gefühlswelt älterer Frauen. Auf die Mehrschichtigkeit ihrer psychisch-physischen, ihrer geistig-moralischen Existenz kann im Rahmen dieser Arbeit nicht eingegangen werden. Fest steht, daß sich Danae ihrer geistigen und körperlichen Ausstrahlungskraft, dieser eigenartigen körperlich-körperlosen Mischform, in dem Maße bewußter wird, als sie sich dem schwierigen Problem, "durch sein

Herz in seinen Kopf" (S. 476) zu gelangen, immer zuversichtlicher
stellt, eine schwierige Probe, die ja in ihrer Totalität vor ihr sonst
niemand bestanden hatte. Dabei folgt sie in allem dem Gang der
Natur; sie hat daher keine Ursache, jünger zu erscheinen, als sie in
Wirklichkeit ist. Ihre unwiderstehlichen äußeren und inneren Reize
machen die Frage nach dem chronologischen Alter dieser über alle
Maßen schönen Frau total überflüssig. Wielands "izo hatte sie zwar
das dreißigste Jahr schon zurückgelegt" ist auch nur in bezug auf
ihre lange Liebeserfahrung, die sie ja durch die Umstände bedingt
haben muß, um in ihrem "Beruf" zu funktionieren, auf ihre Intelligenz, auf ihre Herzensbildung, auf ihre für damalige Verhältnisse
bewundernswerte Unabhängigkeit als Frau und, vor allem im Kontrast zu Agathon, von Bedeutung.

Sagte Wieland im *Agathon* von sich: "Ich schildre darinn mich
selbst, wie ich in den Umständen Agathons gewesen zu seyn mir
einbilde,"[10] so verzeihe man mir an dieser Stelle den Hinweis auf
eine kleine Ähnlichkeit mit dem jungen Wieland, der sich ja reichlich oft von älteren Frauen angezogen fühlte. Bereits mit Anfang
zwanzig sah man ihn in Gesellschaft einer attraktiven Witwe von
über vierzig Jahren, der Frau Grebel-Lohmann, ganz zu schweigen
von seiner Liebe zu der wenn auch nur um wenige Jahre älteren
Sophie Gutermann. In einem Brief an Zimmermann vom 11.
Januar 1757 aus der Schweiz äußert sich Wieland über seine
Schwäche für ältere Frauen: "Junge Mädchen . . . sind mir meistens
verächtlich, oder höchstens so hoch geachtet als Papillons. Affek-
tazion, Pruderie, Koquetterie und dergleichen kann ich nicht leiden. . . . Die wenigen Damen, mit denen ich hier einigen Umgang
habe, sind alle über vierzig Jahre."[11] Es wird angenommen, daß
besonders des jungen Wielands Mißtrauen im Hinblick auf seine
äußere Erscheinung (im Gegensatz zu Goethe und Agathon war er
nicht gerade attraktiv) dazu beigetragen habe, eher die verständ-
nisvolle Reife als die kokette Unreife zu suchen. Der umgekehrte
Fall scheint allerdings ein wenig abwegig, und man erlaube mir
daher einen kurzen Hinweis auf eine gewisse Verwandtschaft im
Privatleben beider Dichter. Ein Abstecher in Goethes sich sen-
kende Lebenskurve zeigt, daß er mit fünfundsiebzig Jahren das
blutjunge Mädchen Ulrike liebte und sie auch heiraten wollte.
Wieland, zwar nicht ganz so vehement, war den Reizen des seiner
Meinung nach "liebenswürdigsten und interessantesten Mäd-
chens" verfallen, der 24-jährigen Sophie Brentano, Enkelin seiner
einstmals so geliebten Sophie La Roche. Als Sophie dem Dichter
gestand: "Wissen Sie, was ich wol möchte? Bis an meinen Tod bei

Ihnen bleiben," entgegnete Wieland halb ernsthaft, halb amüsiert: "Das ist weit mehr, als ich verlange. Oder glauben Sie etwa, daß ich Methusalems Alter erreichen werde? Da würden Sie bei mir am Ende freilich vor Last der Langeweile sterben."[12] (Eduard hätte seiner Ottilie wahrscheinlich niemals so etwas gestanden). Im Gegensatz hierzu steht die ältere Frau, die sich in den achtzehnjährigen Agathon verliebt und sogar von diesem naiven Schwärmer als leicht lächerlich befunden wird. So erzählt er seiner Danae: "Die gute Dame [Pythia] war bereits in demjenigen Alter, worin es lächerlich wäre, das Herz eines Mannes von einiger Erfahrung einer jungen Nebenbuhlerin streitig machen zu wollen" (S. 562–63). Außerdem machte diese unglückliche Neigung in ihrer Vehemenz nach Agathons Worten "mit ihrem geheiligten Stande und mit ihrem Alter einen gleich starken Absatz" (S. 562). Charlotte hingegen, deren "inneres Gefühl" ihr über alles Leid und Begehren schließlich hinweghilft, kennt keine chaotischen Gefühle mehr in ihrer Seele, und Danae erlangt erst die wirkliche Reife der älteren Frau, als sie entsagt. Für sie ist die Entsagung besonders schlimm, da sie ja auf ein genossenes, unwiederbringliches Glück mit Agathon zurückschauen darf. Eduard und Pythia hingegen scheinen in ihrem Beharren auf ewiger Jugend gewissermaßen leicht verwandt. Was Eduard "im besten Mannesalter" jedoch den "ehrwürdigen Überbleibseln einer vormals berühmten Schönheit" (S. 563) voraus hat, bedarf leider keiner weiteren Erläuterung.

Zusammenfassend wäre noch auf die wenigen stilistischen Wendungen in den Textstellen zu verweisen, deren Untersuchung ergibt, daß Werturteile hinsichtlich Fragen des Alter(n)s hier und da zwar durch ein Adverb gefällt werden, jedoch meistens zwischen den Zeilen, also auch da nur schwer entzifferbar, stehen. Goethe setzt das auf Anhieb sich so anspruchslos anhörende, absichtslos im Gesprächston dahingeworfene "wohl" vor Charlottes Bekenntnis des ungleichen Alterns: "So bin ich als Frau wohl älter geworden," kein "aber" oder "zwar" mildert das Endgültige in "du nicht als Mann." So wird der Eindruck vermittelt, als ob Charlotte sich bei ihrem gleichaltrigen Ehemann für ihr schnelleres Altern entschuldigen wollte. Goethes Füllwort "wohl" hört sich eher weniger einschneidend als leicht demütigend an, ähnlich Wielands Beschreibung Danaes, daß diese "zwar" das dreißigste Lebensjahr schon zurückgelegt habe, oder die Beschreibung von Hippias, "ob er gleich" älter als fünfzig Jahre war. Muß aber in Danaes Falle das Endgültige ihres Eintritts ins vierte Lebensjahrzehnt durch das Unwiderstehliche von "tausend andren Reizungen" kompensiert werden, so genügt es, daß Hippias den Lesern schlicht und einfach "als ein Mann von edelm Ansehen, welcher schon bei Jahren zu sein schien," vertraut gemacht wird, ähnlich Eduards erstem Auftritt als sich "im besten Mannesalter" befindend.

Wir sind am Ende, und durch die einzelnen Betrachtungen zu unseren ausgewählten Charakteren läßt sich an den Beginn anknüpfen und zu folgendem Schluß gelangen: Mochte Hippias durch die "Ergötzungen . . . zu deren angenehmsten Genuß das zunehmende Alter viel geschickter scheint, als die ungestüme Jugend" der einzige gewesen sein, der den "Fehler der Jugend" höchst nutzbringend für sich selbst abgelegt hat, so erhellt durch Veranlagung und Benehmen der übrigen Charaktere aus besprochener Konstellation, wie von der ältesten bis zur modernsten Zeit das Alter(n) nur von den Allergeschicktesten als eine "zinsbare Kunst" betrieben wird.

Indiana University at Fort Wayne

Agathon, Ausgabe von 1794, im folgenden zitiert im Text nach Christoph Martin Wieland, Hanser Ausgabe in 5 Bänden, Band I. *Die Wahlverwandtschaften*, im folgenden zitiert im Text nach Johann Wolfgang von Goethe, Hamburger Ausgabe in 14 Bänden, Band VI.
1 Goethe, Hamburger Ausgabe, XII, 541.—2 *Wielands Briefwechsel* III, *Briefe der Biberacher Amtsjahre (6. Juni 1760–20. Mai 1769)*, bearb. von Renate Petermann und Hans Werner Seiffert (Berlin 1975), N. 617.—3 Peter Griesinger, *Biberach an der Riss* (Biberach 1969), S. 60ff.—4 *C. M. Wielands Leben* in 53 Bänden, neu bearb. von J. G. Gruber, Band 53, 9. Buch (Leipzig 1828), S. 443.—5 Vgl. dazu Friedrich Sengle, *Wieland* (Stuttgart 1949), S. 428.—6 Gruber, Band 53, 8. Buch, S. 305.—7 Zur Welt Danaes als der Welt der Kunst und zu ihrer Person als Kunstwerk vgl. Gerd Hemmerich, *Christoph Martin Wielands "Geschichte des Agathon"* (Nürnberg 1979), S. 61.—8 Vgl. dazu Günter H. Hess, *"Die Wahlverwandtschaften:* Die Problematik des unterschiedlichen Alterns in der Ehe," *JEGP* 79 (1980), 157ff. —9 Zum Thema "Verführung als eine positive Etappe der Menschwerdung" in der Person Agathons und Danaes vgl. Dietlinde S. Bailet, *Die Frau als Verführerin in der deutschen und französischen Literatur des 18. Jahrhunderts* (Bern 1981). —10 Gruber, Band 51, 3. Buch, S. 345.—11 Gruber, Band 50, 2. Buch, S. 214. 12 Gruber, Band 53, 8. Buch, S. 321–322.

Aufklärung und Exil. Eine Problemskizze.

Wulf Koepke

Es dürfte alles andere als ein Zufall sein, wenn Exilforscher wie Guy Stern von der Beschäftigung mit der Aufklärung nicht loskommen. Aufklärung ist nicht nur eine vergangene Epoche der westlichen Kultur, es ist die Epoche, die eine Haltung des Intellektuellen zur Gesellschaft geprägt hat, die immer noch ebenso aktuell wie umstritten ist. Es ist, was den deutschen Kontext betrifft, die Epoche, die die Emanzipation der deutschen Juden ermöglichte und damit den Beginn einer außerordentlichen kulturellen Symbiose, die der Barbarei der Nationalsozialisten zum Opfer gefallen ist. Grund genug für das Exil nach 1933 und die Exilforschung, über Natur, Grenzen und Dialektik der Aufklärung nachzudenken und den Bezugspunkt Aufklärung als eines ihrer Leitmotive zu artikulieren. Das Werk "Aufklärung und Exil" ist noch nicht geschrieben. So mag es denn erlaubt sein, statt der üblichen mit Fußnoten ausgestatteten Untersuchungen einem langjährigen Freund und Mitstreiter einige vorläufige Gedanken zuzueignen, die diesen Komplex umkreisen.

Wie uneins und zersplittert das kulturelle Exil von 1933 auch gewesen sein mag, es war sich einig darüber, daß der Nationalsozialismus die Widervernunft zum Prinzip erhoben hatte. Er verherrlichte Krieg, Opfer, blinden Gehorsam, er setzte Handeln über Denken, und er verfolgte, wie Heinrich Mann nicht müde wurde zu wiederholen, die Intellektuellen mit ganz besonderem Haß. Noch mehr als vorher war ein "Schriftsteller," im Gegensatz zum "Dichter," etwas Schändliches, "Kritik" war ohnehin eine jüdische Erfindung, die aus dem deutschen "Schrifttum," Zeitschriften, Zeitungen, Rundfunk, ausgemerzt werden mußte.

Die Exilautoren, -künstler und -wissenschaftler beriefen sich demgegenüber auf die Vernunft. Wer seine Hoffnungen auf die Sowjetunion setzte, sah in ihr die Heimat der Vernunft; Heinrich Mann beschwor das Erbe der europäischen, speziell der französischen Aufklärung, selbst noch am 14. Juli 1939, dem 150. Jah-

Exile and Enlightenment
Copyright Wayne State University Press, 1987.

restag der Französischen Revolution, als die Tage der Dritten Republik gezählt waren.

Der utopische Zug der Aufklärung, wie ihn Lessing artikuliert
hatte, vermittelt durch Hegel und Marx, beflügelte auch das antifaschistische Exil, wobei nur an den Namen Ernst Bloch erinnert
werden muß. Auf den ersten Blick schien damit ein klares Gegenbild gegeben.

So einfach war es allerdings nicht. Nicht nur, daß sich das kulturelle Selbstverständnis der Deutschen auf Traditionen berief, die
man zumeist als Gegenbewegungen zur Aufklärung verstand:
Sturm und Drang, Klassik, Romantik; die Gegenwart war gezwungen, kritischer als vorher über die Folgen und Grenzen der Herrschaft des Verstandes und der Vernunft nachzudenken.

Die Definition der Aufklärung in der deutschen Geistesge-
schichte war—und ist—allerdings umstritten. Die zur "Deutsch-
kunde" gewordene Germanistik zur Zeit des Nationalsozialismus
hielt sich an "deutsche" Epochen: Gotik, Barock, Romantik und
wies die "undeutsche," rationalistische Aufklärung von sich. Das
ging leichter, wenn sie auf Gottsched und seine Anhänger reduziert
wurde, geringfügige, manchmal komische Figuren, und wenn Lessing zum "Überwinder" der Aufklärung deklariert wurde. An
Lessing scheiden und schieden sich die Geister; man mußte den
Judenfreund verdammen, aber konnte ihn als Vorkämpfer und
Bahnbrecher einer nationalen Kultur retten. Das Exil hingegen
brauchte keinen Bogen um *Nathan der Weise* zu machen, und so
wie es sich auf Heine und Büchner stützen konnte, ging es von
einer Bestimmung europäischer Aufklärung aus, die die deutsche
Klassik, ja einiges aus der Frühromantik mit einbeziehen konnte.
Die Literaturpolitik der Komintern und die Debatten des literarischen Exils brachten es mit sich, daß die Integrierung der deutschen Klassik in die gesamteuropäische Aufklärung besonders von
der marxistischen Literaturwissenschaft und Kritik, Georg Lukács
vor allem, betont wurde. Indem die progressive Tendenz der
deutschen Klassik aufgezeigt wurde, konnte sich die neue, die zu
schaffende sozialistische Kultur auf ihr Erbe berufen.

Die "Expressionismusdebatte" zeigt nun allerdings, daß die
Fronten quer liefen. Die heroische Literatur des Nationalsozialismus speist sich aus expressionistischen Traditionen und ist ohne sie
nicht zu denken; dennoch wurde der Expressionismus wegen seiner
Modernität im Dritten Reich als entartet verdammt. Andererseits
hatten Autoren des Exils, Brecht und Anna Seghers zum Beispiel,
Anregungen des Expressionismus aufgenommen, verwendeten sie

jedoch in einem kritisch-aufklärerischen Geist, während Lukács'
Wertungen und noch mehr die politischen Vorschriften eines sozialistischen Realismus darauf hinausliefen, vorbildliche Gestalten und
anfeuernde Perspektiven der Geschichte zu bieten. Was entsprach
mehr der Linie von Kant und Lessing über Goethe und Schiller,
Hegel, Heine, Feuerbach, Marx, auf die man sich berief?

Stand also die geeignete Aneignung des klassischen Erbes zur De-
batte, und wie etwa Thomas Manns Exilwerk zeigt, keineswegs nur
im sozialistischen Lager, so betraf die Diskussion über Natur und
Grenzen von Aufklärung das Existenzproblem des Exils, nämlich
die Lage des Intellektuellen in der Gesellschaft. Intellektuellen-
kritik und -schelte war nicht neu; die Nazis konnten sich eines be-
reitliegenden Arsenals von antiintellektuellen Argumenten und
Schimpfwörtern bedienen. Aufklärung versteht sich als Kritik,
damit als unablässiges Fragen, Prüfen, Untersuchen. Zur Reflexion
gehört die Selbstreflexion, zur Kritik die Selbstkritik. Im Zeitalter
der Ideologien war für den "freischwebenden" geistigen Menschen
die Versuchung stark, ja übermächtig, Kritik als überflüssig und
schädlich zu empfinden und sich in den Dienst einer "positiven"
Idee zu stellen. Mit anderen Worten: wo hört die Kritik auf, ein
positives, ja notwendiges Element zu sein, und wird zersetzend,
schädlich? Ist es im Zeitalter ideologischer Kämpfe ausreichend, ja
vertretbar, auf einem kritischen Standpunkt zu verharren, statt sich
einzureihen und an der Verwirklichung eines großen Werks direkt
mitzuarbeiten? Das Dilemma des Intellektuellen war schon vor
1933 von Karl Mannheim auf die Formel "Ideologie und Utopie"
gebracht worden, und Alfred Döblin beispielsweise hatte es 1931 in
Wissen und Verändern diskutiert. Schon in seinem "dramatischen
Roman" *Thomas Wendt* um das Ende des Ersten Weltkriegs hatte
Lion Feuchtwanger die Grenzen des Intellektuellen in der praktischen Politik umschrieben, und die deutsche Revolution von
1918/19 schien ihm recht zu geben, was auch Ernst Toller in seiner
Autobiographie *Eine Jugend in Deutschland* 1933 bestätigte. Dennoch blieb der Sog des "Aktivismus," des Handelns um des Handelns willen, stark, und damit eine Abwertung des kritischen Denkens, der intellektuellen Unabhängigkeit, der Aufklärung.

Es war nicht nur die Herrschaft des Nationalsozialismus in
Deutschland und das dadurch verursachte Exil, das eine neue
Selbstbestimmung des Intellektuellen verlangte. Die stalinistische
Ausmerzung alter Revolutionäre als "Trotzkisten" und Intellektu-
elle, das totalitäre Regime, das sich dort ergab, erforderte ebenso
eine entschiedene Stellungnahme wie die verhängnisvolle Ap-

peasement-Politik der Westmächte und die Auseinandersetzung
mit der Massenkultur in den USA. Der Hiatus von Idee und Tat
wurde zu einem besonders akuten moralischen Dilemma, weil die
verschiedenen Gesellschaftssysteme immer mehr den ganzen
Menschen beanspruchten. Der Begriff "totalitär" ist ideologisch be-
lastet, sonst würde er den Sachverhalt treffen, daß ein Gesell-
schaftssystem den Anspruch erhebt, die gesamte Existenz aller
Menschen in seinem Sinne zu formen. Während bei der intellektuellen Dürftigkeit des nationalsozialistischen Programms die Rolle
des Intellektuellen auf die Technik und Inszenierung der Propaganda beschränkt schien, war mit dem sowjetischen System ein
ganz anderer Fall gegeben. Übrigens übersahen die Exilanten hinter
der Propaganda-Oberfläche des Nationalsozialismus die durch-
dachte und systematische Indienstnahme der technischen und
wirtschaftlichen Intelligenz, die das Hitler-Reich wider Erwarten
so lebensfähig machte. In der Sowjetunion ging es nicht um Aus-
schaltung, sondern um Gleichschaltung der Intellektuellen. Dabei
kamen etliche, und besonders engagierte Intellektuelle zu der Auffassung, daß im Stalinismus das ursprünglich sinnvolle System der
Vernunft der Aufklärung, das der Marxismus darstellte, in eine
Praxis der Unterdrückung umgeschlagen war—wobei sich die Geister daran schieden, ob der Stalinismus eine unumgängliche Durch-
gangsphase auf dem richtigen Wege sei oder eine mit allen Mitteln
zu bekämpfende Perversion.

In diesem Kontext ist die Frage nach der Macht und Ohnmacht
des Geistes bzw. nach der konstruktiven Rolle der Intellektuellen
im sozialistischen Staat zu sehen, die mit den Moskauer Prozessen
so akut wurde, vehementen Antikommunismus erzeugte und seit-
dem nicht mehr abgerissen ist. Ist dieser Umschlag der Freiheit in
Gewaltherrschaft eine unvermeidliche Folge der Herrschaft der
Vernunft, oder ist er Absage an die Vernunft? Es ist ohne weiteres
klar, wohin Intellektuelle tendieren würden, aber ebenso klar, daß
der Appell an das soziale Gewissen viele Intellektuelle zum Einrei-
hen bringen kann, zumal unter den Bedingungen eines ungewissen
und wurzellosen Exils und bei den materiellen Vorteilen, die eine
Einreihung mit sich bringt.

Nicht weniger akut wurde allerdings die Frage nach den Grenzen
der Aufklärung durch die Begegnung mit der Massenkultur der
USA, zumal ihrer Kulturindustrie. In Max Horkheimers und Theodor Adornos *Dialektik der Aufklärung* spürt man diese tiefe Betrof-
fenheit durch den Medienbetrieb von New York und die Traumfa-
brik von Hollywood, die fast die Anstrengung, mit den Waffen von

Hegel und Marx der Situation des Zweiten Weltkriegs beizukom-
men, überlagert. In den USA hat im Namen und Rahmen einer
liberalistischen Gesellschaft eine fast totale Reglementierung und
Systematisierung der Kultur stattgefunden. Diese Reglementierung
nimmt, so Horkheimer und Adorno, der Kultur ihre schöpferische
Potenz, sie macht sie vielmehr zu einem Herrschafts- und Profitin-
strument des Großkapitalismus, vermittels eines rationalisierten
Vergnügens.

Allgemeiner gesagt, die durchrationalisierten Systeme der Kriegs-
maschinerie, der Massenproduktion, Vermarktung, Vergnügungs-
industrie und Propaganda ließen sich offenbar für jedes politische
System benutzen, um die Herrschaft total zu machen. Damit hängt
die Umwandlung einer Gruppe in eine "Masse" zusammen, ein
Thema, das gerade vor 1933 durch Ortega y Gasset noch einmal
aktuell geworden war. Hitlers Massenveranstaltungen, dieser durch-
rationalisierte Irrationalismus, paßten sehr in diesen Rahmen.
Waren die grausigen Phänomene, die die Existenz bedrohten, Fana-
tismus, Antisemitismus, der Glaube an einen charismatischen
Führer, Konsequenzen der Aufklärung oder Symptome einer de-
naturierten Aufklärung, die zum Instrument gegenaufklärerischer
Herrschaft wird? Ist das aufklärerische Denken zu weit gegangen
oder nicht weit genug? Muß es erst lernen, sich selbst zu durchschauen, wie Horkheimer und Adorno forderten, oder braucht es
nach der Bindungslosigkeit neue Bindungen, sei es politischer oder,
wie es Alfred Döblin schließlich forderte, religiöser Art? Döblins
Geburtstagsrede von 1943, die die Unterwerfung unter einen strengen Gott forderte, rief nicht nur bei Brecht, dem unermüdlichen
Aufklärer, Empörung hervor. Im Los Angeles von Heinrich und
Thomas Mann, Lion Feuchtwanger, Adorno und Horkheimer zeigt
sie überdeutlich das Dilemma des Exils. Welche Konsequenzen
waren aus dem Scheitern der Weimarer Republik zu ziehen?

Einer der vielen Gründe, weshalb die in Weimar beschlossene
Verfassung keine wahre Republik begründete, war der Glaube ihrer
geistigen Väter, es genüge, Freiheit, Toleranz, Selbstverantwort-
lichkeit, Gerechtigkeit zu postulieren, um sie wirklich werden zu
lassen. Die Schöpfer der Verfassung unterschätzten die Schwierigkeiten auf dem Weg vom Wort zur gelebten Wirklichkeit. Waren
sie zu sehr Aufklärer gewesen, die auf die Macht des Wortes und
der Vernunft vertrauten, oder zu wenig Aufklärer, so daß sie vielleicht selbst nicht an ihre hohen Worte glaubten? Heinrich Mann
warf den geflüchteten Politikern nach 1933 vor, sie hätten die Republik fallen lassen, statt sie zu "radikalisieren," und allgemein

wurde beklagt, es habe nach 1918 keine Erziehung zur Republik gegeben. Das Exil, so sehr es erklärte, aus den Fehlern der Vergangenheit lernen zu wollen—wie weit, bleibt immer noch fraglich—, war doch wieder einmal auf den Glauben an die Macht des Wortes und der Vernunft angewiesen; denn reale Macht hatte es nicht. In seiner politischen Bedeutungslosigkeit und oft Hilflosigkeit mußte es sich an den aufklärerischen Glauben halten, daß geistige Waffen am Ende doch mächtig, ja mächtiger seien als rohe Gewalt.

Wie die Aufklärung des 18. Jahrhunderts mußte das Exil die Gesellschaft in drei Blöcke gruppieren: erstens die Herrschenden, die zu beseitigen und zu ersetzen waren, im achtzehnten Jahrhundert als feudalistische Herrschaftsstruktur und System der absolutistischen Monarchie bestimmt; zweitens das "Volk," das aufzuklären und durch Aufklärung zu befreien war; drittens die kleine Gruppe der Aufklärer, der Widerstandskämpfer. Es war entscheidend, daß die nationalsozialistischen Herrscher nicht identisch mit dem Volk waren, wie sie es selbst behaupteten, oder wie es später im Zweiten Weltkrieg die Vansittartisten vorgaben. Denn ein Volk, das sich mit den Herrschenden identifiziert, kann ja nicht "befreit" werden. Es kam also dem Exil darauf an, das Volk aufzuklären, und zwar darüber, daß seine Interessen denen der Nationalsozialisten entgegengesetzt seien. Ein Appell an Ethik und Ideale allein genügte nicht, das war klar; vielmehr mußte die Herrschaft der Nationalsozialisten als Ausbeutung des Volkes entlarvt werden. Die verbrecherische Natur des Regimes war zwar auch im Blickpunkt, aber meist nicht als Hauptpunkt.

Wenn die Exilanten in ihrer politischen Gegenpropaganda also auf aufklärerische Methoden vertrauten, ganz besonders in den ersten Jahren nach 1933, so konnten sie keineswegs mit dem rechnen, was die große Hoffnung des 18. Jahrhunderts gewesen war: die herrschende Schicht selbst zu überzeugen und zu erziehen, wie es die Staats- und Erziehungsromane vom philosophischen Fürsten und der platonischen Republik erträumten. Ja, die ersten Jahre nach 1933 brachten bereits die Erkenntnis, daß ein totales System durch Zwang, Terror und Propaganda imstande ist, das Volk gegen Aufklärung abzuschirmen. Die nachdenklich gewordenen Einzelnen mußten ohnehin schweigen und warten oder in kleinsten geheimen Kreisen einen Widerstand erproben, der entweder zu heroischen, aber unwirksamen Gesten wie Flugblattaktionen führte oder aber als Sabotage gegen das Regime wirkte, was im Krieg nur als "Verrat" erscheinen konnte.

Zeigten sich so die Widersprüche der Aufklärung, ihre Notwen-

digkeit wie ihre Grenzen oder Unmöglichkeit, im antifaschistischen Kampf nach Deutschland hinein und in Deutschland, so
standen die Intellektuellen des Exils auch in den Asylländern in
besonderer Weise unter der Bedrohung durch die Systeme. Hier
hatten sie es mit Systemen zu tun, die sich selbst auf die Aufklärung beriefen, ganz besonders das nordamerikanische, aber auch
Stalins Verfassung der Sowjetunion proklamierte vergleichbare
Rechte. Dabei produzierte Stalins Herrschaft dissidente Opponen-
ten, die sich als die eigentlichen Aufklärer ansahen, und das Volk
wurde durch alle Mittel der Massenbeeinflussung und terroristi-
schen Einschüchterung davon abgehalten, Alternativen zu erwägen
und damit wirklich Entscheidungen zu treffen, also sich selbst zu
regieren. Selbst in den USA, dem freien Land, mußte den Exilanten
der geforderte Konformismus und die Kulturindustrie mit ihren
sozialen Implikationen gegenaufklärerisch und freiheitsbedrohend
vorkommen.

Das Exil, auf die Ideale der Aufklärung verpflichtet und mit einem besonderen Impetus zur politisch wirksamen Tat ausgestattet,
sah sich vor einem radikalen Dilemma. Blieb es der Wahrheit, der
Vernunft verpflichtet, freischwebend, an der Utopie orientiert, in
der Gefahr, wirkungslos zu werden, ja lächerlich zu wirken, oder
verschrieb es sich dem, was seit der Französischen Revolution
"Parteigeist" genannt wurde, wobei allzuleicht das Ideal der Vernunft aufgegeben und die Intellektualität zur Rechtfertigung irgend-
einer Ideologie benutzt wurde? Gerade das Exil brachte den Exilautoren ihre eigentliche Aufgabe zum Bewußtsein, über den
Nutzen des Augenblicks hinaus für das zu wirken, was der
Menschheit insgesamt auf Dauer nützt und hilft. Doch konnte es
in einer akuten Gefahr, wie sie der Nationalsozialismus darstellte,
genügen, dem Ideal der Vernunft zu dienen, ohne parteilich zu
werden und sich einzureihen? Alle politischen Deklarationen und
Aktionen des literarischen Exils sind Dokumente dieses unlös-
baren Dilemmas.

Wenn die Situation des Aufklärers im zwanzigsten Jahrhundert
als zwischen Ideologie und Utopie bestimmt werden kann, freischwebend, dann bietet das Exil die extreme Zuspitzung einer
solchen Existenz und enthüllt sie in ihrer Größe, Bedrohtheit, ja—
man ist versucht zu sagen—Aussichtslosigkeit. Das Exil bedeutet
die extremste Entfremdung von der Herrschaftsstruktur, die
möglich ist, und die "unabhängigste" Lage in der Gesellschaft.
Gleichzeitig, und diese Dialektik dürfte sofort einsichtig sein,
steht das Exil unter extremer Bedrohung, und Unabhängigkeit

bedeutet Isolierung. In vielen Formen ist das antifaschistische Exil nach 1933 der Frage "Was ist Aufklärung?" erneut nachgegangen und hat über Größe, Grenzen und Gefahren der Aufklärung nachgedacht, in Gedichten, Geschichtsromanen, bis zur "Ästhetik des Widerstands," Zeitungsartikeln, Essays, oder in großen sozialwissenschaftlichen und philosophischen Werken. Man ist versucht, einen notwendigen Zusammenhang zwischen Exil und Aufklärung zu sehen, wobei die "originale Distanz," wie sie Ernst Bloch nannte, meist auch dann erhalten bleibt, wenn das Exil in eine Integration ins Gastland übergeht. Die Exilforschung, noch einmal sei es gesagt, hat diese Problematik vielfach umkreist. Vielleicht ist es ihre eigentlichste und aktuellste? Jedenfalls kann die Lage des Intellektuellen im antifaschistischen Exil vielfache Aufschlüsse geben über die allgemeinen Probleme der Aufklärung in der zweiten Hälfte des 20. Jahrhunderts. Ein weites Feld? Gewiß, aber keines, das wir brach liegen lassen dürfen.

Texas A & M University

Peter Weiss: Exile, Resistance, Aesthetics

Ludo Abicht

Most people who left Nazi-occupied Europe after 1933 and decided to stay abroad after 1945 would no longer think of themselves as "exiles." Hence there is something suspiciously romantic
(Weltschmerz, a poete maudit pose) about those artists and writers
whose "exile" from post-war Germany continued all their lives.
The reading, however, of Peter Weiss' Notizbücher 1971–1980,
combined with that of his novel Aesthetik des Widerstands,[1] effectively dispels this suspicion and broadens the meaning of "exile,"
as well as of "resistance," far beyond the usual political and racial
realm. Furthermore, by talking about the aesthetics of resistance
rather than, e.g., of "revolution," Weiss abandons the Hegelian
optimism of traditional radical theory and thus links the practice
of art with the general experience of exile as a fundamental category of modern life. For his somewhat fictitious history of the
socialist movement since the thirties is one of resounding defeats,
disunity, and overall despondency, and it is precisely against this
background that he seeks to develop a new theory of art and a new
political philosophy. Looking, one might say, for synthesis between the naive, dogmatic revolutionary Marat and the intelligent,
cynical Marquis de Sade.

About Realism as a Still Useful Tool of Aesthetic Theory

Whereas the political history of Die Aesthetik des Widerstands
is largely limited to the period between 1917 and the end of World
War II, Weiss' choice of art works doesn't seem tied to any particular period or continent: from the altar of Pergamon to the temples
of Angkor Vat, from Mantegna to Picasso and from the "Dame à la
licorne" in the Musée Cluny to the solid Soviet war memorial in
Wolgograd. Neither is there a clear thematic unity, except perhaps
the emphasis on struggle, cruelty, and death, as they are most
poignantly gathered in the discussion of Géricault's "Le radeau de

la Méduse," which introduces part II. This discussion takes place simultaneously on a number of levels, which only in their total context reveal a new vision, a new way of seeing. The painting is described as both a finished product and a production process: how did this work evolve from the very first concept and the preliminary research, throughout the various stages, into a final product which is still changing before our eyes (the reception, the chemical process)? This process not only takes us into the painter's workshop, but into his feelings and reactions while he was working on this painting. Géricault becomes more and more identified with the characters on the canvas, so that it is often unclear whether we are talking about the victims on the raft or about the dehydrated, desperate painter who no longer knows whether he is standing inside or in front of his painting. This is not an attempt to renew the biographical interpretation of art, but a way to enter the production process itself, for only the history of a work can give us a correct understanding of it. This correct understanding, however, is impossible without a detailed technical analysis, in which Peter Weiss the painter studies the craftsmanship of Géricault's work. This identification between the artist and his work is incomplete if we cannot integrate the viewer (the "I" in the novel, in the second place the reader) to such an extent, that he too begins to confuse, e.g., the misery of the painted sailors on their raft with the despair of a political refugee of the twentieth century. Thus the production process, the finished product and the reception are combined in such a way that the work becomes at the same time very historical and very universal. Instead of "reducing" the work to one essential element (the psychological, the technical, the sociological, the economic, etc.) as usually happens in academic or radical interpretations, Weiss expands the analysis into a total vision of the work and its context. It is the complexity of the context that leads to the simultaneity of perspectives, and only this interchange can bring about fruitful and surprising results. This is neither a "werkimmanent" nor a purely political reading. Thus Géricault's work has a stronger social and political impact than, e.g., Delacroix' "La liberté sur les barricades," because human suffering has been expressed in a much deeper and convincing manner. Whereas Delacroix seems to preach revolution, Géricault accuses a system, in which human greed and arrogance can create the kind of misery we have seen on the raft. Given this understanding of the complexity of art, why would Peter Weiss want to stick to the term "Realism?" He himself started out as a modernist, hardly an example of realism—bourgeois, critical, or socialist. Still he demands that a real work of art be considered from the angle of the needs and wishes of today's observer and that it be useful to him. Thus the study of art and literature becomes a necessary tool for sensible social and political change. In the novel he demonstrates this through the recurring discussion of the figure of Hercules in Greek mythology and art, a discussion that is enriched by the very concrete experiences of the protagonists in their daily struggle against fascism. This realism of Weiss' bears little resemblance to any dogmatically defined canon or politically correct style. It merely expresses the conviction that all great art has to be connected with reality, meaning the very concrete reality of the artists and their public within a very concrete social and historical context. Weiss hereby touches the core of a problem formulated by Marx in the *Introduction to the Critique of Political Economy* of 1857: "But the difficulty does not lie in understanding that the Greek art and epos are bound up with certain forms of social development. It rather lies in understanding why they still afford us aesthetic enjoyment and in certain respects prevail as the standard and model beyond attainment."[2]

From an idealistic, bourgeois viewpoint this problem, obviously, doesn't exist, but a materialist like Weiss cannot accept the reference to some metaphysical and universal eternal values and has to look for another explanation. Marx left his own question unanswered, and later materialistic theoreticians of art and literature have either ignored the problem or minimized it, for it revealed an uncomfortable contradiction to their own theories. For Weiss, on the other hand, a work of art has a lasting value only if it can still play a useful role for future generations, whereby the usefulness must transcend the mere aesthetic realm. In stressing the importance of the form, he goes way beyond the almost purely content-bound interpretations of Marx and Engels. Thus the political and social discourse is not merely illustrated by examples from the history of art (the defeated giants of the Pergamon altar and today's German proletarians under Hitler, Picasso's *Guernica* and Breughel's "Dulle Griet" and the horrors of war), but is essentially incomplete without the ongoing confrontation with the art-historical discourse and vice versa. Which means that both the social-political and the aesthetic analyses are seen as complementary parts of one larger analysis. Even if Weiss is only partly right with his assumption, he already has created the condition for a fundamental rethinking of both traditionally separated academic disciplines. He even goes one step beyond this theory of art, which we also find in the works of such authors as John Berger, David Caute, and especially Fredric Jameson,[3] since he is less interested in the relationship between art and society than in the role this art and those politics must play within the resistance against injustice and inhumanity which is threatening to destroy us. Without this central role of resistance, the novel would have remained within the interpretative genre, and that was certainly not the purpose.

About Resistance as a Necessary Quality of Modern Man

"Widerstand:" for the contemporary German reader it means in the first place the resistance against the Nazi regime and this is the way the novel should be read as well. The separation of Germany and the Cold War, however, resulted in two differing histories of the resistance: chroniclers in the Federal Republic by and large limited the resistance to the unsuccessful assassination attempt of July 1944, the "Weiße Rose" and individual heroic fates by Christian (Niemöller) or social-democratic resistance fighters. The organized communist resistance was either ignored or explained as a spy network for the Soviet-Union.[4] Conversely, the GDR historians wrote almost exclusively about the resistance groups within or around the Communist Party.[5] As a result even the memory of the struggle against the Nazi terror was dragged into the polemics between East and West. Without trying to assume the role of an authority in the field Peter Weiss has tried to create a new image of the proletarian resistance, an image that is popular neither in the GDR nor the FRG. As far as the West is concerned, he has attempted to rehabilitate people who for years have been vilified as underminers of the German war effort and enemy agents, and in the GDR the officials cannot possibly be happy with his descriptions of the painful lack of communication between the party leadership in exile and the isolated resistance fighters who were constantly running the risk of being arrested by the Gestapo or the Sicherheitsdienst. In the novel the young worker Hans Coppi and the student Horst Heilmann constitute the link between the I-character and the larger historical context. Coppi and Heilmann were real people, who had joined the resistance at the very beginning of the Third Reich and were executed in the infamous prison at Berlin-Plötzensee. But as in the case of other historical names (Brandt, Wehner, etc.), Weiss mixes historical facts and documents with elements of fiction, e.g., their friendship with the central character, the lengthy discussions about art and politics, the thriller-like account of their last free days in Berlin. Historically Coppi and Heilmann were members of the Schulze-Boysen/Hernack resistance group, more widely known as the "Red Orchestra," in which people from different political backgrounds, ranging from loyal party members to former national-socialists, used their positions in the military hierarchy to send information to the Red Army. The adventures of this group constitute the major section of part III of the novel. This "resistance novel within the novel" is one of the most moving tales of the resistance in general and one of Peter Weiss' strongest texts. Weiss draws a picture of people full of uncertainties, doubts, weaknessess and contradictions, people who react very differently and individually before their execution: some have hysterical fits, others display various forms of religious or philosophical stoicism. Towards the end of these chapters the term "heroes of the resistance" has gained a much more concrete meaning, which unfortunately is usually absent from the official commemorations in East or West Germany.

Although he succeeded in creating an effect that reminds us of the most impressive cantos of *Die Ermittlung*, Weiss aimed at more than a literary rehabilitation of the left resistance against Hitler. For almost all the actions in which the central character gets involved can be seen as part of that resistance: the desperate fight of the Spanish Loyalists against Franco and his allies, the daily struggle for survival in the milieus of the political exiles, the resistance of the leftwing socialists against the reformism of their own party leaders and, as a parallel, the tragedy of thousands of communists who are time and again betrayed by the Soviet Union and the Komintern policies. Thus the resistance gains a much broader meaning than at the beginning of the novel, when Coppi and his friends try to fight Goebbels' propaganda machine with stickers and handbills. For those who have chosen the side of the poor and the repressed resistance has become an internal and external way of life and a philosophical attitude. For those who in such times want to remain human it has become a necessary quality, a choice in the existential meaning of the term. Viewed from this perspective the quarreling about the parts played by communists, social democrats, Christians or Jews becomes irrelevant and even indecent, because Weiss has transcended his own political convictions and the discussion about percentages. This is no story of heroic victories, but a succession of mistakes, individual and collective weaknesses and, above all, defeat. Weiss' realism collides with the artificial historical optimism of the marxist bureaucrats. On the other hand, the fact that this realism doesn't result in post-activist cynicism as expressed by Peter Sloterdijk[6] constitutes one of the mysteries of this novel, something I will try to deal with in my conclusion. A first explanation could be found in the fact that this resistance, while being based upon an individual choice, and mostly carried out in complete isolation, never remains limited to the individual sphere. One makes a choice with and for the others, and here Weiss is not only talking about one's own circle of friends or political organization. The people in this novel, even at the most lonely moments of their lives, are always in fundamental contact with the whole of humanity.

This is dramatized by Lotte Bisschoff's illegal journey into Nazi Germany: in order to get into a German harbor she is stowed away in the anchor case of a trailer, totally isolated and surrounded by people who want to capture her. Here and there, on the boat and later in the city, there are perhaps contact people who might be able to help her, but she does not know whether they are still free or whom she can still trust. Yet she was only able to undertake this kind of journey because she doesn't for one moment doubt the necessity of her task. Weiss leaves the question open, whether certain party leaders deliberately sent her to Berlin in order to test the safety of the escape routes, but even that doesn't change her solidarity with "the cause of the people," even of those people who are now helping her enemies. There is something of a "unio mystica" in this, even though it is an unusual term to designate the actions of a leftwing activist. But that happens to be the level upon which resistance takes place in this novel.

"Es ist alles authentisch (wie im Traum alles authentisch ist)"[7]

In his essay "Die alte und die neue Avantgarde"[8] Jost Hermand reminds us of the fact that the avantgarde was initially socio-political as well as aesthetical: the new wine of democratic consciousness could not be poured into the old bags of bourgeois culture. Today this connection has almost completely been lost and the abyss between avantgarde art and political avantgarde seems to be unbridgeable. Already in the thirties it was significant that both the Soviet Union and Nazi Germany condemned expressionism as "decadent" viz. "degenerated" and hence forced modernism to retreat into the bourgeois salons, where it really doesn't belong. Peter

Weiss, who as a young painter and a beginning writer felt attracted by modernism, never accepted this historically developed alienation between progressive art and progressive politics. In *Marat/ Sade* (1964) the tension between those two areas, comparable to Kierkegaard's "ethical" and "aesthetical" man, carries the dramatic structure. Only in the (subsequently written) foreword does the political dimension gain the upperhand. This dimension gets an outspoken marxist slant in the Auschwitz drama *Die Ermittlung*. Weiss, whose Jewish background made him a survivor of the Holocaust, tried to understand the forces that had caused this horror. But it was not just understanding, but also the sense that at the Frankfurt trial he was witnessing his own possible fate that made Peter Weiss' later work so unbearably realistic. In *Lesen und Schreiben*, Christa Wolf writes that a work of art, in order to be convincing, explores a number of possible lives of an artist and this seems to be the case for Weiss.[9] After *Die Ermittlung* he seemed to have abandoned modernism and to have opted for the often simplistic documentary theatre (the plays about Vietnam and Angola), to the regret of his former admirers from the "aesthetical" camp. With his play about Hölderlin he wants to give a political interpretation to the German national myth, but his adaptation of Kafka's *Trial* and, especially, the long preparation time of *Die Aesthetik des Widerstands* lead him in a new, now definitive direction. Modernism and the aesthetical are no longer rejected in favor of political commitment, but he is now trying to bring both halves of his artistic and political self together. This explains partially the intensity of the negative and positive reactions in both literary and political circles.[10]. For Peter Weiss neither retreats into the new fashionable "new individuality" nor does he try to gloss over the untenable contradictions within the progressive movement. These contradictions and the extensively described defeats of that movement get a new perspective, when (re)connected with the tradition of artistic modernism. We are no longer dealing with some illusory strategy for resistance and revolution, but with a still unexisting "aesthetics" for which his novel wants to be a first step. This connection of art, as the highest form of human activity, and the care for material existence engender a new hope, that no human effort in history has been in vain. *Die Aesthetik des Widerstands* sketches the beginning of a new way of reading, in which art is seen as essentially political (i.e. concerning the polis) and—which is much more difficult—in which all real emancipatory politics have to be essentially "art" in order to be true. Weiss supersedes the difference between the artistic representation of an execution (e.g. Goya) and the historical execution of the resistance fighters in the torture chambers of Plötzensee. Or between the mystical "Dame à la licorne" and the dignity of a working woman such as Coppi's mother who is soaking her swollen feet after work while discussing politics with her son and his friends. The critic Frank Benseler talks about "eine hier kaum noch mehr denkbare Perspektive" that is thrown open by this novel." I assume that this is not just the case in both German states, but anywhere else in the world. This novel seems to demand a total reorientation, a totally different approach of the aesthetical and the political together with the willingness, to be part of the ongoing resistance. When Weiss claims that everything in his novel is authentic, he destroys the usual distinction between fact and fiction: only in the form of a fictitious novel his aesthetical-political project could be authentically proposed. Art therefore is no longer an escape route, but according to him the only path from A to B, from the bad infinity of our present-day reality to the hitherto unrealized project of a humane world.

Antioch College

1 Peter Weiss, *Die Aesthetik des Widerstands. Roman,* 3 vols. (Frankfurt/M 1982), and *Notizbücher 1971–1980* (Frankfurt/M 1981).—2 Lee Baxendall and Stefan Morawski, *Marx and Engels on Literature and Art* (St. Louis 1973).—3 Fredric Jameson, *The Political Unconscious. Narrative As a Socially Symbolic Act* (Ithaca 1981).—4 Arnold Sywottek, "Die *Aesthetik des Widerstands* als Geschichtsschreibung?" *Die Aesthetik des Widerstands,* ed. Alexander Stephan (Frankfurt/M 1983). —5 *An die Lebenden. Letzte Briefe deutscher Widerstandskämpfer* (Leipzig 1959). —6 Peter Sloterdijk, *Kritik der zynischen Vernunft* (Frankfurt/M 1983).—7 Peter Weiss, *Notizbücher,* p. 873.—8 Jost Hermand, "Die alte und die neue Avantgarde," *Orte. Irgendwo. Formen utopischen Denkens* (Königstein 1981).—9 Christa Wolf, "Lesen und Schreiben," *Lesen und Schreiben* (Darmstadt 1972).—10 Alexander Stephan, "Ein großer Entwurf gegen den Zeitgeist. Zur Aufnahme von Peter Weiss' *Die Aesthetik des Widerstands,*" pp. 346–66.—11 Frank Benseler, "Die Aesthetik von Peter Weiss," *Deutsche Volkszeitung,* Nr. 42, 19. Okt. 1978.

"Ohne Heimat:" The Problem of Exile in the Works of Lotte Paepcke

Roslyn Abt Schindler

The year 1985 marks the fiftieth anniversary of the infamous "Nürnberger Rassengesetze;" historical consciousness dictates that 1935 be remembered as a key date for the beginning of the end for millions of European Jews. The year 1985 also marks the seventy-fifth birthday of the German Jewish author, Lotte Paepcke, born in Freiburg im Breisgau and now residing primarily in Karlsruhe. Her life and writings embody the very spirit of historical consciousness as it pertains to the Holocaust.

Although Paepcke is little known in both Germany and the United States, she has received praise from reviewers of her books, among them Eli Gardos: "Die Verfasserin ist schriftstellerisch äußerst begabt. Mit flüssigem Stil und echtem Sprachgefühl, mit plastisch prägnanter, einprägsamer Darstellungskunst versteht sie es, die mit erschreckend konsequenter Stetigkeit immer gehäufter eintretenden Schikanen zu schildern und sie uns miterleben zu lassen."[1] Paepcke's works—autobiographical novels, poetry, and essays—span more than a half century of experience and reflection, and are dedicated, first and foremost, to remembering. They have as their central theme the experience of exile: the removal from the country and the city of her birth and, even more significant, what Paepcke herself calls "inneres Exil:"[2] "Ihrer Familie und Freunden wegen blieb sie . . . in Deutschland; doch das Gefühl des 'Fremdgewordenseins,' wie sie es nennt, hat sie seither nicht mehr verlassen, auch wenn sie ihrer Umwelt ohne Verbitterung, ohne Hass, Vorwurf und Anklage begegnet."[3]

In his "Nachwort" to *Hier und Fort*, Paepcke's first volume of poetry and the current direction of her work,[4] Christoph Meckel—poet, novelist, artist—writes: "Die Gedichte sind das Ergebnis dessen, was ein Mensch ein Leben lang verkörperte und zu verkörpern gezwungen war: eine deutsche Jüdin zu sein."[5] Meckel focuses then on the thrust of Paepcke's poetry, which is clearly the main concern of her other works as well and which links her to such poets as

Exile and Enlightenment
Copyright Wayne State University Press, 1987.

Nelly Sachs and Rose Ausländer: "jüdisches Denken und Träumen in deutscher, immernoch und immerwieder deutscher Heimatlosigkeit" (F, 57–58). The experiences of loss, consternation, and exile permeate Paepcke's works, and one constant remains for the author: there is no way back, in any respect, after the Holocaust.

"Es wurde nicht wieder gut," Paepcke concludes at the end of her first major work, now entitled *Ich wurde vergessen*.[6] This book is a sensitive and moving poetic document of her experiences during the Nazi reign of terror which, by her own admission, she felt compelled to write about five years after the end of the war.[7] In an interview with Christoph Meckel, which is incorporated into his "Nachwort" to *Hier und Fort* and which serves as a background history to *Ich wurde vergessen*, Paepcke emphasizes the hardships she encountered, especially her threatened life as a Jew in Germany, and the beginnings of her exile:

> Ich bin am 28. Juni 1910 in Freiburg (Breisgau) geboren. Nach dem Abitur studierte ich Jurisprudenz in Grenoble, Berlin und Freiburg. Im Jahre 1933 machte ich . . . das erste Staatsexamen. . . . Ich bestand das Examen, erhielt aber gleichzeitig die Mitteilung, dass ich aus "rassischen Gründen," da ich Jüdin bin, zu Referendardienst und zweitem Examen nicht mehr zugelassen werde. Ein sehr mutiger Universitätsprofessor wollte mir zum Promovieren verhelfen, aber auch das wurde für Juden nach kurzer Zeit verboten. Wegen Mitgliedschaft in der roten Studentengruppe kam ich in Freiburg ins Gefängnis. Ich wurde nach wenigen Wochen wieder freigelassen, nachdem ich geschworen hatte, nichts gegen den neuen Staat zu unternehmen.
> Meine Lage in Deutschland war aber in jeder Hinsicht gefährdet. So ging ich nach Rom, wo mir eine Stelle in einem Anwaltsbüro vermittelt werden konnte. Für meinen nichtjüdischen Freund versuchte ich, ebenfalls in Italien eine Stelle zu finden. Es gelang mir aber nicht schnell genug, anderseits stand in Deutschland das Verbot von "Mischehen" kurz bevor. Da wir heiraten wollten, musste ich nach Deutschland zurückkehren. So blieb ich die ganze Hitlerzeit in Deutschland, da mein Mann im Ausland nichts finden konnte. . . . Wir lebten zuerst noch in Freiburg, dann in Bielefeld, Köln, Leipzig und Karlsruhe . . . (F, 58).

Ich wurde vergessen, which follows their plight from city to city, describes how Lotte Paepcke and her non-Jewish husband Ernst, constituting a "priviligierte Mischehe," and their son Peter[8] were gradually isolated and exiled: "Wir waren auf dem Weg nach draußen, wo keine Heimat mehr ist" (V, 8). Because of their "privileged" status, which in the end only barely saved their lives, the family could move freely from one city to another as conditions worsened: "So lebte ich nun als fremder Gast" (V, 22). She felt estranged, particularly because her Jewish identity had to remain a secret, and that at a time, "wo ich nur noch ein Jude war. Weiter nichts."[9] Perhaps the very worst aspect of this exiled life was that, to preserve their safety, their son Peter could not be told that his mother was Jewish:

> Peter lernte, daß der Führer keine Nacht mehr schlief aus Sorge um sein Volk, und daß man die Juden schlagen muß, wo man sie trifft. Dies riet er uns auch eines Abends beim Nachtessen. Das Blut stieg mir zu Kopf über die Ungeheuerlichkeit des Augenblicks, und weil ich ihm jetzt nicht sagen konnte: "Hier vor dir sitzt so ein Jude. Deine Mutter ist es!" . . . Eine schwere Scham erfüllte mich. Das Leben wurde krank an falscher Freundlichkeit, geheuchelte Worte sassen wie Geschwüre an ihm und wurden zu einem Bazillus, der auch meine Beziehung zu meinem Kind vergiftete (V, 42).

Life now meant fear, lies, and hiding. There were insurmountable difficulties at home, at work, at school, and on the street. Peter was soon taken to a hiding place in southwest Germany, and Lotte Paepcke was ultimately brought there, too. In her transformed birthplace, Freiburg, where she stayed temporarily, she experienced alienation as never before: "War dies noch Heimat?" (V, 86) Soon thereafter, she was taken to a cloister near Freiburg, where she remained in hiding with her son until the end of the war, a place of relative safety but also one in which Paepcke had to retain her anonymity, maintain an exiled existence, and live a nightmare:

> So lebte ich. Aber lebte ich wirklich? . . . Nein . . . Denn hier, in diesem Leben, das alle für Wirklichkeit hielten, war nur mein Leib. Meine Seele war bei denen, deren Schicksal in Wahrheit das meine war: bei meinen jüdischen Brüdern und Schwestern. In jenen Tagen wurden die letzten von ihnen, die noch in Deutschland waren, die jüdischen Partner aus Mischehen, wie ich einer war, abgeholt und nach dem Osten gebracht. Dorthin, wo die Grossmama in ihren Tod gegangen war, dorthin, wo aus der Freundin ein Häuflein Asche wurde, das man nicht sammelte. Dorthin ging eigentlich mein Weg; dort war mein Ort (V, 103–104).

Finally: liberation and freedom. Upon returning to Freiburg, however, Paepcke encountered a new kind of fear and alienation:

"Aus meiner selbsterbauten Welt kehrte ich zurück in die der anderen, die nun wieder unsere gemeinsame werden sollte. . . . Als wäre nichts geschehen. . . . Es gab kein Zurück. . . . Es wurde nicht wieder gut" (V, 122–123).

According to Paepcke, an even more satisfying accomplishment that continues this theme is her 1972 autobiographical novel, *Ein kleiner Händler, der mein Vater war*,[10] a tender, poetic tribute that follows her father's experiences up to, including, and after the Holocaust, including his exile years in New York City, until his death in 1962. In the first several chapters, the author carefully lays the groundwork for the vivid description and sensitive analysis of her parents' exile years in the United States.

From farmer as well as merchant stock, Paepcke's father[11] was also the product of a religious Jewish tradition. So deeply rooted was he in all aspects of German and Jewish life that it was natural, when World War I began, that he would proudly take up arms for Germany:

> . . . er fühlte sich als Jude gerufen, das deutsche Vaterland mit ganzer Kraft zu verteidigen, sein Land, aller Land. Jetzt würde es sich zeigen an ihm und seinesgleichen, dass die Juden sich als Deutsche fühlten und ihr Leben Deutschland zu opfern gewillt waren, so unbedingt wie alle anderen. Jetzt kam es darauf an, als Jude sich zu bewähren, die Pflicht nicht nur sondern mehr als die Pflicht zu tun. Denn überall, in der Schule, im Beruf, im Frieden und im Krieg, musste man mehr tun, damit es ausreichend war (H, 34–35).

Most importantly, he learned: "Ein Jude drückt sich nicht. Ein Jude, der aus der Sonderung herauswill, nimmt kein Sonderrecht in Anspruch" (H, 36). He considered himself as German as he was Jewish, despite his acknowledgement of his outsider status. In war he fought valiantly for peace and for his homeland. Yet ultimately, as for so many others, it was not enough: "Was nützte es dann also wieder: zu wollen, zu fühlen, sich aufzustellen, zu bücken, zu tragen—er blieb ein Nichtzugehöriger, er blieb der Jude. . . . Es war das alte Lied" (H, 41).

Paepcke's father accepted his outsider status and his path to eventual exile. His political activities with the SPD increased, and in 1933 he was arrested as a leftist. He was released almost immediately but had to promise loyalty to the new regime. Like so many others, he thought that the regime was only temporary.[12] However, the beginning of the end was at hand: "Mehr und mehr wurde dem Vater die Existenz zerbrüllt" (H, 50). He lost his store, he had to release his employees, and the feelings of exile mounted.

November 9/10, 1938: Kristallnacht. Paepcke's father was arrested and taken to Dachau. Released because of his age (65) and his intention to emigrate (I, 1985), he returned, a broken man: "Jetzt wusste der Vater, dass das Trommeln für Deutschland endgültig vergebens gewesen war. . . . Die Rückkehr aus dem KZ zu seinen Jugendstilmöbeln war keine Heimkehr mehr. Hier wartete nur der Tod" (H, 59–60).

As part of the second major wave of emigration from the Third Reich (P, 14), Paepcke's parents fled, first to Switzerland in 1939, and finally to the United States in 1941 (I, 1985): "der Gott der Juden schenkte ihnen einmal wieder die Flucht. Sie wurden nicht erschlagen, nicht vergast und nicht verbrannt: sie durften fliehen" (H, 60). Deprived of German citizenship by virtue of the recent decrees, Paepcke's father felt depressed and frustrated, exiled forever: "Der Vater war nicht imstande, die Willkommensgebärde der Freiheitsstatue am Gestade Amerikas mit eigenem Gefühl zu erwidern. Seine Seele suchte nichts als ein Fussbreit festes Land . . . " (H, 63).

His first impressions of New York, therefore, were influenced not only by his own tormented state but also by what has been described by other German exiles, among them Ulrich Becher, as being " 'on a distant star, which could only vaguely be related to the "Old World" '" (P, 16). Paepcke describes her own father's reaction to the streets of Manhattan: "Der Vater sah in die Höhe und in die Helle der Glasgipfel und Betonterassen, Millionen unbewegter Fensteraugen neben sich, über sich" (H, 65). With the help of relatives who were already firmly situated in this foreign place, Paepcke's parents found themselves in a two-room apartment in Upper Manhattan, surrounded by a strange, often hostile environment that bore no resemblance to what they knew as home—the streets, the avenues, Times Square, the subway system, the foreign languages, the skyscrapers, the people, the masses of people—but one in which they now had to make their new home and earn a living.

Employment was a constant struggle, as was daily life. Their hardships were all too typical of that endured by "the throngs of newly arrived Europeans" who "in their feeling of spiritual and social isolation" often "came close to collapse under this emotional burden" (P, 59; 142). Paepcke writes: "Um die kleine Figur schlug der Wind Amerikas leicht und schwer und kreiselnd und wildfremd. Und gleichgültig an ihm vorbei. . . . Ein kleiner Mann ohne Ziel schlenderte und schlurfte durch die kalten, die heissen, grellen und stumpfen Stunden" (H, 73). And then, news from Ger-

many and confirmation of the worst rumors and fears: "die Regierung seines Landes [hatte] Gegner und Juden vergast und verbrannt" (H, 81). Everything became transformed for him, and he
felt exiled as never before: "Jetzt zersetzte sich der Ausblick über
den Hudson, jetzt war der Broadway zerstückelt, der Nachthimmel
New Yorks hatte Gültigkeit nur für Hiesige . . . " (H, 83). Having
always considered his stay in America temporary, he, like so many
other exiles, had never really wanted to embrace New York as his
new home. However, now there was no turning back: he was rele-
gated to diaspora forever. The recent news from Germany was
"eine unhörbare, eine lautlose Katastrophe: die Heimat raste ins
Nichts. Jetzt war er Flüchtling bis zum Ende seines Lebens" (H,
84).

Paepcke's parents remained in New York, in fact, for almost
twenty years until her mother died in 1960 (I, 1985): "Mutter der
Flucht / und im Dunst / von Upper Manhattan . . . Grauäugig
wurde sie / blind im Tod / über alles" (F, 41). Upon his wife's
death, Paepcke's father slowly deteriorated—in mind and spirit as
well as in body: "Er verlor in zwei Tagen an Gewicht, und wenn
man Manhattan und die Stadt New York bedachte, wo er lebte, so
lebte er beinahe nicht mehr, so unerheblich und geschmolzen
schien sein noch Verbliebenes" (H, 89–90). The image of blindness
in death which appears in Paepcke's poem "Die Mutter," quoted in
part above, finds its way, too, to the author's description of her
father's final days in his land of exile: "Es interessierte ihn nicht
mehr, wo eigentlich er war. New York, Amerika verwirrten sich
ihm zu einer übergrossen fremden Szenerie, in der er nichts mehr
zu suchen hatte. Sein Blick war so milchiggrau geworden, als sei er
am Erblinden" (H, 90).

Lotte Paepcke brought her father back to Freiburg in that same
year, to a homeland that could never again be the same for him. He
lived for almost two years among "diese freundlichen Feinde" (H,
99), but the realization was all too clear: "ein Deutscher konnte er
nicht mehr werden. . . . Wer einmal Flüchtling wurde, bleibt es.
Zerstückte Heimat wird nicht repariert. So blieb die Drohung mit
Tod als ein dünner Schwaden Geruches in der Luft . . . " (H, 101–
102). As an echo to her earlier autobiographical account, Paepcke
concludes: "Es schlug nicht mehr mit den Deutschen. Es gab kein
Anknüpfen an gemeinsame Vergangenheit, denn es gab keine
Durchgangsstrasse durch Gaskammern und Kamine" (H, 102).
Paepcke's father died in 1962, a man who had known the trauma of

exile, both within his own land and abroad: "Der Weg in das andere Land und in andere Zeit war zu weit gewesen" (H, 108).

Paepcke's writings of the early 1980s carry forward the problem of exile, particularly her own experiences of inner exile as a Jew living in Germany today. In an interview with Christoph Meckel, she explains:

> Ich wäre sehr gern nah mit meinem Leben bei meinen geliebten Bergen im Schwarzwald und dem Münsterturm gewesen, aber das ging nicht. Sie haben mich natürlicherweise im Stich gelassen. Ich stehle mich immer wieder zu ihnen hin, halblegal, wiederum. Vieles ist leichter und richtiger in Israel, vor allem Licht und Wüste. Aber das kann keine Heimat mehr werden. So muss es ohne Heimat gehn (F, 59).

The last sentence is key to an understanding of Paepcke's position: one of discomfort, one of reservation, one of sadness for what was lost and can never be regained. Although she resides in Karlsruhe and Freiburg, she does not feel at home in Germany anymore: "[Ich] bin mit Reserve in Deutschland" (I, 1984).

Paepcke's "Nachwort" to *Ich wurde vergessen* was written in 1979 on the occasion of the reprinting of and to provide additional insight into the personal narrative which was originally published in 1952 as *Unter einem fremden Stern*. Paepcke begins her reflection: "So war etwas geschehen, was in jenen Satz mündete: 'Es wurde nicht wieder gut' und weshalb ich sagen muss: Der Satz gilt auch heute noch" (V, 126). This one sentence does exactly what Schalom Ben-Chorin suggests: "Diese Bemerkung gibt dem Buch eine Tiefe und einen Schwergang, die besonderer Beachtung bedürfen."[13] In this brief essay, Paepcke expresses strong convictions and part of the reason for her own uneasiness and feelings of exile: "Der grössere Teil der deutschen Bevölkerung ist der Meinung: Einmal muss Schluss sein. Lasst uns mit diesen alten Geschichten in Ruh" (V, 127).

In her 1983 essay, "Das Gedenken," a critical analysis of the commemoration in Germany of the fiftieth anniversary of Hitler's rise to power, Paepcke continues on the same note: "Soll es denn nicht endlich erledigt sein, was man da von Neuem vorzeigt? Dieses Judenproblem, nun neu und ausführlich hochgespielt, kann doch kein Dauerthema sein, so denken viele Deutsche, für die 'Schuld' oder 'Scham' keine gültigen Begriffe sind und die auch Verantwortung für sich ablehnen."[14] Paepcke maintains that no state of normalcy has been or can be attained in Germany between Jews and Germans and that deeply rooted prejudice still exists today between the two groups. She concludes her essay with a serious reference:

> Alles, was geschah, war unter uns möglich; es war möglich in Deutschland. Auch wenn die einen in Feiern gedenken, auch wenn die Übriggebliebenen Opfer guten Willens mit den anderen weiter leben möchten: beide sind von etwas getroffen, was nicht aufhebbar ist, mit keinem Mittel. Neutrale Normalität kann es für sie und uns nicht mehr geben. . . . Dieses Normale ist ein ganz unscheinbares Ding. . . . Dieses unscheinbare Ding ist zerstört und keiner kann es mehr reparieren: nicht der gutwillige Deutsche, nicht der gutwillige Jude. Aber mit diesem zerbrochenen Ding müssen wir leben (G, 150).

Lotte Paepcke's Holocaust writings represent a commitment to remembering; they constitute a memorial to her father, her mother, her grandmother, her best friend Lilli, and the remainder of the millions who did not survive: "für alle die vielen Tausende, die keine Stätte bekamen für ihren Tod: das 'Requiescant in pace' " (V, 66). And Paepcke's works are a tribute to the exiled—past, present, and future: "Die Treuesten aller Lebenden sind die Flüchtigen, denn sie tragen behutsam die Heimat über die Erde" (V, 87).

In the final analysis, it is only through writings such as Paepcke's and the emphasis on the individual that—each time—we remember not to forget. The motto of the Holocaust, "Z'chor!" (Remember!), must always remain alive and be perpetuated in future generations if we have any hope at all of moving toward and achieving a spirit of humanity, enlightenment, and tolerance worldwide.

Wayne State University

---

1 Eli Gardos, "Als Jüdin in Nazi-Deutschland: Eine Tragödie der Einsamkeit," *Israel Nachrichten*, 9. Nov. 1979, p. 9.—2 Personal Interview with Lotte Paepcke, Freiburg, July 9, 1985; subsequent references will be given parenthetically in the text as I, 1985.—3 "Ein jüdisches Schicksal: Fragen an die Freiburger Autorin Lotte Paepcke," *Badische Zeitung*, 15 June 1979, p. 13.—4 Paepcke's second volume of poetry is expected to appear in 1986. Its subject matter will depart from the Holocaust themes of *Hier und Fort*, as the title, *Es könnten Freuden sein*, indicates.—5 Lotte Paepcke, *Hier und Fort* (Mainz 1980), p. 57; subsequent references will be given parenthetically in the text as F followed by the page number(s).—6 Lotte Paepcke, *Ich wurde vergessen: Bericht einer Jüdin, die das Dritte Reich überlebte* (Freiburg i. Br. 1979); subsequent references will be given parenthetically in the text as V followed by the page number(s). The original title of this book was *Unter einem*

fremden Stern (Frankfurt/M 1952).—**7** Personal interview with Lotte Paepcke, Karlsruhe, July 22, 1984; subsequent references will be given parenthetically in the text as I, 1984.—**8** Dr. Peter Paepcke (b. 1935) is a lawyer in Karlsruhe. Lotte and Ernst Paepcke had two other sons: Michael Paepcke (b. 1949) is a nurse in Israel, and Dr. Andreas Paepcke (b. 1954) is a computer researcher in California. 9 Lotte Paepcke, "Immer hat es Wege durch die Wüste gegeben," *Wegzeichen: Was meinem Leben Richtung gab*, ed. Peter Raab (Freiburg i. Br. 1982), p. 106.—**10** Lotte Paepcke, *Ein kleiner Händler, der mein Vater war* (Heilbronn 1972); subsequent references will be given parenthetically in the text as H followed by the page number(s).—**11** Paepcke's father, Max Mayer (b. 1873), and her mother, Olga Nördlingen (b. 1884), are never mentioned by name in the book; nor are exact dates, except for a few, mentioned or alluded to. Paepcke concerns herself ultimately with more than one man or one family: she uses her father and her family to represent the fate of so many others like them throughout this historical period.—**12** Helmut Pfanner, *Exile in New York: German and Austrian Writers after 1933* (Detroit 1983), p. 20; subsequent references will be given parenthetically in the text as P followed by the page number(s). —**13** Schalom Ben-Chorin, " 'Es wurde nicht wieder gut,' " *Allgemeine Jüdische Wochenzeitung*, 26 Oct. 1979, p. 9.—**14** Lotte Paepcke, "Das Gedenken," *Allmende* 9 (1984), 148; subsequent references will be given parenthetically in the text as G followed by the page number(s).

Über das Nichtvergessen:
Günther Weisenborn, *Memorial*

Wilfried Barner

"Ich wende mich mit dieser Niederschrift an die Nachgeborenen, die in hundert oder fünfhundert Jahren etwa mit Kopfschütteln von jener Zeit lesen werden, die unsere Zeit war."[1] Ein wenig weit vorausgespannt, so mag es scheinen, ist der Zeitbogen, in den Günther Weisenborn im Jahre 1947 sein *Memorial* hineinstellt: das Erinnerungsbuch, in dem der Autor—Angehöriger einer Widerstandsgruppe gegen Hitler—Aufzeichnungen über seine mehrjährige Haftzeit stückweise alternieren läßt mit autobiographischen Erlebnissen aus der "Welt," die ihr vorausliegt.

Was soll uns ein solches Buch heute, da wir längst über ausgedehnte Dokumentationen und archivgestützte Darstellungen, über zahlreiche Filme, Reportagen und Einzelstudien verfügen, die uns den Widerstand gegen Hitler und die Schicksale der Opfer vergegenwärtigen? Nicht so sehr, daß es manchem schon zu viele der schamvollen oder auch pflichtschuldigen Würdigungen des Kreises um die Attentäter des 20. Juli oder der Weißen Rose gibt.[2] Was vermögen Individualberichte, über die vielgelesenen Aufzeichnungen einer Anne Frank oder eines Dietrich Bonhoeffer hinaus, an Erkenntnisgewinn oder gar Einstellungsänderung in Gang zu setzen? Es gibt nicht nur ausweichende, sondern höchst ernstzunehmende Argumentationen, die, bestätigt durch die spektakuläre Resonanz etwa des *Holocaust*-Films, in der Individualisierung und 'Vermenschlichung' der gigantischen Barbarei eher die Gefahr einer neuen Verdrängung, einer Flucht durch die Hintertür sehen wollen.[3]

Weisenborns *Memorial*—nur ein weiteres Individual-Dokument unter den mittlerweile schon vielen anderen? Seine genuine Resonanz-Zeit scheint es längst gehabt zu haben, neben dem Theaterstück *Die Illegalen*,[4] dem anderen Werk, das mit dem Namen des Autors Weisenborn in erster Linie verbunden wird: dem Brechtianischen Bilderbogen von der lebensvollen Widerstandsgruppe, in der die "Liebe" schließlich zur Gefährdung des gemeinsamen Ziels und zum mutigen Opfer eines der Besten führt. Am 21. März 1946

Exile and Enlightenment
Copyright Wayne State University Press, 1987.

im Berliner Hebbel-Theater uraufgeführt, erlebte es binnen kurzem nicht weniger als 104 Inszenierungen, sogar fünf weitere im Rundfunk.[5] Aber von der erschütternd oder anrührend elementaren Symbolik, wie sie Millionen in Borcherts *Draußen vor der Tür* erlebten, hatte das Widerstands-Schauspiel wenig. Noch weniger hatte es von dem tollen, bestärkenden Furioso des Titelhelden in Zuckmayers *Des Teufels General*, dem anderen Stück, das zusammen mit *Iphigenie* und *Nathan*—und dann den Sartreschen *Fliegen*—das Theater jener Jahre prägte.[6]

Memorial wurde—wohl noch gefördert durch die Bekanntheit der *Illegalen*—nach kurzem Teilabdruck 1947, im folgenden Jahr gleich in zwei Buchausgaben verbreitet, im Osten wie im Westen Deutschlands.[7] Noch im selben Jahr fand es in einer Auflage von 100 000 als Ro-Ro-Ro-Druck (genauer: als fünfzehnter von Rowohlts Rotationsromanen im Zeitungsformat) den Weg zu den Lesern.

Im literarischen Bewußtsein der Gegenwart ist Günther Weisenborn ein nahezu vergessener Autor. Gewiß, in den Literaturgeschichten und Lexika begegnet regelmäßig noch sein Name. *Die Illegalen* und *Memorial* werden als frühe Nachkriegstexte von Symptomatik und bemerkenswerter Resonanz pflichtgemäß und mit Hinweisen auf das ihnen gemeinsame, autobiographische Widerstandsthema noch gewürdigt.

Auch sein pazifistischer Erstling, der sensationelle Theatererfolg *U-Boot S 4* (1928) mit Heinrich George in der Premieren-Hauptrolle, bleibt in den literarischen Annalen der Weimarer Republik verzeichnet. Die Mitautorschaft bei Brechts Bearbeitung von Gorkis *Die Mutter* (1931)[8] läßt ihn ein wenig am Renommee eines großen Namens partizipieren. Und natürlich wird erwähnt: daß er im September 1942 als Mitglied der Widerstandsgruppe um Harro Schulze-Boysen und Arvid Harnack (im Nazi-Sprachgebrauch dann "Rote Kapelle" genannt) von der Gestapo verhaftet, zum Tode verurteilt wurde, überlebte und erst am Kriegsende von den russischen Truppen aus dem Zuchthaus Luckau befreit wurde. Als er 1969 starb, 'würdigte' man ihn als mutigen, nonkonformistischen Autor, der sich der Zeit gestellt hatte, als eine literarische Figur der Zeitgeschichte.[9] Dem Ton der 'Würdigungen' bereits war anzumerken, daß weithin Konsens erzielt war: dieser Schriftsteller und Theatermann hatte seinen Part respektabel gespielt, aber die Epoche war über sein Werk hinweggegangen.

Von heute her scheint es fast bezeichnend, daß er in eben jener historischen Spanne abtrat, als auf dem Theater wie in der Erzählprosa gänzlich neue, revolutionäre Horizonte gefordert

wurden, Analyse, Veränderung, Aktionsziele. Für Wiederent-
deckung und Renaissance unter solchen Vorzeichen bot Weisenborn wenig Anreiz. Als "Antifa-Ikone," wie ihn Yaak Karsunke
später titulierte,[10] blieb er eher in Distanz, als daß er lebendige
Auseinandersetzung herausgefordert hätte. Wer sich heute auf
Memorial neu besinnt und es in seiner Individualität wie in
seiner Zeitsymptomatik ernst nimmt, muß freilich auch der Son-
derrolle Weisenborns bei Mitwelt und Nachwelt Aufmerksamkeit widmen.

"Niederschriften eines Außenseiters" nannte Weisenborn seine
autobiographischen Aufzeichnungen unter dem Titel *Der gespaltene Horizont* (1964),[11] die in Sujet und Kompositionsprinzip als
eine Art Fortsetzung von *Memorial* gelten können. Versucht man
die recht vage Kategorie des Außenseiters zu füllen, so differenziert
sich Weisenborns geschichtliches Profil—auch im Hinblick auf
seine Rezeption. Von dem spät und dann in immer breiterer Front
einsetzenden Exilliteratur-Interesse wurde er kaum betroffen, denn
Exulant im strengen Sinne war er nie gewesen. Zwar ging er 1936
nach New York, wo er als Lokalreporter arbeitete—ein wichtiger
Teil der "Welt"-Erinnerungen im *Memorial* gilt dieser Zeit—und
ein Moment von 'Flucht' war darin durchaus enthalten (wie schon
1930 bei dem Abenteuer als Postreiter in Argentinien, auch dies im
Memorial gespiegelt).[12] Doch er kehrte freiwillig nach Deutschland
zurück. Und obwohl er bald darauf mit Harro Schulze-Boysen in
Kontakt geriet, stellen sich Fragen angesichts der Tatsache, daß er
weiterhin—wenn auch zum Teil pseudonym[13]—publizierte, daß er
1941 Chefdramaturg am Berliner Schiller-Theater wurde und die
Leitung der Kultur-Redaktion am Großdeutschen Rundfunk über-
nahm. Wenn er im *Memorial* den damit gewonnenen "gründlichen
Einblick in die gewitzten Techniken und die emsigen Praktiken der
NS-Entstellung" erwähnt (S. 21) und von einem gelungenen Akt
eigener subversiver "Entstellung" berichtet (S. 23), so will das als
Legitimation dieser Tätigkeit insgesamt noch nicht ganz überzeugen. *Memorial* läßt hier Fragen offen, die erst Weisenborns Dokumentation *Der lautlose Aufstand* (1953) annähernd beantwortet.[14]

Den subtilen Spielen oder auch den Metaphysizismen einer wie
immer zu verstehenden 'Inneren Emigration' fügte Weisenborn
keine neuen, reizvollen Varianten hinzu. Auch hier konnte nach
1945 neues Interesse nicht ansetzen. Zur 'Jungen Generation' wiederum, die sich im Westen nach Kriegsende zu gruppieren begann
(zunächst um die Zeitschrift *Der Ruf*, dann in der Gruppe 47), fand er
den Weg nicht.[15] Schon der Altersabstand des 1902 Geborenen mag

dem entgegengestanden haben. Ein 'vernüchternder' Neuansatz, wie
ihn etwa Günther Eich als einer der ältesten unter den 'Jungen' (geboren 1907) vollzog, schien um so weniger notwendig, als die 'epischen'
Verfahren Zukunft versprachen: im Brecht-Ton der *Illegalen* wie in
der verfremdenden Montagetechnik des *Memorials.*

Zum überzeugten Sozialisten freilich, der sich den Literatur-
programmen Ostberlins, der SBZ und dann der frühen DDR unter-
geordnet hätte, fehlte ihm das ideologische Fundament. 'Links'
hatte er schon als Student und junger Theatermann gestanden.
Aber einer Partei hatte er nie angehört. In Johannes R. Bechers
'Kulturbund' und in dem Kreis der nach Ostberlin zurückkeh-
renden sozialistischen Emigranten war er nicht zu integrieren.
Noch heute findet sich in der offiziösen DDR-Literaturgeschichts-
schreibung zwar das pauschale Lob, *Memorial* habe seinen Autor
"deutlich als Verbündeten der revolutionären Arbeiterbewegung"
ausgewiesen.[16] Doch an den *Illegalen* wird kritisiert, hier sei es
Weisenborn trotz des Einflusses Brechtscher Gestaltungsmittel
nicht gelungen, "menschliches Handeln auch aus seinen sozialen
Ursachen zu erklären."[17]

Ein Außenseiter in der Tat, der heute unter dem Etikett "Anti-
faschist" nicht zugänglicher wird: einem Etikett allerdings, das im
Memorial selbst mehrfach begegnet, als zeitgenössischer Ver-
ständigungsbegriff, der sich in der Situation des Widerstandes und
dann der Befreiung als essentiell und als zum Handeln oft unum-
gänglich erweist. Ein "Außenseiter," der mit *Memorial* allererst
"erinnern" will. Das seinerzeit schon etwas altmodische Fremd-
wort schließt seit Jahrhunderten bereits das registrierende, berich-
tende Moment ('Erinnerungsbuch') ebenso ein wie das appellative,
auf Handeln bezogene ('Eingabe,' 'Bittschrift').[18]

Berichten aus eigener Erfahrung, um dem Nichtwissen das Feld
nicht zu überlassen; erinnern, um dem Verdrängen entgegenzutre-
ten; beschwören, um Wiederholung ein für allemal auszusch-
ließen—dies sind treibende Motive des Schreibens in einer charak-
teristischen Gruppe von Gefängnis- und KZ-Literatur, die in den
ersten Nachkriegsjahren erscheint. Erst in ihrem Kontext erhält
Memorial sein individuelles Profil. Manches verbindet diese Berichte mit der breit anschwellenden, höchst heterogenen Kriegs-
und Soldatenliteratur, von Plivier bis Uhse, von Carossa bis Jünger,
von Richter bis Böll. Doch die Perspektive des Gefangenseins in
Deutschland, das exemplarische Erfahren eines nationalsozialistischen Bewachungs- und Terrorsystems eigener Art und das Bewußtsein eines—wie auch immer gearteten—'Widerstandes' setzen

diese Gruppe der Rechenschaften auch wieder von jenem breiten Strom ab.[19] Bis zum Verwirrenden vielfältig ist das Spektrum an politisch-moralischen Überzeugungen, an individuellen Schicksalen und an Weisen des berichtenden Erinnerns. Ihnen voraus oder auch parallel gehen, was die 'Tatsachen' betrifft, zum Teil umfangreiche Reportagen im lizensierten Rundfunk und in den sogenannten Armeegruppenzeitungen wie etwa der weitverbreiteten *Neuen Zeitung*: Reportagen über das, was die alliierten Truppen bei der Befreiung der KZs und der Gefängnisse vorgefunden hatten und was dann an organisierter Bestialität im Nürnberger Prozeß vom Herbst 1946 zutage kam.

Die Individualberichte vom Typus des *Memorials* hatten dem in den Augen vieler Leser vor allem zwei Momente voraus. Der Gedanke einer propagandistischen Verfälschung durch die Sieger, von manchen nur allzu gern dem Wahrhaben-Wollen entgegengesetzt, lag hier fern. Und das Ungreifbare des millionenfachen Verbrechens, auch dem Wissen-Wollenden wie eine Mauer sich entgegenstellend, wurde konkret, erlebbar, nachvollziehbar durch die sich artikulierende Individualität der erinnernden Person. Eugen Kogons *Der SS-Staat*, in seiner ersten Fassung noch 1945 abgeschlossen (Vorwort vom Dezember), 1946 erschienen, verband die Sehweise eines der "Wenigen, die dem höllischen System lebend entkommen sind" (in seinem Fall dem KZ Buchenwald), mit der gezielten Suche nach breitgestreutem Tatsachenmaterial; und zwar berichtete und analysierte der Autor "als religiöser und politischer Mensch, als Soziologe und Schriftsteller."[20] Erhofft wurde, durch die Konfrontation mit der "nackten Wahrheit," ein Anstoß zum "Läuterungsprozeß."[21]

Die ungeheure Resonanz von Ernst Wiecherts *Der Totenwald* ("Ein Bericht," 1945 geschrieben, 1946 in Zürich erschienen), auf einen viermonatigen KZ-Aufenthalt in Buchenwald 1938 zurückgehend, verdankte sich einerseits der Kontinuität einer Leserschaft, die auch unter dem Naziregime Trost aus immer neuen Büchern dieses christlich-humanistischen Autors hatte schöpfen können (und darin durch seine vielbeachteten Reden seit Herbst 1945 bestärkt wurde). Andererseits erhob gerade dieser Bericht nicht bloß den Anspruch, "nur die Wahrheit" zu bringen, sondern "was die Seele gesehen hat:" ein "Schicksal," dem es vergönnt war, "nur am Tor" des Schrecklichen sich bewegt zu haben.[22] In der autobiographischen Hauptgestalt Johannes spiegelt sich eine Welt, in der die Sträflinge von Gott verlassen zu sein scheinen; und doch heißt es zuletzt, Gott werde "sie niemals vergessen."[23]

    Der Altkommunist und Theatermann Wolfgang Langhoff, bereits
kurz nach der Machtergreifung der Nazis verhaftet und dreizehn
Monate lang Insasse der KZs Börgermoor und Lichtenberg, schließlich in die Schweiz entkommen, hatte schon 1935 in Zürich *Die
Moorsoldaten* veröffentlicht. Dieser frühe, international beachtete,
keineswegs 'linientreue' Bericht erschien jetzt unverändert 1946 bei
Desch in München (wie *Memorial*). Ein neues Vorwort widmete das
Buch "den Kameraden aus den KZs., den toten und lebenden, die das
Vermächtnis der Toten erfüllen werden."[24] Solche Memorial-Gesten
begegneten mit unterschiedlicher Akzentuierung in vielen Berichten
über die Opfer. Anna Seghers hatte *Das siebte Kreuz* (als Buch zuerst
im Exil 1942, jetzt Berlin 1946) "den toten und lebenden Antifaschis-
ten Deutschlands gewidmet."[25] Noch Bruno Apitz stellte seinem spät
(1958) erscheinenden KZ-"Roman" *Nackt unter Wölfen* den Satz voran: "Ich grüße mit dem Buch unsere toten Kampfgenossen aller Nationen, die wir auf unserem opferreichen Weg im Lager Buchenwald
zurücklassen mußten."[26]
    Weisenborns *Memorial* richtet die erinnernde Aufmerksamkeit,
wie in diesen—und vielen hier nicht genannten—Berichten, wiederholt auf einzelne oder Gruppen von Mitgefangenen, sie sogar aus der
Gegenwart des Schreibenden 'grüßend' (etwa S. 220: "Gruß ihm!").
Die Gefängnisexistenz jedoch, verstärkt noch durch die Einzelhaft,
in der sich Weisenborn während der ersten neun Monate befand,
zieht dem Wahrnehmen einer Leidens-'Gemeinschaft' engere Grenzen. Der internen Teil-Öffentlichkeit der KZs, die bei Wiechert
ebenso prägend ist wie bei Langhoff oder Seghers, steht die Isolation
der Zelle gegenüber—und dies zunächst mitten in der Hauptstadt
Berlin, in den Gestapo-Kellern: "Hier unten entwickelte sich die
Menschheit weiter auf ihrem schmerzensreichen Weg in die Zukunft" (S. 11). Dem Nichtwissen oder dem Vergessenwerden ist etwas entgegenzustellen, das künftiges Handeln bestimmen soll. Von
den Erfahrungen der Front, von Kameradschaft und Sinnlosigkeit,
von Todesgefahr und Gemeinschaftsgefühl erzählen die vielen
Heimkehrer, auch die Schreibenden unter ihnen. Die Überlebenden
der Gestapo-Keller und der Zuchthäuser bleiben allzu leicht im
Schatten, sofern sie nicht gar als 'Verräter' gelten, die den kämp-
fenden Soldaten, Widerstand leistend, 'in den Rücken fielen'.
Einschätzungen solcher Art waren verbreitet genug. Ihnen gegenüber
wird bei Weisenborn Tendenz bemerkbar. Die Vorrede zum *Memorial* schließt mit der Bitte, "jener Hunderttausende nicht zu vergessen, die aufrecht gegen den blutbesudelten Terror gekämpft haben
und dabei kämpfend an der Schafottfront gefallen sind" (S. 12).

Auf dem Vorsatzblatt zum Druck der *Illegalen* steht ". . . nieder-
geschrieben als Denkmal der Schafottfront."[27] An die andere, die
innere 'Front' und ihre Opfer zu gemahnen, ist eine Kernabsicht
des Theaterstücks wie des erzählenden Berichts. *Memorial* läßt
mitunter sogar national-apologetische Töne vernehmen, die sich
deutlich gegen die Kollektivschuldthese richten und manchem un-
gewollt zur Beruhigung dienen mochten: es *gab* ja inneren Widerstand! "Hier in Deutschland," heißt es gleich in der Vorrede, "lebte
die Idee der Freiheit ungebrochen, sie lebte in abertausenden von
Zellen, aber sie lebte" (S. 11). Dies breit zu untermauern, vor allem
aber an das Vermächtnis der Opfer zu erinnern, wird dann ein
Hauptmotiv der Dokumentation *Der lautlose Aufstand* (1953).

Aber ermöglichte die Ausnahmesituation, die Konfrontation mit
dem Terror, zugleich spezifische Erkenntnis, die den Individualbe-
richt über das In-Erinnerung-Bringen hinaus legitimiert? Luise
Rinser, die schon 1940 Schreibverbot erhalten hatte, dann 1944 verhaftet und vor dem Volksgerichtshof in Berlin wegen Hochverrats
angeklagt worden war, beschrieb in ihrem *Gefängnistagebuch* (1946
ebenfalls bei Desch in München erschienen) die Zeit der Untersu-
chungshaft und der Zwangsarbeit als Periode der Befreiung von den
"Illusionen des bürgerlichen Lebens," eine Befestigung ihrer Position als "Sozialistin."[28] Albrecht Haushofers *Moabiter Sonette* (Berlin 1946), die Hinterlassenschaft des noch am 23. April 1945 von der
SS erschossenen Widerständlers, suchten dem schlechthin "Bösen"
und "Zerstörerischen" des Hitler-Regimes durch Reflexion auf die
Menschheitsgeschichte und auf die Kräfte der Humanität sprachfor-
mend standzuhalten.[29]

Weisenborns *Memorial* gewinnt gegenüber Rinser und Haushofer, Wiechert und Seghers oder auch etwa dem *Tagebuch eines
Verzweifelten* von dem in Dachau liquidierten Friedrich Percyval
Reck-Malleczewen (Stuttgart 1947)[30] nicht nur formal seine Besonderheit durch die alternierende Montage von chronologisch ge-
ordneten Erlebnissen der Haftzeit und achronisch wechselnden
Erinnerungen an das "Leben" davor.[31] Die höchst bunten, mit ge-
nußbereiter Sinnlichkeit beschworenen "Momente" im Leben des
Studenten wie des jungen Theatermannes, des argentinischen Post-
reiters wie des New Yorker Lokalreporters, des Liebhabers wie des
Berliner Bohemiens, nicht zuletzt des genau beobachtenden Anti-
faschisten besitzen prinzipiell alle eine doppelte Funktion. In der
Haft, wo sie entstanden sein sollen, hat sich der Autor, wie er in
Der gespaltene Horizont berichtet, daran "heimlich gewärmt."[32]
Erinnerung in der Erinnerung transzendiert jedoch zugleich das

bloß Augenblickshafte und bloß Individuelle zum "Menschlichen,"
ja Kreatürlichen hin. In der Konfrontation mit dem Animalischen,
mit dem erbarmungslosen Lebenskampf, mit dem Tod entstehen
die überzeugendsten Partien: die New Yorker Szenen (etwa S.
193–95), die sterbend hinter der Herde sich einherschleppende Kuh (S.
168–71), die Juden-Pogrome (S. 191, 269f.). Dem korrespondieren
unter den später geschriebenen "Haftstücken" die Schilderungen, in
denen die Perspektive des Ausgelieferten und Überlebenwollenden
strikt durchgehalten ist: das angespannte Lauschen in der Zelle
(etwa S. 104), die körperlich nahe Gegenüberstellung mit dem Pei-
niger wie im Duell (S. 68–70), die bis zur totalen Erschöpfung getrie-
bene Zwangsarbeit auf dem Acker (S. 195ff.). Sowie Naturgenuß,
Sichausleben, erotischer Triumph ins Wort gefaßt werden sollen,
gerät die Darstellung nicht selten in die Nähe des Süßlichen, der
'lebensvollen' Klischees, der Peinlichkeiten (etwa S. 29, S. 167, S.
248f.). Übersteigerung aus Entbehrung heraus mag eine plausible
genetische Erklärung sein; das Phänomen bleibt.

An kategorial ähnlich bestimmte Grenzen stößt der Autor des
Memorials dort, wo er in den Figuren der Widerstandsgenossen und
Mithäftlinge das zu greifen sucht, was ihm das Überleben und das
Erinnern allererst ermöglicht hat: Opferbereitschaft, Unbeugsam-
keit, Humanität. Mit wenigen scharfen Strichen gelungen sind
etwa die Porträts des Bäckerfranz, des Kommunisten, der den Ge-
fangenen listenreich immer wieder etwas zusteckt (S. 188), oder
das der couragierten Oberin des jüdischen Hospitals (S. 261f.). Die
meisten Widerständler aber sind "prächtig," "kühn," "blond,"
"frisch," "sauber." Gleich der erste, der porträtiert wird, hat "ein
junges, helles Künstlergesicht mit kurzen, blonden Haaren" (S. 15).
Und noch ganz am Schluß heißt es resümierend von den in
Plötzensee Hingerichteten, sie seien "tapfere, freiheitsliebende,
saubere Deutsche" gewesen (S. 274). An Hitler, dem Weisenborn
mehrfach auch aus der Nähe begegnet, wie an seinen Schergen
hebt er das Abstoßende, das Ekelhafte, das "Dumme" in allererster
Linie hervor. An einem Folterer beobachtet er ein "typisches Ver-
brechergesicht" (S. 56), ein brüllender Hauptwachtmeister ist "ein
infames Produkt der Hölle" (S. 107), Hitler selbst firmiert auf einem Künstlerabend als "die Bestie" (S. 213).

Sich bewußt zu machen, daß ein Thomas Mann und viele andere
hier vor ähnliche Schwierigkeiten gestellt waren, hilft angesichts
solcher Klischees ebensowenig weiter wie eine leichtfertige Ab-
qualifizierung ex post. Die Phänomene sind allzu bekannt. Selbst
der damals antretenden 'Jungen Generation' der Autoren wollte es

noch auf Jahre hinaus nicht völlig gelingen, sich von jenen Sprachklischees zu lösen, die—zum Teil aus vornazistischem Gebrauch stammend—in den zwölf Jahren Hitler-Herrschaft zur öffentlichen Perfektion hochgetrieben worden waren.[33]

Doch es geht nicht *nur* um Sprachklischees, die im übrigen auch sonst in Berichten von Widerständlern über die Gefängniszeit auffallen.[34] Weisenborns *Memorial* gründet, wie sein Handeln im Widerstand und wie sein Impetus zum Schreiben (und sei es auf Tütenpapier in der Zelle), in seinem Glauben an die Eigenwertigkeit des "Lebens," ja an die Unveränderbarkeit und Unzerstörbarkeit des "Menschlichen." Nicht das Sichvergewissern der großen humanen Traditionen, wie bei Haushofer, oder das Sichergeben in ein dunkles göttliches "Schicksal," wie in Wiecherts *Der Totenwald*, bestimmt sein Erinnern, sondern die Perspektive auf die "Menschheit" und deren Geschichte. Ihr gilt die erste Rückblende in die Antike, mit dem "Schauer von zwei Jahrtausenden" (S. 15) ebenso wie gegen den Schluß hin das fast biologistische, höchst persönlich gemeinte Credo: "aus einem jungen Mann und einer jungen Frau, die sich zusammenlegen, erwächst die Zukunft" (S. 271; ähnlich S. 63 zu "Same" und "Atem"). Mit bemerkenswerter Offenheit und zugleich anklagender Tendenz gesteht Weisenborn, daß seine Generation nach dem ersten Weltkrieg ohne politisch-gesellschaftlichen Durchblick "wie Barbaren" aufgewachsen sei (S. 103). Ein analytisches Gesellschaftsbild wird im *Memorial* ebensowenig erkennbar wie in den *Moorsoldaten* des Altkommunisten Langhoff.

Weisenborns ausgeprägt moralistischer Impetus gründet in der Faszination wie im Abgestoßenwerden durch das "Menschliche," das auch das Animalische sein kann, und durch die "Welt," deren Zusammenhänge dem Einzelnen immer nur in "Augenblicken" sich andeuten (S. 7). In "Momenten" auch des Ausgeliefertseins, der Gefährdung, der höchsten Anspannung bewährt sich die Kraft der Erinnerung als Quelle des Sichbehauptens. Im ebenso geschenkten wie ertrotzten Zustand der Freiheit wird Erinnerung an die "Augenblicke" des Gefangenseins verpflichtende Aufgabe. In dieser doppelten Schichtung des Erinnerns—der als Grundhaltung eine Vielzahl anders gerichteter Erinnerungsstränge zugeordnet sind[35]—, liegt das Besondere von *Memorial*, wie es weder für den *Totenwald* noch für die *Moorsoldaten*, weder für das *Gefängnistagebuch* noch für die *Moabiter Sonette* konstitutiv ist.

Als *Memorial* erscheint, würdigt mancher das formal Ungewöhnliche. Wolfgang Weyrauch im Nachwort zum RoRoRo-Zeitungsdruck bewundert den "strengen und folgerichtigen Wechsel" der Stücke,[36] Annemarie Auer die "Ineinanderschichtung von Reportagen."[37] Weisenborn selbst gibt im *Memorial*, als Musiklieb-haber, Andeutungen zum Prinzip der "Fuge" (S. 149); er verdeut-licht es im Rückblick von *Der gespaltene Horizont*.[38] Was unmit-telbar nach 1945 manchem als auffallend 'progressiv,' ja 'modern' erscheint, mag sich im nachhinein als tastend, vorläufig, ja kon-ventionell ausnehmen. Nicht in der Montagetechnik als solcher liegt das Eigentliche, sondern in der erkenntnisspezifischen Erin-nerungsstruktur, durch die sich *Memorial* innerhalb der Flut von Erinnerungsliteratur auszeichnet.

Durch die doppelt gestaffelte Rückwendung wird es zum "Me-netekel für die Gegenwart," wie es Wolfgang Weyrauch zunächst nennt.[39] Mit dem eingangs zitierten Blick auf die kommenden Generationen, mit der "umfassenden Enttäuschung" nach dem Kriege, von der Weisenborn selbst bereits spricht (S. 10), hat er etwas geschaffen, das ein leichtfertiges Vergessenwerden nicht ver-dient. Es bleiben gewiß Schwächen, und es gibt auch hier keinen "Preisnachlaß" für Gesinnung.[40] Denen, die als Widerständler überlebt haben, zeigt sich—in einem anderen Sinne als dem des Peter Weiss—noch keine überzeugende, genuine Ästhetik des Widerstands.

Es liegt auch für uns Heutige mehr als bloß historisierende Rela-tivierung darin, wenn Günther Weisenborn im Abstand von zwei Jahrzehnten über die zeitgenössische Resonanz von *Memorial* re-flektiert: "Die kühle Haltung eigenem Schmerz gegenüber scheint dem Miterleben anderer dienlich zu sein. Das Zumutbare am Mitgefühl ist erstaunlich gering in entsetzlichen Zeiten."[41]

Universität Tübingen

---

1 Günther Weisenborn, *Memorial* (München 1947), S. 7. Nach dieser Ausgabe wird im folgenden zitiert (im Haupttext: lediglich Seitenzahl in Klammern).—**2** So be-sonders im Jahre 1984 aus Anlaß des 40. Jahrestages des Attentats auf Hitler geäußert.—**3** Mehrere Beiträge zum Problemkreis (freilich meist nicht die unmit-telbare Nachkriegszeit betreffend) in *Gegenwartsliteratur und Drittes Reich. Deutsche Autoren in der Auseinandersetzung mit der Vergangenheit*, hrsg. von Hans Wagener (Stuttgart 1977).—**4** Erstausgabe mit dem Untertitel "Drama aus der deutschen Widerstandsbewegung," Berlin 1946.—**5** Angabe nach Walter Huder, "Ein Partisan der Menschlichkeit," in *Günther Weisenborn*, hrsg. von Ilse Brauer und Werner Kayser (Hamburg 1971), S. 17ff., hier: S. 19.—**6** Vgl. Hans Daibler, *Deutsches Theater seit 1945* (Stuttgart 1976), bes. S. 57ff. (dort S. 68 die Angabe, 350 Bühnen hätten *Die Illegalen* gespielt). Den politischen Kontext und speziell die Zuckmayer-Resonanz analysiert Albrecht Schröder, *La réaction du public allemand*

devant des oeuvres litteraires de caractère politique pendant la période 1945–1950
(Diss. Genève 1977), S. 44ff. 7— Über die Fragen der Erstausgabe, der Copyright-
Ausgabe, der Vorabdrucke usw. existieren zahlreiche widersprüchliche, teils falsche,
teils mißverständliche Angaben, auch in sonst zuverlässigen Nachschlagewerken.
Hier sei nur das Wichtigste zusammengefaßt. Zwei kurze Vorabdrucke erschienen
in *Der rote Greif. Eine Schau unseres Wirkens und Planens,* hrsg. von Karl Dietz
(Rudolstadt 1947), S. 55–60; und "Tag und Traum. Aus dem unveröffentlichten
Memorial," *Aufbau* 3 (1947), S. 136–40. Der früheste Gesamtdruck (als Lizenzaus-
gabe der bevorstehenden Copyright-Ausgabe): Berlin, Aufbau-Verlag 1948, 265 S.
Der Copyright-Druck: München, Desch 1948, 278 S. (dort mit den Angaben: "Copy-
right 1947 by Verlag Kurt Desch München" und "Printed in Germany 1948"). Im
Anschluß daran druckte Rowohlt im Oktober 1948 das *Memorial* als RoRoRo-
Rotationsroman im Zeitungsformat (32 S.) mit einer Auflage von 100 000; an-
gehängt ist ein längeres Nachwort von Wolfgang Weyrauch (das auf die beiden
Buchausgaben bereits Bezug nimmt). Einen Nachdruck der Desch-Erstausgabe (sei-
tengleich mit Ausnahme der "Vorrede") veranstaltete 1976 der Röderberg-Verlag in
Frankfurt am Main. Die weiteren Ausgaben, Auszugsdrucke sowie Übersetzungen
(bis 1963) verzeichnen Brauer/Kayser (wie Anm. 5), S. 43f. Ergänzendes, vor allem
zur Sekundärliteratur, bei Michael Töteberg, "Günther Weisenborn" (Stand: 1. 8.
1984), in *Kritisches Lexikon zur deutschsprachigen Gegenwartsliteratur* (Loseblatt-
sammlung). Wichtige weitere biographische, z. T. auch bibliographische Angaben
in: Günther Weisenborn, Joy Weisenborn, *Einmal laß mich traurig sein. Briefe,
Lieder, Kassiber. 1942–1943,* hrsg. von Elisabeth Raabe unter Mitarbeit von Joy
Weisenborn (Zürich 1984).—8 Weisenborn hatte zusammen mit dem Dramaturgen
Günther Stark eine erste Bearbeitung bereits abgeschlossen, als Brecht im Sommer
1931 mit mehreren Mitarbeitern hinzutrat und eine neue Arbeitsphase begann (in
der Weisenborn-Literatur kursieren mehrere mißverständliche Jahreszahlen).—9 Material in der Zeitungsausschnitts-Sammlung des Deutschen Literaturarchivs in Marbach.—10 Yaak Karsunke, "Episoden in Fugentechnik," in *literatur konkret*
1982/83, S. 91.—11 Günther Weisenborn, *Der gespaltene Horizont. Niederschriften eines Außenseiters* (München 1964).—12 Die Argentinien-Erlebnisse liegen
auch dem Buch *Die einsame Herde* (Dresden 1937) zugrunde.—13 Unter den Namen Eberhard Foerster und vor allem Christian Munk. Die Romane *Das Mädchen
von Fanö* (Berlin 1935) und *Die Furie* (Berlin 1937) erschienen jedoch ohne Pseudonym.—14 Vgl. insbesondere die Kapitel "Die bürgerliche Opposition" und "Die
Rolle der Intellektuellen," in G. W., *Der lautlose Aufstand. Bericht über die Widerstandsbewegung des deutschen Volkes 1933–1945,* 4. Aufl. (Frankfurt/M 1974), S.
104ff. und 260ff.—15 Er erscheint nicht unter den "Autoren, die auf den Tagungen
der Gruppe 47 gelesen haben," im *Almanach der Gruppe 47. 1947–1962,* hrsg. von
Hans Werner Richter in Zusammenarbeit mit Walter Mannzen (Reinbek b. Hamburg 1962), S. 630f.—16 Autorenkollektiv unter Leitung von Horst Haase u.a., *Geschichte der Literatur der Deutschen Demokratischen Republik* (Berlin[-Ost] 1976),
S. 167.—17 Autorenkollektiv, S. 135.—18 Schulz-Basler, *Deutsches Fremdwör-
terbuch,* Bd. 2, S. 99f. Zum Gesamtkomplex von Erinnern, Wiedererkennen, Vergessen, Verdrängen vgl. die anregenden Überlegungen bei Gotthart Wunberg, *Wiedererkennen. Literatur und ästhetische Wahrnehmung in der Moderne* (Tübingen 1983).
—19 Die zahlreichen Berichte aus der Kriegsgefangenschaft nehmen hierbei eine
charakteristische Zwischenstellung ein, die näher zu untersuchen wäre. Zur Orientierung: *Gegenwartsliteratur und Drittes Reich* (wie Anm. 3), mit Akzentsetzung
auf den späteren Jahren; Frank Trommler, "Auf dem Wege zu einer kleineren Literatur. Ästhetische Perioden und Probleme seit 1945," in *Tendenzen der deutschen
Gegenwartsliteratur,* hrsg. von Thomas Koebner (2. Aufl. Stuttgart 1984), S. 1ff.
—20 Zitiert nach Eugen Kogon, *Der SS-Staat. Das System der deutschen Konzentrationslager* (München 1974), S. VIII.—21 Kogon, *Der SS-Staat,* S. VI und VIII.
—22 Ernst Wiechert, *Der Totenwald. Ein Bericht* (Zürich 1946); Zitate aus den

kurzen Vor- und Nachworten (jeweils unpaginiert). Zum 'Bewältigungsproblem' in
Der Totenwald s. Franz Futterknecht, *Das Dritte Reich im deutschen Roman der
Nachkriegszeit* (Bonn 1976), S. 177ff.—**23** Wiechert, *Der Totenwald*, S. 152.
—**24** Wolfgang Langhoff, *Die Moorsoldaten. 13 Monate Konzentrationslager*
(München 1946), S. 6.—**25** Vorsatzblatt zum "Personenverzeichnis." 26 Bruno
Apitz, *Nackt unter den Wölfen. Roman* (Halle 1958), Vorsatzblatt zum Text.
—**27** Zitiert nach Günther Weisenborn, *Dramatische Balladen* (Berlin[-Ost] 1955),
S. 167.—**28** Zitiert nach Luise Rinser, *Gefängnistagebuch* (Frankfurt/M 1963), S.
16, S. 111 u. ö.—**29** Bei dem humanistisch gebildeten Professor für politische Geo-
graphie und Geopolitik gewinnt, in manchem vergleichbar der Weisenbornschen
Perspektive, das 'Ferne' herausgehobene Bedeutung, besonders griechische und osta-
siatische Mythen. Zu Entstehung und Erhaltung der Texte s. das Nachwort von
Rainer Hildebrandt in: Albrecht Haushofer, *Moabiter Sonette* (Berlin 1946), S. 91ff.
—**30** Abscheu gegen jede Form von Massenwahn, fundiert noch durch historische
und zoologische Studien, hatten den ostpreußischen Offizier und Arzt früh in Gegensatz zu den Nationalsozialisten gebracht. Das Tagebuch endet im Zelle: Friedrich Percyval Reck-Malleczewen, *Tagebuch eines Verzweifelten* (Stuttgart 1947), S.
195ff.—**31** Hierzu erhellende Beobachtungen bei Hermann Kurzke, "Strukturen
der 'Trauerarbeit' in der deutschen Literatur nach 1945 (Hans Grimm, Günther
Weisenborn, Heinrich Böll, Max Frisch)," in *literatur für leser* 1983, Heft 4, S.
234ff., bes. S. 237f.—**32** Weisenborn, *Der gespaltene Horizont*, S. 68.—**33** Urs
Widmer, *1945 oder die 'Neue Sprache'. Studien zur Prosa der 'Jungen Generation'*
(Düsseldorf 1966).—**34** Aus Weisenborns näherem Umkreis vgl. etwa Elfriede Paul,
Ein Sprechzimmer der Roten Kapelle (Berlin[-Ost] 1981), S. 153ff., S. 172ff. u. ö.
—**35** So das vorstellende Hinüberdenken zu Joy Weisenborn, die im Gefängnis am
Alexanderplatz inhaftiert ist, oder das Einbeziehen von Mitgefangenen ins eigene
Nachdenken, aber auch die Erinnerung an zurückgelassene oder schon geopferte
Widerstandsgefährten.—**36** RoRoRo-Druck (wie Anm. 7), S. 32; knapper zusam-
menfassend in *Ost und West* 1948, Heft 8, S. 88f. (Zitat: S. 88).—**37** *Aufbau* 1948,
Heft 7, S. 621f. (Zitat: S. 621).—**38** *Der gespaltene Horizont*, S. 68 (vgl. S. 64);
hierzu Kurzke (wie Anm. 31), S. 237f.—**39** *Ost und West*, S. 88.—**40** So Marcel
Reich-Ranicki zu Weisenborns Roman *Der Verfolger* (1961), in: M. R.-R., *Deutsche
Literatur in Ost und West* (München 1963), S. 294ff.; hier: S. 294.—**41** *Der gespaltene Horizont*, S. 69.

Albert Ehrenstein (1886–1950): Profile of an External Exile[1]

Alfred Beigel

Albert Ehrenstein, a poet of great skill and versatility, born in Vienna, the capital of old Austria, endured a lifetime plagued by the worst calamity that can befall any human being: external exile. Vienna, Berlin, Zurich, New York, and then Zurich once again were but main stations in a journey of erratic wanderings that spanned four continents.

A genuine poet and important literary artist who knew and corresponded with many of his famous contemporaries—Kurt Pinthus, Gottfried Benn, Franz Kafka, Stefan Zweig, Paul Ernst, Alfred Döblin, Walter Rathenau, to name only a few—Ehrenstein was praised by Karl Kraus and admired by Franz Werfel. He was well known in the literary cafés of Vienna, Prague, Berlin, and Budapest during the two decades from 1910–30; but he has been neglected by literary critics ever since and has by now been almost forgotten. As in the case with so many other prominent German and Austrian authors who began writing just before World War I, no critical or complete edition of Ehrenstein's poetry, fiction, letters, or essays is yet available.

I first became interested in Albert Ehrenstein when, as a student in Vienna in the late 1920s, I purchased a second-hand collection of poems by authors of Austrian descent.[2] Among selections by Walther von der Vogelweide, Peter Altenberg, Franz Grillparzer, Nikolaus Lenau, Rainer Maria Rilke, Georg Trakl, and Franz Werfel, I found three of Ehrenstein's poems: "Seeman's Lied," "Blind," and "Heimkehr," all dealing with death and the transitory nature of time and life ("Tag um Tag stirbt . . . , Tod das Ziel;" in Hock, ed., pp. 171–12). While reading the selections printed in this anthology, which represented some eighty poets, I concluded then—and still believe today—that there is a strong continuity in Austrian literature which separates it from writings of Germany. Looking today at a new generation of Austrian writers, at Handke, Bernhard, Jandl, and the many others who might be mentioned, I am

Exile and Enlightenment
Copyright Wayne State University Press, 1987.

even more firmly convinced, in spite of continual pronouncements to the contrary ("Gibt es eine österreichische Literatur?"), that there definitely does exist a characteristically Austrian literature with its own distinctive historical tradition—and that Albert Ehrenstein, the eternal wanderer, is an important part of this history.

Ehrenstein was born on December 22, 1886, in the Sixteenth District, a suburb called Ottakring, notorious as one of the worst slum districts of Vienna. His parents, Alexander Ehrenstein and Charlotte Neuer, had moved to the city from small villages of the Austrio-Hungarian border region. Alexander Ehrenstein was a low-salaried cashier in a brewery, and he and his poverty-stricken family were thus forced to live in this depressed area. Add to these circumstances the fact that the Ehrensteins were Jewish, and we can safely assume that growing up in Ottakring must have given the young Albert constant nightmares. He was one of the very few Austrian poets of Jewish descent in that period who, unlike Kafka, Brod, or Werfel, did not have prosperous parents. It was Ehrenstein's fate to have been born poor *and* Jewish; and the virulent antisemitic environment of his childhood had a powerful influence on him, to a great degree stifling the growth of his personality. He became an exile in his own native land the moment he was born.

In 1919 Ehrenstein published *Den ermordeten Brüdern*, a collection of poems and prose. The volume contains an essay, "Menschlichkeit," which like most of his writing is largely autobiographical. Here he relates how already, as an elementary-school pupil only six years old, he was extremely conscious of his Jewishness. On his way to and from school he was cursed and ridiculed by street gangs hurling at him the ageless insults of "Jewish pig!" and "Judas!" These attacks had an indelible, scarifying effect on the sensitive child, who felt himself "schuldlos." To escape from this "Kleinwelt" he eagerly looked forward to visits with his grandparents at vacation time. They lived in a small village only a few train-hours from Vienna, and visits to them became for Albert a welcome, voluntary, liberating exile. There, he did not have to hide in dark doorways when a Catholic procession passed by and everyone watching had to cross himself. The poet himself called actions like these "Flucht"—although he was also very much aware that these ordeals had fortified his own Jewish consciousness.

Upon entering the old Piaristengymnasium in Vienna, Ehrenstein suffered further torments similar to those he had faced in the lower school. Older and more mature now, he indicted all of Europe as "Barbaropa"[3] and cursed the institution of Christianity, accusing it of inhumanity and abandonment of all brotherly love: "Jesus Christus ist der einzige, der in die Kirche geht."

Although not himself an observing Jew, Ehrenstein never denied his Jewishness, but he did develop "eine ungemein starke Abneigung gegen Jesus Christus"—as well as an equivalent hatred of Jewish hypocrisy wherever and whenever he encountered it. He came to hate all bigots and hypocrites, for he possessed an extraordinary sense of justice and did not hesitate to criticize his own co-religionists when he felt they deserved it. He often damned the boring religion classes in the Austrian gymnasia, and he was outraged when Jewish students who were the offspring of wealthy or influential parents were given undue advantages and treatment there.

After passing his final examinations in 1905, Ehrenstein enrolled at the University of Vienna, studying history and literature. He earned his doctorate in 1910 with a dissertation on "Die Lage in Ungarn im Jahre 1790. . . . " His first literary mentors were Karl Kraus and Oskar Kokoschka. Kraus invited him to contribute to the *Fackel,* and Kokoschka, who became Ehrenstein's closest friend, introduced him to the circle which had gathered in Berlin around Walden's *Sturm.*

Ehrenstein wrote a revealing letter to Paul Ernst in 1910,[4] at about the time he was finishing his studies at the university. Writing bitterly about his early school days, he confided that he had begun to write poems at the age of fourteen. He had had to repeat a year in gymnasium, he said, mostly because he had failed in both mathematics and physics. He would have liked to go on to work for a newspaper, but his parents had forced him to complete his studies at the university. After noting that his story "Begräbnis" (in Otten, pp. 354–75) was autobiographical, he cried out, "Mein Leben war von je ein ereignisloses Vegetieren zu nennen, nun ist das noch mehr der Fall."

In another letter to Ernst five years later (21 July 1915), Ehrenstein characterized himself as "einen unrettbaren Pechvogel." Here, he complained about the literary cliques which were then making his life unbearable, and about the "unheilbare Versumpfung der Wiener Literatur." He bemoaned his terrible financial situation and hoped "nach dem Krieg durch eine staatliche oder anderwärtige feste Anstellung der Verschuldung, den Geldsorgen entgehen zu können."

These letters show that Ehrenstein often went out of his way to deceive himself. He seemed unable to admit that his own inability to communicate or form any meaningful or lasting personal relationships contributed materially to the isolation and sense of defeatism which so oppressed him. A year later, again in a letter to Paul Ernst (16 March 1916), he complained that Leipzig, where Kurt Wolff had provided him with a position in his publishing house, had rendered him sterile and completely unproductive. He was, he went on, now being forced to give up his position, "um als freier Schriftsteller weiterzuschwimmen."

Actually, the years from 1910–21 were Ehrenstein's most productive. During this period he published several small volumes of poems and short stories, and, according to Paul Raabe's research on expressionistic publications of the time, Ehrenstein contributed in these years to no fewer than thirty-two periodicals, two yearbooks, twelve anthologies, and two almanacs.[5] The numbers, however, must not lead us to a wrong conclusion, for most of these contributions (of both poetry and prose) were the same pieces later published in book form. The collected poems in *Mein Lied* (Berlin 1931) comprise nearly all of Ehrenstein's poems, including those published earlier in literary magazines and in smaller volumes; and the same is true of the short stories he had published up to 1919, which were collected under the title *Ritter des Todes* (Berlin 1926), and of the essays which appeared under the title *Menschen und Affen* (Berlin 1926).

During these fertile years, however, Ehrenstein was unable to settle or to find a home. A confirmed bachelor, he commuted back and forth chiefly between Vienna and Berlin; but we also find him at various times during this period in Heidelberg and Leipzig, and in Dresden, Budapest, and Prague. He met with Kafka in both Prague and Vienna, and he stayed in touch with Else Lasker-Schüler, the first wife of Herwarth Walden, who had belonged to the *Sturm* circle. During these years Ehrenstein was instrumental in discovering Elisabeth Bergner and recommending her to Max Reinhardt, who trained her as an actress and made her famous (see Otten, "Einführung," p. 29).

Upon the beginning of World War I, Ehrenstein was declared unfit for military service. Toward the end of 1914 he gathered with Hans Eduard Jacob, Walter Hasenclever, Martin Buber, Kurt Pinthus, Ernst Rowohlt, and others in Weimar to protest against the war. During 1915 Ehrenstein, Stefan Zweig, Franz Theodor Czokor, and Alfred Polgar spent some time "working" in the Austrian war archives in Vienna. Off and on during the course of the war, these archives employed some of the most famous literary luminaries of the Austrian-Hungarian monarchy, including in addition to those named above, Kafka, Brod, and Rilke.

We have already noted the fiasco of Ehrenstein's employment at the Kurt Wolff publishing house, which lasted only a few months. Afterwards he also worked for a very short time at the Insel-Verlag in Berlin. Unable to hold any position for any great length of time, Ehrenstein was driven to accept financial help from Hasenclever, just as he had accepted it, during another earlier time of need, from Stefan Zweig.

During most of 1917 and 1918 the poet lived in Switzerland, where he held a position as secretary at the Verein für Individual-psychologie. There he was in close touch with Alfred Adler, the famous founder of the techniques of Individualpsychologie. There too, he met Elisabeth Bergner again. She had by then become a famous actress, having gained world-wide acclaim as Lulu in Wedekind's play of that name. In the fall of 1918, the war over, Ehrenstein returned to Berlin, where, together with Franz Pfemfert and Carl Zuckmayer, he signed one of the manifestos of the Social-ist Party.

From 1921 to 1928 Ehrenstein drifted to and fro amongst Vienna, Berlin, and Prague, publishing occasional newspaper articles and working on poetic adaptations from the Chinese and the Greek. In 1928 he accompanied Oskar Kokoschka on trips to North Africa, Asia Minor, and Russia.

The political climate in Germany was deteriorating by the day, and by 1932 Ehrenstein had decided to leave Germany for good. He planned to settle in Switzerland. But World War II loomed on the horizon, and exiled German and Austrian writers living in Switzer-land were not permitted to publish their work. So when his mother, sister, and his brother Carl (also a well-known poet) had found asylum in England, Ehrenstein made up his mind to emi-grate to the United States. Through the intercession of Thomas Mann, Hermann Kesten, and others, he finally received his visa, and on September 13, 1941, "nach fünfwöchentlicher Fahrt auf dem in jeder Beziehung elenden Frachter 'Navemar' " (quoted in Otten, "Einführung," pp. 29–30), he landed in New York. With only one short interruption (a few months back in Switzerland after the war, in 1949), he was to spend the last years of his life there, submerged in the most abject poverty and illness. He suf-fered a stroke and on April 8, 1950, he died in a Manhattan hospi-tal, which had admitted him as a charity patient.

This last, nine-year exile over which Ehrenstein had no control was certainly the hardest of all for him to bear. It sapped the last ounce of strength from his mind and body. The complaints he uttered in his letters to Paul Ernst so many years past, exaggerated and self-indulgent as they might have seemed at the time, now assumed deadly and tragic dimensions. Charlotte Beradt, who probably knew Ehrenstein as well as anyone at this time, called these nine years in New York City "grotesque and pitiful."[6] She saw his dilemma quite clearly: he had in effect exiled himself long ago— first from his native Austria, then from Germany and from Switzerland. He had been on the run since his early childhood, and now, his strength and creative energy extinguished, all he could produce during these last nine years of life were a few articles and book reviews for the *Aufbau*, a German-language weekly founded in New York during the 1930s by refugees.

Yet at the beginning of this, his last exile, everything had seemed to him exciting, sometimes even overwhelming, in this huge cosmopolitan city of the new world. He had enjoyed meeting again some of his old acquaintances: the actor Alexander Granach; his benefactor, the internationally known furrier Bernhard Mayer; Martin Beradt; and Richard Huelsenbeck the dadaist, who had by this time anglicized his name and become Doctor Hulsbeck, a practicing New York psychiatrist.[7]

Ehrenstein made, for him, an extreme effort to adjust to his new surroundings. He lived in furnished rooms, did his own cooking, and tried hard to learn English. All to no avail: his poetic well had dried up, and he was very poor and very sick.

December of 1986 will be the hundredth anniversary of Ehrenstein's birth. Considering how little attention was paid him while he was alive, and how few of his works have been republished since his death in 1950 (only *Tubutsch, Räuber und Soldaten*, and *Briefe an Gott*), it is fair to assume that literary historians will not, even then, rush to their desks to pay tribute to this important Austrian poet. (It is only fair to say, however, that one reason for such neglect may well be that few people knew him well, and the majority of those who did have themselves passed away.)

Nevertheless, Ehrenstein's personality has always held a fascination for me, and while preparing my monograph on his life and work I was fortunate enough to be able to meet with Charlotte Beradt, Richard Huelsenbeck, Hermann Kesten, and Soma Morgenstern in New York, and with Ben Finkelstein in Philadelphia, all of whom had been in communication with him during his last years. Yet valuable as these interviews were to me, I came away from each of them increasingly convinced that truly to understand Ehrenstein one must dig deeply into the writings themselves, for by his own admission they are almost wholly autobiographical.[8]

The hundreds of poems published during his lifetime are virtually all self-reflections, confessional in nature, and if we strip the fictional cloak of disguise from his short stories, we find that the same is true of them. Following are but a few of the many examples of such self-revelation from the poems anthologized by Otten:

> Ich liege in Nacht (p. 41)
> Ich laufe wild, geschlechtstoll durch die Gassen (p. 53)
> Ich bin einer der Versunkenen (p. 95)
> Ich bin der Zerstückte (p. 109)
> Meine Straßen sind verödet (p. 239)
> Mein Herz ist zerknittert (p. 115)
> Gross sind meine Sünden (p. 194).

What this poet experienced was total exclusion from the real world. He was the typical outsider and exile of the twentieth century, who denied even the existence of an external world and in desperation cried out:

> Und in mein dumm zerlebtes Leben fuhr
> Der Strahl "Real ist alles,"
> Nur die Welt ist's nicht (p. 45).

Ehrenstein had experienced his own ego with the utmost intensity as *object*, rather than as *subject*. He had no real sense of being a part of the outside world; the only relationship he could form was the relationship with self. He knew this, and he saw "knirschend eine Welt, die nie zu mir wird" (pp. 41–42).

Yet he did not willingly accept his fate of having been exiled "auf der hartherzigen Erde," where he could find neither "Freund noch Feind" (p. 42), where he could neither receive nor give joy. His inability to open himself to the world and to man drove him out into a dream world of loneliness and deep desperation: he was "der Fröstelnde" (p. 43), longing for the warmth of human contact. The most powerful aspect of his suffering was that he could imagine no future where anything might change: "Ich ... lebe dies weiter. Lange noch" (p. 43). Ehrenstein touched here the key problem of his existence. He would never succeed in breaking out of the prison of his ego, nor would he ever have the capacity to see clearly other humans as individuals in their own right. He called himself a "blinder Erdmolch" (p. 115). He trod a road that was "steil, einsam" (p. 61), and no one desired to join him there, since the human race was apathetic and basically cruel. "Niemand liebt mich, niemand hasst mich" (p. 96). A demonic fate had made him an exile forever:

> Ausser jedes süsse Geschick
> Stellt mich ein Dämon,
> Mir dämmert kein Glück
> Niemand liebt mich (p. 97).

His desperation grew deeper and deeper. So alone that weeks would go by without his seeing or talking to another human being, he wanted to crawl into a corner and be as small as a spider. "Aber niemand zerdrückt mich" (p. 107), he complained. To be crushed by another human being would at least mean contact. To be touched, even by lifeless things, was for him a welcome miracle: "Zärtlicher Sand kriecht in meine Sandalen" (p. 108); "Die Dinge sind lieb und wollen mich trösten" (p. 169).

Ehrenstein's most successful work (which brought him fame of a sort, but no fortune) was the story *Tubutsch*. The first edition was published in Vienna in 1911 with twelve drawings by Oskar Kokoschka. Republished in Munich in 1914, 1919, and 1961, it was also translated into English and published in New York in 1946. Karl Tubutsch is without any doubt whatsoever the poet's alter ego. He too finds it painful and self-destructive (sometimes simply boring—"zu fad;" p. 297) to be a "real" human being. When someone rings the bell of his rented room "mit separiertem Eingang" (p.305) and Karl answers, he will find that the person had really intended to ring the bell of a neighbor, or, alternatively, that the caller is only a beggar. We must not overlook the existential meaning of this beggar-figure. Tubutsch-Ehrenstein gives him nothing, for he has nothing to give—his name is his only possession. The state of being poor refers now not only to the individual Karl Tubutsch, but widens to take in the entire world of man, represented here by the beggar: "Wenn man ihnen etwas gibt, gehen sie sofort weg und lassen einen stehn" (p. 304).

I believe that it is futile to try to explain Albert Ehrenstein by concentrating on such matters as his home environment, his Jewishness, or his failure to attain any lasting position in life. It would be futile even to focus solely on that apocalyptic mood of decline and longing for a new man and a perfect world which certainly dominated most of his generation. Of course, all of these elements played their roles in making Ehrenstein the man and the poet that he was—we could say they give us the colors, but not the painting. Ehrenstein's problem was an existential one, deeply rooted in his inmost being. One event which occurred while he was quite young may perhaps serve to illustrate this point. When Ehrenstein was a student at the Piaristengymnasium, one of his fellow students was Josepf Luitpold, later known as an author of ballads of social protest. Luitpold told his friend, the writer Oskar Maurus Fontana, that Ehrenstein's "unbewegtes Schweigen" had nonplused both teacher and pupils whenever he was called upon for answers. Ehrenstein would simply stand motionless, staring out into emptiness. "Von seinem unergründlichen Schweigen ging etwas Erschreckendes aus." (Quoted in Otten, p. 291)

This silent staring into empty space must not be confused with a pathological condition, or with any simple absentmindedness. As do most poets, Ehrenstein day-dreamed a good deal of the time, but those who knew him told me that he was, nevertheless, always fully aware of what was going on around him. Though never talkative, whenever he did say something it was quite to the point. Behavior like that described by Luitpold—and there are reports of other such incidents[9]—was a deliberate, protective shield, a self-defense. Like many of his contemporary fellow authors, he hated on principle the boring school hours and the tyranny of his teachers. To respond to their queries would have meant to him nothing less than a surrender of himself and a violation of his own existence.

I mentioned above that Ehrenstein's friend Kokoschka contributed drawings to the first edition of his *Tubutsch*. One of these showed Ehrenstein with pen in hand and Death sitting on his shoulder. By the time he died, that pen had dropped from his hand many years before, and the few friends left to him took up a collection to prevent his being buried in Potter's Field. As for what happened after his death, he would have loathed it with every ounce of his being. He who had written, "Nicht einmal bei meiner eigenen Leich geh ich mit, ich würde zu schlechte Witze machen," was laid out, "gestriegelt, gebügelt und rosa," in Cook's Funeral Home at 117 West Seventy-Second Street in New York City. Five people followed his earthly remains to a crematorium at the edge of Manhattan, and his ashes were shipped to his brother Carl in England.[10] Albert Ehrenstein was exiled again, this time forever, back to Europe.

Kurt Pinthus, who edited the most famous anthology of his generation, *Menschheitsdämmerung* (Berlin, 1920), gave the eulogy for Ehrenstein at the funeral home. When I visited Pinthus at his home in New York in June of 1965, he gave me his notes for this eulogy.[11] He called Ehrenstein a great poet, noting that he had published some twenty books but that few had read or appreciated them. "He wrote sad poems, full of bitterness and suffering. People don't like to read such sad books," Pinthus said. He praised Ehrenstein's great power of language, and he stressed his lifelong loneliness and poverty and his longing for death, "which now has been granted him in this sixty-fourth year of his life." Pinthus was certain that in future times Ehrenstein's importance would be recognized by scholars. When I asked him what he really thought of the poetry, he handed me a new edition of his own *Menschheitsdämmerung* (republished in Hamburg in 1959) and said, "look here. This anthology has selections from more than twenty famous poets, but with the exception of Werfel, Ehrenstein is represented by more poems than any of them—more than Georg Trakl and Else Lasker-Schüler."

Xavier University-Emeritus

---

1 For a more complete account of Ehrenstein's life and work see Alfred Beigel, *Erlebnis und Flucht im Werk Albert Ehrensteins* (Frankfurt/M 1972). Except as otherwise noted, bibliographical details treated in this article and Ehrenstein's quoted words were taken from this fuller account.—2 Stefan Hock, ed., *Lyrik aus Deutschösterreich* (Zürich 1919).—3 Albert Ehrenstein, "Stimme über Barbaropa," in Karl Otten, ed., *Albert Ehrenstein, Gedichte und Prosa* (Berlin 1961), p. 158. Page references to Ehrenstein's poetry and prose cited in the text of this article are to this edition, the most substantial and easily accessible collection of his work.—4 Letter of 16 May 1910; from a collection of Ehrenstein's unpublished letters to Paul Ernst held by the Schiller-Nationalmuseum, Marbach am Neckar.—5 Paul Raabe, *Die Zeitschriften und Sammlungen des Literarischen Expressionismus* (Stuttgart 1964). —6 Interview with Charlotte Beradt, New York City, 1965.—7 Interview with Hulsbeck, New York City, 1965.—8 M. Y. Ben-Gavriel, *Albert Ehrenstein: Ausgewählte Aufsätze* (Heidelberg 1961), pp. 158–62.—9 See Beigel, p. 93.—10 For the facts regarding Ehrenstein's funeral, see Charlotte Beradt, in Otten, pp. 30–33. —11 For the complete, reconstructed text of the eulogy, see Beigel, "Anhang," pp. 115–117.

Pleroma des Menschlichen? oder Vom Risiko der Freundlichkeit

Otto F. Best

Freundlichkeit, meint ein arabischer Weiser, sei wie Hammel-talg, mit dem man den Wassersack traktiere, damit er geschmeidig bleibt und lange benutzt werden kann. Es versteht sich, daß mit der Ausdehnung der Regenzeit des Wassersacks auch die (Über-) Lebenschancen jener vergrößert werden, die ihn am Sattel tragen. Die Analogie ist zwingend: der Hammeltalg der Freundlichkeit läßt uns die Dinge leichter von der Hand geben, glättet Risse und Rauheiten; er wirkt gesellschaftserhaltend und lebensbewahrend.

Freundlichkeit bedarf der Intersubjektivität; sie entsteht und gewinnt Bedeutung, wo Menschen sich zusammenfinden. Als kul-turelles Phänomen ist sie die Blüte, die sich der Zähmung, Hem-mung—Triebmodellierung verdankt. Die Natur, als Dschungel oder "Wildwuchs," wie Marx es nennt, kennt keine Freundlich-keit. Deshalb hat eine (noch) "unfreundliche Welt" nicht ernst gemacht mit den Postulaten der Humanitas: *Homo homini lupus* statt *Homo homini homo.* Der freundliche Mensch als der *Homo humanus.* Ihn gilt es zu verwirklichen.

Eine bestimmende Rolle spielt der Begriff der Freundlichkeit bei Bertolt Brecht. Wie ein roter Faden durchzieht die Rede davon Brechts gesamtes Schaffen. Zwei seiner Gedichte nennen schon im Titel die Freundlichkeit als Thema. Das erste, "Von der Freund-lichkeit der Welt," der *Hauspostille* zugehörig, wird von Klaus Schuhmann auf das Jahr 1917 datiert. Zu ihm schrieb Brecht rund fünfunddreißig Jahre später, also Anfang der fünfziger Jahre, ein "Gegenlied." Es schließt als eines der letzten seiner lyrischen Ar-beiten die Reihe der Gedichte in der Werkausgabe ab. Der Begriff "Gegenlied" deutet auf Meinungsänderung, Positionswechsel—Wi-derruf. Wollte Brecht "widerrufen?"

Eine Welt ohne Freundlichkeit wird beschworen in der anti-christlich-nihilistischen "geistlichen" Übung "Von der Freundlich-keit der Welt." Von Melancholie herabgestimmter Zynismus herrscht als Grundton vor; die Schlüsselwörter "kalt" und "nackt"

bestimmen das Bild. Die Freundlichkeit, die der Gedichttitel
verhieß, gibt sich als Trostlosigkeit zu erkennen. Liebe zu einer
Erde spricht aus ihm, die in Gleichgültigkeit verharrt, dem Menschen jedoch Schicksal ist, blindes Schicksal. In der vom Dichter
später, d.h. im Auswahlband *Hundert Gedichte* (1951) gestriche-
nen ursprünglichen dritten Strophe hieß es unmißverständlich, die
Hoffnungslosigkeit und Unabänd'erlichkeit der *Conditio humana*
noch betonend: "Viele aber weinten über euch." Die Wahl des
resignativen "über" statt des aktiveren "um" läßt sich wohl kaum
allein aus prosodischen Erwägungen erklären. Freilich wird in der
aggressiven Klage über das Los des Menschen zugleich ein Gegenentwurf faßbar: ein Programm für die Änderung dieses schick-
salsbegründeten Zustands, Antwort auf Gleichgültigkeit, Ableh-
nung und Einsamkeit. Schutz, Wärme, zwischenmenschliche Beziehung sind die in der Weltklage mitgesetzten antithetischen
Komplemente.

Wie eine nachträgliche Verdeutlichung liest sich dann Brechts
späterer "Gegenentwurf." An die Stelle des Molls der Resignation
von 1917 ist ein militantes Dur getreten. Wo zuvor blindes Walten
eines Schicksals hingenommen wurde, findet sich jetzt die gegne-
rische, glücksverweigernde Macht beim Namen genannt. Engagement und Protest festigen den Ton. Statt einem "Sich-bescheiden,"
Unterwerfung unter den irrationalen Götterspruch, den "zuteilen-
den" "Bescheid," den die Himmlischen den Menschen zukommen
lassen, ein "Aufbegehren," unmißverständliche, entschiedene Ar-
tikulation des Begehrens: Forderung, daß diese Welt endlich be-
wohnbar gemacht werde, "humanisiert," damit der Mensch, im
Sinne des jahrtausendealten Verlangens, als "Mensch" in ihr leben
könne.

Es ist verständlich, daß das frühe Gedicht für den späten Brecht
zu einer Herausforderung werden konnte. Spiegelte es nicht eine
Position, die er längst als erledigt hinter sich gelassen hatte? Als
Ausdruck von Protesthaltung war sie historisch geworden, aufge-
hoben im dialektischen Prozeß. Wenn Brecht das "Lied" im "Gegenlied" revidierte, so handelte er nur im Einklang mit seiner eigenen oft geäußerten Überzeugung, wonach es gilt, in jeder neuen
Situation neu nachzudenken. Weshalb sich zusammenfassend sagen läßt, daß zwischen dem frühen und dem späten Gedicht von
der Freundlichkeit ein Wandel sich vollzog in Brechts Denken. An
dem Positionswechsel, der hier vorliegt, wird Veränderung per-
spektivisch als Entwicklung faßbar.

Auch in einer Welt der Gleichgültigkeit und Trostlosigkeit

finden sich immer wieder Menschen, die Hüter sind des Lichts der Freundlichkeit. Es sind diejenigen, die den Nächsten als Bruder behandeln, ihm hilfsbereit entgegenkommen. "Wenn jemand ein Lied singt oder eine Maschine baut oder Reis pflanzt, das ist eigentlich Freundlichkeit," heißt es etwa dreißig Jahre nach der Entstehung des Gedichts "Von der Freundlichkeit der Welt" in *Der gute Mensch von Sezuan*. Freundlichkeit als dugerichtete, Seele wie Leib erquickende Tätigkeit. Doch was geschieht in einer Welt, wo Freundlichkeit, der Freundliche eine Ausnahme bilden? In einer Welt also, in der "Naturwuchs" herrscht, der Mensch dem Menschen ein Wolf ist? Der Freundliche wird ausgenutzt, mißbraucht. Erniedrigt zum bloßen Mittel, bleibt er als Opfer einer ichverhafteten, profitorientierten Gesellschaft auf der Strecke. Seine Bereitschaft, Ja zu sagen, zu helfen, bringt ihm Gefahr und schließlich den Ruin. Denn solange die Welt nicht zum Guten verändert ist, erscheint Freundlichkeit als Schwäche, der Freundliche als der "Dumme," durch seine Haltung zur Ausnutzung Einladende—er wird zur Bedingung der Möglichkeit einer Erhaltung des *Status quo*. Heißt das nun, daß Freundlichkeit als "falsche" Haltung zu verwerfen wäre?

Brecht kennt zwei Arten von Freundlichkeit: eine naive, dem Mitleid verwandte und deshalb passive, abzulehnende Freundlichkeit und eine reflektierte, aktive, "nützliche." Ist erstere, sozusagen, naturgegeben und in einer wildwüchsigen Gesellschaft zum Untergang bestimmt wie das "dumme" Schaf, das der Gier des Wolfs zum Opfer fällt, so gleicht letztere, produktiv wie sie ist, der "Fuchshaut," die, nach Montaigne, da aufgenäht werden muß, wo die Löwenhaut nicht genügt oder einfach nicht vorhanden ist. Als bewußte lächelnde Anpassung, scheinbares Einverständnis ist sie eine Maske der List, Mittel zum Überleben in einer noch nicht zur Menschlichkeit hin veränderten Gesellschaft. Man könnte sie auch taktische oder operative Freundlichkeit nennen. Sie ist Charakteristikum des "neuen," aber noch in einer unveränderten Gesellschaft lebenden Menschen, der, nach Brecht, der "grinsende" "Gummimensch" ist. Er hat am eigenen Leibe erfahren, daß "Schicksal" des Menschen der Mensch geworden ist, und vermochte entsprechende Selbsterhaltungsstrategien zu entwickeln. Sein Grinsen, ein Gesichtsausdruck, der Lachen wie Weinen signalisiert und Füchsiges vermeldet—es sei nur an die Etymologie des Wortes erinnert!—, steht für "Offenheit," schlaues Nicht-sich-festlegen und mithin permanente Bereitschaft zur Anpassung. *Make the best of it*—und bestehe weiter! Freundlichkeit als Waffe,

die sich einer instrumentalisierten Vernunft verdankt. Im Werk
Brechts spielt sie eine zentrale Rolle. Denn, wie immer wieder
leicht vergessen wird: die Wirklichkeit von Brechts Theater ist
jene der bürgerlich-kapitalistischen Welt. In ihr gilt es zu überleben, ehe die Gesellschaft verändert werden kann. Und zwar durch
Klugheit, List.

In *Me-ti/Buch der Wendungen* findet sich eine Betrachtung über
"Zweierlei Arten von Klugheit." "Um sein Abendessen zu erwer-
ben," heißt es dort, "braucht man Klugheit; sie kann darin
bestehen, daß man den Vorgesetzten Gehorsam erweist. Eine Klugheit anderer Art mag einen dazu bringen, das System von Vorgesetzten und Zurückgesetzten abzuschaffen. Jedoch braucht man
auch für dieses Unternehmen noch die Klugheit der ersten Art, da
man ja auch, um dieses Unternehmen auszuführen, zu Abend
essen muß." Überleben als Voraussetzung für Gesellschaftsveränderung. Zwei Perspektiven also: die eine gilt präsentischer Existenz, die andere futurischer Effizienz. Brechts zweierlei Arten von
Klugheit haben ihre Entsprechung in zweierlei Arten von Freundlichkeit. Als operative und bedingende Freundlichkeit steht die
eine von ihnen—die "kleinere"—im Dienst des Überlebens, damit
jene andere, umfassendere Freundlichkeit—die "größere"—in einer
neuen, veränderten menschlichen Gesellschaft einmal menschliches Verhalten prägen kann.

Die "kleinere" Freundlichkeit beruht mithin auf der Bereitschaft, "Innen" und "Außen" zu trennen, "doppelte Moral" zu
üben. Das "Doppelleben," zu dem dieses Verhalten führt, hat eine
lange Vorgeschichte. Und dies, vor allem, im obrigkeitsstaatlichen
Deutschland. Auch wenn die Rechtsauffassung, die ihr zugrunde
liegt, jene einer Bewegung ist: der Aufklärung, die noch in unserem
Jahrhundert von "Vertretern deutschen Geistes" als "undeutsch"
apostrophiert wurde. Da Leben nun einmal die ontologische Basis
des Subjekts und damit, mittelbar, auch des (sittlichen) Wertträgers
ist, gerät präsentische Existenz in immer schärferen Widerspruch
zur futurischen Existenz, je nachdrücklicher die Forderung erhoben
wird, mit dem Leben heute das Leben morgen für idealistische
Produktion von Helden zu opfern. Gesinnung tritt hinter den sie
bedingenden Grundwert zurück, so lautstark dieses taktische Verhalten von der Vaterlandsideologie auch denunziert werden mag.
Freundlichkeit im Dienst der aggressiven Verteidigung des Lebens,
damit Dauer sei. Herrn Keuners Geschichte von Herrn Ege kann
als Exemplum für diese Art von Haltung dienen.

Aushalten, Überleben ist nach Brecht eine Frage der Haltung.

Unsere Haltung komme von unseren Handlungen, heißt es in einem Fragment zum *Fatzer*-Komplex, unsere Handlungen kämen von unserer Not. Der Autor ergänzt, dialektischem Blickwechsel Rechnung tragend: wenn die Not geordnet sei, kämen unsere Handlungen von unserer Haltung. Diesem etwa 1929 entstandenen Text zufolge ist mithin in Zeiten der Not, in "finsteren Zeiten," Haltung ein Resultat von Handlung. Beseitigung der Not verkehrt das Bedingungsverhältnis: Haltung bestimmt die Handlung.

Die Frage, was unter Haltung zu verstehen sei, beantwortet ein kurzer Text, der sich in den *Autobiographischen Aufzeichnungen* (1934) findet. "Wenn ich bedenke," notiert Brecht dort, "wozu mich das begeisterte Mitgehen geführt hat und was mir das oftmalige Prüfen genützt hat, so rate ich zum zweiten. Hätte ich mich der ersten Haltung überlassen, dann lebte ich noch in meinem Vaterland, da ich aber die zweite Haltung nicht eingenommen hätte, wäre ich kein ehrlicher Mensch mehr." "Begeistertes Mitgehen" und "oftmaliges Prüfen" erscheinen als (gegensätzliche) Haltungen. Ersetzt man nun, zur weiteren Verdeutlichung, den Begriff "Haltung" durch den der "Form," jenen der "Handlung" durch "Inhalt," so ergibt sich die Feststellung: in (noch) finsteren Zeiten bestimmt nicht die Form den Inhalt, sondern aus dem Was des Inhalts geht, der Not gehorchend, das Wie der Form hervor.

Auch der Kommentar, den Herr Keuner, der Denkende, zur Frage der Weisheit gibt, bestätigt diese Auffassung. "Weisheit," formuliert Herr Keuner, sei "eine Folge der Haltung." Wenn Haltung als Wie, als Form und Erscheinungsweise definiert wird, ist Weisheit eine Folge des Wie: Ich bin weise, weil ich mich so und so verhalte, d. h. eine Haltung einnehme, die meine Handlung nützlich fürs Leben, dessen Erhaltung macht. Denn nur wo überlebt wird, wie gesagt, kann es Gesellschaftsveränderung geben. So ist auch die Haltung der Freundlichkeit Ausdruck von Weisheit. Der Fuchs als der Weise: seine Freundlichkeit läßt viele das Nachsehen haben. Als List, wie sie Reineke und Eulenspiegel, den Soldaten Schwejk und den "alten Fuchs" Galilei kennzeichnet.

Am 28. Juni 1943 notiert Brecht, Kurt Weill habe "ein gutes dramaturgisches Urteil," doch es fehle ihm "das Element des Überlebens des SCHWEJK." Diese kritische Bemerkung impliziert eine Anspielung auf den eigenen geistigen Ort. Für Brecht ist die (listige) Freundlichkeit eine "revolutionäre" Haltung, Medium, in chaotischer Zeit zu überleben und damit der Revolution den Boden zu bereiten.

Freilich gilt es im Auge zu behalten, daß diese taktische, opera-

tive Freundlichkeit sich nur so lange rechtfertigen läßt, wie die
Zeiten finster, barbarisch sind. "Was ich da sage: daß diese Haltung
die Taten macht, das möge so sein," heißt es in den *Geschichten
von Herrn Keuner.* "Aber die Notwendigkeit müßt ihr ordnen, daß
es so werde." Ordnung der Notwendigkeiten ist nichts anderes als
Veränderung der gesellschaftlichen Verhältnisse, Revolution. Solange Umwälzung nicht stattfindet, die Notwendigkeiten nicht geordnet sind, gilt der Satz, der die Haltung von den Handlungen
bestimmt sein läßt, letzteren also Priorität zuerkennt. Er steht für
den Gedanken, daß Zweck die Mittel heiligen könne. Doch, wohlgemerkt, nur solange, bis das Ziel, Schaffung einer menschlicheren
Gesellschaft, erreicht ist. Deshalb ist Herr Keuner damit einver-
standen, daß der erfolgreiche "Gesandte" nach seiner Rückkehr
"streng gemaßregelt" wird. Er verhielt sich taktisch: erwies den
Verbrechern (falsche) Freundlichkeit, indem er ihnen schmeichelte
und sich (zum Schein) über sein Land lustig machte. Aber er verlor
sich an seine Aufgabe und versäumte, als die "Not" beseitigt war,
die Haltung das Bestimmende sein zu lassen: Charakter zu zeigen.

Es kann nunmehr kein Zweifel daran bestehen, daß solche Einbeziehung der Überlebensproblematik zur Rechtfertigung der Forderung nach Gesellschaftsveränderung eines der folgenreichsten
Grundprobleme von Brechts dialektisch-philosophischem Theater
bedingt. Denn indem die Bühnenfigur, Produkt und widerspruchs-
tragender Spiegel der gesellschaftlichen Verhältnisse, die als
veränderungsbedürftig vorgeführt werden sollen, sich als Demon-
strationsobjekt behauptet, die Widersprüche, in deren intentionaler
Überwindung der Zuschauer zum "Helden" wird, als "Gummimensch,"—wie Brecht den Überleber in einem Gedicht der
Frühzeit nennt—, als taktische Freundlichkeit zeigender Weiser
aushält, zeigt sie zugleich Fähigkeiten, die den kritischen Impuls
des Zuschauers im Mitgefühl verbrauchen und neutralisieren: Be-
wunderung des "starken," überlebensfähigen Charakters, nicht
Verurteilung ist die Folge. Statt, wie Brecht es fordert, ihre Aufmerksamkeit den (unwürdigen) gesellschaftlichen Verhältnissen
zuzuwenden, in denen der Protagonist zu überleben sucht, lassen
sie sich gerade von jenem individuellen Lebenskampf in den Bann
ziehen, der sich doch nur als Anschauungsmedium für die un-
menschlichen Gesellschaftsverhältnisse rechtfertigen läßt. Wird
nun die präsentische Existenz, deren Nachbildung die Bühnende-
monstration dient, nicht in Richtung futurischer Effizienz dialektisch übersprungen, so bedeutet dies zwar Indifferenz dem spezifi-
schen Charakter von Theater als Träger einer revolutionären The-

orie gegenüber, das Bühnengeschehen als solches wird jedoch zur
Darstellung der Problematik menschlicher Seinserhaltung hin
geöffnet. In ihrem Horizont gewinnt auch die Frage der Freundlichkeit ihre Relevanz.

So bleibt als letztes die Frage nach der Rolle, die Freundlichkeit
für eine neue, veränderte d.h. "vermenschlichte" Menschheit zu
spielen hätte. Brecht zeigt sich bekanntlich äußerst zurückhalt-
end, was die konkrete Darstellung der postulierten neuen Gesellschaft anbelangt. Lediglich im *Kaukasischen Kreidekreis* deuten
sich Konturen an. Das Stück besteht aus drei Teilen: einem Vor-
spann und "zwei Geschichten." Ersterer spielt in der "Heimat der
Vernunft," zu neuer, nicht mehr "blutiger" Zeit, in der die "Not"
folglich nur mehr Erinnerung ist. Er entwirft ein Gegenbild zu
den "alten," finsteren Zeiten. Dank dem Wirken des unheldi-
schen, genußfreudigen Dorfschreibers Azdak—sein Schöpfer nennt
ihn einen "enttäuschten Revolutionär"—konnten sie "beinah" zu
"goldenen" der "Gerechtigkeit" werden. Doch das Stück bietet
zwei (Binnen-) Geschichten, die aufeinander verweisen, da Azdaks
taktische Klugheit, seine operative Freundlichkeit ein komple-
mentäres Prinzip zu der Magd Grusches naiver Freundlichkeit,
ihrer "Dummheit" darstellt. Die instrumentalisierte Vernunft des
"weisen" Azdak bietet gerade das, woran es Grusche fehlt. Wenn
das Vorspiel die futurische Position als verwirklicht in die Büh-
nengegenwart holt, so wird in dieser zugleich jene "echte"
Freundlichkeit möglich, die das Signum einer vermenschlichten
Gesellschaft ist.

Als Vollendung des Menschlichen ist die echte Freundlichkeit
"Ausfüllung" eines Mangelhaften. So hatte Hegel, sich kritisch gegen Kant wendend, der "Ausfüllung" des Mangelhaften des Geistes
durch Neigung, Pflicht durch Liebe gefordert. Dabei bezeichnete er
das Ausfüllende als "Komplement" oder mit einem Wort des alten
Testaments, als "Pleroma:" "Ergänzung" des Mangels. In diesem
Sinne wäre auch die Freundlichkeit ein Pleroma: Pleroma des
Menschlichen. Pleromatische Verwirklichung von Freundlichkeit
als Teil jenes Programms, das im achtzehnten Jahrhundert seine
nachdrückliche Formulierung erfuhr und in dem Postulat gipfelt:
der Mensch solle dem Menschen immer nur Zweck, nie Mittel
sein. Eine Leerformel, inzwischen, nichts als schöne Worte, die gar
zu leicht von den Lippen gehen. Postuliert nach wie vor, Feigen-
blatt einer Gewalt, die die Freundlichkeit nicht weniger taktisch
nutzt—mein Alptraum: ein (ölig-) freundlich lächelnder Henker,
der mit einladender Hand eilfertig ein Kissen auf dem elektrischen

Stuhl zurechtrückt—als jene, die sich vor ihr retten wollen. Nach
wie vor ist der Freundliche der "Dumme," zu Ausbeutung und
Mißbrauch Einladende, und nach wie vor auch ist es die operative
Freundlichkeit, Tochter der instrumentalisierten Vernunft, die in
einer Zeit des Zerfalls der Ordnungen und Werte sich als Mittel
zum Überleben anbietet. Sollten wir uns bescheiden mit ihr? Die
Antwort kann nur lauten: nein. Weshalb die Forderung nach
Freundlichkeit nach wie vor auf der Tagesordnung steht. Wie die
Forderung nach Menschlichkeit, von jener der Brüderlichkeit ganz
zu schweigen.

University of Maryland

Diese Betrachtung zum "Risiko der Freundlichkeit" greift auf Überlegungen
zurück, die die theoretische Grundlage meines Buchs *Bertolt Brecht: Weisheit und
Überleben* (edition Suhrkamp, Bd. 894) bilden. Ich habe dort den Versuch unter-
nommen, Gemeinsamkeiten zwischen "Brechtianismus" und "Spinozismus" aufzu-
zeigen, um des Autors und vieler seiner Figuren Widersprüchlichkeit, taktische
Feigheit und List im Horizont der großen europäischen naturalistisch-materialisti-
schen Tradition zu begreifen. Dort finden sich auch detaillierte Ausführungen zur
Frage des Widerspruchs zwischen naturalistischer Überlebensproblematik und
marxistischem Veränderungsappell, der die Operativität von Brechts philosophi-
schem Theater behindert.

Paul Zech's Anti-Fascist Drama *Nur ein Judenweib*

Donald G. Daviau

Paul Zech's role as an anti-fascist writer has not been adequately recognized, primarily because he could find neither publishers for his works nor theaters to perform his dramas. Now that they are becoming available, it is time to begin to assess his contribution to anti-fascist literature. The following discussion of *Nur ein Judenweib* is intended to document Zech's significance as one of the earliest anti-fascist writers in Germany.[1] Through this play Zech tried to warn his contemporaries of the Nazi menace, expose the insidious effects of Naziism—particularly the anti-Semitic laws—on the Germans and their victims alike, and arouse inside and outside Germany a will to overthrow the Nazi tyranny. This analysis will also address the play's literary merits that raise it above the level of mere tendentious propagandistic literature.

Like the novel *Deutschland, Dein Tänzer ist der Tod*,[2] *Nur ein Judenweib: Zeitstück in sechs Vorgängen*, by Rhenanus, the pseudonym adopted by Zech for political writings that could bring repercussions, was begun in 1933 and was completed in Buenos Aires in 1934. The play is directly related to the novel, simply focussing in greater detail on anti-Semitism. According to Alfred Hübner, there are two preserved versions of the play. The earlier one, which is privately owned, bears the author's notation "Erste Fassung für den Druck nicht gültig;" it contains 105 pages and is dated Buenos Aires, 1934. The second version exists in two copies, which are located in the Deutsches Literaturarchiv in Marbach[3] and in the Akademie der Künste in West Berlin. These typewritten manuscripts are exact duplicates and contain Zech's nine-page introduction along with eighty-nine pages of the play. Since the first version also contained an introduction which was not paginated separately, it can be seen that Zech made no extensive revisions, at least none that changed the length appreciably. The second version was also copyrighted in 1934.

The play is dedicated to a "Frau Thor-Baruch," a real person

Exile and Enlightenment
Copyright Wayne State University Press, 1987.

according to the preface but not further identified. There is also a motto from Lessing, "Jud oder Christ? Pfui, wer solche Frage anführet um eines Vorteils willen," which places Zech's stance in the tradition of one of the best representatives of the German cultural heritage and also points to the main theme of the play. In the preface, which was delivered personally on the occasion of the sole performance of the work in Buenos Aires on 5 April 1935, Zech identifies himself as an aryan German and assures his audience that, although he wrote the play in exile, his motives were not revenge or malice but: "einzig und allein um der Verfolgungen willen, denen seine Nachbarn ausgesetzt waren. Jene Menschen, mit welchen er [Zech] Jahrzehntelang in Frieden und Freundschaft gelebt hatte."[4] He goes on to excoriate the Nazis, developing his argument in a manner that is now commonplace, but at the time was scarcely less novel than it was sincere and forceful. In conclusion Zech emphasizes with all the fervor and pathos of his expressionist beginnings that his play is a realistic portrayal of an actual event; and even though he focusses on the tragedy of a few individuals, it is representative of all the persecuted people:

> Solch ein unmenschliches Unrecht geschah dem Judenweib, dessen tragischer Lebenslauf um kein Deut anders abrollte, als ihn die Bühne aufzeigen wird. Die deutschen Juden Baruch und Bessy: an diesen achtbaren Menschen vollzog sich das naziotische Greuel. Sie stehen hier nicht für sich allein; sie zeugen für die Gesamtheit der Verfolgten. . . . Mit ihren stummgemachten Munden rufen sie zu: Brüder . . . Schwestern . . . Söhne . . . Töchter: *Vergesst uns nicht.* (IX)

The play's six scenes, which are dated to show the progression of events, cover the period from 26 February to 19 April 1933. The protagonist is a Jewish woman, Bessy Baruch, who has been married for sixteen years to a Prussian *Oberregierungsrat*, symbolically named Thor. Their two teenage children are being raised as Protestants for their father's sake. Bessy is taking instruction to accept baptism in order to please Thor and unify her family. She had married outside of her religion over her father's objections, but she has had no regrets and regards the marriage as successful. Her father, Baruch, a wealthy financier, is described as the only Jew ever elected to the governing board of the stock exchange. He has come to accept his daughter's marriage, and has always aided the family financially. Bessy's brother, Hermann, is also a successful businessman.

The anti-Semitic policies of the new regime disrupt all of their lives. Hermann is imprisoned, and Baruch and the two children are forced to flee to Amsterdam to escape persecution. Confronted with the choice of repudiating his family or being fired and becoming an outcast sharing the fate of the Jews, Thor, who had been covertly wearing a brown shirt under his business suit, obtains a divorce and dons the uniform of a captain in the SA.

Bessy refuses to flee with the others. She is soon arrested because of her association with Körner, a socialist author and cousin of her husband, who had arranged for Baruch and the children to travel to Amsterdam and had accompanied them to safety. His actions are reported to the police by Thor, now an openly dedicated Nazi. Bessy is ordered to betray Körner's hiding place. She will be allowed to escape if she will cooperate, but she refuses. For a moment she threatens to kill herself with her interrogator's gun, but she decides she would prefer a trial in order to tell her story to the world. However, Donndorff, her interrogator, falsely accuses her of aiming the gun at him and orders her execution by a garrot which he provides. The play ends with her animal-like scream as Donndorff cynically comments: "Nur ein Judenweib!" (89).

As can be seen, the drama is a powerful tendentious attack against the anti-Semitism that was sweeping over Germany. Zech incorporated examples of several expressions of prejudice in vogue, for example, Jews being avoided by former friends; Jewish students no longer allowed to attend the university; and Dr. Franckenstein, the family physician (also a character in the novel), led through the streets in his night-shirt leaving on the snow traces of blood from his beating. The omnipresent cry "Juden raus!" enables the audience to feel the nerve-wracking tension of the victims.

Zech captures the bewilderment of Jews like Baruch, who has achieved status in Germany through hard work and feels that he has earned his citizenship. But Baruch is a pragmatist who recognizes the danger and remains in Germany no longer than necessary. He also informs his daughter that her aryan husband will not be able to save her and the children even if he wished to, and of that he is not so sure. Bessy refuses to listen to any derogation of Thor. She shared the widespread misconception that Hitler was only a temporary phenomenon and would soon self-destruct.

Over the years Bessy has grown to feel German. However, she assures Baruch that the persecutions have reawakened her Jewish identity; in a bit of foreshadowing she promises her father that if he is harmed she will take his persecution onto herself. She later fulfills this prophecy by accepting martyrdom as a representative of her father and all her people. This conclusion had been additionally foreshadowed when Körner suggested that she could become another Judith (38). At that time Bessy refused to believe that it could become possible or necessary.

The play's six scenes illustrate Bessy's education and show her progression from loving wife and mother and political innocent to a Judith figure:

> Scene I. Bessy refuses to heed Baruch's warning and flee, even though she can do so legally as do Baruch and her children.
> Scene II. Bessy becomes angry at Körner for insisting that her husband cannot and will not save her.
> Scene III. Thor is given an ultimatum to obtain a divorce or become an outcast.
> Scene IV. Thor breaks with Bessy, restoring her to her full Jewish identity.
> Scene V. Bessy discusses her problem with a Protestant clergyman, recognizes the hopelessness of her position, and resolves to become a martyr for her people.
> Scene VI. Bessy proudly proclaims her Jewishness to her captors and accepts her martyrdom.

Bessy is not a cardboard spokesman for ideas, but a well-rounded human being. If she were not a strong individual, she would not have had the independence to defy her parents by marrying outside her faith, she would not have attracted friends like Körner, and she would not have possessed the courage to accept the fate she chose. She is the superior character in the play, but not simply because she is Jewish, as Zech asserts:

> Hier ist in jedem Betracht die kultivierte jüdische Frau der menschlich und geistig wertvollere Teil. Nicht etwa, weil diese Bessy Baruch Jüdin ist. . . . Er [der Dichter] nimmt streckenweise sogar Partei gegen die Jüdin, indem er in schroffster Form ihre menschliche Schwäche für ein Phantom aufzeigt, nämlich ihren Glauben: daß es auch im Nationalsozialismus eine Brücke geben muß zwischen Semitismus und Germanismus. In diesen Szenen stellt die Jüdin Bessy Baruch jenen Typ von Israeliten dar, der sich in Deutschland um Max Naumann schart und Hitler gleich Jehovah setzt.[5]

Zech deepened his characters by providing multiple motivations for their actions. Bessy transforms into a symbol of her people and is prepared to die representing them: "Ich weiß jetzt ohne jegliches

Wenn und Aber den Weg, den ich zu gehen habe. . . . Und ich darf
ohne Umweg und ohne Milderungsgrund wieder die Judentochter
Baruch sein. Das für jeden Landsknecht vogelfreie Judenweib" (72).
While she clearly wants to be a heroine of her people, it is also
possible that she sees her death as atonement for her perhaps unconscious attempt to deny her heritage by accepting baptism for
her children and herself. Finally she could also be defying Thor,
who has devastated her with his brutal betrayal. It is not so much
what he did—that she could have forgiven him because of the
circumstances—but she cannot forgive his callousness. Her refusal
to bow to the system as he did gives him (and the audience) a
moral lesson of what it means to keep faith.

Just as well developed is the character of Thor, who transforms
from a quasi-Nazi into a fanatical uniformed officer. In the climac-
tic fourth scene Bessy and Thor in effect transform each other
through what Hofmannsthal called the allomatic effect. Just as in
Ariadne auf Naxos Bacchus restores Ariadne to life through love
and is himself transformed from a semi-god to a god, Thor's cruelty
elevates Bessy to a heroine, while he transforms himself from a
covert into a full-fledged Nazi. In a reversal of Hofmannsthal's
usage, hate instead of love serves as the catalyst. Zech effectively
motivates the scene psychologically: Thor must pick a fight with
Bessy before he can carry out his base intention. Not until he has
worked himself into a rage can he act against her.

Bessy describes Thor, a man of forty, blond, and aryan to the
tenth generation, as naive and politically innocent. Yet she also
recognizes that he is a superficial person, an easily led man of little
conviction. He represents the malleable middle class, which for its
own convenience will go along with the power structure regardless
of the form it might take. Thor spouts Nazi propaganda and recognizes the possibility of masking opportunism with patriotism, to
ease his conscience. His orientation is revealed when he says of his
daughter: "Wir brauchen Mütter und keine konfektionierten
Schaufensterpuppen" (17). He argues that children must learn to
obey instantly and that people are not supposed to think: "Denn
zunächst einmal denkt der Staat für uns. Das gäbe ja ein tolles
Durcheinander, wenn alle die Untertanen denken wollten!" (17).
His conduct illustrates how a basically decent man could be co-
erced into accepting inhumane policies, for in the new state there
was no middle ground between the rewards of cooperation and the
hardships of opposition. Thor initially tries to defend his family
and expects an exemption from the new law on the grounds of

military service and war wounds. However, when he is pressured he quickly capitulates, for he lacks the courage to resist.

In a meeting between Thor and his colleagues, the current prejudices against the Jews are aired: their avarice, the lechery that supposedly is evident even in children, and the association with seditious Bolsheviks and leftist writers. Thor has shared none of these views personally, and Bessy has described him earlier as not even remembering that she was Jewish. This point is reinforced when their daughter is hit by a stone and reports that other children have called her a "Judenbastard." Thor is thunderstruck as if he were discovering for the first time that his daughter is Jewish (21). Confronted by fabrications about Jews that he has never heeded, Thor is unnerved, but his suffering lasts only briefly: his new SA uniform and the belief that he is carrying out the will of the state enable him to bury his conscience.

In complete contrast to Thor stands Körner, the leftist writer modeled on Zech, as he himself reported.[6] Körner is the only character who has a clear grasp of political reality; although not a Jew, he suffers with them and decries the injustice that is being inflicted upon them. Described as a "Kulturbolschewik," he represents the Marxist forces in Germany, which, according to Zech, opposed the dangers of Hitler before anyone else. Körner is described as a decent, upright man, and Thor views him with his red hair as a combination of Wodan and Nietzsche (16). His idealism is made evident in a speech to Bessy giving his motivation for assisting Baruch and the children to escape: "Nicht nur als Mensch, denn das wäre wohl eine ganz normale Selbstverständlichkeit. Aber weil ich unter Millionen Menschen, die ihr Vaterland besudeln, rein bleiben will und damit wirken und wuchern will" (36). He intends to work against Hitler until the proletariat and the bourgeoisie recognize what is happening, overcome their differences, and join forces to combat Nazism.

Like Bessy and Thor, the other main characters are portrayed as individuals with varying motivations. Like Thor the other Nazis— Donndorff, von Bleistein, Brandt, and Kohlkopf—are average people ready to take advantage of a situation that allows them to mask opportunism under the guise of patriotism. For example, Donndorff wants to arrest Körner not simply to do his duty but primarily to achieve a promotion, as his willingness to let Bessy escape if she will help him reveals. Bleistein seizes the situation as an excuse to cheat Baruch out of the money he owes him. They are not inherently evil men but shallow opportunists who see the party as a means of aspiring to higher office they would never achieve on their own merits. Once relieved by the state of responsibility for their actions, their worst selves can surface. This abdication of moral judgment explains why no logic and no appeal to conscience or pity can reach them.

Just as Zech had called his novel a "Tatsachenroman" this play could be called a "Tatsachendrama." It is realistic in language and plot and intended for maximum emotional impact. Zech organized the material and created the dialogue, but the plot was written by the events of the day. Although it resembles an expressionist "Stationsdrama" in its progression of six scenes held together by the main character, Bessy, it also follows traditional structure with a climax in the fourth scene. The play is an effective cry for justice and appeal for action against the Nazi government in 1934. But it is not "zeitgebunden," for its indictment of fascism and anti-Semitism is a universal issue. The central characters symbolize two different worlds which, after living in harmony for over a century, were ripped apart by political upheaval:

> Zwei Welten, die wie Feuer und Wasser zueinander stehen müssen, weil das verbindende Element, das sie ein Jahrhundert lang geeint hatte, von einem neuen Gesetz brutal zerstört wurde. Ein kultur- und sittenwidriges Gesetz, das alles Zivilisatorische, Humanitäre, Soziale und Ethische über den Haufen wirft und Schuldlose in einem vielfachen Sinn schuldig werden läßt.

What Zech shows ultimately is how individuals were deprived of their rights, disappearing into torture cellars to be beaten and killed. Körner and Bessy are shown to have been terribly mistaken in their expectation of her obtaining an opportunity to expose the injustices in open court. This is the role that Zech assumed for her. When one compares the play and its blunt exposure of Nazi criminality with a guarded statement like Stefan Zweig's *Erasmus* of the same year, one can see the significance of Zech's contribution as a powerful warning. Since many German Jews were still undecided in 1934 about whether they should emigrate, it can be seen how advanced Zech's thinking was and what an impact this play might have made, if it had been more widely circulated.

Zech's indictment has few rivals at this early date. It has been compared to Bruckner's *Rassen*, Wolf's *Professor Mamlock*, and Dymow's *Feuer* and judged superior to all of them.[7] Zech himself felt that his play dealt with anti-Semitism more clearly and more forcefully than Bruckner's drama:

"Nur ein Judenweib" von Rhenanus ist in einem viel eindeutigeren Sinn als Ferdinand Bruckners "Rassen" ein Bühnenwerk, das den, nicht allein nur zum Jargon des Straßenpöbels sondern vielmehr zu einem innerpolitischen, parteiprogrammatischen und krass materiellen Begriff erhobenen und proklamierten Schandruf "Juden, raus!" an einem der sinnfälligsten Beispiele aus dem heutigen Deutschland demonstriert und sich mit ihm auseinandersetzt.[8]

Under the circumstances of the time Zech was fortunate that his play could make any impact at all. It was performed once in a Yiddish adaptation by M. Flammenbau and W. Bresler in the Teatro Ombú in Buenos Aires on 5 April 1935. Zech indicated that it had been translated into Spanish for a presentation in 1934 with Paula Singerman in the title role, but he felt that fascist threats against the theater caused the performance to be cancelled. He also claimed that the play was performed in Spanish in Montevideo in 1936, but according to Hübner no information could be found to document such a performance. Durzak asserts that the play was performed in Buenos Aires in 1936 in German, "obwohl die NS-Botschaft eine spanische Aufführung erfolgreich verhindern konnte."[9] However, he fails to document this information, which cannot be verified by any other source. A brief excerpt from the drama was published in 1941 in the *Jüdische Wochenschau* (No. 61, p. 11) in Buenos Aires.

The one performance that was given was enthusiastically received. Typical was an anonymous reviewer in *Die Presse* (Buenos Aires) on 8 April 1935: " 'Nur ein Judenweib' stellt alles in den Schatten, was bisher an anti-faschistischen Dramen auf den hiesigen Bühnen gezeigt wurde." He says that the play creates "eine beklemmende, explosionsgeladene Atmosphäre" and praises the dialogue, which contains sentences "die das Tiefste darstellen, was über die unselige Rassenfrage, über die Judenverfolgung in Deutschland bisher gesagt worden ist. Alles in allem eine dramatische Dichtung, die in die Weltliteratur eingehen wird, wie Lessings 'Nathan der Weise.' "

Similar praise was expressed by Dr. Buchbaum in the *Argentinische Tageblatt* on 10 April 1935. He had heard the play read, but the performance surpassed all his expectations. In his view *Nur ein Judenweib* was a dramatic work of the first rank quite apart from its anti-fascist tendency: "Alles an dem Werk ist neu: die Technik, die Dialogführung, die sprachlichen Wirkungsmittel und die Problemstellung. . . . Ein Virtuosenstück." He believes that the play will succeed on the stages of the world on the basis of this great

woman's role alone. The première was "ein großer, ein nachhaltig
wirkender Theaterabend" which was attended not only by members of the Jewish colony, but also by many Spanish spectators,
including actors from other theaters. His description of the audience's reaction was confirmed by Samuel Rollansky: "Das Publikum fieberte vor Erregung und die Erregung löste zuletzt einen
Beifall aus, wie ihn dieses Theater wohl noch nie erlebt hat."[10]

An anonymous review of 8 April 1935 in the *Mundo Israelita*
correctly sees the play as a drama of character: "Wenn die Judenverfolgung auch das primäre Problem in der dramatischen Themen-
führung darstellt, künstlerisch ausschlaggebend ist die Gestaltung
des rein Menschlichen. Mann und Frau im Kampf für und gegeneinander. Die irrsinnige Brutalität der Rassenfrage wird an dem Beispiel
dieser beiden Personen ad absurdum geführt." The reviewer gives
the drama high praise for elevating actual events into a lasting work
of art: "Wir kennen kaum ein ähnliches großartiges Werk aus der
dramatischen Produktion der letzten zehn Jahre, das mit diesem
konkurieren könnte. Nicht, weil das Problem ein brennend aktu-
elles ist, sondern weil es eine dichterische Leistung bedeutet, dem
Aktuellen solche bleibenden Werte abzuringen."

Finally, an anonymous reviewer for the *Deutsche Arbeiterzei-
tung* (10 April 1935) states that his trip from Montevideo was well
rewarded by a play which he too calls a work of literature: "Wir
danken Rhenanus für diese Aufklärung. Sein Drama ist ein Lehr-
stück. Auf der Bühne wird Anschauungsunterricht erteilt. Dieser
Unterricht ist Dichtung, ich will damit sagen: es griff uns an die
Nieren. Und wenn man sagen wird: Tendenz, wie es euch gefällt:
jede große Dichtung beabsichtigt, der Menschheit einen Spiegel
vorzuhalten. Wir haben in einen Spiegel hineingesehen."

Zech's play made a strong impression on its contemporary audience and reviewers, but not only because it was performed before
an audience favorably disposed in advance to its message. It deserves to be recognized as one of the earliest examples of anti-fascist literature, and it should also find a place in literary history for
its qualities as a genuine poetic work.

University of California at Riverside

---

1 The only discussion of *Nur ein Judenweib* to date—limited to a description of the
manuscripts and a plot summary—is to be found in Alfred Hübner, *Das Weltbild im
Drama Paul Zechs* (Frankfurt/M 1975), pp. 44–45 and 65–66. The most detailed

studies of Zech's exile writings are Hübner; Arnold Spitta, *Paul Zech im süd-amerikanischen Exil 1933–1945* (Berlin 1976); Wolfgang Kießling, "Paul Zech," *Exil im Lateinamerika* (Leipzig 1980), pp. 324–352; and Stefan Zweig/Paul Zech, *Briefwechsel 1910–1942*, ed. Donald G. Daviau (Rudolstadt 1984). See also Ward B. Lewis, *Poetry and Exile: An Annotated Bibliography of the Works and Criticism of Paul Zech* (Bern 1975) and Zech's own account, "Ursache und Weg meiner Reise nach Südamerika," *Der Griefenalmanach* (Rudolstadt 1954), pp. 269–274.—**2** *Deutschland, Dein Tänzer ist der Tod* (Rudolstadt 1980; Frankfurt/M 1984).—**3** I would like to acknowledge with gratitude the helpful cooperation of Dr. Werner Volke and the Deutsches Literatur-Archiv for making a copy of the manuscript available to me. —**4** Rhenanus [Paul Zech], "Nur ein Judenweib," unpublished manuscript copyrighted in 1934, preface, p. V. Further references will be cited in the text by page number.—**5** Rhenanus, "Nur ein Judenweib," *Argentinisches Wochenblatt*, 8 April 1935. Two other articles by Zech provide additional information about the play: Manuel Sachs [Paul Zech], "Wer ist eigentlich dieser Paul Zech und wo lebt er?" *Jüdische Wochenschau* (Buenos Aires), No. 60 (13 June 1941), p. 3, and Paul Zech, "Wer ist eigentlich dieser Paul Zech?" *Deutsche Blätter* (Santiago de Chile), 1, 11 (November 1943), pp. 15–19.—**6** Rhenanus, "Nur ein Judenweib" *Argentinisches Wochenblatt*, 8 April 1935.—**7** Samuel Rollansky, "Nur ein Judenweib," *El Diario Israelita* (Buenos Aires), 8 April 1935. *Rassen* and *Professor Mamlock* were performed in New York in 1934. Cf. Albert H. E. Brown, "Exildramatiker am Broadway," *Das Exilerlebnis*, ed. Donald G. Daviau and Ludwig Fischer (Columbia, S.C. 1982), p. 65. —**8** Rhenanus, "Nur ein Judenweib," *Argentinisches Wochenblatt*, 8 April 1935. Most probably Zech did not know the plays of Wolf and Dymow.—**9** Manfred Durzak, *Die deutsche Exilliteratur 1933–1945* (Stuttgart 1973), p. 52.—**10** "Nur ein Judenweib," *El Diario Israelita*, 8 April 1935.

"Zettelwirtschaft:" Hermann Broch's *Massenwahntheorie* and the Nature of Writing in the Letters to Gertrude Lederer

Sander L. Gilman

We swim in an ocean of language, oblivious to it but living in it and from it. Too often in recent history, writers—those among us who define themselves primarily in terms of the language they write and the culture in which their works are read—have been forced into new and often culturally and linguistically inhospitable seas. What happens when the certainty of discourse, a certainty present even among those whose experiments with language drew into question the seeming universality of the ocean of language in which they swam, is destroyed? What happens when a writer must deal with a different culture, a different language, a new and different role? Such questions have expanded the undertaking of the literary critic in a way which, at least two decades ago, was radical and risky. For such questions lead the critic into the realm of sociology, psychology, and history and away from the holy word of the text.

I wish to pay homage to Guy Stern's leadership in the study of the literature of exile through an examination of the discourse about a single work, Hermann Broch's *Massenwahntheorie* (1939–41), present in a single unpublished correspondence, that between Hermann Broch and Gertrude Lederer.[1] This discourse is not unique, as can be seen by a comparison of these documents with the published Broch letters, but it adds to the complexity of Broch's understanding of his role as a writer. This correspondence provides further evidence of Broch's response to the new context in which he found himself after 1938, the context of political and cultural exile.

The contextualization of any correspondence is vital to its understanding. It is impossible to understand the seemingly contradictory (or similar) tone, content, or intent of letters written to different individuals even during the same day, without understanding the fact that the act of writing (much more than our modern substitute, the telephone call) presupposes the re-creation of the per-

Exile and Enlightenment
Copyright Wayne State University Press, 1987.

sona of the addressee within the consciousness of the writer. This fictive re-creation is the object of the letter, rather than mere "communication." Thus the construction of each addressee determines the discourse of the letter, and with each letter written the construction of the addressee becomes more and more complex. Even though the content of two letters may be identical, the rhetoric in which the content is clothed may differ radically. Augmented by personal contact and by the direction and intent of the correspondence, this fictive persona (which develops parallel to the fictive persona of the letter writer created to match the fictions of the addressee) becomes more and more "real" as fictive self and projected realities merge into a symbiotic whole. The object of the correspondence becomes incorporated into as well as an extension of aspects of the self. Thus Goethe's letters to Schiller employ quite a different discourse than those to Charlotte von Stein; George Bernard Shaw's letters to Mrs. Patrick Campbell are quite different in the sense of the addressee than are his letters to H.G. Wells. Numerous external qualities, such as the sexual identity of the writers, seem to structure the inner structure of correspondences. While the sexual identity of the addressee may determine the nature of the discourse, it does so only if the primary identifying characteristic applied to the addressee is linked to the individual's sexual identity. Thus even the sexual identity of the addressee is part of the re-creation of the addressee by the writer. When, however, one single attribute ascribed to all addressees dominates, as the idea of writing does in Broch's correspondence of the 1940s, this theme haunts even letters of the most intimate nature. The distinction between male and female vanishes. What remains is the sense of the addressee as the object of language, and language is a sign which points both to the disjuncture of the author's identity and (in this case) his need to re-create his sense of intactness.

The letters between Hermann Broch and Gertrude Lederer span the period from the early 1940s to Broch's death in 1951. Over this decade they exchanged letters regularly, and approximately 76 letters of Broch to Lederer have been preserved. Gertrude Lederer was the widow of Emil Lederer, Professor of Political Economy at Berlin University, author of the Weimar constitution, and, after the coming of the Nazis, the first dean of the "University in Exile." She was a member of the George circle in Heidelberg (where her first husband, a student of Alfred Weber, had been the first "federal" professor of journalism) and she had been friends with Fine von Kahler, who likewise had been a member of the same group around the literary critic Friedrich Gundolf. Like Broch, she arrived in the United States in 1938. She became acquainted with Broch while he was residing with the von Kahlers in Princeton. The correspondence reflects the concerns which Broch felt (and which are reflected in other letters written by him during the 1940s, especially the letters to his Swiss publisher, Daniel Brody) about the nature of his work and his sense of "mission."[2] But all of this is placed in a context heavy with the implications of Broch's disjunctive sense of self, a disjuncture present within his identity prior to his imprisonment in Austria after the Anschluß, but heightened (and perhaps reified) by his experience of exile.

Broch had begun as a "political" activist, with extremely conservative views, in the late 1930s while still in Austria. By the time of the Anschluß he had begun to understand his political role as that of the activist author according to the model of the Austro-Marxist thinkers of his day. But his views were, if anything, utopian in their expectations concerning the League of Nations as a vehicle to guarantee human rights. In the United States after 1938 Broch began to reshape his sense of self as a political person. He proposed the foundation of a "research institute in political psychology and the study of phenomena of mass hysteria" to a number of American research institutions (such as the Rockefeller Foundation and the Institute of Advanced Studies [Princeton]). Out of this proposal came funding from the Rockefeller Foundation during 1942–44 and the Old Dominion Foundation (which later became the Bollingen Foundation) during 1946–47. It was this project, even more than his works of fiction or his extraordinary efforts on behalf of Jewish refugees during this period, which is reflected in the correspondence with Gertrude Lederer, who served Broch as one of the translators for his many proposals concerning the study of the mass psychology of fascism.

Broch saw the act of writing, especially the writing of a scientific work, as the primary means of establishing his existence in the "new" world both in existential as well as in pragmatic ways. The "Zettelwirtschaft" (Broch's term), the exchange of letters with Lederer which were composed on tiny scraps of paper, was one of a number of attempts to recreate the sense of interconnection with the world of European intellectual life, a world which Broch knew was lost. Writing letters, as Broch remarks over and over in his correspondence, stole valuable time away from his scientific project. But it was exactly this, the creation of bonds between individuals through the writing of letters, rather than the creation of abstract scientific fictions, that drove Broch to engage in a correspondence which became one of his most meaningful undertakings of his period of exile. But it is the abstract act of writing, even in the form of the "Zettelchenwissenschaft," which defines his existence in exile:

> [I]ch habe einfach einen kleinen horror vacuii, und die Zettelchenwirtschaft bildet demnach einen teil der ach so notwendigen Selbstdisziplin. . . .
> Und die sogenannte Einleitung ist heute auf 130 Seiten gediehen; sie ist entweder ein kompletter Unsinn, oder etwas sehr Besonderes; ich kann es absolut nicht mehr entscheiden, aber ich plage mich fürchterlich, und im Grund wäre ich ganz zufrieden, wenn nur mein Leben im richtigen Gleichgewicht wäre.[3]

Broch's focus is on his project concerning the mass psychology of crowds (various proposals for which Lederer translated into English for him), a project which he saw serving a double purpose. First, it was a "scientific" undertaking, rather than the writing of fiction, and this, he believed, would give him status in an America which Europeans of the fin de siècle defined as the technological land *par excellence.*

> Denn auch dieser Brief kann mich über den Sinn meines Seins und meiner Gehetztheit und meiner Arbeit nicht beruhigen, und gerade darum geht es. Ich habe nun neun Monate Vergil hinter mir, einfach weil das Objekt es erforderte, nicht weil ich das Buch damit "sinnvoller" habe machen wollen, vielmehr war diese täglich 17-stündige Anstrengung eine ständige Verzweiflung: ich *weiss*, dass das Künstlerische und Dichterische in unserer Zeit nichts mehr zu schaffen hat, ja dass gerade die Qualität (die ich sogar noch steigern könnte) eine lächerliche Unzeitgemässheit und ebendarum unmoralisch ist, denn das Wort hat in diesem Sinn keine Überzeugungskraft mehr. Freilich ist es nicht dies, was mich verzweifelt macht, im Gegenteil, ich nehme von dieser Art Tätigkeit leicht und ohne Bedauern Abschied (so sehr es einen auch manchmal reisst, zu ihr zurückzukehren), doch auch mit der Massenpsychologie, in die ich mich da retten wollte und noch immer retten will, steht es nicht umso viel besser, als ich mir einreden möchte. Mit "Spekulationen" lässt sich nämlich überhaupt nichts mehr ausrichten; "Einsichten," welche nicht "bewiesen" werden, sei es mathematisch oder experimentell, sind heute leeres Geschwefel, und je "schöner" oder "blendender" oder "geistvoller" sie vorgetragen werden, desto mehr werden sie zum Geschwefel. Die Vergeblichkeit meines Tuns wurde mir diesen Sommer so klar wie nie zuvor, und deshalb hatte ich auch meinen körperlichen Zusammenbruch, der als Flucht in die Krankheit wohl verwerflich, trotzdem nicht unberechtigt war.[4]

Second, he needed the status of the scientist (even if it was only the "social scientist") because it would supply him with the funds he needed to exist and, last but certainly not least, because such a project might lead to the destruction of fascism and, therefore, to the restitution of his status in European culture:

> Vorher allerdings bekommst Du eine Abschrift meiner outline zum Massenwahnbuch, die endlich vorige Woche fertig geworden sind. Ich habe über zwei Monate daran gearbeitet, obwohl sie bloss als Report zwecks Erlangung meiner Rockefeller-Erneuerung gedacht waren; aber es hat sich eben im Zuge der Arbeit herausgestellt, dass ich das ganze Buch umorganisieren muss, und das war sehr heilsam, denn nun habe ich ein gültiges Gerippe und dies wird den künftigen Arbeitsprozess ungeheuer erleichtern, und wenn ich die Rockefeller-Verlängerung bekomme, ist es soweit alles in Ordnung.[5]
>
> Es ist möglich, dass dieser Massenwahn eine wichtige Rolle in der Hitler-Bekämpfung spielen *könnte*, aber ich sehe keine Möglichkeit, sie halbwegs rechtzeitig fertig zu bringen; es ist eine Zehn-Jahr-Arbeit, die in zehn Wochen fertig sein soll.[6]

Broch's sense of "science," especially in his work on the mass psychology of the crowd, is tempered by his parallel sense that such a project is without point given the intellectual and political conditions of the time:

> Möglicherweise ist ja die ganze Arbeit, in die ich mich da verbissen habe, mitsamt ihrer outline ein völliger Unsinn, indess, dies ist nicht so leicht zu entscheiden, und von rechtswegen müssten mich die Leute den Beweis für Sinn oder Unsinn erst erbringen lassen, denn von vornherein können sie es bestimmt nicht beurteilen. Und wenn die Sache glückt, ist es der Mühe wert gewesen.[7]

Much like his admirer (and fellow follower of Karl Kraus) Elias Canetti during much the same time, Broch's interest turned to an attempt to understand mass behavior. Building on the work of Gustav Le Bon, Broch seemed to be able to repress the rather ugly fact of Le Bon's anti-Semitism in his search for a model through which to understand the rise of fascism.[8] For, much like the members of the Frankfurt School around Max Horkheimer and Theodor Adorno, anti-Semitism, the reason for their exile, is placed as a secondary phenomenon.[9] (Even though Broch, unlike the members of the Frankfurt School, gives it exemplary character.) Rather, general theories of the nature of crowds and the psychopathology of cultures are developed by the exiles, as a means of distancing their own personal fates from the charge that they were indeed different, indeed separate from the world of language and culture through which they defined their identity. Broch thus sought to create a theoretical web which is as abstract as possible. He responded to the obvious criticism of such an approach by seeing a series of potential or implied examples for his study:

> Teils aus Dimensions-teils aus Unfähigkeitsgründen bin ich demnach mit Beispielen tunlichst sparsam gewesen. Aber du hast recht, dass zur Prophetie doch einige gehörten. Den Jünger als falschen Propheten (den Ernst Jünger) habe ich zwar unbemerkt hineingeschwindelt, und ebenso gibt es genug Hinweise auf Spengler. Doch Nietzsche hat alles Recht in solchem Zusammenhang genannt zu werden. Ueberhaupt muss noch einiges komplettiert werden.[10]

But the work on mass psychology, itself the creation of fictions about the self as newly redefined, also blocks the underlying sense of the self as writer of fictions—not the author of scientific insights into the cause of his exile, but the author of fictions about the self, the author of *Der Tod des Vergil*. For, indeed, the writing of this novel is the major undertaking of Broch's exile, ideed the only major work of the period that he deemed complete:

> Wenn ich meine Psychologie nicht in wenigen Monaten herausbringe, so bin ich für Amerika erledigt, und nicht einmal für den Vergil werde ich dann noch etwas tun können. Ausserdem ist diese Psychologie auf politische Wirkung abgestellt, soll also zu unserer persönlichen Rettung aus der Gefahr des Erschlagenwerdens, des Selbstmordzwanges etwas beitragen, und wird dies auch tun, wenn ich überhaupt noch zur Fertigstellung gelange.[11]

The act of writing to save the self becomes one of the central definitions of Broch's undertaking. He is not dealing merely in hyperbole—he has before him the examples of Kurt Tucholsky and Stephan Zweig, whose suicides rocked the exile community. But the different qualities of writing are suppressed in the very act of writing. This Broch senses, and he further senses that the pragmatic need for texts such as his mass psychology can (and does) damage the creation of works of high art, which by the definition of Goethean (and Brochean) aesthetics should stand above the political fray. And thus he questions his role as the "scientist" applying for grants to study the mass psychology of fascism:

> . . . seit zwei Monaten bin ich in der hektischen und neurotischen Weise mit der Abfassung dieses Hochstapler-Resumées beschäftigt, neurotisch, weil ich es zum Anlass genommen habe, die gesamte

Organisation meiner Arbeit frisch durchzudenken, freilich auch mit dem Gewinn einer viel reicheren und reinlicheren Organisation, als es die vorangegangene gewesen war, aber es war schon eine rechte Qual, so sehr ich Qual ansonsten gewöhnt bin.[12]

And yet he forced to see his present undertaking as the necessary culmination of his earlier abstract literary and philosophical work:

Seit zwanzig Jahren, oder wohl noch länger, habe ich mit diesem Zwiespalt zu tun, seit zwanzig Jahren habe ich das steigende Grauen gefühlt, und seit zwanzig Jahren war ich nicht imstande, mich verständlich zu machen . . . . Nichts ist so zuwider, wie Kassandros sein zu müssen. Heute habe ich nur noch den Massenwahn als Ausdrucksmittel in der Hand, und er könnte als Waffe gegen das Grauen verwendet werden, wenigstens in Ansätzen. Aber auch damit werde ich zu spät kommen. Und doch bleibt nichts anderes übrig als doppelte und dreifache Intensivierung der Arbeit.[13]

With this passage the role which "mass psychology" has for Broch becomes clearer. His reference to the "horrors" which had plagued him refers the text back into the distant past, prior to the time of the acquaintanceship between the correspondents. This movement into the past, this sense of revelation of the continuity between the writer and his own anxiety-filled sense of self, comes to the surface in this correspondence.

Lederer, a student of Gustav Richard Heyer, was a member of the intellectual group in New York around the culturally-oriented psychoanalyst Karen Horney, whose translator and literary executrix she became. Broch's rejection of psychoanalysis (again following the model of Karl Kraus) is at the same time an attempt to understand the need for the sense of displacement he felt within himself, a need which led from the sense of exile.[14]

Die Analyse will die Angst verringern, sie will Natürlichkeit wiederherstellen, stösst aber dabei auf etwas, das sie mit Recht als "widerstand" bezeichnet, jedoch mit Unrecht als blossen Analysen-Widerstand auffasst: es gibt einen unauflösbaren Widerstandskern, der sich sogar den "Kern-Angst" nicht wegnehmen lassen will, nicht wegnehmen lassen darf, weil darin das Menschliche an sich begründet ist.[15]

Broch articulated the source of his anxiety in Freudian terms, as an extension of the death wish:

> Im übrigen glaube ich eine der Grundkomponenten meines Wi-
> derstandes entdeckt zu haben: die Vorbereitung zum Sterben, für
> die ich seit der Kindheit lebe, kann niemals vom "Es" aus geleistet
> werden, sondern wird immer nur vom Ueber-Ich aus geleistet.
> Daher die unbezwingliche Sucht, das Es zu vergewaltigen und zu
> annihilieren.[16]

But, like the study of mass psychology, Broch needs to control the
death wish, to move it from the id to the ego. It is in the act of
writing that the ego manifests itself, but only in very specific
modes of writing, writing which the author views as self-revelatory
(as high art is defined in German culture from Goethe through the
fin de siècle):

> Im Vergil habe ich die Eigenneurose sozusagen ausgenützt, und
> hiedurch ist etwas Anständiges herausgekommen. Doch in einer
> wissenschaftlichen Arbeit kann ich mir etwas derartiges nicht
> leisten, und so kämpfe ich geradezu verzweifelt gegen die Neurose,
> gegen die Art meiner verquerten Ausdrucksweise, gegen meine in-
> neren Zwänge u.s.w. kämpfe nahezu 20 Stunden pro Tag und erzeuge
> im Schneckentempo etwas, was nur als ein Zwitter angesprochen
> werden kann. Und da zu allem anderen hievon meine ganze Existenz
> abhängt, bin ich in einem Zustand, in einem sehr paniknahen
> Zustand.[17]

The work on mass psychology is thus conceptualized as inherently
different than the work on his fictions. Because it was a compromised undertaking, compromised by the political, economic, and
cultural realities of exile, compromised much more than his fictions of the period, it became the authorial corollary to his deep
sense of anxiety. He projects onto the work on mass psychology
the reform of his ego, the resolution of that anxiety generated by
his inability to complete the work on mass psychology, an anxiety
which has its roots in the past but is experienced in the present:

> Offenbar seit früher Jugend gekränkt, weil niemand je gewusst hat,
> wo der Schuh mich drückt, erbost ob all der Gleichgültigkeit um
> mich herum, habe ich es mir nicht nur zur Aufgabe gemacht, die
> Menschheit aus ihrer Gleichgültigkeit zu erwecken (—aus meinen
> kleinen Schmerzen mach ich die grossen Lieder—), sondern habe
> auch die verhängnisvolle Fähigkeit zum "Kick gewisst wo" entwik-
> kelt, nämlich zu wissen, wo dem andern der Schuh drückt, ein Kick,
> der jedoch sinnlos und sogar beschämend wäre, wenn nicht die
> Fähigkeit und der Wille zur Schuhreperatur sich dazu gesellte.
> Selbstverständlich, triebmässig ist dies nichts anderes als subli-
> mierter Sadismus, da ja unverkennbar die Lust an der Domination

und an der Menschenformung dahinter steht, doch da solch subli-
mierter Sadismus einer der wichtigsten Bausteine aller Kultur ist—
im speziellen Fall wäre er das Material gewesen, aus dem man einen
guten Arzt oder guten Lehrer hätte bauen können—, so kränke ich
mich nicht weiter darüber.[18]

Broch's contradictory definition of the writer as sadist, but also
as handworker implies his sense of himself as the combination of
both roles and reflects his sense of the major disjuncture in his
own world. He uses existing metaphors to express this disjuncture
and to create through their presence the link with the world of the
past. Images of "life" and "death," of "creation" and "destruction"
are used to provide verbal links with the past. The real disjuncture
understood by Broch during this period is the disjuncture in his
self-definition and role—between the intact world of Europe (understood by Broch in exile in terms of the rupture described in his
work on Hofmannsthal and his time) and the fragmentary world of
exile. The split he perceived in the role of the writer—the writer of
fictions versus the political and scientific activist, reflects this
deeper division. It is not that the "universals" of Jungian or Freudian theory well up in his writing (either his scholarly or his creative writing), but rather, in a quite mechanical manner, he takes
these "universals" as representatives of his own situational definition of self. But Broch, of course, resolves this dichotomy. He fin-
ishes his great novel on death and displacement and leaves his
scholarly work a limbless torso. For all of the talk of disjuncture,
for all of the flight into the "Zettelwirtschaft" of the 1940s, he
does finish that work which he himself sees as the culmination of
his undertaking. So perhaps the "writing out" of his anxieties
about the *Massenwahntheorie* was in the long run successful. Indeed, had Broch lived longer, we would have had a second masterpiece from his period of exile. But it would not have been on "mass
psychology" but rather the final draft of his so-called "mountain
novel."

Cornell University

---

1 On the background of this text see Paul Michael Lützeler, ed., *Massenwahntheorie* (Frankfurt/M 1979), 567–75. See also Harry Pross, "Hermann Broch: 'Massenpsychologie' und 'Politik,'" in Joseph Strelka, ed., *Broch Heute* (Bern 1978), 89–100.
This essay was completed prior to the publication of Lützeler's extraordinary biogra-
phy of Hermann Broch (Frankfurt/M 1985) which provides even more detail on this
period in Broch's life. All of my comments should be read in the light of Lützeler's

context which, however, supports rather than contradicts the present study. —2 *Hermann Broch—Daniel Brody. Briefwechsel 1930–1951*, ed. Berthold Hack and Marietta Kleiß (Frankfurt/M 1971). These letters are now included in the three-volume edition of the selected letters edited by Paul Michael Lützeler, *Briefe* (Frankfurt/M 1981). I am extremely grateful to Lützeler's work for the establishment of the context for the Lederer correspondence.—3 5.10 [1941]—All of the letters are in the author's possession. The dating is tentative. On the general situation of German writers in New York see Helmut F. Pfanner, *Exile in New York: German and Austrian Writers after 1933* (Detroit 1983).—4 10 November 1944. —5 20 April [1943].—6 Mittwoch [1941].—7 5 May 1943.—8 Robert A. Nye, *The Origins of Crowd Psychology: Gustav LeBon and the Crisis of Mass Democracy in the Third Republic* (London 1975). See also Kurt Loewenstein, "Juden in der modernen Massenwelt. Das jüdische Motiv in Hermann Broch's *Massenpsychologie*," *Bulletin des Leo Baeck Instituts* 3 (1960), 157–76.—9 Ehrhard Bahr, "The Anti-Semitism of the Frankfurt School: The Failure of Critical Theory," *German Studies Review* 1 (1978), 125–38.—10 Montag [1941]. On the "dangerousness" of Nietzsche during this period and before as seen by readers who identified strongly with his views see Geoff Waite, "The Politics of Reading Formations: The Case of Nietzsche in Imperial Germany," *New German Critique* 29 (1983), 185–210.—11 3 August [1942].—12 31 March [1943].—13 12 September [1943].—14 See Thomas Szasz, *Karl Kraus and the Soul-Doctors: A Pioneer Critic and His Criticism of Psychiatry and Psychoanalysis* (Baton Rouge 1978). While this work is flawed in many ways, it does present the parallels to Broch's later critique of psychoanalysis. —15 23 July [1942].—16 15 July 43—17 1 December [1945].—18 15 August [1943].

Alfred Gong's German-American Poetry: The First Decade

Jerry Glenn

The important stages of Gong's life are easily summarized. Born of German-speaking Jewish parents in Czernowitz in 1920, his childhood was uneventful, if apparently rather unhappy. He spent the years 1941–44 in hiding, underground, in Eastern Europe. In 1946 he fled to Vienna, where he gained access to the intellectual and artistic circles of the city and published his first poems. He left Europe for the United States in the fall of 1951, and after a year in Richmond, Virginia, he settled in New York, which was to remain his home until his death in 1981. Gong's first ten years in America were of great significance for his development as a poet. He published numerous poems in journals in Europe and in this country, and at the close of the decade his first two collections of poetry, *Gras und Omega* and *Manifest Alpha*, appeared.[1] He also participated actively in the literary life of the German-American community in New York, giving poetry readings and holding lectures at the Goethe House and various universities. In the mid-1960s a change took place. He began to withdraw from public life and became less interested in publishing his works. His sense of isolation increased in the 1970s, to the extent that he was to say in a poem published in *Gnadenfrist*, his third and final collection, "Alt bin ich und vergessen/und ohne Feinde geblieben."[2] Gong was indeed virtually forgotten at the time of his death. Only with the publication of Joseph Strelka's book *Exilliteratur* in 1983, which contains a chapter on Gong, was he recognized as a poet of stature.[3]

One of Gong's best—and best-known—poems is "Robinson:"

Robinson
Für Brigitte und Joseph Strelka

auf dem Eiland Manhattan
lauscht
fallendem Schnee.

Exile and Enlightenment
Copyright Wayne State University Press, 1987.

Zu träg, um Briefe zu öffnen,
zum Schreiben zu müde.
Nur selten verbindet
ein Traum
mit der früheren Fremde.

Gegenüber im Fenster
die Negerin Friday
telefoniert.
                                        (*Gnadenfrist*, p. 55)

Probably written in New York in 1969 (it was first published in *Merkur* in 1970), this poem can be placed within the mainstream of the German lyric of the time, both technically (in its laconic style) and, broadly speaking, thematically (loneliness, communication by telephone). At first glance there is nothing to suggest that these personal, clearly autobiographical lines were written by the author of "Verkommene Landschaft," one of Gong's earliest poems, written in December 1941, of which I quote only the final stanzas:

Die Raben streiten als wie Totengräber
Und schweigen, wenn der Mond die Landschaft bleicht
Und kalte Strahlen wirft auf Gras und Gräber.
Die Fledermaus im Flug den Mond erreicht.

Die faulen Äpfel fallen dumpf ins Gras
Und Würmer nagen an dem kranken Kern,
Die Landschaft gleicht einem verwesten Aas
Und es fällt ein betrunkner, verkommener Stern.

Gong's early poems—present in manuscript form in the archives of the University of Cincinnati and as yet unpublished—usually reflect his situation as a Jew in Hitler's Europe: sometimes in the form of general—or universal—images of death and suffering, as here, and sometimes in language more directly relevant to the Holocaust, but rarely in a manner that would suggest a specific autobiographical frame of reference.[4]

When the two poems are juxtaposed, readers are bound to wonder about Gong's development from the expressionistic "Verkommene Landschaft" to the laconic "Robinson," and this is in essence the question I intend to address. Since almost thirty years separate "Verkommene Landschaft" and "Robinson," a necessary first step is to narrow the frame of reference. The following previously unpublished poem was written in Vienna in 1950:

Das Lied der Taube

Und weil am Stacheldraht viel weiße Fetzen wehten,
Ließ sich die Friedenstaube
Nieder auf den elektrischen Drähten:
Der Strom stand stets auf der Lauer
Und ging durch sie, sie zuckte im Schauer,
Krallte sich in die Drähte ein
Und hauchte aus nach kürzester Pein.

Die fünf Drähte sahen Notenlinien gleich,
Die Stachelknoten waren die Noten,
Die hängende Taube: der Schlüssel zu den Akkorden . . .
Maschinengewehre synkopierten dies Lied beim Morden.

Das war das letzte Lied dieser Erde:
"Diese Menschen sterben für den Glauben
An eine himmelblaue Welt
Mit Liedern und mit Tauben."

Compare the following version (also previously unpublished),
probably written early in 1964:

Das Lied der Taube

Die Taube flog . . .
Um sie: Wölkchen der Flak
und unter ihr schwamm als verkohltes Wrack
ein Kontinent.

Die Taube flog
und Eisenvögel flogen
die Wolken spaltend wie erschreckte Wogen
im Himmelsmeer.

Und unten lag:
Viel Kohle wo einst Grün
und jede Nacht war hell vom roten Glühn
der Feuervögel.

Die Taube sang:
Ich komme spät, zu spät . . .
Ihr hagelt nieder, was ich einst gesät
in guter Hoffnung.

Da hörte sie:
"Wir sterben für den Glauben
"an eine himmelblaue Welt
"mit Liedern und mit Tauben."

In spite of the differences between the two, there is one very important similarity: the theme, or the "message;" each is clearly and unambiguously an anti-war poem, each takes a moral position against war. And in this respect "Das Lied der Taube" differs from the earlier and later poems quoted above: in "Verkommene Landschaft" and "Robinson" alike, a pessimistic vision emerges, but without a message, without the speaker taking a moral position. A life of suffering or isolation is depicted, but without accusation; no alternatives are expressed or implied.

There are numerous striking differences between the two versions of "Das Lied der Taube." In the later poem the language is much sparser, the style more laconic; the rhyme is less complex, and more effective; the emphasis shifts from the dove and its death to the world, to the war and its effects; the images are more compact and autonomous, and less contorted or contrived; the presence of the speaker—his degree of personal involvement—is less intense. Ultimately, in spite of the presence of an anti-war "message," the second version is significantly more descriptive and less critical than the first, not least of all as a result of the irony introduced by the attribution of the statement of the last three lines to men responsible for the war rather than to the dove of peace.

Throughout the 1950s Gong was torn on the one hand between the conflicting tendencies toward description and moralizing, and, on the other hand, between tendencies toward simplicity and complexity of expression—and complexity is manifested both in the nature of the images and in the use of technical devices.

Many of the poems written in Europe between 1948 and 1951 contain, like the first version of "Das Lied der Taube," expressed or strongly implied social criticism. One group of these poems is similar to "Das Lied der Taube:" anti-war poems not essentially different from countless others, in English, German, or other languages. Gong continued to write this kind of poem throughout the 1950s, and a few are included in *Gras und Omega*. Another group in which Gong takes a moral stance specifically addresses the Holocaust and the suffering of the Jews. In "Israels letzter Psalm" (written in 1949, published in 1951) we read: "Laß uns am Leben, hier, in dieser Höll' auf Erden!/Mehr ängstigt uns Dein Jenseits,"[5] and in "Hiob" (written in 1950, published in 1954):

> Was hast Du vor, mein Gott? Ist es nicht reifste Zeit
> mich endlich von den Erdenqualen zu erlösen?
> Heut nacht hatt' ich Besuch und lauschte still
> den lockenden Versprechungen des Bösen.[6]

Holocaust poems disappear after Gong's arrival in America, but are perhaps in a sense replaced by a different kind of socially critical poems: those about America. In one of the earliest of these, "Dieses Volk," the melting pot and American materialism are linked in the following image:

> Sie kamen und kamen. . . .
> Wir kamen und kamen . . .
> Wir blieben.
> Am gleichen Feuer schmolz Vergangenes.
> Im gleichen Feuer wuchs der Guß:
> ein Volk, hart, unverwüstlich
> wie sein Gold. . . . [7]

In "Zeitlied" (1958) New York makes its first appearance in Gong's poetry:

> Über die Brücke von Brooklyn
> rattern die Züge von Hölle zu Hölle
> in Ewigkeit.
> Und in den schwarzen Kanälen
> verfaulen Herzen und Fische und
> meine Flaschenpost.
> Stoplichter, rot und grün und gelb,
> verkünden den Psalm dieser Zeit:
> O Baby Baby Baby aus Babylon,
> schwing deine Hüfte zum Hi-fi-phon,[8]

and in "East Side Ballade" (1959) the social criticism becomes more explicit: an angel, despondent over the contrast between the Bowery and Fifth Avenue, commits suicide.[9]

Although he continued to write poems of political or social protest, Gong seems to have recognized that they were not his forte. None of the five poems mentioned immediately above was included in any of his collections of poetry, nor were any of the other eight or ten poems of this kind which were published in newspapers or magazines in the 1950s and early 1960s. (As was noted above, neither version of "Das Lied der Taube" was ever published at all.) It would seem that Gong liked the final three lines—the only specific element the two versions have in common—but was less than satisfied even with the final draft.

Gong's poetic development during his first decade in the United States was not linear; it was by no means a relatively straightforward progression from complexity to simplicity of expression and

from a moralizing to a descriptive perspective, as a comparison of
two groups of poems from *Manifest Alpha* will demonstrate. The
final section of this book, "Du und die Stadt," consists of six poems written between 1952 and 1955. Each is an essentially descriptive portrayal of life in a city, the first five focusing on aspects of
one of the five senses, and the sixth addressed to "the sixth sense."
The concept is interesting and original, and one of them, "Die
Gerüche der Stadt," is unquestionably a fine poem. The others,
however, tend to suffer from excessive formal experimentation and
now seem dated. This is most clearly seen in "Großstadt—tech-
nisch koloriert," which begins and ends with sing-song couplets—
"(Grau, sagst du, ist diese Stadt?/Komm mit mir, werd' farben-
satt!)//. . . . //(Doch die meisten hier, mein Kind,/sind unheilbar
farbenblind")—and contains lines like the following, the fourth
stanza:

> Und
> F   lichtbronze—rosenweiß—
> L   gansgolden—weichselfeucht—
> E   wurstrot—karrarisch—
> I   auf Fleischerhaken Torsi—
> SCH   Schaufenstertorsi—marsgrün—
>   (*Manifest Alpha*, pp. 54–55)

How different is the cycle "Entichtes Ich" (*Manifest Alpha*, pp.
9–20), written in 1960 and 1961, at the conclusion of Gong's first
decade in America. Thematically these poems might seem to represent a regression: they are devoted to various aspects of the
poet's childhood and youth, from "Nativität" to the death of his
father in a Soviet camp in 1942. And on a superficial level the style
has little in common with, for example, that of "Robinson:" the
language is thoroughly colloquial, an openly humorous (if often
bitter) satirical tone is sometimes present, and both the poems and
the individual lines are on the average rather long. The beginning
of "Topographie," a poem about Gong's native Czernowitz, can
serve as an example:

> Auf dem Ringplatz zertrat seit 1918
> der steinerne Auerochs den k. und k. Doppeladler.
> Den Fiakerpferden ringsum war dies pferdapfelegal.
>   (*Manifest Alpha*, p. 14)

What these poems have in common with "Robinson"—and in
this respect they differ from any of the earlier examples quoted

here, as well as from the vast majority of those not quoted—is their personal frame of reference. Gong's subject is not war, violence, and suffering; not the Holocaust or the negative side of America; it is his own childhood, seen, of course, from the perspective of an adult struggling against succumbing to pessimism, and of a literary artist in the process of finding his poetic voice.

In the course of his first ten years in America, a gradual, if irregular, evolution can be observed in Alfred Gong's poetry. His themes become more personal, and less overtly social or political; his language becomes more laconic, and his images less complex; a satirical mode of expression replaces the direct, impassioned involvement with his subjects typical of the poetry of the years immediately preceding his emigration. Although in the late 1960s his language was to become even more laconic, the combination of highly personal themes and, stylistically, ironic distance and self-analysis—the qualities upon which the undeniably high niveau of his later verse is based—is present in all its essentials in the poems of "Entichtes Ich," written at the end of his first decade in America.

University of Cincinnati

---

1 *Gras und Omega* (Heidelberg 1960), *Manifest Alpha* (Wien 1961); quotations are identified parenthetically in the text.—2 *Gnadenfrist* (Baden bei Wien), p. 62. —3 Strelka, "Zum Werk eines vor dem Exil völlig unbekannten Autors: Alfred Gong," *Exilliteratur: Grundprobleme der Theorie, Aspekte der Geschichte und Kritik* (Bern 1983), pp. 203–18. Further biographical details can be found in Strelka and in Joachim Herrmann, "Zum deutsch-amerikanischen Dichter Alfred Gong: Eine biographische und bibliographische Studie bis Juli 1984" (M.A. Thesis, Cincinnati 1984). Herrmann provides a comprehensive primary and secondary bibliography, including not only a list of Gong's publications in journals and newspapers, but also statistical tables on the frequency and place of the publications.—4 A brief selection of the early poetry, edited and introduced by Jerry Glenn and Joachim Herrmann, is scheduled to appear in *Modern Austrian Literature* 20.1 (1987); a more extensive selection is being prepared by Glenn, Herrmann, and Rebecca S. Rodgers. —5 *Tür an Tür: die neue Folge*, ed. Rudolf Felmayer (Graz 1951), pp. 56–57. —6 *Das jüdische Echo* (Wien), July/August 1954, p. 10.—7 *American-German Review*, 23 (April/May 1957), 22.—8 *Aufbau* (New York), 28 November 1958, p. 19 (date of composition uncertain).—9 *Aufbau* (New York), 4 December 1959. This is one of six of Gong's earliest poems that were later published in revised form; in the first version, written in February 1942 and entitled "Engelselbstmord," New York (or a large American city) is perhaps implied, but is not mentioned explicitly.

Exil im Exil. B. Traven in Mexiko

Karl S. Guthke

Die Handbücher und Standardwerke zur Exilliteratur nennen den Namen B. Traven nicht, und in gewissem Sinne mit Recht. Denn der ehemalige Ret Marut, seit 1912 Verfasser von Kurzgeschichten und Novellen, seit 1917 Herausgeber der Münchner anarchistischen Zeitschrift *Der Ziegelbrenner* und seit dem 1. Mai 1919 als Beteiligter an der Münchner Räteregierung steckbrieflich gesucht, war bereits vom Sommer 1924 an in Mexiko und legte sich schon damals den vielfach umrätselten Decknamen B. Traven zu, unter dem er seine Romane veröffentlichte, mit denen er in den zwanziger und frühen dreißiger Jahren eine beträchtliche Rolle im literarischen Leben der deutschsprachigen Länder spielte (*Das Totenschiff*, 1926; *Der Wobbly*, 1926; *Der Schatz der Sierra Madre*, 1927 usw.). Andererseits kann man aber auch dafür plädieren, Traven zum Exil im Sinne der 1933 einsetzenden Emigration zu rechnen. Denn nicht nur wurde Travens Verlag, die Büchergilde Gutenberg in Berlin, gleich im Frühjahr 1933, am 2. Mai, von den Nationalsozialisten enteignet und in die eigene Regie genommen; Traven selbst, an dessen politischem Standort nie ein Zweifel sein konnte, verfügte auch sofort nach Erhalt der Nachricht davon—und bevor er wissen konnte, daß er schon auf der ersten Schwarzen Liste der verbotenen Autoren stand (*Börsenblatt für den deutschen Buchhandel*, 16. Mai 1933)—, daß alle vertraglichen Rechte für das In- und Ausland auf die nach Zürich geflüchtete Büchergilde übertragen würden.[1] Die gleichgeschaltete Büchergilde wollte zwar jedenfalls einige der Bücher Travens aus geschäftlichen Gründen weitervertreiben, wurde aber, da Traven standfest blieb, auf juristischem Wege gezwungen, den Verkauf seiner Werke ab 1. Januar 1934 einzustellen, wie aus den Unterlagen hervorgeht, die im Nachlaß Travens in Mexico City und Cuernavaca erhalten sind.

Seit Jahren im Exil, hatte Traven sich damit ein zweites Mal exiliert, und dieses Exil im Exil war insofern um so einschneidender, als es ihn von dem Großteil seines deutschsprachigen Lese-

Exile and Enlightenment
Copyright Wayne State University Press, 1987.

publikums isolierte. Seine Einnahmen gingen drastisch zurück; er lebte in äußerster Bescheidenheit als Obstfarmer bei Acapulco. Besonders in seinen Briefen an seinen schwedischen Verleger, Axel Holmström in Stockholm, klagt er häufig über seine wirtschaftliche Misere.[2]

Das Land des Exils, in das es ihn bereits fast ein Jahrzehnt vor der "Machtübernahme" verschlagen hatte, gewann im Laufe der dreißiger und vierziger Jahre eine innere Logik als Wahlheimat zunächst dadurch, daß Mexiko das Asylland für die antifaschistischen Teilnehmer am spanischen Bürgerkrieg wurde, und zwar auch für die "Internationalen Brigaden." So kamen mit der politischen Einwanderungswelle von 1939/40 auch eine ganze Reihe Deutsche nach Mexiko, und unter ihnen Schriftsteller wie Bodo Uhse, Ludwig Renn, Theodor Balk, Gustav Regler und Egon Erwin Kisch. Aber nicht nur die deutschen Spanienkämpfer wurden in Mexiko mit offenen Armen aufgenommen, sondern auch die Flüchtlinge aus Hitlers Deutschland und unter ihnen besonders Intellektuelle und Autoren: Otto Rühle, Alice Rühle-Gerstel, Paul Westheim, Paul Mayer, Leo Katz, Anna Seghers, Alexander Abusch, Franz Pfemfert, Travens Gesinnungsgenosse aus den *Ziegelbrenner*-Jahren. Als Ernst Toller, Travens Mitkämpfer aus der Münchner Zeit, 1937 Mexiko besuchte, gründeten die Emigranten die "Liga für deutsche Kultur," der sich 1941 der "Heinrich-Heine-Klub" und im Jahr darauf der Verlag "El libro libre" anschlossen. Diese antinazistischen Organisationen der Intellektuellen hatten jedoch selbst im Land des offiziellen Antifaschismus insofern einen schweren Stand, als die deutschen Einwanderer aus früherer Zeit weithin nationalistisch eingestellt waren und dem deutschen faschistischen Geheimdienst Boden unter die Füße gaben. Dieser war damals in Mexiko im Untergrund und nicht nur im Untergrund sehr aktiv, indem er zum Beispiel nicht nur bei dem Putschversuch des Generals Saturnino Cedillo (1938) seine Hand im Spiel hatte, sondern auch antifaschistische Emigranten bedrohte. Das politische Klima in Mexiko und besonders in der Landeshauptstadt, wo Traven sich in diesen Jahren oft aufhielt, war also höchst brisant.[3]

Man könnte sich denken, daß Traven mit den nach Mexiko emigrierten deutschen Spanienkämpfern Kontakt gehabt hätte. Er hatte schließlich mit den spanischen "Roten" in Verbindung gestanden: als die "Solidaridad Internacional Antifascista" sich mit der Bitte um Mitarbeit an ihrer Zeitschrift *Timon* an ihn wandte, antwortete er mit einem am 22. Mai 1938 in der Barcelonaer Tageszeitung *Solidaridad Obrera* veröffentlichten Brief (S. 4), in dem

er seine Sympathie und Hilfsbereitschaft unmißverständlich zu erkennen gab. Ebenso könnte man sich denken, daß Traven mit den
deutschen antifaschistischen Intellektuellen Kontakt gehabt hätte,
die ohne die Zwischenstation Spanien aus Deutschland und Österreich nach Mexiko kamen. Seine Bücher gehörten schließlich zu
denen, die am 10. Mai 1933 auf dem Berliner Opernplatz und
sonstwo in Hitlers Deutschland verbrannt wurden, und man
möchte sich vorstellen, daß Traven dabei war, als die deutschen
Emigranten in Mexico City 1942, 1943 und 1944 den Jahrestag
dieser Bücherverbrennung in großangelegten Feiern begingen.[4]
Das Gegenteil war der Fall. Wohl war er für die exilierten Nazi-
Gegner nicht ganz unerreichbar: in seinem Nachlaß findet sich
noch ein handschriftlicher Brief von Thomas Mann vom 15. Dezember 1936, in dem dieser Traven oder doch einen namentlich
ungenannten "verehrten Herrn" auffordert, eine Hilfsaktion für die
"deutsche literarische Emigration" durch Unterzeichnung eines
entsprechenden Aufrufs zu unterstützen. Wie Traven darauf re-
agiert hat, weiß man nicht. Sicher ist aber, daß er jede Begegnung
mit den Kreisen der deutschen Emigration in Mexiko auf das ängst-
lichste vermieden hat. Das muß ihn schwer angekommen sein, um
so schwerer, als die deutschen Emigranten in Mexiko nicht nur
einen Geistesverwandten in Traven sahen, sondern auch eine Art
Vorbild für das angemessene Verhalten im mexikanischen Exil,
wie Traven selbst nicht verborgen geblieben ist. Am 21. August
1941 teilte er nicht ohne Stolz seinem schwedischen Verleger mit:
anläßlich der Vierhundertjahrfeier Morelias, der Hauptstadt des
Staates Michoacán, sei eine Dramatisierung der *Rebellion der Gehenkten* aufgeführt worden; das "Teatro de las Artes" sei am 1.
August mit diesem Stück eröffnet worden, und es seien noch
sieben weitere Aufführungen vorgesehen.[5] Daß es damit seine
Richtigkeit hat, bestätigt Ludwig Renn in seinem Nachwort zu der
Ausgabe der *Baumwollpflücker* im Ost-Berliner Verlag der Nation
(1954):

> Nun bekamen die frischen jungen Leute [eine Laienschauspieler-
> truppe] Hilfe von einem Berufsschauspieler aus der Schule Sta-
> nislawskis und Max Reinhardts und führten eine Bearbeitung von
> Travens Roman "Die Rebellion der Gehenkten" auf. Die Aufführung
> dieser ursprünglichen Laientruppe war so vorzüglich, daß sie vom
> Staatssekretär für öffentliche Erziehung zu einer Rundreise durch das
> ganze weite Land Mexiko verpflichtet wurde. Nun spielte die Truppe
> in allen größeren Orten umsonst für ein Publikum, das aus allen
> Schichten des Volkes zusammengesetzt war. Noch nie hatte Mexiko

ein gutes Theater gesehen, nur minderwertige nordamerikanische
Truppen. Die Mexikaner waren hingerissen von der Gewalt des
revolutionären Stückes. Das ist die Wirkung Travens, die er auch
beabsichtigt.

Ludwig Renn war damals Professor an der Universität Morelia.
Wenn das auf eine Beteiligung der deutschen Emigranten am
Zustandekommen dieses Erfolgs für Traven deutet, so hat Traven
seinerseits jedoch kein Zeichen seiner Erkenntlichkeit gegeben.
Die deutschen und österreichischen Flüchtlinge in Mexiko haben
ihren Gesinnungsgenossen gleicher Sprache niemals zu Gesicht
bekommen. Auch als Traven 1951 in der dritten Nummer der *BT-
Mitteilungen*, den Reklameblättern für Verlage, Redaktionen und
sonstige Interessenten, auf die "mehr als fünfzig Aufführungen"
der *Rebellion der Gehenkten* zu sprechen kommt, die ihn in
weiten Kreisen erstmalig in Mexiko einführten, erwähnt er das
antifaschistische deutsche Exil in Mexiko mit keinem Wort.[6] Trägt
er es diesen Kreisen nach, daß sie seine Persongleichheit mit Marut
in Mexiko lautwerden ließen? (Vgl. unten S. 204).

Merkwürdig bleibt trotzdem: *wenn* Traven die deutschen Emigranten erwähnt, selbst wenn er sie als seine Anhänger und Be-
wunderer erwähnt, distanziert er sich von ihnen. Das geschieht
ebenfalls in den *BT-Mitteilungen*. In Nr. 4 (1951) nimmt er Anstoß
daran, daß die vor Hitler nach Mexiko geflohenen Deutschen seine
Bücher im Lande seiner Wahl bekannt gemacht hätten:

> Europäische Emigranten, die vor der Naziherrschaft nach Mexiko
> flüchteten, verlegten in Mexiko einige seiner Bücher, ohne ihn um
> Erlaubnis zu fragen und ohne Honorare zu zahlen, weil sie sich, wie
> sie sich ausdrückten, verpflichtet fühlten, Travens Bücher dem me-
> xikanischen Volke bekannt zu machen. Es bedurfte großer Anstren-
> gungen Travens und eines speziellen Dekretes des Staatspräsidenten,
> um den Bücherverkauf dieser Piraten zu unterbinden, die noch die
> Unverfrorenheit hatten, zu behaupten, Traven sei schon längst in
> Puebla verstorben und seine Bücher könnten deshalb abgedruckt
> werden, ohne Erlaubnis und ohne Honorare zu zahlen. (S. 35)

Die unautorisierten Übersetzungen, die Traven hier im Sinn hat,
sind wohl die, die er in der Vorbemerkung zu Esperanza López
Mateos' autorisierter Übersetzung der *Brücke im Dschungel, Pu-
ente en la selva* (Mexico City, 1941), namhaft gemacht hat: *La rosa
blanca* (übersetzt von Pedro Geoffroy Rivas und Lia Kostakowsky,
Mexico City, 1940) und *La rebelión de los colgados* (übersetzt von

Pedro Geoffroy Rivas, Mexico City, 1938). Wenn aber die deutsche antifaschistische Emigration an der Veröffentlichung dieser Übersetzungen tatsächlich beteiligt gewesen sein sollte, so gibt es jedoch keinen Anhaltspunkt dafür, daß es sich um eine sozusagen offizielle Aktion für Traven gehandelt hätte.

Ausschlaggebend bleibt so oder so Travens subjektive Gewißheit, daß es die antifaschistischen Flüchtlinge waren, die ihm durch die unautorisierten Übersetzungen auf gleich zweifache Weise das Leben schwer machten. Einmal hatte er—bis 1941, als die rechtmäßigen, aus dem Englischen übertragenen spanischen Fassungen seiner Mitarbeiterin und Lebensgefährtin E. L. Mateos in Mexiko zu erscheinen begannen—darauf bestanden, daß seine Werke im Lande seiner Wahl nicht gedruckt würden, da er, wie er zu behaupten pflegte, sich nicht durch den unvermeidlichen Traven-Rummel in seiner Arbeitsruhe im ohnehin bedrohten Idyll am Pazifikstrand stören lassen wollte, wie er noch 1939 im März-Heft der Verlagszeitschrift *Büchergilde* erklärt hatte (S. 44). Und zweitens mußte den weltbekannten Unbekannten das seiner Meinung nach von den Emigranten verbreitete Gerücht beunruhigen, daß er bereits gestorben sei. Dieses Gerücht—von dem man bis in die sechziger Jahre immer häufiger hörte, wenn auch die Stories sich in den Daten und Umständen samt und sonders widersprachen und überdies kontrapunktiert wurden von Munkeleien, daß er im Irrenhaus sei—mußte den in seine Anonymität Verliebten auf das empfindlichste treffen. Stellte es ihn doch vor die Wahl, sich öffentlich zu erkennen zu geben oder zu schweigen: entweder aktenkundig zu werden oder vogelfrei, entweder die Maske aufzugeben oder seinen Anspruch auf Copyright und Autorenhonorare für *alle* seine Bücher aufzugeben und damit zugleich die Kontrolle über das "Leben" seines Werks in der internationalen Öffentlichkeit.

Was auf den ersten Blick merkwürdig wirkt, gewinnt, in diesem Zusammenhang gesehen, schon an Verständlichkeit. Aber hätte es unter diesen Umständen nicht nahegelegen, sich mit den deutschen Exilkreisen in Mexiko zu verständigen? Warum statt dessen der radikale Rückzug von ihnen—Exil im Exil auch in diesem Sinne? Warum hält Traven sich von den deutschen antifaschistischen Emigranten fern, mit denen er doch gemeinsame Sache hätte machen können, ohne seiner politischen Einstellung untreu zu werden? Und dies um so mehr, als er das Treiben der nationalistischen oder gar pro-Hitlerischen Deutschen und Deutschstämmigen in Mexico City mit zusammengebissenen Zähnen beobachtet haben muß,

machtlos und zur Stummheit verurteilt durch seine linksradikale
politische Vergangenheit in Deutschland! Dafür gibt es ein vielsa-
gendes Zeugnis aus späterer Zeit. Als er Ende 1946 in einem Brief an
seinen Generalbevollmächtigten Josef Wieder die Beziehung zu Europa neu anknüpft, bemerkt er mit lange aufgestauter Bitterkeit
über die Deutschen in Mexiko: "Und gleich wie in 1919 so beginnen
sie hier mit dem verbreiten von traenen ruehrenden Geschichten
wie es den armen gequaelten Deutschen unter der fremden Besetzung ergeht, wie sie leiden und wie gedrueckt werden von den
Maechten die sich demokratische Nationen nennen." Dabei hätten
eben diese Mexiko-Deutschen, wie ihre Landsleute in Deutschland
auch, Hitlers Siegen zugejubelt, "mit Gebruell und Frachtwagen
voll champaign" (Durchschlag im Nachlaß). Warum reichte er damals nicht den exilierten Gleichgesinnten die Hand?

Seit 1924 hatte Traven sich nicht als Deutscher zu erkennen gegeben. "The Bavarian of Munich is dead," notierte er 1924 in seinem
Tampicoer Tagebuch (Nachlaß). Das hieß: Ret Marut war "tot." Seit
dem Frühjahr 1919, als Marut Minuten vor der Verurteilung durch
das Schnellgericht eines zigarettenrauchenden Freikorps-Leutnants
entwischte und untertauchte, wurde er in Deutschland als Hoch-
verräter gesucht: seine Kampfgenossen von damals waren hinge-
richtet oder zu hohen Zuchthausstrafen verurteilt worden. So
suchte er nicht nur in den neuen Namen (B. Traven und T. Torsvan
und ab Mitte der vierziger Jahre auch Hal Croves) Zuflucht; er gab
sich auch, und zwar in amtlichen Ausweispapieren, als Amerikaner
skandinavischer Abstammung aus und behauptete, mit deutschem
Akzent Englisch sprechend, er könne kein Wort Deutsch. Hyster-
isch geradezu versuchte er, "ein anderer" zu sein. Die Tatsache, daß
seit den mittleren dreißiger Jahren politisch ähnlich gesinnte
deutsche Literaten in Mexico City seiner (durchaus schmerzlich
empfundenen) Isolation ein Ende hätten machen können, wog in
dieser Situation offenbar leichter als der innere und äußere Zwang,
in der Anonymität bzw. Pseudonymität zu verbleiben. Es ging, jedenfalls seinem Selbstverständnis nach, um eine Existenzfrage.
Wenn ihn nicht rechtsradikale Revanchisten mit ihrer Blutjustiz
erreichten, so konnte die mexikanische Regierung Schwierigkeiten
machen, wenn sich nämlich herausstellen sollte, daß der immer
noch nicht naturalisierte Gringo unter falschem Namen eingewan-
dert und registriert war; echte Papiere besaß der "Mann, den keiner
kennt," ja eben nicht.

So hielt er sich von den Exil-Deutschen zurück. Und zwar waren
diese Kreise für ihn besonders gefährlich, weil sie seinem Geheim-

nis oder doch einem seiner Geheimnisse auf die Spur gekommen waren: der Persongleichheit Travens mit Ret Marut. Travens Reaktion darauf wird wieder aus einem späteren Zeugnis deutlich. Am 20. Juli 1948 schreibt er an seinen ehemaligen Lektor Ernst Preczang, der seinerseits noch im Schweizer Exil ist, mit der Wut eines verwundeten Tieres über die Identifikation von Traven und Marut, die gerade in dieser Zeit wieder ins Gespräch kam (sein Deutsch hat merklich gelitten):

> Die Fred Maruth Geschichte ist [. . .] sehr alt. Sie kam auf 1929 als Sie noch in Berlin lebten, wurde erfunden von einem Oskar Maria Graf der sich sensational zu machen wunschte. Sie wurde gedruckt in zwanzig oder mehr Zeitungen, auch in Österreich und in Schweden. Dieser Reporter sagte dass der wirkliche Name der Thraum ist und bei eine Verschiebung der Buchstaben kommt heraus Red Maruth. Die Geschichte wurde auch gedruckt in Zeitungen in Mexico. [...] Graf kam nach Mexico und fand den Erwin Kisch von dem gesagt ist dass er der wildeste unter deutschen reporters sei und vor seinen laut toenenden Articles nichts und niemand sicher sein kann. Die F. Maruth Geschichte war so gut wie völlig gestorben zu der Zeit. Aber Oskar M. Graf fluesterte sie dem Kisch zu in ihrem Cafe wo sie alle Tage sassen und das wurde fuer Kisch eine art von Gold Mine. Er schrieb die Geschichte in hundert verschiedenen variations und es gab keine Zeitung oder Zeitschrift irgendwo in Deutsch wo er nicht die eine oder andere variation schickte um einzukassieren. Auf diesen [sic] Weg kam sie auch nach England. Vor einigen Monaten kam sie vor in einer Zeitung in Stuttgart. Nun endlich bekam ich muede dieser Verlogenheit und J. Wieder folgte der Geschichte nach und berichtete an den Herausgeber der Zeitung. Die Zeitung wendete sich an O. M. Graf um aufklarung. Darauf antwortete Graf dass es richtig ist dass er die Geshichte erfunden hat, aber er gibt zu dass er immer sie nur als leere interessante Hypothese angesehen hat um etwas interessantes schreiben zu koennen und das[s] er auch nicht den aller geringsten Beweis vorbringen kann dass seine Geschichte richtig ist. Die Zeitung veroeffentlichte diesen aufklaerenden Brief des Graf weil J. Wieder darauf bestand und bedauerte dass sie einem leichtfertigen reporter zum Opfer gefallen war. (Durchschlag im Nachlaß)

Eine etwas andere Version, die jedoch ebenfalls die deutsche antifaschisctische Kolonie in Mexiko für die Existenzbedrohung verantwortlich macht, steht in Nr. 6 der *BT-Mitteilungen* (1952). Hier ist es der Journalist Heinrich Gutmann, einer der Begründer der "Liga pro cultura alemana," der in einem drohenden Artikel ("Gottes Mühlen mahlen langsam, aber . . .") als der Schuldige hingestellt wird, der denn auch sein verdientes Ende gefunden habe,

nämlich eines Tages "mit zerschmettertem Kopf" auf einer Straße
in Mexico City aufgefunden worden sei. Er war

> der erste, der den Unfug mit der Traum (Traven)-Marut-Geschichte
> in Umlauf brachte und diesen Unsinn nach seiner Ankunft in Mexiko
> gleich in großen Artikeln veröffentlichte (wohl um sich gleich vorteil-
> haft einzuführen), und diese Geschichte auch jedem neuankommen-
> den Emigranten erzählte. [. . .]
> Der Reporter Erwin Egon Kisch, der die im Laufe der Jahre von
> verschiedenen ernsthaften Journalisten widerlegte Fred Maruth-
> Legende nach dem Jahre 1945 wieder nach Europa brachte und in
> vielen Zeitungen als Neuigkeit veröffentlichen ließ, starb vor etwa
> vier Jahren in Prag. (S. 52)

Erst wenige Stunden vor seinem Tod hat Traven die Bekanntgabe
autorisiert, daß er mit dem Schauspieler, Revolutionär und Journa-
listen Ret Marut identisch sei, ohne auch nur anzudeuten, wer
dieser seinerseits gewesen sei.[7] Da auch Ret Marut ein Pseudonym
ist, und zwar ein unaufgelöstes, ist die Annahme prinzipiell nicht
ungerechtfertigt, daß es sich da um eine *Flucht* in den Decknamen
gehandelt hat, und überdies, daß Traven in seiner mexikanischen
Zeit vielleicht fürchtete, mit der Preisgabe der einen Maske,
"Traven," zugleich auch die andere, "Marut," zu verlieren. Aber
wie dem auch sei: seine Situation im Mexiko der dreißiger und
vierziger Jahre—Exil im Exil—bekommt ihre tragisch-ironischen
Akzente dadurch, daß das Trauma der Vergangenheit ihn zwingt,
sich gerade vor denen zu verbergen, die seine Kommunikationslo-
sigkeit, die ihm schwer zu schaffen machte, entschieden hätten
mildern können. Der Mann, der ein Leben auf der Flucht führt,
flieht vor den Flüchtlingen; er verurteilt sich zu eben jener Namen-
losigkeit, deren Elend er im *Totenschiff* geschildert hatte—mit
Empörung, aber auch mit heimlicher Liebe.

Harvard University

---

1 Brief vom 23. Mai 1933 an die Zürcher Büchergilde, Abschrift in der Büchergilde
Gutenberg, Frankfurt. Nach seinem Bruch mit der Exil-Büchergilde ließ Traven
seinen nächsten Roman, *Ein General kommt aus dem Dschungel* (1940), in dem
ausgesprochenen Exil-Verlag Allert de Lange (Amsterdam) erscheinen.—2 Arbe-
tarrörelsens Arkiv, Stockholm.—3 Vgl. Wolfgang Kiessling, *Exil in Lateinamerika*
(Frankfurt/M 1981), S. 144–59.—4 Vgl. *Dort wo man Bücher verbrennt*, hrsg von
Klaus Schöffling (Frankfurt/M 1983), S. 123–24, 131–32, 138–39, 140–41. Siehe auch
Marianne O. de Bopp, "Die Exilsituation in Mexiko," *Die deutsche Exilliteratur
1933–1945*, hrsg von Manfred Durzak (Stuttgart 1973), S. 175–82.—5 Vgl. Anm. 2.
—6 *BT-Mitteilungen*, Berlin 1978, S. 32. 7 Vgl. mein Buch *B. Traven. Biographie
eines Rätsels*, das 1986 bei der Büchergilde Gutenberg in Frankfurt erscheinen soll.

Thomas Theodor Heine's Exile *Märchen*

Donald P. Haase

When the editors of *Simplicissimus* bowed to the NSDAP in April 1933 and allowed their publication to become a Nazi propaganda sheet, Thomas Theodor Heine's long association with the satirical periodical he had helped establish in 1896 ended. Because of his satirical drawings, his Jewish heritage, and his refusal to cooperate in the editorial about-face, the sixty-six-year-old Heine was forced to flee Germany and give up his collaboration on *Simplicissimus*. Although Heine continued to produce satirical caricatures in exile, his greatest artistic achievement now lay behind him. The fact that his exile work is overshadowed by his much better-known *Simplicissimus* caricatures easily explains—but does not justify—why Heine has received so little attention in research devoted to the German Exiles.

In fact, Heine's potential significance for Exile research has not been fully realized, for his work published abroad encompasses not only artistic but also literary creations: an autobiographical novel and, my focus here, two collections of illustrated *Märchen*. It may come as a surprise to learn that Heine published *Märchen*, since both Exile and fairy tale scholarship appear to be unaware of the full scope of Heine's literary output. And even in those cases where Heine's literary work is recognized, the facts are not fully evident. Helmut Müssener's contention that Heine first made his debut as a writer with his novel *Ich warte auf Wunder*, published in Sweden in 1945, ignores completely *Die Märchen*, which had already been issued in 1935 by Amsterdam's Querido Verlag and which truly mark Heine's literary debut.[1] Fairy tale scholarship also lacks solid information about Heine's stories. Only recently have a few scholars drawn attention to the existence of *Die Märchen*.[2] Yet Heine's second and most interesting collection of tales, *Seltsames geschieht*, remains virtually unknown to fairy tale research.

The neglect of Heine's tales is not so surprising, given the corresponding neglect of the Exile *Märchen* in general. Although the

Exile and Enlightenment
Copyright Wayne State University Press, 1987.

Märchen was uncommon among Exile authors, Heine was not the only émigré to use the genre. Significant adaptations were also authored by Bertolt Brecht, Alfred Döblin, Max Horkheimer, Ödön von Horváth, Joseph Roth, Bruno Schönlank, and Paul Zech. While a comprehensive consideration of the genre in exile is beyond the scope of this paper, I do wish to focus on Heine's tales in order to draw attention to the Exile *Märchen* and to make some initial observations about its origin, nature, and place in the development of the fairy tale.

Initially, one might wonder what prompted a socially conscious and engaged artist such as Heine to adopt the *Märchen* as a favorite literary medium. The answer lies in Heine's very role as a satirist and social critic, in his ironic conception of the genre, and in the political tendency of the fairy tale in the early twentieth century. Already in 1898 Heine the artist had used the idea of the fairy tale ironically to expose the contradictions of a society in which affluence coexisted blindly with poverty. A drawing of that year published in *Simplicissimus* depicts an emaciated working class family sharing a meal of boiled potatoes in their shabby hovel, while one of the children innocently asks: "Du, Vater, ist es wahr, daß es Leute gibt, die alle Tage Fleisch essen?"[3] The drawing's pointed title, "Ein Märchen," not only intensifies the ironic tension between caption and picture, but also suggests the gulf between the traditional fairy tale—which was then immensely popular—and the social realities of the day.

Heine's title anticipates the growing consciousness among socially and politically engaged writers that during the late nineteenth century the fairy tale had become too bourgeois and too playfully distant from reality. Bernd Dolle has described this reappraisal of the genre, which began with the Expressionists and reached its climax in the 1920s, as a "Krise des Märchens:" "Gerade zum Zeitpunkt höchster Anerkennung und allseitiger Verbreitung [des Märchens] wird ein Widerspruch sichtbar zwischen glänzender Fassade und Mangel an Sinn und Substanz. Märchen sind degradiert zum Ornament, verbraucht durch beliebige Funktionalisierung, aufgeweicht durch verniedlichende Herablassung wie durch Manieriertheit und aufgeblasenes Pathos. Die äußeren Zeichen des Gattungsverfalls sind Ausdruck der zunehmenden Unfähigkeit, die Wirklichkeit in dieser literarischen Form adäquat zu erfassen und zu gestalten."[4] While some reacted to this crisis by returning to the traditional folktale, progressive writers of the twenties and thirties substantially redefined the fairy tale by restoring its ability to deal with contemporary society and its problems. Through its frequent use of contemporary settings and its critical attention to contemporary issues, the "new fairy tale" became a "Märchen der Wirklichkeit," a medium of social engagement that could lay bare the problematic social, political, and economic realities of the modern world, and thus point the way to a new society. In this context it is not at all surprising to find a satirical social critic like Heine turning to the *Märchen*, which in its new guise gave him the same opportunity to caricature the world as had his art.

In fact, the tales in both of Heine's collections are modeled on the new social fairy tale. The second collection, *Seltsames geschieht*, which appeared after the war, amounts to an expanded version of *Die Märchen*, published over a decade earlier.[5] While deleting three of the original eight *Märchen*, Heine adds thirteen new tales that significantly broaden the satirical scope of the earlier work and reflect his sardonic attitude towards the grim contributions to world history that human beings had made in the years since his flight to Czechoslovakia in 1933 and his debut as a *Märchendichter* in 1935. From start to finish of his career as an Exile writer, Heine relied on the new social fairy tale to continue his critical attack on human beings and their institutions.

In *Seltsames geschieht* Heine begins this assault with one of his original *Märchen*, "Die blaue Blume." As the title suggests, this is based on Novalis' romantic myth of the quest for the blue flower, albeit in an ironically updated form that mocks the priorities and practices of wealthy capitalists in modern industrialized society. The story tells of the distinguished businessman Pietsch, whose hard work and ruthlessness have built his *Schmierölfabrik* into one of the largest, most technologically up-to-date, and best organized concerns in the world. The comfortable life of Kommerzienrat Pietsch, however, is disrupted by his dream of a wondrous blue flower, which he longs to possess. Obsessed by his vision, Pietsch neglects his thriving business and undertakes a long, expensive journey in quest of the blue flower. Despite his wealth and despite his great "Tatkraft" (p. 12), which had made him wealthy, Pietsch's quest meets everywhere with failure. At the end of his life and at the end of his money, Pietsch loses his now bankrupt firm to his competitor van Ofterdingen. A mere beggar, Pietsch returns to the factory where an elderly foreman takes pity on his former employer and invites him to share his small worker's home. There, in the well-tended garden behind the worker's *Siedlungshaus*, Pietsch finally discovers what all his wealth could not buy and all his initiative could not create for him—the blue flower.

While "Die blaue Blume" is clearly critical of misplaced devotion to wealth and the values held by the powerful in an industrialized world, it is also Heine's most sentimental tale. Pietsch, after all, is redeemed through his poverty and finds happiness—even if too late—among the poor working class he had once exploited. The tale's nature imagery and almost naively idealistic view of the worker as a simple soul, who is generous and contented in his poverty, bring Heine as close as he would ever come to the kind of nostalgia associated with the more traditional *Märchen* of writers such as Ernst Wiechert, who embraces the romantic idealization of the *Volk*, its simple virtues, and life close to nature. Despite the obvious and important differences in their uses of the fairy tale form, the depiction of simple proletarian virtue in Heine resembles the folk virtue glorified in Wiechert's own version of "Die blaue Blume," published in 1948. What the mother in Wiechert's tale tells her materialistic sons could have served as good advice to Heine's Pietsch: "Es geht überall mit rechten Dingen zu, liebe Söhne, wo ein reines Herz das Dunkel besiegt. Und da ihr noch jung und stark seid, so wäre es gut für euch, wenn ihr etwas in die Welt ginget, um dort zu lernen, daß es noch mehr gibt, als Gulden auf Gulden zu häufen. Und wenn ihr das gelernt habt, sollt ihr wiederkommen und bei uns leben."[6] In his tale of the blue flower there is some evidence that Heine was, as some have claimed, "heimlich Romantiker."[7]

Such sentimentality, however, is eclipsed by the overwhelming sardonic wit informing the majority of Heine's stories. Others, such as "Der Teufel im Warenhaus," which adapts the motif of a pact with the devil, and "Krassogerontophilie," which updates the myth of Circe, continue the socioeconomic criticism of "Die blaue Blume" with much deeper cynicism. "Krassogerontophilie: Ein Kriminalmärchen" is particularly interesting for its satiric use of two traditional motifs—conjuring and transformation—to expose the perverse values and dehumanizing consequences of modern capitalistic society. The story involves the beautiful Gräfin Circe who exhibits the condition known as "Krassogerontophilie"—a perverse attraction to older, overweight persons of the opposite sex. Ever the enchantress, Circe seduces her wealthy, corpulent victims and transforms them into swine with an electrical wand. In this way she operates a lucrative hog farm. Although her nasty activities are discovered by Detective Thinley of Scotland Yard, who is investigating the mysterious disappearance of a very rich and very fat maharaja, in the end Circe eludes prosecution and continues to prowl the posh resorts in search of new candidates for her plutocratic pig farm. This imaginative tale is at once a literary caricature of the gross excess of the wealthy—those "fat cats" whose obese figures populate Heine's caricature drawings—and also a satiric critique of capitalism, which in Heine's view treats human beings as commodities, thereby transforming them into inhuman form.[8] The subtitle "Ein Kriminalmärchen" underlines Heine's view that such a mentality is not simply perverse but criminal.

When the target of Heine's satire was government and bureaucracy, his cynicism was no less evident. "Das Märchen von der Planwirtschaft," for example, relates the story of Regierungsrat Fleißner, who upon his death arrives in heaven and presents the Almighty with a plan for the reorganization of the earth. Life, he claims, could be run more efficiently if all human activities were scheduled in blocks of time one after another, so that the average 5,300 days spent sleeping or the 760 days eating, for instance, would occur all at once and within a prescribed sequence. God gives the statistician a free hand, but the utopian plan fails and human life becomes extinct because Fleißner forgets to schedule the 750 days of lovemaking last so that life on earth could continue. God sends the bureaucrat to hell, where undaunted he approaches Lucifer with plans for the reorganization of his realm. "Aber, guter Regierungsrat," laughs Lucifer in reply, "wissen Sie denn nicht? Organisation, das *ist* ja die Hölle" (p. 132).

Heine's tales contend repeatedly that the imposition of order on human life—be it bureaucratic, scientific, or economic order—invariably spells catastrophe. This is especially true in those stories that play ironically with the notion of utopia. In "Providentia," for instance, the island utopia Schlaraffia, where all human needs are fulfilled with minimal effort, is discovered and "saved" by a contingent of bureaucrats and experts from a foreign government. The inhabitants of Schlaraffia (whose utopian life Heine treats with considerable irony in its own right) receive a new bureaucracy and social welfare system, including numbered ration cards, lines in which to wait, and finally malnutrition and starvation. When the last Schlaraffian dies, a cable is sent to the home government announcing the success of the social reorganization: "Insel Schlaraffia fest in unserem Besitz. Rationalisierung restlos durchgeführt" (p. 122).

The Germans' need for order and their ability to rationalize that need troubled Heine considerably, especially in the wake of the Third Reich. As he writes in his "Brief aus dem Jenseits," which appeared in 1946: "In London hörte ich vor Jahren, wie sich ein deutscher Reisender darüber entrüstete, daß dort kein Polizist das Betreten des Rasens verbiete. Nie fragt sich ein Deutscher: 'Wieso kommt ein Mensch dazu, dem anderen etwas zu befehlen, der andere, sich etwas befehlen zu lassen?' "[9] Consequently, Heine's irony is double-edged, and the victims of bureaucracy and power are usually portrayed as culpable in their own demise. In "Der Vegetarier," for instance, the vegetarian Ambrosius succeeds in convincing oxen that they should resist being herded off to the slaughter houses, but he cannot explain to them why soldiers allow themselves to be marched off to the "Schlachtfelder" (p. 88). Heine's critique of war indicts not only the mighty, for whom war is actually "eine Privatangelegenheit" (p. 141), but also the common man who asks no questions and blindly obeys.

It is striking that despite Heine's concern over the events in Germany and despite his own experiences with the National Socialists there are virtually no stories explicitly directed at Hitler or the Nazis. However, as he explains in the "Brief aus dem Jenseits," publishers in neutral countries were reluctant to issue materials critical of the Nazi regime, so the absence of such tales from *Die Märchen* is understandable.[10] Moreover by the time *Seltsames geschieht* appeared the war was over, precluding the need for such explicit satire. When Heine does target Hitler, as he does in "Der Gewaltige," he generalizes so that the ultimate subject of his satiric tale is not a specific individual but the insanity of power itself, which is always with us.

The war, however, had given birth to one insanity that in Heine's view warranted the explicit attention of the satirist: "Ratlos stehen die Völker den Schrecken der Atomspaltung gegenüber, aber doch voller Stolz über diesen ungeheueren Fortschritt der Wissenschaft" (p. 101). Thus begins "Biwolins Bombe," a meditation on science, human nature, and leadership that takes the atomic bomb as its central motif. Heine elucidates the world's ambivalent attitude toward this feat of science by setting his story in the Middle Ages. Nuclear fission, the tale relates, was actually first discovered by Master Biwolin, the court alchemist of Herzog August der Gütige, who was loved by his people for his generosity and truly benevolent rule. Absolutely horrified at the destructive potential of the new weapon Biwolin describes to him, August destroys both Biwolin and his papers in order to save mankind. The end of the court alchemist, however, means also the end of the precious gold that has kept the small country prosperous and happy. Beset now by a severe economic crisis, August's subjects soon forget his benevolent rule, and—ignorant of the sacrifice he has made for the ultimate good of humanity—they revolt. In this short tale Heine exposes the dark truth of Biwolin's assertion that "Wissenschaft gibt Macht" (p. 104), just as he lays bare the hopeless instability of a world in which peace and prosperity depend on the complex and precarious balance of too many variables—economics, science, government, and human nature. Ironically, a ruler's goodness and love of humanity bring not peace but conflict. "Biwolins Bombe" is a parable for the nuclear age, but its moral exudes despair.

More somber than humorous in its irony, this is not a tale that holds out much hope. Despite their humor, none of Heine's stories does. They depict no serious utopias, proffer no solutions to the problems they criticize. When they might seem to, as in "Zum ewigen Frieden," the final tale in *Seltsames geschieht*, irony is ever present. This tale's vision of a world that abolishes war by arming its cowardly leaders and locking them in a room together until they both agree to peace may be one we could all endorse, but it is not a scenario we take seriously. After all, Kings Ostloff and Westhill resort to this solution not because they recognize the insanity of war, but because they face a greater problem than war itself— they have run out of room to erect monuments commemorating their conflicts. At nearly every turn insanity reigns, and Heine's bleak view of human nature prevents him from taking anything other than a skeptically ironic stance on the conditions and prospects of human society. At war's end Ernst Wiechert could still conceive of a world, "wo ein reines Herz das Dunkel besiegt;" Heine, after his years in exile, could not.

Such pessimism makes it doubtful whether Heine's satire was intended as an agent of social change, as in the tradition of the social fairy tale. Heine's experiences had gradually convinced him that his satirical art had probably not been effective. He feared, in fact, that his caricatures had only made the public more sympathetic towards those he lampooned, including Hitler and the National Socialists. "Diese Fehlzündung der Satire," he wrote in 1946, "ist mir erst in der Perspektive der Verbannung klar geworden" (in Stüwe, p. 225).

Accordingly, there is no hint of a social mission in Heine's foreword to *Seltsames geschieht*. Characterizing his *Märchen* as chaotic dreams on which logic has been imposed, he compares them suggestively to the strange dream of historical reality: "Eine Frage ist, ob nicht alles, was in der realen Welt vorgeht, ebenso sinnlos ist wie unsere Träume und erst zu vernünftigen Tatsachen gestaltet wird, wenn wir es wahrgenommen und durch das Gehirn in logische Geschehnisse umgearbeitet haben, eine Arbeit, die bei vielen Vorgängen der letzten Jahre nur schwer gelingen mochte. Die bleiben wüste, sinnlose Träume, bis nach geraumer Zeit die Erinnerung an sie so verblaßt ist, daß sie von Historikern zu den Märchen benutzt werden können, die man Weltgeschichte nennt" (p. 7). Heine has turned on its head Novalis' romantic vision of a time when "... man in Märchen und Gedichten/Erkennt die wahren Weltgeschichten."[11] Novalis' utopian vision and poetics of the fairy tale give way to Heine's sardonic view. Based on the nightmare of recent history, Heine's tales reveal not the deeper significance of life, but rather its absurdities and nonsensicality. Under such circumstances satire abandons its reforming, didactic role.

Heine's contribution to the history of the *Märchen*, then, lies in the relentlessly ironic tone and pessimistic satire with which he modifies the social fairy tale, which had developed as a socially critical genre with a didactic purpose. Shunning the role of teacher, Heine becomes in exile a sardonic historian, recording the nightmare of human history, skeptical that lessons can be learned. Given the continuing relevance of his Exile tales for our own age, one could well wonder whether his skepticism was not justified. Forty years later, when logic strangely dictates that nuclear weapons are the keepers of peace, the title still fits—*Seltsames geschieht.*

Wayne State University

---

1 Helmut Müssener, *Exil in Schweden: Politische und kulturelle Emigration nach 1933* (München 1974), p. 372.—**2** Jack Zipes, *Fairy Tales and the Art of Subversion: The Classical Genre for Children and the Process of Civilization* (New York 1983), p. 164. One of Heine's *Märchen* entitled "Lusi" has been reprinted in the useful collection *Es wird einmal ... Soziale Märchen der 20er Jahre*, ed. Bernd Dolle, Dieter Richter, and Jack Zipes (München 1983), pp. 62–65. Die *Märchen* have also been reprinted twice: *Die Märchen* (Berlin 1978) and *Der Teufel im Warenhaus: Die Märchen des Simplizissimus-Zeichners* (Frankfurt/M 1984).—**3** Vol. 3, No. 22. Reproduced in *Thomas Theodor Heine*, ed. Lothar Lang (München 1970), no. 31. —**4** Bernd Dolle, "Märchen der Wirklichkeit: Entwürfe und Vorstellungen von einem 'Neuen Märchen,'" in *Es wird einmal*, p. 166. See also Zipes, *Fairy Tales and the Art of Subversion*, pp. 134–67; Jens Tismar, *Das deutsche Kunstmärchen des 20. Jahrhunderts* (Stuttgart 1981), pp. 64–69; and Hartmut Geerken, "Das Märchen im

20. Jahrhundert," in *Die goldene Bombe: Expressionistische Märchendichtungen und Grotesken*, ed. Hartmut Geerken (Darmstadt 1970), pp. 26–28.—**5** The second collection was first published in Sweden as *Sällsamt händer* (Stockholm 1946); this Swedish version was followed later by the German *Seltsames geschieht* (Braunschweig [1950]). References to Heine's tales are to this German edition and are given parenthetically in the text.—**6** Ernst Wiechert, "Die blaue Blume," in *Märchen*, vol. 8 of his *Sämtliche Werke* (Wien 1957), p. 487.—**7** See Eberhard Hölscher, "Thomas Theodor Heine," in *Der Zeichner Thomas Theodor Heine* (Freiburg i.B. 1955), [p. 12]; and Lothar Lang, "Thomas Theodor Heine," in *Thomas Theodor Heine*, p. 128. —**8** The tales entitled "Galatea," which modernizes another mythic motif, and "Der Rembrandt" deal satirically with the commercialization of art in a society with perverted or no esthetic sensibilities.—**9** Heine, "Brief aus dem Jenseits," *Heute*, No. 17 (1946), rpt. in Elisabeth Stüwe, *Der "Simplicissimus"-Karikaturist Thomas Theodor Heine als Maler* (Frankfurt/M 1978), pp. 224–25.—**10** Stüwe, pp. 227–29. See also Armin Trübenbach, "Thomas Theodor Heine: Leben und Werk im Hinblick auf sein karikaturistisches Schaffen und publizistisches Wollen" (Diss. Berlin 1956), pp. 38–39 and 80–84. Heine's nephew, Erich Seemann, claims the artist made few caricatures of Hitler in exile out of concern for his wife and daughter, who still lived in Germany (see his preface to Heine, *Das spannende Buch*, 1935; rpt. Stuttgart 1966, [p. 2]). Heine's wife and daughter died in 1938(9?) and 1942, respectively. —**11** Novalis, *Werke*, ed. Gerhard Schulz (München 1969), p. 85.

Feuchtwangers Briefwechsel mit Brecht und Thomas Mann

Harold von Hofe und Sigrid Washburn

Feuchtwanger und Brecht lernten sich 1919 kennen. Anfangs war Feuchtwanger Brechts Mentor; sie arbeiteten zusammen und wurden vertraute Freunde. Im Exil konnte Feuchtwanger mitbewirken, daß Brecht 1941 in Kalifornien Asyl fand.

Feuchtwanger und Mann trafen sich vor 1933 selten. Es waren lediglich Veranstaltungen, bei denen sie beide zugegen waren, aber sie besuchten sich nicht, wie sie es zuweilen in Sanary taten, und wie es später in Kalifornien Brauch wurde.

Während ein ruhiger Ernst im Briefwechsel Feuchtwanger-Mann herrscht, ist der Ton der Korrespondenz mit Brecht häufig aufgelockert, bei Gelegenheit schalkhaft.[1] Des öfteren machen sie sich übereinander lustig, obwohl die Stimmung bei einigen zentralen Themen ins Ernsthafte umschlägt.

Der Feuchwanger-Brecht-Briefwechsel bestand in den dreißiger Jahren aus einer freundschaftlichen Neckerei, wenn sie sich über die Einbeziehung sozialpolitischer Grundsätze im Dichten und Denken schrieben. Es begann Anfang 1934 mit scheinbar unernsten Betrachtungen über den Kausalzusammenhang zwischen Witterungsverhältnissen und politisch klarem Denken, in diesem Fall mit dem heiteren Wetter in Südfrankreich und der unfreundlichen Wetterlage in Dänemark. Feuchtwanger sprach am 27. Januar von einem proletarischen Vorurteil, wenn man meint, "daß . . . luftige Räume und eine gut besonnte Landschaft der Erkenntnis der Wirklichkeit abträglich seien."

Als Brecht im Juli krank wurde, griff Feuchtwanger den Gedanken wieder auf. Das milde Klima am Mittelmeer sei dem Svendborger Gewölk gesundheitshalber und der Klarheit des Denkens wegen vorzuziehen. Es "würden mit den nördlichen Nebeln in der klaren Luft hier viele Ihrer Ideen sicherlich verschwinden."

Wo liegt das Nebelhafte? Wo herrscht Unklarheit? Trennendes zwischen Feuchtwanger und Brecht war damals marxistische Lehre und marxistische Theorie. Brecht hatte in den Zwanzigern hierauf

bezügliche Studien betrieben, Feuchtwanger hatte sich mit den
Werken von Marx und Engels nicht befaßt. Im Essay "Mein Roman
Erfolg' " lautet 1931 die Schlußfolgerung: "Ich bin weder Fatalist
noch Marxist. . . . ."[2] In der bekannten Auseinandersetzung "Vom
Sinn und Unsinn des historischen Romans" berief sich der geistes-
geschichtlich orientierte Feuchtwanger nicht auf Marx, sondern
auf Nietzsche, Croce und Theodor Lessing.[3] Eine Brief-Parallele ist
in Feuchtwangers Schreiben vom 16. Februar 1935 enthalten. Vier
Wochen zuvor, am 18. Januar, erwähnte Brecht die Möglichkeit,
mit Feuchtwanger ein Stück über Hermann den Cherusker zu
schreiben. Feuchtwanger ging schelmisch darauf ein: Brecht sollte
das Marxistische und Rassische dazu beisteuern und Feuchtwanger
das Menschliche. Piscator könnte einen Film daraus machen und
Weill die Musik schreiben. Im Sinn des Essays über den historischen Roman unterschrieb er den Brief als Vertreter der Autono-
mie des Geistigen: "Ihr alter idealistischer Feuchtwanger."
     Zu dieser Zeit erlaubten sie sich "frevle Scherze," wie es in
Brechts Brief vom 18. Januar 1935 heißt; Feuchtwanger müsse zum
Beispiel achtgeben, daß der "Josephus" nicht allzusehr Leopold
Schwarzschild gleicht. Es war ein launenhafter Gegenangriff auf
Feuchtwangers Brief vom 28. Januar 1934, der die Behauptung en-
thielt, der *Dreigroschenroman* sei "eine ausgezeichnete Karikatur
auf das Weltbild des extrem marxistischen Doktrinärs."
     Feuchtwangers Aufenthalt in der UdSSR vom November 1936
bis Januar 1937 und sein Reisebericht *Moskau 1937* lösten im
Briefwechsel Brechts starken Beifall und beiderseitige Randbemer-
kungen aus. Diese ergänzen in bescheidener Weise, was über *Moskau 1937* schon dargelegt wurde.
     Einige Monate nach seiner Rückkehr sprach er am 30. Mai 1937
den schon gewohnheitsgemäßen Wunsch aus, "erfrischende Debatten über den Marxismus" mit Brecht zu führen. Anschließend
teilte er ihm mit, er habe "ein kleines Buch über Moskau" geschrieben, "das der Professor und die Köchin verstehen müssen."
     Beide Sätze waren ihm ernst, im Gegensatz zu der Stichelei, de-
ren er sich am 27. März 1937 nicht enthalten konnte. In der Sowjetunion habe es manches gegeben, schrieb er ihm, was Brecht "Spaß"
gemacht hätte, "etwa eine Diskussion mit Arbeitern und Ingenieu-
ren über den Kommunismus Pröckls." Auch Sergej Tretjakow, mit
dem beide befreundet waren, habe sich an der Diskussion über die
politischen Ansichten des Ingenieurs Kaspar Pröckl—Brecht war in
Erfolg sein Vorbild—beteiligt. In der Beantwortung des Briefes
erklärte Brecht im Mai 1937 nüchtern: "Über Erfolg' und seinen

echten Erfolg drüben habe ich schon lange viel gehört, und ich bin damit sehr zufrieden. . . ." Es folgt aber der strenge Nebensatz: "obwohl das Buch diese scheußlichen Karikaturen auf Hitler und mich enthält."

Neben beiderseitigen scherzhaften Nebenbemerkungen über den Schauplatz für Diskussionen über marxistische Ansichten, bzw. mangelhafte Auffassungen, über den dabei unerläßlichen Tabakkonsum und dergleichen mehr wurde es Brecht mit einer Zurechtweisung im Juni 1937 aber ernst. Während Brecht eine literarische Fehde mit Julius Hay führte, veröffentlichte Feuchtwanger eine lobende Rezension von Hays *Haben* im *Wort*.[4] Im Anschluß daran schrieb Brecht, daß sogar Hay sich nicht auf Marx stützen könne, wenn man den Kapitalismus durch eine dörfliche Giftmischerin verkörpere. Brecht müsse Feuchtwanger weiter davor warnen, alles, was im *Wort* steht, für marxistisch zu halten. Das Goethesche "Am Gelde hängt, zum Gelde drängt doch alles [eigentlich: Nach Golde drängt, / Am Golde hängt doch alles'] ist noch nicht reiner Marxismus." Der letzte Satz von Brechts lehrhaftem Brief an seinen früheren Mentor, mit dessen Leistungen als Schüler von Marx er unzufrieden war, lautet: "Ich sage das nicht ohne leisen Vorwurf."

Von 1947 bis 1956 findet sich keine Meinungsäußerung über den Marxismus, aber eine heitere Parallele zu der Pröckl-Diskussion, die Feuchtwanger auch mit der Feststellung einleitet, daß es dem Friedenspreisträger "Spaß" machen würde. Was schwebte Feuchtwanger vor? Brecht und Paul Dessau hatten 1951 *Das Verhör des Lukullus* nach einer Probeaufführung am 17. März in der Staatsoper und einer Kritik im *Neuen Deutschland* wegen pazifistischer Deutungsmöglichkeiten umgeschrieben. *Die Verurteilung des Lukullus* wurde am 12. Oktober 1951 in der Staatsoper uraufgeführt. Drei Jahre später, am 21. Dezember 1954, wurde Brecht mit dem Stalin Friedenspreis ausgezeichnet. Nun, erklärte Feuchtwanger, meinte ein Leser der *Jüdin von Toledo*, Brecht diente Feuchtwanger als Modell für Bertran de Born, der einige "seiner wüsten Kriegslieder" singt, um "die verderbliche Anziehungskraft des Kriegerischen" zu zeigen. Die Initialen des Troubadours bewiesen, daß Brecht das Vorbild sei.

Am 4. August 1955 schrieb er Brecht von seiner Mitfreude, wenn er von Brechts Erfolgen las, und konstatierte: "Wenn die Welt so weiter läuft, werden Sie der einzige Autor sein, der den Stalin- und den Nobelpreis kriegt." Das hierauf bezügliche letzte Wort äußerte Arnold Zweig in seinem Brief an Feuchtwanger vom 4. September

1956, in dem er Brechts Wunsch, ohne Aufbahrung und Veranstaltungen auf dem Dorotheen-Friedhof neben seiner Wohnung beerdigt
zu werden, kommentierte: "Es war die Quittung für den Lukullus."
Simone ist in der Korrespondenz ein bedeutsames Moment. In den
Briefen Feuchtwangers, die er Brecht während dessen Aufenthalts
1943–44 in New York schrieb, schildert er die Verhandlungen, die
zum Vertragsabschluß mit Goldwyn für die Verfilmung der *Simone*
führten. "Mehrere läppische Schwierigkeiten" tauchten auf: Über-
einkommen mit den Autoren-Verbänden, Erwerbung des Stückes
angesichts der unzulänglichen Vollmacht von Brecht, die Frage, ob
die Zensur die Geschichte der Jungfrau durchläßt! Am 24. Februar
1944 konnte Feuchtwanger aber Brecht nach New York depe-
schieren, daß ihm ein Scheck zur Verfügung stehe. Von den $50 000
bekam Brecht nach Abzügen "etwas über $22 000," was das sechs-
fache des Jahresgehalts eines damaligen Universitätsprofessors in
Amerika darstellte.

In den Fünfzigern ist ein zentrales Thema der Briefe die Aufführung der *Simone*, bzw. *Die Gesichte der Simone Machard*. Am
4. August 1955 teilte er Brecht mit, er habe das Manuskript der
vermutlich letzten Fassung, die noch einige Korrekturen Feuchtwangers enthält, in seinen Archiven gefunden. Er schickte es
Brecht zu, und dieser bestätigte den Empfang am 20. August 1955.
In seinem letzten Brief an Feuchtwanger, dem vom 3. Mai 1956,
vertrat er noch einmal seine Ansichten über die Besetzung der
Hauptrolle. Das Wichtigste für eine Aufführung der *Simone* sei,
daß Simone "unter überhaupt keinen Umständen von einer jungen
Schauspielerin gespielt werden kann (auch nicht von einer, die wie
ein Kind aussieht), sondern nur von einer Elfjährigen, und zwar
einer, die wie ein Kind aussieht." Feuchtwanger war anderer Meinung als Brecht, aber er war damals nicht hart, noch war er es nach
Brechts Tod, wie behauptet wurde.[5]

Seine elf Briefe an Helene Weigel 1957 und 1958 kreisen um
diese Frage und bezeugen Feuchtwangers Kompromißbereitschaft.
Drei Überlegungen bestimmen den Inhalt der Briefe. Sie sind in
den jeweiligen Zusammenhängen nicht gleichwertig. Aus dramaturgischen Gründen weist er auf die Ablenkung von dem Stück
selber hin, welche die Besetzung mit einem Kinde bewirken könne.
Zweitens macht er Helene Weigel seine Bedenken in bezug auf die
Gesetzgebung in Amerika klar. Während es einfach ist, von den
Behörden Erlaubnis zu bekommen, ein Kind in Filmstudios zu
beschäftigen, ist es schwierig, behördliche Genehmigung zu erhalten, ein Kind allabendlich im Theater spielen zu lassen. Die dritte

und ausschlaggebende Überlegung führt vom ersten bis zum letzten Brief an Helene Weigel am 23. November 1958 zu der Feststellung: die Aufführung muß so sein, wie Helene Weigel sie sich wünscht, das heißt, daß sie den Plänen Brechts entspricht, indem Simone von einem Kind gespielt wird.

Im Feuchtwanger-Brecht-Briefwechsel spürt man die gelöste Stimmung, wie sie unter Gefährten herrscht, bei Thomas Mann überwiegt ein formgewandter, kultiviert liebenswürdiger Ton.[6] Ein anschauliches Beispiel ist Manns Brief vom 9. Oktober 1947, den er nach der Lektüre von *Waffen für Amerika* schrieb. "Ich habe gute Stunden mit dem Werk verbracht und zähle es zu Ihren besten, ja neige unter dem frischen Eindruck dazu, es für Ihr bestes zu halten, durch heiterste Beherrschung des Gegenstandes, Aufbau, Charakteristik und sprachliche Haltung." Es folgt viel Wohlwollendes.

In Manns ausführlichem Brief vom 6. August 1951 schwingen politische Erwägungen mit, wenn er sich freimütig über den "Goya"-Roman äußert. Mann war einer der wenigen, die von Anfang an die Motivverarbeitung in den Trochäen verstanden. Die Caprichos waren ihm "das beste Gleichnis für das Buch selbst: es ist ganz Spanien darin ... ein düster glänzendes Riesengemälde. ..." Eine tief empfundene Wendung löste die Schilderung der "sinistren Rolle" aus, "die dort im Jahrhundert Voltaires die Inquisition noch spielt—ein empörend interessantes Kapitel!"

In seinem Dankschreiben hob Feuchtwanger hervor, daß der Roman "mit viel Feindschaft, viel Begeisterung und sehr wenig Verständnis aufgenommen wurde." Unter zweiundsechzig damaligen amerikanischen Rezensenten war Thomas C. Chubb der "New York Times" der einzige, der eine Parallele zwischen politischen Streitfragen im Spanien Goyas und der Gegenwart zog.[7] Marta Feuchtwanger schrieb von der Gegenwartsbezogenheit in einem Brief vom 28. Dezember 1964 an Walter Janka: "Die Inquisition war Lion Feuchtwanger ... ein Gleichnis ... zur McCarthy-Periode. ..."[8]

Da Manns *Der Erwählte* in demselben Jahr wie *Goya* erschien, konnte auch Feuchtwanger seine Anerkennung aussprechen. Er lobte Mann rückhaltlos und ließ den Brief vom 17. April 1951 in dem sachkundigen Schlußsatz gipfeln: " 'Der Erwählte' ist eine schalkhafte und schlagkräftige Apologie des 'Formalismus,' ein rechtes encomium litterandi." Am Tag zuvor hatte er sich auf das problematische Thema in einem Brief an Arnold Zweig bezogen, in dem er von seinem "Rousseau"-Roman meinte: "Ich habe das Gefühl, das Werk birst vor Aktualität, aber es ist natürlich möglich, daß es für viel zu formalistisch erachtet wird."

Drei Jahre später ist das hervorstechende Thema des Briefwechsels die eventuelle Verfilmung der biblischen "Joseph"-Geschichte. Am 2. Februar 1954 erzählte Feuchtwanger Mann, Dieterle bemühe sich eifrig, aber wohl vergeblich darum, die "Joseph"-Tetralogie dem Film zugrundezulegen.[9] Mann registrierte seine Verstimmung am 18. Februar. Es hätte doch genügt, wenn man den Film zu seinem Werk in Beziehung setzte. Die "Idee, daß Pharao der junge monotheistische Reformator Amenophis ist," wäre beispielsweise zu verwenden. Unter seinen Figuren könnte man zwei übernehmen: Mont-kaw, Hausmeister und Vorgänger Josephs bei Potiphar, und Mai-Sachme, Kermeister des königlichen Gefängnisses. Da Feuchtwanger am 2. Februar erwähnte, daß er ähnliche Enttäuschungen mit Filmleuten erlebt hatte, ging Mann darauf ein: "Aber daß man den Stoff eines Ihrer Bücher verfilmt unter Umgehung Ihres Buches, das ist Ihnen wohl noch nicht vorgekommen." In den Fünfzigern kam es ihm aber vor. Am 29. Mai 1954 schrieb er Thomas Mann, man habe in Hollywood vor, einen "Goya"-Film "nach dem verschollenen Roman eines Unbekannten zu drehen." In der Tat wurde 1959 *The Naked Maja* fertiggestellt.[10] Darüber hinaus drängt sich die Überlegung auf, daß Harlans "Jud Süß" die ärgste Art von Umgehung darstellt.

Ein entscheidender Umstand ist in dem Feuchtwanger-Mann-Briefwechsel thematisch noch hervorzuheben. "Lion Feuchtwanger, der auch noch deutsch schreibt . . . ," lautet die Widmung in der Erstausgabe des *Doktor Faustus*. Seine oft bekräftigte Treue zu seiner geistigen Heimat, der deutschen Sprache, bekannte er vor allem in dem Geburtstagsbrief vom 29. Mai 1955 an Thomas Mann. Zehn Monate zuvor hatte er gestanden, er beneide ihn darum, daß er in deutscher Umgebung lebe, denn Feuchtwanger sehnte sich "recht heftig nach einem Land, in dem man deutsch spricht." Der Geburtstagsbrief enthält den Kerngedanken, Feuchtwanger spüre Stolz, "daß es einer der unseren, ein deutscher Dichter, ist, der heute auf der ganzen Erde als der Erste Vertreter der Literatur gilt."

In der Korrespondenz Feuchtwanger-Mann kommt gegenseitige Hochachtung zum Ausdruck. Die Familien hatten ein herzliches Verhältnis zueinander, wie schon aus der Anrede Katia Manns, "Lieber Freund und Gevatter," in den Briefen an Feuchtwanger hervorgeht. Im Briefwechsel Feuchtwanger-Brecht versteht sich tiefgehende Anerkennung, die sie anderweitig bekundeten, von selbst. "Deutschland hat viele große Sprachmeister," schrieb

Feuchtwanger, "Sprachschöpfer hatte es in diesem Jahrhundert einen einzigen: Brecht."[11] Durch Feuchtwanger "erfuhr ich," bekannte Brecht, "welche ästhetischen Gesetze zu verletzen ich mich anschickte. . . ." Feuchtwanger war "einer meiner wenigen Lehrmeister."[12]

Feuchtwanger Institute for Exile Studies

1 Eine Gesamtausgabe des Briefwechsels von Feuchtwanger mit Brecht und Thomas Mann ist in Vorbereitung. Obwohl der Feuchtwanger-Zweig Briefwechsel seit 1984 gedruckt vorliegt, sind die zitierten Stellen aus den Briefen im Archiv. Die zitierten Briefe befinden sich im Feuchtwanger-Archiv. Feuchtwangers Briefe an Brecht und Thomas Mann sind Durchschläge oder Fotokopien, während die an ihn fast ausschließlich Originale sind.—2 Lion Feuchtwanger, *Centum Opuscula*, hrsg. von Wolfgang Berndt (Rudolstadt 1956), S. 397–99.—3 Ebd. S. 508–13.—4 Lion Feuchtwanger, "Haben," *Das Wort*, II, 7 (1937), 76–81.—5 Volker Skierka, *Lion Feuchtwanger. Eine Biographie* (Berlin 1984), S. 245–46.—6 Als Mann Feuchtwanger am 9. Oktober 1953 ein Exemplar der Erzählung *Die Betrogene* widmete, schrieb er aber scherzhaft: "Unserm Lion in die Hand. / Manche finden's dégoûtant. / Aber ob's den Künstler gibt, / Der nicht das Gewagte liebt." Der Band ist in der Feuchtwanger-Bibliothek.—7 Thomas C. Chubb, "The Painter and the Duchess," *New York Times Book Review*, 20. Mai 1951.—8 *Goya. Vom Roman zum Film*, Dokumentation von Ruth Herlinghaus (Berlin 1971), S. 21.—9 Ein "Joseph"-Film kam nicht zustande.—10 Titanus-Filmproduktion. Regie: Henry Koster; Drehbuch: Norman Corwin und Georgio Prosperi, basierend auf der Film-Story von Talbot Jennings und Oscar Saul.—11 Lion Feuchtwanger, "Bertolt Brecht," *Sinn und Form*, Zweites Sonderheft Bertolt Brecht (1957), S. 103–108.—12 Bertolt Brecht, "Gruß an Feuchtwanger," *Ost und West*, III, 6 (1949), 21.

Das Vergessenwollen verlängert das Exil . . . Rolf Reventlow, ein Lebensmuster aus diesem Jahrhundert

Oskar Holl

"Das Vergessenwollen verlängert das Exil,
das Geheimnis der Erlösung heißt Erinnerung."

Diese jüdische Weisheit machte der deutsche Bundespräsident Richard von Weizsäcker zu einem Leitgedanken seiner mittlerweile berühmt gewordenen Gedenkrede zum 8. Mai 1945.[1]

Frühere Zeiten vermochten sich in die freilich schon damals trügerische Sicherheit zu wiegen, nur einer kleinen Minderheit sei das Schicksal des ungewissen Umherziehens auferlegt. Die Daseinsform des *homo viator* konnte auch noch als eine Ausprägung religiöser Askese, in gewissem Sinne also als wohlgefällige Reduktionsform normalen Lebens gelten, und dies zur höheren Ehre Gottes. Erst in unserem Jahrhundert wurde die Existenzform des *homo viator* eine Massenerscheinung. Exil und Verbannung waren nun Angehörigen der verschiedensten Völker auferlegt, neben die religiöse und rassische Diskriminierung trat die politische und gesellschaftliche in längst überholt geglaubten Ausmaßen des Atavismus. Das wandernde Volk Israel hatte in der Stunde seiner tiefsten Bedrängnis so viele Begleiter bekommen wie niemals zuvor in der Geschichte.

Im folgenden möchte ich Lebensweg und Werk eines Mannes skizzieren, der, ohne zu den Großen seiner Zeit gehört zu haben, durch das ihm aufgezwungene Exil und die Art, wie er diese Jahre be- und überstanden hat, uns dennoch ein Beispiel sein kann. Ein Beispiel für eine Persönlichkeitsentwicklung, die schon am Beginn unseres Jahrhunderts außerhalb der damals üblichen Bahnen verlaufen ist, und ein Beispiel für jenes Ausmaß an Lebensmut, dessen es bedurft hat, als aussichtslos erscheinende Situationen durchzustehen.

Rolf Reventlow wurde am 1. September 1897 im damals noch selbständigen Schwabing bei München geboren. Seine Mutter war die Schriftstellerin Franziska Gräfin zu Reventlow—wenn Schiftstellerin die rechte Bezeichnung für diese Frau ist, die schon da-

Exile and Enlightenment
Copyright Wayne State University Press, 1987.

mals zu so etwas wie einem Beispiel für die Suche nach neuen
Lebensformen geworden war. Bei der Geburt ihres Sohnes war die
Gräfin Reventlow 28 Jahre alt. Wer der Vater des Kindes war, hat
sie ein Leben lang, auch dem Sohn gegenüber, verschwiegen.[2]
   Rolf Reventlow hatte eine bewegte, aber glückliche Kindheit.
Die ständigen Geldsorgen der Mutter, die sich hauptsächlich mit
mäßig bezahlten Übersetzungen französischer Romane für den Verleger Albert Langen[3] durchbrachte, hatten ihre Auswirkungen auf
das Leben von Mutter und Sohn: häufige Wohnungswechsel in
München, nicht selten mit tatsächlichen oder angedrohten Räum-
ungsklagen verbunden, Pfändungen, Dauerkundschaft im Leih-
haus, zur Geldersparnis Aufenthalte auf dem Lande, besonders im
Sommer, oder Überwinterungen unter exotischen Umständen in
damals noch billigen Gegenden des Auslandes wie Korfu oder Mallorca. Weniger das unstete Leben als vielmehr die persönliche
Überzeugung brachte Franziska Reventlow dazu, ihren Sohn nicht
in eine Schule zu schicken, sondern ihn selbst zu unterrichten. Da
mag auch die praktische Überlegung mitgespielt haben, auf diese
Weise viel weniger gebunden zu bleiben.
   In Rolf Reventlows Memoiren liest sich eine denkwürdige Episode aus diesen Tagen folgendermaßen—denkwürdig insofern, als
sie einen der bekanntesten deutschen Pädagogen der damaligen
Zeit zum Mitspieler hat: p6In München ging sie zu dem bekannten
reformerischen und für moderne Ideen bekannten Schulrat Dr. Ker-
schensteiner, legte ihm ihr Lehrbefähigungszeugnis vor und bekam
die Erlaubnis, mich selbst zu unterrichten . . . Religionsunterricht
hatte ich auch keinen. Mutter wollte das nicht, und hierzu gab der
gute Schulrat im Münchner Rathaus guten Rat: 'Sehr einfach,
gnädige Frau. Sie treten aus der Kirche aus. Dann ist ihr Sohn nicht
gehalten, am Religionsunterricht teilzunehmen . . .' " (Reventlow,
"Kaleidoskop," 2 f.).

   Später hat er doch noch einige Klassen besucht, aber die Mutter
sagt rückblickend: "Der unselige Bubi hat mit Quinta abgeschlossen" (an Paul Stern[4] aus Palma de Mallorca, Nov. 1912. F. Reventlow, *Briefe*, 556). Sein Vormund war der Philosoph Ludwig Klages,
"er machte sich als solcher aber selten bemerkbar" ("Kaleidoskop,"
2).
   1910 zogen Mutter und Sohn auf Vermittlung Erich Mühsams
nach Ascona. Es folgte die allen literarischen Reventlow-Verehrern
unvergeßliche Episode der Scheinehe mit einem verkrachten russischen Adeligen, die der verarmten Gräfin zu unerhörtem Ver-

mögen verhelfen sollte, dies jedoch nicht tat, weil eben in dem Augenblick, als ihr Herr Schwiegervater aus Rußland den Erbanteil überwiesen hatte, die empfangende Bank fallierte.

Den Kriegsausbruch 1914 erlebten die Reventlows im Tessin, kurz darauf fand Rolf mit 17 Jahren seine erste Stelle als Laborant in einer Filmproduktionsgesellschaft. Als 1915, nach Italiens Kriegseintritt, die Filmgesellschaft ihre Tätigkeit einstellt, sitzt Rolf wieder ohne Arbeit zu Hause. Sorge bereitet der Mutter, daß der beschäftigungslose Siebzehnjährige um jeden Preis zum deutschen Militär will. Erst ein Umzug nach München ernüchtert ihn, doch 1916 wird er eingezogen und kommt an die Westfront. Mitte 1917 bringt Franziska Reventlow ihren Sohn, der gerade auf Urlaub von der Front ist, mit einem Ruderboot von Konstanz in die neutrale Schweiz. Dabei schadet ihm zunächst, daß sein Onkel Ernst Graf zu Reventlow[5] inzwischen als alldeutscher Kriegshetzer bekannt, darum im Ausland entsprechend unbeliebt ist und man, verständlicher-, jedoch unbegründeterweise den jungen Deserteur mit dem Onkel in Verbindung bringt. Den Schweizern erscheinen die Desertion und die Art des Grenzübertritts erst einmal als eine abenteuerliche—wie wir heute sagen würden—"Cover-up-story" aus dem Spionagemilieu.

Eine Zeitlang lebt Rolf von Gelegenheitsarbeiten, zuletzt am Wohnort der Mutter in Locarno, bis die Behörden den Deserteur aus dem grenznahen Tessin in den Kanton Zürich abschieben. Er wird einem Bautrupp von Deserteuren verschiedener Nationalitäten zugeteilt, später findet er in Zürich Arbeit als Photolaborant. Im Juli 1918 erfährt er von dem Tod der Mutter—Herzversagen auf dem Operationstisch.

Reventlows weiterer Lebensweg ist—auch für die bewegten Verhältnisse der ersten Hälfte unseres Jahrhunderts—so bunt, daß hier Stichworte genügen müssen: bis 1925 rasch wechselnde Posten als Photograph, Handelskorrespondent, Gewerkschaftsangestellter und freier Journalist in München, Genua und Berlin. Im Jahr 1920 Heirat mit einer Studentin der Theaterwissenschaften in München, der späteren Herausgeberin des literarischen Werkes seiner Mutter. Allmähliches Hineinwachsen des zunächst Unpolitischen in die sozialistische Bewegung. Von 1922–33 Sekretär der Sozialistischen Jugend-Internationale. 1925–26 Sekretär einer Angestelltengewerkschaft in Heidelberg. Die einzige Tochter wird geboren. 1927 nimmt Reventlow die Einladung Immanuel Birnbaums[6] an, Redakteur des Breslauer SPD-Blattes *Volkswacht für Schlesien* zu werden.

1933 gehört er zu den ersten, die vor den Nazis aus Schlesien fliehen müssen, denn seines unerschrockenen Schreibens wegen steht er bei diesen schon lange auf einer schwarzen Liste. Er wendet sich in die Tschechoslowakei und beteiligt sich am Aufbau der Exil-SPD. 1936, beim Ausbruch des Bürgerkriegs, geht er nach Spanien, tritt in die reguläre spanische Armee (der sich gegen den Insurgenten Franco verteidigenden Republik) ein, erhält die spanische Staatsbürgerschaft, wird dank seiner guten Spanischkenntnisse, die er sich noch von dem Mallorca-Aufenthalt vor dem ersten Weltkrieg bewahrt hat, Adjutant des nun für die gesamte Küstenverteidigung verantwortlichen österreichischen Generals Julius Deutsch und später Bataillonskommandant in der Winterschlacht von Teruel. Für ihn, den Demokraten, gibt es schwere Auseinandersetzungen mit den Kommunisten. 1939 flüchtet er auf einem der letzten Schiffe nach Algerien; mit ihm geht eine Französin, Suzanne Posty, seine spätere zweite Frau, die er in Spanien kennengelernt hat.

Im zweiten Weltkrieg wird er zweimal von den Franzosen in Saharalagern interniert, zuerst als gefährlicher Deutscher, nach der Übernahme der Staatsgewalt durch die hitlerhörige Vichy-Regierung als "Roter." Nach einem Zwischenspiel als Freiwilliger in der britischen Nordafrika-Armee versucht er, als französischschreibender Journalist in Algier Fuß zu fassen. Erst lange nach dem Kriegsende—anfangs mit durchaus verständlichem Zögern—knüpft er wieder berufliche Kontakte nach Deutschland an: freie Mitarbeit bei einigen Zeitungen und Rundfunkanstalten, als Lebensunterhalt freilich nicht ausreichend. In diesen Jahren pflegt er von Algier aus eine geradezu unglaublich weitgespannte Korrespondenz mit alten politischen Freunden, sicherlich auch, um aus der Sackgasse Algier herauszukommen. Anläufe, beim internationalen Gewerkschaftsbund in London und bei anderen Organisationen Fuß zu fassen, mißlingen ihm.

1952 bietet ihm der bayerische SPD-Vorsitzende Waldemar von Knoeringen an, in München Chefredakteur einer neuzugründenden überregionalen SPD-Tageszeitung zu werden. Im Jahr darauf kommt Reventlow mit Frau Suzanne nach München. Aus dem Zeitungsprojekt wird indes genauso wenig etwas wie einst aus dem erhofften Ertrag der Scheinheirat für seine Mutter. Ersatzweise beruft man ihn als Parteisekretär der Münchener SPD. Er bleibt immer noch der Unbeugsame: Auf dem Godesberger Parteitag, der 1959 der SPD ein Programm gibt, mit dem sie in die Bonner Republik hineinwächst, ist er einer der ganzen vierzehn Delegierten, die mit Nein stimmen—aus grundsätzlichen Erwägungen.

Nach seinem Eintritt in den Ruhestand verfaßt er zwei Bücher, *Spanien in diesem Jahrhundert*[7], ganz offenkundig mit Herzblut geschrieben, und als Vermächtnis für einen verstorbenen Freund *Zwischen Alliierten und Bolschewiken*[8]. Mitte der siebziger Jahre arbeitet er an seinen Memoiren. 1978/79 wird über einen wichtigen Teil seines Lebens ein Film gedreht, *Abend in Teruel—Erinnerungen des Spanienkämpfers Rolf Reventlow*. Korrespondenz mit seinem unabsehbaren Freundeskreis in ganz Europa und Amerika und die Suche nach einem Verlag für seine Memoiren beschäftigen ihn trotz zunehmenden Leiden beinahe bis zuletzt. Am 12. Januar 1981 ist er in München gestorben.

Rolf Reventlow, Sohn einer Schriftstellerin, hat selbst, ohne im eigentlichen Sinne Literat zu sein, doch auf weiten Strecken seines Lebens von der Feder gelebt—oder für die Feder, denn ertragreich war dies Handwerk nur selten. Selbst der Major der spanischen Armee Rodolfo Reventlow hatte im Bürgerkrieg meist die Reiseschreibmaschine dabei und schrieb in verschiedenen Sprachen politische Artikel. "Für die Feder leben," hieß bei Reventlow immer, für ein bestimmtes Programm, ein geistiges Ziel zu leben, und dies in etwa der Hälfte seines Erwachsenendaseins aus den hoffnungslosen Positionen des vermeintlich zum Scheitern Verurteilten heraus: als politisch Verfolgter, als Freiwilliger in einem Krieg, in dem der unabwendbare Untergang der legitimen Gewalt allzubald erkennbar war, zumal für einen so wohlinformierten und vorurteilslosen Mann wie Reventlow; schließlich als Häftling der Franzosen in der Sahara unter Bedingungen, die Reventlow im persönlichen Gespräch nicht viel anders beschrieb als die in einem Konzentrationslager.

Woher hat dieser *homo viator* all seine Kraft genommen? Die Kraft, die Schlagfertigkeit, den kaustischen Witz, die Beredsamkeit, mündliche noch mehr als schriftliche—und all dies bis ins hohe Alter bewahrend? Die Antwort, wenn denn eine versucht werden kann, ist so einfach wie auch wiederum schwer zu finden.

Es ist, so meine ich, die Liebe, die seine Mutter ihm hat zuteil werden lassen. Und dies nun läßt sich aus den Briefen und Tagebüchern der Franziska einigermaßen belegen. Dazu kommt noch, auch dies belegbar, die Zuwendung, welche die Liebhaber der freizügigen, aber nicht leichtfertigen Gräfin nolens volens dem Sprößling ihrer Angebeteten mußten angedeihen lassen, wenn sie in Harmonie aufgenommen sein wollten. Hier zeigt sich, daß *amor carnalis* (wenn es dies bei den Anbetern, die oft ja sehr geistreich und prominent waren, überhaupt vorwiegend gewesen sein sollte)

sich in einen segenstiftenden *amor* nicht unbedingt *caelestis*, aber
doch des Lebens und Lebenlassens verwandeln konnte.

Das begann mit einem Paukenschlag, literarisch; Rollenprosa die
Szene: Madonna mit Kind. Ein entzückter St. Lukas begann da mit
Worten zu malen und ließ das Kind sagen:

> Fühlst Du denn nicht, daß ich gekommen bin, um Dir alles
> zurückzugeben, was Du einmal verlassen hast um Deiner rufenden
> Stunde willen? Siehst Du denn nicht, daß gerade dieses Meer, das Du
> so geliebt hast, in meinen Augen lebt und von meiner Liebe wie von
> einem Winde bewegt bis an die Ufer Deiner schattigen Gedanken
> reicht? Erkennst Du denn nicht in meinem Schlafe, wenn Du Dich
> über mich beugst, das Dunkel der alten Alleen Deiner Husumer
> Heimat, und mahnt mein Atem Dich nicht an das Wogen der hohen
> Wipfel unter hohen Himmeln? Bin ich als nur Eines zu Dir gekom-
> men und ein Neues? Ist es nicht vielmehr so, daß ich zu Deiner
> sinnenden Sehnsucht kam wie eine wunderbare Wiederkehr Deiner
> Träume und Tage? Und wie könntest Du mich so umarmen wie Du
> es tausendmal täglich tust, wenn ich nur ein kleines Kind wäre! Ich
> habe es längst erkannt, daß Du mich wie Deine Heimat hältst und
> wie einen Kelch, der bis an den Rand voll ist mit Glanz und Klarheit.
> Und nur, weil Du mich so empfängst, nicht als ein Fremdes und
> Enges, nur, weil Du mich so liebst, nicht als ein Neues und Armes
> und Schwaches, nur deshalb bin ich nicht fremd und eng und darf
> mich mit jedem Tag schöner und freigiebiger entfalten. Erkenne
> mich also im Wesen und Wahrheit und habe mich lieb um Deiner
> Kindheit willen, die ich bin und aus der hinaus ich mich langsam in
> Dein Leben hebe und darüber hinaus mich selbst.[9]

An wessen Wiege werden schon solche Lieder gesungen, in dem
Jahr, als Schwabing noch vor München die erste elektrische
Straßenbeleuchtung Bayerns bekam? Der Entzückte ist kein Geringerer als der junge Rainer Maria Rilke, und den mit Glanz und
Klarheit randvollen Kelch hat er unverkennbar der Mutter zuge-
dacht. Indes, in ihrem Briefwechsel kommt Rilke nicht vor, die
Begegnung jedoch ist authentisch wie der obenstehende Text. Ob
es Liebe nach dem Sinne der Gräfin war, sei dahingestellt—die
wenigen Liebesbriefe etwa an Wolfskehl von 1903–04, so bewe-
gend und rückhaltlos, wie wohl selten eine Frau geschrieben hat,
sprechen eine andere Sprache. Das maliziöse Lächeln, das die Brie-
feschreiberin Reventlow so oft umspielt zu haben scheint, ist von
einem liebevollen Tränenschatten gestreift, wenn sie in einem
dieser Briefe, einem Rückblick auf eine 'verbotene Reise,' von
"Bubi" erzählt: "Und dann das Heimkommen zum Bubi, der den
ganzen Tag so seltsam bewegt war, nicht in lauter Freude, aber ein
stilles Anklammern an mich und jeden Augenblick in Tränen."[10]

Der "Bubi," das "Göttertier;" dieser zweite Name, tiefsinniger als dem ersten Anschein nach, war die häufigste Liebkosung der ersten Jahre, und als die Mutter vom "stillen Anklammern" schreibt, ist "Bubi" fast sechs, also nach der Lehre der Psychologen längst geprägt. Gut geprägt, wie viele Beispiele, oft nur Nebensätze, belegen. Affenliebe, Gefühlsüberschwang einer alleinstehenden Mutter? "Wenn z.B. Bubi Halsweh hat, sage ich ihm: stell dir jetzt vor, daß du fünf Meter Stacheldraht verschlucken müßtest, und freu dich dann, daß du es nicht brauchst."[11]
Sentimental darf man sie sich nicht vorstellen, sentimental ist auch ihr Sohn nicht geworden. Sie stammt aus einer nicht ganz ungefährdeten Familie. Ihr jüngster Bruder Georg hat noch als halbes Kind Selbstmord begangen, und daß er zu Hause Bubi gerufen worden war, dies scheint sie später, als der eigene Sohn da ist, nicht zu stören. Sie selbst ist, wie die meisten 'heiteren,' in den Augen anderer 'humorvoller' Menschen, von schwarzen Gedanken, von Verstimmungen nicht frei. Ein Leben lang leidet sie unter Migräne. Aber diese Frau geht hin, ist bereit ein Kind zu bekommen, nicht in einer Mutterrolle zur feministischen Selbstverwirklichung, hat später nochmals bewußt akzeptiert, schwanger zu werden (eine Fehlgeburt von Zwillingen 'umständehalber' im München-fernen Forte dei Marmi ist das Ende). Das ist, bei aller Gefährdung, die Liebe als Lebensbejahung. Dem andern eine Chance geben. Als ob sie das Wesentliche dessen hätte vorwegnehmen wollen, was eine halbe Generation später Erich Fromm mit seiner Unterscheidung der beiden Grundhaltungen *biophil* und *nekrophil* auszudrücken versucht hat. Sie nimmt das Kind ernst. Und dieses antwortet darum früh. Der Sohn ist noch keine fünfzehn, da erfinden er und die Mutter gemeinsam für dieses Schwabing der Klages, George und Wedekind den fiktiven Ortsnamen "Wahnmoching." Die Antwort hätte nicht kürzer, nicht treffender ausfallen können.

Solche Erinnerungen behalten wollen, heißt leben wollen. Rolf Reventlow hat diese in seiner Kindheit erworbene Kraft in sein ganzes Leben mitgenommen. Es gibt wenige Söhne, deren Mütter in literarisch derart gut belegter Form die Übergabe dieses Erbes, dies Nähren durch fast zwei Jahrzehnte, miterleben lassen.
In der Biographie des Rolf Reventlow, die in ihren Grundmustern jener der Mutter überraschend gleicht, ist auch die Figur der weitergegebenen Liebe enthalten. Jeder, der diesem Mann begegnete, seinem Witz, seiner im Alter noch straffen, federnden Freundlichkeit,

hat dies empfunden. Nicht von vornherein leuchtet ein, warum Reventlow engagierter Sozialist geworden ist. Im Kreise seiner Mutter war Politik kein herausgehobenes Thema. Eher traf hier die Kritik an den modischen Traditionalismen der "Blutleuchte" den Geist von Georges Gefolge. Dessen latenten Rassismus hat die Gräfin sehr wohl geahnt. Rolfs politische Überzeugung entstand wohl aus den Erlebnissen des jugendlichen Gelegenheitsarbeiters, der Suche nach Geborgenheit, nicht zuletzt aus dem Geist der von der Mutter ererbten Opposition gegen deren Vaterhaus und die Positionen des Onkel Ernst. Auch hier wieder die Zuwendung zum Leben gegenüber Rigorismus und Gewaltverherrlichung.

In dem sonst so klaren, der Erinnerung vertrauenden (und eben darum auch mißtrauischen) Lebensablauf bleibt eine Frage unbeantwortet. Reventlow hat seine sehr detaillierten Memoiren nicht weiter geführt als bis 1953, bis zu seiner Ankunft aus Algier in München. Gute zehn Jahre öffentliches Wirken an einer keineswegs unwichtigen Stelle Nachkriegsdeutschlands verschweigt er. Um die vielen noch Lebenden zu schonen? Wohl kaum. Vielleicht gilt auch für ihn, daß der heimkehrende Exilant die Heimat nicht mehr richtig, d.h. als die richtige, wiedererkennt. Vielleicht hat er, der nie für Halbheiten war, auch nicht den Weg in die Verbürgerlichung gebilligt, den die SPD in dieser Zeit nahm und nehmen mußte, um 'mehrheitsfähig' zu werden. Das Oben und Unten der Gesellschaft war ihm vertraut, die Mitte suspekt.

Als er 1953 aus Algier nach München reisen sollte, mußte er sich Geld für einen Mantel schicken lassen. Er war weder zu vornehm noch zu schüchtern, darum zu bitten.[12] Er hat sich nicht gescheut, sich auch in dieser Alltagssorge zu sich selbst zu bekennen.

München

1 (Richard von Weizsäcker) "Ansprache in der Gedenkstunde im Plenarsaal des Deutschen Bundestages am 8. Mai 1985, Erinnerung, Trauer und Versöhnung, Ansprachen und Erklärungen zum vierzigsten Jahrestag des Kriegsendes," *Berichte und Dokumentationen der Bundesregierung* (Bonn 1985), 63–82, bes. 69.—2 Rolf Reventlow, "Kaleidoskop des Lebens," unveröff. Lebensbericht des Verfassers. Archiv der Sozialen Demokratie, Bonn. Typoskript. Nachlaß Reventlow, 41: "Es war eine strikte Übung, daß ich über persönliche Dinge nie fragte, sondern wartete, bis Mutter von selbst sprach oder auch nicht. So erfuhr ich nie, wer mein Vater war."—3 Franziska Gräfin zu Reventlow, *Briefe 1890–1917* (Frankfurt/M 1977), 355.—4 Paul Stern, Privatgelehrter und Philosoph, "wählte 1933 den Freitod, um der Rassenverfolgung zu entgehen." F. Reventlow, *Briefe*, Fußnote S. 507.—5 Ernst Graf zu Reventlow (1869–1943), Alldeutscher, nach 1918 bei den Deutschvöl-

kischen, seit 1924 NSDAP-Mitglied und Reichstagsabgeordneter dieser Partei. —6 Immanuel Birnbaum, nach 1945 führender Mitarbeiter der *Süddeutschen Zeitung*, München.—7 Rolf Reventlow, *Spanien in diesem Jahrhundert. Bürgerkrieg, Vorgeschichte und Auswirkungen* (Wien 1968).—8 Rolf Reventlow, *Zwischen Alliierten und Bolschewiken. Arbeiterräte in Österreich 1918 bis 1923* (Wien 1969). —9 Zitiert nach Franziska Gräfin zu Reventlow, *Tagebücher 1895–1910*, hrsg. von Else Reventlow (München 1971), 17f. 10 F. Reventlow, *Briefe*, S. 425 (an Karl Wolfskehl, München, 26. 5. 1903).—11 ibid., S. 573.—12 Rolf Reventlow, Brief an den Landesparteisekretär der bayerischen SPD, 5. 11. 1953. Unveröff. Nachlaß (s. Anm. 2).

Dialog in Briefen: Ricarda Huch / Max v. Schillings "Rebellion des Gewissens"

Walter Huder

Die Geschichte jener Kulturinstitution, in der sich Ricarda Huch[1] 1933 zu einer Rebellion des Gewissens entschloß, beginnt 1696, als unter dem Kurfürsten Friedrich III. von Brandenburg, der sich 1701 zum ersten König Preußens krönte, die 'Preußische Akademie der Künste und der Mechanischen Wissenschaften' in Berlin gegründet wurde. Das war vier Jahre vor der Errichtung der 'Preußischen Akademie der Wissenschaften' und 44 Jahre vor dem Regierungsantritt Friedrich II. Kurfürstin Sophie Charlotte und deren geistiger Ratgeber Gottfried Wilhelm Leibniz waren die eigentlichen Initiatoren dieser nach Rom und Paris drittältesten Kunstakademie Europas, deren Tradition die heutige 'Akademie der Künste' fortzusetzen versucht.

Zu den bedeutendsten Persönlichkeiten der ersten Akademie-Epoche, deren besonderes Interesse dem architektonischen und pädagogischen Aufbau der Metropole Berlin und den städtebaulichen Schwerpunkten Brandenburg-Preußens sich widmete, zählten Schlüter, Knobelsdorff, Schadow und die beiden Humboldts. Zu den Ehrenmitgliedern der 'Königlichen Akademie der Künste' gehörten unter anderen Gleim, Herder und Goethe. Den hilfreichen Argumenten Goethes ist es zu verdanken, daß Karl Friedrich Zelter 1833 die Gründung einer Sektion für Musik gegen einen gewissen Widerstand der etablierten Maler, Bildhauer und Architekten durchzusetzen vermochte. Im achtzehnten und neunzehnten Jahrhundert zählten die bekanntesten Künstler Europas zu den Mitgliedern der Akademie, die also schon damals, im Gründungszeitalter vieler europäischer Nationalstaaten, auch das internationale Terrain der Künste erkannte. So wurden Chodowiecki, Mendelssohn-Bartholdy, Feuerbach, Menzel, Böcklin und der auch in diesem Fall unvermeidliche Anton von Werner als Mitglieder berufen, aber auch Tschaikowskij, Chopin, Liszt, Cherubini und Glasunow. Diese Epoche der Akademie war geprägt vom Geist der Humanität und Aufklärung.

Exile and Enlightenment
Copyright Wayne State University Press, 1987.

Nach dem Zusammenbruch des Königreichs Preußen begann 1918 die republikanische Epoche der Akademie. Als nicht mehr 'Königliche,' sondern einfach 'Preußische Akademie der Künste' erhielt sie 1926 eine weitere Abteilung: die Sektion für Dichtkunst. Ihre Gründung war erst jetzt auf dem Boden der ersten deutschen Republik möglich. In die Sektion für Dichtkunst wurden berufen oder später gewählt: unter anderen Gerhart Hauptmann, Georg Kaiser, Hugo von Hofmannsthal, Thomas und Heinrich Mann, ferner Theodor Däubler, Alfred Mombert, Alfred Döblin, Gottfried Benn, René Schickele, Arthur Schnitzler, Franz Werfel, Leonhard Frank, Rainer Maria Rilke und als erste Frau Ricarda Huch, die später zur stellvertretenden Vorsitzenden der Abteilung avancierte. Der ganze Fächer deutschsprachiger Literatur der zwanziger Jahre schlug sich in dieser Sektion auf, die zu Recht als gültige Repräsentation der deutschen Literatur jener Zeit gelten durfte.

Unter dem Vorsitz von Heinrich Mann entwickelte sich die Sektion für Dichtkunst zu einer Keimzelle des demokratischen Bewußtseins, ja zum "künstlerischen Gewissen der Nation." Sie protestierte rechtzeitig und entschieden gegen ein neues Zensurgesetz, gegen die Verurteilung des ungarischen Schriftstellers Hatvany und gegen die einseitigen Maßnahmen der reaktionären Justiz im "Fall Johannes R. Becher." Sie setzte sich ein für eine Reform des Urheberrechts, für die Delegierung von Mitgliedern der Akademie in den Reichstag als Berater in kulturellen Angelegenheiten, organisierte ein "Akademisches Praktikum" an der Berliner Universität, innerhalb dessen prominente Glieder der Abteilung von den Studenten über so aktuelle Themen wie das Verhältnis von Kunst und Staatsmacht, Kunst und Wissenschaft sowie Kunst und Gesellschaft sprachen.

Am 30. Januar 1933 war Hitler die Macht übergeben worden. Mit einem Fackelzug der SA-, SS- und anderer Parteiformationen durch das Brandenburger Tor setzte der "Hexensabbat" der deutschen Geschichte ein, wie Georg Kaiser es nannte. Die innerpolitische "Gleichschaltung" begann programmgemäß, verwickelte sich aber zunächst auch auf kulturellem Gebiet in vielerlei Widerstände. Noch hatte der Diktator des Dritten Reiches nicht sein Ermächtigungsgesetz in der Tasche, mit dem er wenig später auf sogenanntem legalem Wege den geplanten Terror eröffnen konnte. Die 'Preußische Akademie der Künste' war schon vor 1933 nicht nur vom *Völkischen Beobachter*, sondern auch von den rechtsgerichteten bürgerlichen Blättern häufig mit demagogischen Schlagzeilen angegriffen worden wie zum Beispiel: "jüdisch verseucht," "bolschewistisch," "politische Schreckenskammer," "marxistische Observanz" und "Rotfront."

Ein Wahlplakat des 'Internationalen sozialistischen Kampfbundes,' das, noch einmal zum Kampf gegen Hitler aufrufend, Anfang Februar 1933 drei Tage lang an den Berliner Litfaßsäulen hing und auch von Heinrich Mann, dem damaligen Vorsitzenden der Sektion für Dichtkunst, sowie von Käthe Kollwitz, ebenfalls Akademie-Mitglied, unterschrieben war, wurde zum willkommenen Anlaß genommen, jetzt auch offiziell gegen die Akademie, wiewohl zunächst gegen die den Faschisten so verhaßte Sektion für Dichtkunst vorzugehen. Ein sogenannter Reinigungs-Plan, ausgeklügelt vom berüchtigten NS-Kampfbund für deutsche Kultur, lag dafür bereits parat. Er sah eine Selbst-Reinigung vor, zu der sich leider mehrere einflußreiche Mitglieder der Akademie hergaben, unter ihnen Gottfried Benn, Oskar Loerke und Rudolf Binding. Jene Methode, die sich damals gegenüber der so bedeutenden Kulturinstitution bewährte, wurde später noch ausgebaut und auch gegenüber den weiteren Kulturgremien Deutschlands angewandt. Damals teilten sich die Mitglieder der Akademie, die wenige Jahre vorher noch verkündet hatte, "das künstlerische Gewissen der Nation" sein zu wollen, in Handlanger Hitlers, in unpolitische Mitläufer und in Opfer oder Betroffene. Zu den Betroffenen zählte Ricarda Huch. Zwischen ihr und der Akademie kam es in der Zeit vom 17. Februar und 9. April 1933 zu einer Korrespondenz, die nicht nur die damaligen Vorgänge konzentriert widerspiegelt, sondern als "Rebellion des Gewissens" auch zu einem einmaligen Dokument aktuell gebliebener Literaturgeschichte aus Deutschlands dunkelster Zeit wurde. Was geschah?

Aufgeputscht und vorbereitet durch eine Pressekampagne, die sich vor allem gegen Heinrich Mann richtete, drohte der von Hitler eingesetzte 'Kommissar des Reiches für das Kultusministerium,' der spätere NS-Reichskultusminister Rust, in einer Rede vor dem NS-Studentenbund am 14. Februar 1933 im Auditorium Maximum der Berliner Universität mit der Auflösung der Akademie, die er nach den Regeln der Sippenhaft für den, wie er sagte, "Skandal" des Heinrich Mann verantwortlich machte. Der Präsident des attackierten Künstlergremiums, Max von Schillings,[2] brach daraufhin seine Auslandsreise ab, auf der er sich gerade befand, kehrte schleunigst in Preußens Metropole zurück und eilte schon am Morgen des kommenden Tages zur Audienz ins Ministerium, wo er den Kopf Heinrich Manns anbot. Er spielte den Herren des Dritten Reiches in die Hände, als er nach Absprache mit Rust noch für den Abend des 15. Februar 1933 durch Rohrpostbriefe die Mitglieder aller Sektionen zu einer Versammlung rief, damit die Akademie selbst mit ihrer "Reinigung" im Sinne Hitlers beginne. Denjenigen aber, um dessen Kopf es zunächst ging, nämlich Heinrich Mann, hatte man mit Absicht nicht eingeladen. Als die Sitzung, die nach § 23 der Akademie-Satzung "streng vertraulich" stattfand, aufgrund der mutigen Gegenargumente Alfred Döblins, Ludwig Fuldas, Leonhard Franks und des Stadtbaurats Martin Wagner entweder zu platzen oder wie das Hornberger Schießen auszugehen drohte, wurde Heinrich Mann herbeigeschafft, jedoch nicht in den Versammlungsraum selbst, sondern ins Dienstzimmer des Präsidenten geführt, wo er, durch Max von Schillings und Oskar Loerke beredet, schließlich seinen Rücktritt erklärte. Als dieser Rücktritt der Vollversammlung mitgeteilt wurde, gab sich die Sektion für Dichtkunst bis auf Gottfried Benn mit dieser unkommentierten Nachricht nicht zufrieden und meldete eine Stellungnahme an, die sie in der nächsten Sitzung beraten wolle; denn, so sagte man, "Heinrich Mann hat nur das getan, wozu jeder Staatsbürger berechtigt ist. Gegen die Akademie hat Heinrich Mann nicht verstoßen."

Die ausgewählten Mitglieder, die nicht an jener zwar turbulenten, aber im Endeffekt peinlichen Sitzung teilgenommen hatten, wurden durch ihr Institut nicht über die Vorgänge orientiert, mit denen sich die Akademie praktisch dem Faschismus preisgegeben hatte, anstatt gegen den Eingriff der Staatsmacht geschlossen zu protestieren. Eine Auflösung der Akademie oder ein einmütiger Protest des ältesten Kunst-Gremiums Deutschlands hätten die Welt alarmiert, hätten bereits damals durch ein zwar einfaches, aber eklatantes Exempel viele Augen geöffnet, die erst später durch die Scheußlichkeiten der KZs aufgerissen wurden. Am 17. Februar 1933 schrieb deshalb Ricarda Huch, stellvertretende Vorsitzende der Abteilung, an den Sektions-Schriftführer Oskar Loerke:

> Leider ist es mir nicht möglich, aus den Zeitungsnachrichten eine mir klare Vorstellung von den Vorgängen zu machen; namentlich, ob der Kultusminister wirklich einen Druck auf die Betreffenden ausgeübt hat. Es ist nach meiner Ansicht sehr zu beklagen, daß Herr Mann ausgetreten ist; ich finde, man hätte es darauf ankommen lassen müssen, ob der Kultusminister wirklich den Mut hatte, unsere Abteilung aufzulösen. / Vielleicht erinnern Sie sich, daß ich immer der Ansicht war, Dichter sollten nicht Mitglieder einer staatlichen Akademie sein. Regierungen haben immer die Neigung, wo sie können, ihre Richtung zu oktroyieren; ... Sollte ich es für notwendig halten, meinen Austritt zu erklären, so würde ich hinzu-

fügen, . . . daß ich es tue, um mir das Recht der freien Meinung und freien Meinungsäußerung zu wahren. Auf dieses Recht muß meiner Ansicht nach gerade der Dichter bestehen.[3]

Am 20. Februar 1933 fand von 18 bis 21 Uhr jene Sitzung der Sektion für Dichtkunst statt, in der eine prinzipielle Stellungnahme zu den bisherigen Vorgängen beziehungsweise ein Protest gegen die Anmaßung der NS-Staatsmacht im Verhältnis zur Akademie formuliert werden sollte. Es kam alles anders, als erhofft. Mehr als zwei Drittel der Mitglieder erschienen gar nicht, lebten in einem Elfenbeinturm oder Wolkenkuckucksheim. Als der progressive Teil der Mitglieder ohne gemeinsames Aktionsprogramm in den Sitzungssaal kam, hatte der "rechte" Flügel bereits einen brillanten Schlachtplan ausgearbeitet. Rudolf Binding führte den Vorsitz, Oskar Loerke das Protokoll, das später im Sinne einer persönlichen Absicherung korrigiert wurde. Außer diesen waren zugegen: Gottfried Benn, Eduard Stucken und Alfred Döblin wie Leonhard Frank, die einen rechts, die anderen links. Die Chancen für den mit der NS-Regierung bereits sympathisierenden Flügel der Abteilung standen mehr als 60 zu 40. Die Entscheidung würde von der Stimme Oskar Loerkes abhängen. Plötzlich erschien im Sitzungsraum der Präsident der Akademie Max von Schillings, der sonst nie an Sektionssitzungen teilzunehmen pflegte. Er machte antisemitische Stimmung, Gottfried Benn antikommunistische. Beide würgten sodann geschickt die Formulierung eines Protests zu einer Kompromißerklärung ab, die Oskar Loerke erfand. Die Abteilung hatte sich quasi damit abgefunden, daß mit der Beseitigung von Heinrich Mann der politische Kopf der 'Deutschen Dichter-Akademie' abgehackt worden war und ein kopfloser Rumpf zurückblieb. Mit ihm würde man schneller fertig werden. Dafür war eine Sitzung vorgesehen, die am 13. März 1933 stattfand.

Durch eine von Oskar Loerke geschickt erdachte Manipulation der Reisekostenfrage und durch verschleppte Benachrichtigung der auswärtigen oder unbequemen Mitglieder waren nur Rudolf Binding, der auf NSDAP-Kosten aus Breslau angeflogen wurde, ferner Oskar Loerke, Gottfried Benn, Walter von Molo und Eduard Stucken zugegen. Man war also inzwischen sozusagen unter sich. Der nationale Bildungs-Kuchen konnte aufgeteilt werden. Man akzeptierte gleich zu Beginn der Sitzung, als wäre es die selbstverständlichste Sache der Welt, die Nachricht, daß der inzwischen zum NS-Barden avancierte "Herr Hans Johst zum Amtssenator der Abteilung ernannt worden ist," wiewohl ein solches Verfahren gegen die Statuten der Akademie verstieß. Unmittelbar darauf ergriff programmgemäß Gottfried Benn, wie es im Protokoll heißt, "Das Wort zur Erläuterung der Lage," um anschließend eine von ihm formulierte und durch den wiederum anwesenden Präsidenten frisierte Erklärung auf den Tisch zu legen, die allen Mitgliedern der Abteilung vertraulich zur Unterschrift vorgelegt werden sollte, was sofort einstimmig beschlossen wurde. Sie hat folgenden Wortlaut:

> Sind Sie bereit, unter Anerkennung der veränderten geschichtlichen Lage weiter Ihre Person der Preußischen Akademie der Künste zur Verfügung zu stellen? Eine Bejahung dieser Frage schließt die öffentliche politische Betätigung gegen die Regierung aus und verpflichtet Sie zu einer loyalen Mitarbeit an den satzungsgemäß der Akademie zufallenden nationalen kulturellen Aufgaben im Sinne der veränderten geschichtlichen Lage.[4]

Und so erreichte aufgrund des Beschlusses jener manipulierten Sitzung der Sektion für Dichtkunst auch Ricarda Huch dieser Text, begleitet von einem Schreiben des Präsidenten Max von Schillings mit folgendem Inhalt:

Preußische Akademie der Künste—Abteilung für Dichtung

Berlin, den 14. März 1933 Vertraulich!

> Sehr geehrter Herr Kollege, die Sitzung vom 13. d. Ms. unter Teilnahme des unterzeichneten Präsidenten (Tagesordnung 'Stellungnahme zu lebenswichtigen Fragen der Abteilung'), zu der Sie eingeladen waren, hat zu folgendem Ergebnis geführt: In Anbetracht der Lage müssen von der Abteilung sofortige Entschlüsse gefaßt werden. Die Abteilung unternimmt den Versuch, sich aus sich selbst heraus neu zu organisieren; sie sieht sich gezwungen, allen Mitgliedern die anliegende Frage vorzulegen, und bittet um sofortige Beantwortung ausschließlich mit ja oder nein und Ihre Unterschrift. Die Antwort muß spätestens am 21. März bei der Akademie eingetroffen sein.

Mit kollegialem Gruß   Max von Schillings[5]

Das war ein den Mitgliedern oktroyiertes Abteilungs-Plebiszit für oder gegen Hitler. Zudem war es ein Plebiszit der Tücke. Wer mit Nein stimmte, hatte sich nicht nur selbst aus der Liste der Mitgliedschaft der Akademie gestrichen, sondern zugleich auch seine negative Einstellung gegenüber der NS-Staatsmacht mit Unterschrift preisgegeben, was später gegen den Betreffenden verwendet

werden konnte. So wurde die Abteilung in einem abgekarteten
Spiel mit Hilfe Gottfried Benns als spiritus rector diaboli unter der
Assistenz des Präsidenten Max von Schillings zum Handlanger des
Hitler-Regimes, dem dadurch ein abermaliger eklatanter Eingriff
erspart blieb. Die Prozedur dieser zweiten Reinigungs-Etappe zog
sich bis Mitte April 1933 hin. Die Reaktion der einzelnen Mitglieder spaltete die Sektion in drei Gruppen. Die erste Gruppe
waren die Mitläufer, die politisch Indifferenten, die alles blindlings
unterschrieben, was ihnen die Akademie zur Unterschrift vorlegte.
Die zweite Gruppe waren diejenigen, die ihr Ja-Wort nicht ohne
bekräftigenden Kommentar im Sinne der Nazis und mit dem Gruß
"Heil Hitler" der Akademie übersandten. Die dritte Gruppe waren
die Skeptiker, die politisch Wachen, die sich nicht einkaufen
ließen. Zu ihnen zählte Ricarda Huch, die rasch entschlossen,
nämlich bereits am 16. März 1933, und scharf formuliert folgenden
Brief an den Präsidenten der Akademie richtete:

> In Erwiderung Ihrer Zuschrift vom 14. März bestreite ich Ihre
> Kompetenz, mir eine Frage von so unübersehbaren Konsequenzen
> vorzulegen, und lehne infolgedessen ab, sie zu beantworten. Die Mit-
> glieder der Akademie werden nach Wortlaut der Satzung zur Ehrung
> und Anerkennung ihrer Leistungen berufen, ohne daß ein politisches
> Bekenntnis von ihnen gefordert wurde. Ich bin, seit ich der Akade-
> mie angehöre, stets mit Nachdruck dafür eingetreten, daß bei Beur-
> teilung oder Wahl von Mitgliedern nichts anderes maßgebend sei als
> ihre künstlerische Leistung und die Bedeutung ihrer Persönlichkeit.
> Daran werde ich auch künftig festhalten. . . . Ricarda Huch[6]

Einen derartigen Brief wie diesen aus der Feder der mutigen Ricarda Huch hatte bislang kein Präsident der altehrwürdigen Akademie von einem ihrer Mitglieder erhalten. Nun ging es aber der
Akademie aus Prestige-Gründen darum, sich angesichts des bislang
erzwungenen Aderlasses gerade die Mitgliedschaft von Ricarda
Huch, die im Ausland starkes Ansehen genoß, weiter zu erhalten.
Max von Schillings glaubte, daß ihm dies mit den Mitteln seiner
bisher so erfolgreichen Taktik gelingen würde, die er in die ge-
schraubten Wendungen seines Briefes vom 22. März 1933 an die
Rebellin verpackte:

> Sehr verehrte gnädige Frau, Sie haben darin vollständig recht, daß
> nach dem Wortlaut der bisher gültigen Satzung der Akademie meine
> an die Mitglieder gestellte Frage nicht zu meinen unmittelbaren
> Kompetenzen gehört. Aber wir befinden uns ja in einem Zustand der
> allgemeinen politischen und geschichtlichen Umwälzung, in der

man auf die Satzungen und Statuten nicht mehr allein sich beziehen
kann, wenn man zu lebensnotwendigen Beschlüssen gelangen will.
In Einvernehmen mit der Abteilung für Dichtung ist der Beschluß
gefaßt worden, außerhalb der Satzung allen Mitgliedern diese Frage
zur Beantwortung vorzulegen. / Ich erlaube mir jedoch aus Ihrem
Brief zu entnehmen, daß Sie zwar eine Beantwortung dieser Frage
nicht zu geben wünschen, daß Sie aber andererseits auch nichts
dagegen einzuwenden haben werden, wenn wir ein Mitglied von
Ihrer hohen geistigen Bedeutung, Ihrem tiefen konservativen Lebens-
gefühl und Ihrer großen ins Volk reichenden schöpferischen Wirkung
als Künstler weiter zu den Unseren zählen dürfen. / Mit dem Ausdruck ganz besonderer vorzüglicher Verehrung

Ihr sehr ergebener   Max von Schillings[7]

Die kluge Frau indessen ließ sich nicht auf den Leim führen. Sie
entgegnete dialektisch gewandt, nicht ohne ein Bekenntnis ihrer
antifaschistischen Gesinnung abzulegen und ein vernichtendes Urteil über die Akademie zu fällen, die sich selbst verraten hatte.
Ricarda Huch antwortete mit folgenden Zeilen aus Heidelberg vom
24. März 1933:

> Sehr geehrter Herr Präsident! Aus Ihrem Schreiben vom 22. März
> schließe ich, daß Sie meine Ablehnung, die mir vorgelegte Frage zu
> unterzeichnen, so aufzufassen gedenken, als hätte ich sie mit Ja
> beantwortet; dies Ja kann ich aber umso weniger aussprechen, als
> ich verschiedene der inzwischen von der neuen Regierung vorge-
> nommenen Handlungen auf das schärfste mißbillige. / Sie zweifeln
> nicht, davon überzeugt mich Ihr Brief, daß ich an dem nationalen
> Aufschwung von Herzen teilnehme; aber auf das Recht der freien
> Meinungsäußerung will ich nicht verzichten, und das täte ich
> durch eine Erklärung, wie die ist, die zu unterzeichnen ich aufgefor-
> dert wurde. Ich nehme an, daß ich durch diese Feststellung automa-
> tisch aus der Akademie ausgeschieden bin. / Außerdem müßte ich
> darauf gefaßt sein (Erlauben Sie, daß ich den ernsten Gegenstand
> durch einen Scherz würze), wenn ich in dieser Form in der Akade-
> mie bliebe, mein Leben im Zuchthause zu beschließen als 'in einen
> nationalen Verband eingeschlichen'. Ich bin sehr, geehrter Herr Prä-
> sident, mit dem Ausdruck ausgezeichneter Hochachtung Ihre erge-
> bene Ricarda Huch[8]

Der Präsident vermerkte auf einem diesen Zeilen angehängten Zet-
tel, der für den Generalsekretär bestimmt war:

> Sehr bedauerlich! Ob sich noch eine Einwirkung zur 'Vernunft'
> erreichen ließe?[9]

Das Duell in Briefen zwischen der rebellierenden Ricarda Huch und dem "braunen" Präsidenten war damit noch nicht beendet. Erneut wurde ein sophistisch formulierter Lockbrief voll Speichelleckerei nach Heidelberg gesandt.

Preußische Akademie der Künste Berlin, den 6. April 1933

Hochverehrte gnädige Frau, die Fülle der Arbeiten der letzten Zeit und die Abhaltungen durch die Hundertjahrfeier der Musikabteilung der Akademie lassen mich erst heute dazu kommen, Ihren geschätzten Brief vom 24. v. Mts. zu erwidern. Sie betonen mit Recht, daß ich nicht daran zweifle, daß Sie an dem nationalen Aufschwung von Herzen teilnehmen. Sie legen aber unserer, den Mitgliedern zur Stellungnahme vorgelegten Erklärung einen nicht zutreffenden Sinn unter, wenn Sie annehmen, daß sich aus einer bejahenden Stellungnahme zu ihr ein Verzicht auf das Recht der freien Meinungsäußerung ergeben würde. Dies ist selbstverständlich keineswegs der Fall. Der Inhalt der Erklärung besagt doch nur, daß die Mitglieder, die ihr beitreten, gesonnen sind, im Sinne des nationalen Aufschwungs weiter an den Aufgaben der Akademie mitzuwirken und sich nicht öffentlich in einen Gegensatz zu der Regierung, die die Trägerin dieser nationalen Bewegung ist, zu setzen. Zur Vorlage dieser Erklärung gab uns das Verhalten des Herrn Heinrich Mann Anlaß, der in einem öffentlich plakatierten Aufruf die sozialdemokratische und kommunistische Partei zu einem Zusammenschluß und gemeinsamen Vorgehen gegen die nationalen Parteien bei der letzten Wahl aufforderte. Herr Heinrich Mann hat ja, wie Ihnen bekannt, aus seinem Verhalten die einzig mögliche Konsequenz gezogen und ist aus der Akademie ausgetreten. Daß Sie durch Ihre mir dargelegte Auffassung 'automatisch aus der Akademie ausgeschieden' seien,— dem vermag ich in Übereinstimmung mit meinen Herren Kollegen von der Dichterabteilung nicht beizustimmen. Ihr Austritt aus der Abteilung würde eine seltsame, unlogische Parallele zum Fall Heinrich Mann ergeben, die ganz sicher nicht in Ihrem Sinne liegen würde. Daß Sie in Ihren Anschauungen mit diesem Herrn und mit Herrn Dr. Döblin (der inzwischen ebenfalls aus der Akademie ausgetreten ist) im entschiedensten Gegensatz stehen, das ist, wie mir von Herren der Dichterabteilung versichert wird, früher in Sitzungen, deren Beratungen auf politische und weltanschauliche Gebiete führten, deutlich genug hervorgetreten. Es würde daher in der Öffentlichkeit nur mißverstanden werden, wenn auch Sie, ebenso wie Heinrich Mann und Dr. Döblin aus der Akademie ausscheiden wollten. Daß ein solcher Schritt von Ihrer Seite undenkbar ist, das ist uns allen klar, denen Ihre deutsche Gesinnung und nationale Einstellung aus Ihrer von uns verehrten Persönlichkeit und aus Ihrem künstlerischen Schaffen bekannt ist. Wir können Ihnen nur versichern, daß es zu dieser Überzeugung für uns der formalen Unterzeichnung der Erklärung nicht bedarf. Wir erhoffen aber von Ihnen ein bestimmtes Wort darüber, daß Sie uns treu bleiben werden, denn

bauen, wenn wir auf die Zugehörigkeit und Mitarbeit von Persönlichkeiten verzichten müßten, die schon längst auf die Gesinnung eingestellt sind, der die jetzige große nationale Bewegung zum
Siege verholfen hat? Das Recht der freien Meinung verbleibt jedem
nach wie vor; die Abteilung wünschte durch die Versendung der
Erklärung nur eine Sicherung gegen unangebrachte, mit der nationalen Bewegung unvereinbare öffentliche politische Betätigung und zugleich ein Bekenntnis der Bereitschaft zur Mitarbeit an den Aufgaben
der Akademie im nationalen Sinne. Dies möchte ich nochmals besonders betonen. / Mit der Versicherung größter Verehrung,

Ihr ganz ergebener   Max v. Schillings (Präsident)[10]

Ricarda Huch antwortete umgehend, mit berechtigter Ironie, klar,
endlich reinen Tisch machend, mit Sätzen, die für das andere
Deutschland sprechen, das bereits zu entstehen begann, als das
Dritte Reich seinen Marsch in den Untergang gerade erst angetre-
ten hatte. Ricarda Huch schrieb am 9. April 1933 aus Heidelberg:

Sehr geehrter Herr Präsident, lassen Sie mich zuerst Ihnen danken
für das warme Interesse, daß Sie an meinem Verbleiben in der Akademie nehmen. Es liegt mir daran, Ihnen verständlich zu machen,
warum ich Ihrem Wunsche nicht entsprechen kann. Daß ein Deutscher deutsch empfindet, möchte ich fast für selbstverständlich
halten; aber was deutsch ist, und wie Deutschtum sich betätigen soll,
darüber gibt es verschiedene Meinungen. Was die jetzige Regierung
als nationale Gesinnung vorschreibt ist nicht mein Deutschtum. Die
Zentralisierung, den Zwang, die brutalen Methoden, die Diffamierung
Andersdenkender, das prahlerische Selbstlob halte ich für undeutsch
und unheilvoll. Bei einer so sehr von der staatlich vorgeschriebenen
abweichenden Auffassung halte ich es für unmöglich, in einer staatli-
chen Akademie zu bleiben. Sie sagen, die mir von der Akademie vorgelegte Erklärung werde mich nicht an der freien Meinungsäußerung
hindern. Abgesehen davon, daß eine 'loyale Mitarbeit an den sat-
zungsgemäß der Akademie zufallenden nationalen kulturellen Aufgaben im Sinne der veränderten geschichtlichen Lage' eine Übereinstimmung mit dem Programm der Regierung erfordert, die bei mir
nicht vorhanden ist, würde ich keine Zeitung oder Zeitschrift finden,
die eine oppositionelle Meinung druckte. Da bleibt das Recht der
freien Meinungsäußerung in der Theorie stecken. / Sie erwähnen die
Herren Heinrich Mann und Dr. Döblin. Es ist wahr, daß ich mit Herrn
Heinrich Mann nicht übereinstimmte, mit Herrn Dr. Döblin tat ich es
nicht immer, aber doch in manchen Dingen. Jedenfalls möchte ich
wünschen, daß alle nichtjüdischen Deutschen so gewissenhaft suchten das Richtige zu erkennen und zu tun, so offen, ehrlich und
anständig wären, wie ich ihn immer gefunden habe. Meiner Ansicht

wie sollten wir die Möglichkeit gewinnen, die Abteilung für Dich-

nach konnte er angesichts der Judenhetze nicht anders handeln als er getan hat. / Daß mein Verlassen der Akademie keine Sympathiekundgebung für die genannten Herren ist, trotz der besonderen Achtung und Sympathie, die ich für Herrn Dr. Döblin empfinde, wird jeder wissen, der mich persönlich oder aus meinen Büchern kennt. Hiermit erkläre ich meinen Austritt aus der Akademie. . . . Ricarda Huch[11]

Wie Ricarda Huch und Alfred Döblin lehnten ein Ja für Hitler ab und verließen die Akademie: Alfons Paquet, Thomas Mann, Rudolf Pannwitz, René Schickele und Jakob Wassermann. Aufgrund eines damals "jüngst erlassenen Beamtengesetzes" wurden wenig später aus rassischen oder politischen Gründen Franz Werfel, Alfred Mombert, Ludwig Fulda, Bernhard Kellermann, Georg Kaiser, Leonhard Frank und Fritz von Unruh ausgestoßen. Die Aktion der sogenannten Reinigung der 'Deutschen Dichterakademie' war am 8. Mai 1933, genau zwölf Jahre vor der bedingungslosen Kapitulation des Dritten Reiches, abgeschlossen. Der NS-Reichsdramaturg Rainer Schlösser stimmte im *Völkischen Beobachter* ein Triumphgeheul an, dem sich die übrige Presse, soweit sie inzwischen "gleichgeschaltet" war, anschloß. Der Präsident der Akademie, Max von Schillings, der sich beim Vollzug des "Reinigungsprozesses" im Sinne Hitlers verdient gemacht hatte, starb am 24. Juli des gleichen Jahres und erhielt als erster Akademie-Präsident ein Staatsbegräbnis, bei dem ein NS-Kampfbund-Orchester in der Stärke von 53 Mann aufspielte. Ihm wurde eine Stunde später auf Kosten der Akademie ein Faß Vollbier spendiert. Auf die verwaisten Sitze der Abteilung Dichtung wurden bereits am 5. Mai 1933 durch ein illegales Wahlverfahren jene wartenden Neulinge gesetzt, die eine Namens-Liste des NS-Reichskommissars für das Preußische Kultusministerium bestimmt hatte. Die sogenannte Reinigung der übrigen Sektionen der Akademie wurde aufgrund der inzwischen gewonnenen Erfahrungen bis Ende 1933 durchgeführt. Daraufhin war die 'Preußische Akademie der Künste,' dieses drittälteste Kulturinstitut seiner Art in Europa, praktisch tot, wiewohl zum Weiterleben verurteilt. Ihre Tätigkeit im Dritten Reich hatte nur noch anekdotischen oder peinlichen Charakter.

Akademie der Künste, Berlin

---

1 Geboren 18. Juli 1864 in Braunschweig, zum Mitglied der Sektion für Dichtkunst der Preußischen Akademie der Künste zu Berlin gewählt am 27. Oktober 1926, aus Protest ausgetreten am 9. April 1933, gestorben am 17. September 1947 in Kronberg/Taunus, beigesetzt in einem Ehrengrab auf dem Hauptfriedhof in Frankfurt/M.

—2 Dr.h.c., Professor, Generalmusikdirektor, Komponist, geboren 19. April 1868 in Düren/Rheinland, zum Mitglied der Sektion Musik der Königlichen Akademie der Künste zu Berlin gewählt am 27. Januar 1911, Präsident der Akademie der Künste vom 1. Oktober 1932 bis 24. Juli 1933, gestorben 24. Juli 1933 in Berlin.—3 'Archiv der Preußischen Akademie der Künste' bei der 'Akademie der Künste,' Hanseatenweg 10, D-1000 Berlin 21, Konvol.807, Bl.188.—4 Ebd., Konvol.807, Bl.132a.—5 Ebd., Konvol.807, Bl.131.—6 Ebd., Konvol.807, Bl.128.—7 Ebd., Konvol.807, Bl.94. —8 Ebd., Konvol.807, Bl.89.—9 Ebd., Konvol.807, Bl.85.—10 Ebd., Konvol.807, Bl.83–84.—11 Ebd., Konvol.807, Bl.82.

Portraits of the Artist as Committed Writer: Brecht in the Context of Literature

Siegfried Mews

Owing to his indisputable status as major literary figure—he has been called "der 'Goethe des 21. Jahrhunderts' "[1]—Brecht has not only spawned an entire scholarly industry but also aroused the keen interest of other writers. Yet it is slightly ironic that Brecht who in his first major play, *Baal*, had vigorously attacked the traditional, idealistic concept of the poet as presented in Hanns Johst's *Der Einsame* (1917), has been subject to close scrutiny in literary works with regard to his own theory and practice.

The first major fictionalized portrayal was penned by Lion Feuchtwanger (b. 1884), Brecht's older friend and occasional collaborator in Munich and Berlin during the twenties as well as in Californian exile in the forties. Feuchtwanger's *Erfolg* (1930), a novel about the miscarriage of justice and the rise of Nazism in Bavaria from 1921 to 1924, provides a portrait of a thinly disguised Brecht as an angry young man and poet who provocatively flaunts his anti-bourgeois sentiments by means of his unkempt appearance, proletarian garb, and disregard of conventional sexual mores. Such a portrait accords essentially with what by now has become accepted opinion about the Brecht of the Munich period. However, Brecht, who in Feuchtwanger's *roman à clef* appears as the engineer Kaspar Pröckl, has largely abandoned the crassly materialistic and egotistical concept of the poet that he espoused in *Baal* and opted for "aktivistische, politische, revolutionäre Literatur."[2] According to his aim of presenting "bildnishafte Wahrheit des Typus" rather than "photographische Realität" (II, [9]), Feuchtwanger endows his figure with a high degree of class-consciousness and a revolutionary concept of art that the historical Brecht did not attain until after he began embracing Marxism in the middle twenties. Nevertheless, Pröckl retains some Baal-like features, notably as a balladeer—there is hardly any indication in the novel that Brecht had begun achieving modest success as a playwright— who recites his "zotigen, proletarischen Verse" in an offensive yet

Exile and Enlightenment
Copyright Wayne State University Press, 1987.

fascinating manner: "hell, frech, mit schriller Stimme, häßlich, unverkennbar mundartlich, überlaut" (II, 291).

Whereas Feuchtwanger's fascination with Brecht is tinged with a touch of irony befitting an erstwhile mentor, young Marieluise Fleißer's 1924 encounter with Brecht in Feuchtwanger's Munich flat resulted in a traumatic experience for her. Fleißer's autobiographical narrative "Avantgarde" (1963)[3] is an account of a Baal-like young Brecht—"der Dichter"—whom she or rather her persona Cilly Ostermeier perceives as a "Dompteur" (III, 119, et passim), "Menschenfänger" (III, 121), and "Menschenverächter" (III, 132) who ruthlessly exploits collaborators in order to advance his notions about a new kind of theater. This attempt to come to terms with her total personal and artistic subjugation was not intended, Fleißer was at pains to explain in her subsequent radio broadcast "Frühe Begegnung" of 1964 (II, 297–308), to cast aspersions on Brecht. However, in a previous text, the drama *Tiefseefisch* that was written immediately after her separation from Brecht in 1929–30 but not published until 1972 in a revised version Fleißer provides a scathing portrait of a cynical Brecht-figure called Tütü. In the interest of promoting his "Dichtfabrik"—euphemistically called "Kollektiv" (I, 344)—Tütü is eager to ignore fundamental political and ideological differences that separate him from the conservative writer Laurenz. Laurenz is patterned after Helmuth Draws-Tychsen, who became Fleißer's companion after her break with Brecht.

In contrast to Fleißer's intimately autobiographical approach that tends to consider Brecht's politics as incidental, Feuchtwanger devotes considerable attention to Pröckl's single-minded commitment to Marxism. Although such commitment is characterized as dogmatically narrow and "verbohrt" (I, 309), Feuchtwanger accepts the sincerity of his figure's political creed by ultimately dispatching Pröckl to the promised land, the Soviet Union—precisely the step Brecht did not take when forced into exile a few years after the publication of the novel. Such seeming contradiction was, needless to say, eagerly exploited by a number of non-Marxist critics; it also contributed to a questioning of Brecht's Marxism by post-World War II writers.

Notably Günter Grass in *Die Plebejer proben den Aufstand* (1966), a play that hovers uneasily between documentary theater and illusionary drama, between *Künstlerdrama* and *Revolutionsdrama*, strongly implies that the Chef, in essence a model of Brecht, failed to act in accordance with his artistic creed that demanded the application of the insights gained via the dialectic theater to social practice. While rehearsing the revolution in the theater, that is, an adaptation of Shakespeare's tragedy *Coriolanus* that divests the Shakespearean hero of his greatness and extolls the triumph of the people, the Chef is confronted with a group of participants in the actual workers' uprising in Berlin of 17 June 1953. Instead of lending his voice and authority to the workers' just demands, which initially only entailed the reinstitution of bearable work norms, the Chef equivocates and effectively prevents them from achieving their goals by turning them into Roman plebeians whose revolution takes place in the ultimately non-committal realm of art. After the increasingly politicized uprising has been crushed by Soviet tanks, the Chef accepts what amounts to a moral and artistic failure. The topical reworking of *Coriolanus* that was to foment the class struggle had become pointless in the face of an actual uprising that he failed to support.[4] Resigned, he retires to the bucolic environs of Buckow. Grass's complex portrayal may be read as an attempt to extend the "Vergangenheitsbewältigung" to a crucial event in post-war history[5] rather than as an anti-Brechtian pamphlet motivated by "defamatory envy."[6]

In his trilogy *Die Ästhetik des Widerstands*[7] Peter Weiss engages in "Vergangenheitsbewältigung" of a different kind, the ambitious attempt to fuse hypothetical, wishful autobiography and documentary history in a narrative that postulates a Marxist aesthetic of the close interrelationship between art and revolutionary practice. In 1939 the young narrator, a budding writer, encounters Brecht, now at the beginning of his forties, on the isle of Lidingö near Stockholm and begins contributing to the project about Engelbreckt, the fifteenth-century Swedish leader of a peasant revolt, a project that Brecht eventually abandoned. But Brecht's production collective is not free of exploitative features: ". . . Brecht, mit dem Recht, das in den Leistungen begründet war, die er zurückgab [setzte voraus], daß jeder zu ihm kam, dem er winkte, jeder ihm half und ihn unterstützte, jeder sich von ihm aushorchen ließ und ihm zutrug, was er brauchte" (II, 152). The narrator's resentment of his inferior position "als Bote, als Medium, als Dienender" (II, 204) is exacerbated by Brecht's "patriarchalische Art" (II, 152) and his domination over his women collaborators—the "Schwarm von Weibern" that Marieluise Fleißer had cited as a reason for breaking with Brecht (I, 136). Yet, Jost Hermand argues, Weiss distinguishes between Brecht the writer and Brecht the private individual as "completely different person[s]" (CIBS, 9). Thus the narrator attributes to Brecht his achievement of "intellektuelle Freiheit" that enables him to perceive "historische Perspektiven" (II, 255) in the events threatening his precarious existence as an exile and to proceed from a passive reception of art to its active appropriation via the act of writing. Upon Brecht's departure from Sweden on April 17, 1940, the narrator bids adieu to a "Freund, der mein Freund nicht, doch mein Lehrer gewesen war" (II, 319). In the final analysis, Hermand suggests, the ambivalent portrayal of Brecht in *Die Äs-thetik des Widerstands* is a consequence of Weiss's striving "for a total unity of life and work" (CIBS, 10). That Brecht did not exemplify such a congruence of private life, art, and politics was also noted, albeit in a different context, by Grass.

In contrast to Grass and Weiss, Christopher Hampton in *Tales from Hollywood* (1983),[8] a play about the exiled German writers in California, does not subscribe to the notion that art has a political function and categorically rejects the premise of the engaged writer. Unaffected and unburdened by the recent German past, the post-Brechtian British playwright—Hampton was born in 1946—approaches his topic with a degree of levity that results in farcical elements and tends to overshadow the play's underlying seriousness.

Although the figures of Heinrich and Thomas Mann, Heinrich's wife Nelly, and Bertolt Brecht are assigned major parts, it can be argued that, in a sense, Brecht's function is the most crucial one owing to the fact that a rudimentary counter position to his theoretical and political stance is developed in the play. Whereas Thomas Mann—who has achieved the status of successful, representative writer in exile but lacks in human compassion—is subject to severe criticism and the unsuccessful, impoverished Heinrich Mann is intended to elicit the reader's or spectator's sympathies,[9] Brecht is cast in the role of antagonist in a play that in general dispenses with the elements of "Aristotelian" theater in favor of an epic style. Somewhat in the manner of Feuchtwanger's novel, in which the author's fictional *alter ego*, the writer Jacques Tüverlin, takes issue with Pröckl's *Weltanschauung*, Hampton introduces a protagonist whose function exceeds that of a mere "narrative device" and intermediary between the hostile camps of the exiles.[10] In a flagrant deviation from the quasi-documentary mode of his play that is based on an impressive array of written and oral sources—foremost among them Lion Feuchtwanger's widow, Marta Feuchtwanger—Hampton rewrites literary history by suspending Ödön von Horváth's death. Horváth, whose *Geschichten aus dem Wiener Wald* (1931) Hampton translated, was the victim of a fatal accident in Paris on June 1, 1938. But in Hampton's play, which derives its title from Horváth, he miraculously survives and surfaces in Hollywood's film industry as a script writer.

Brecht and his family did not arrive in San Pedro, the harbor of Los Angeles, until July 21, 1941. But the playwright's comparatively late appearance in the play, which adheres to a chronological presentation of events, is foreshadowed by frequent references. For example, Horváth draws a Hollywood producer's attention to Brecht and Feuchtwanger's adaptation of Marlowe's *Edward the Second* (18); in fact, Horváth proceeds much in the manner of Brecht's famed and provocatively announced "grundsätzlichen Laxheit in Fragen geistigen Eigentums" of 1929[11] when he acknowledges "the kind collaboration of Christopher Marlowe" that had enabled him to complete a filmscript in English in which "almost all the words were Marlowe's" (24). Conversely, Horváth states quite unequivocally from the outset that he is not a playwright in the Marxist Brechtian mold (38). Hence the stage is set for the eventual confrontation of the two writers.

In his very first encounter with Horváth, Brecht, who speaks in a "metallic, slightly high-pitched, harsh" voice (40) reminiscent of that of Pröckl in Feuchtwanger's *Erfolg*, reveals himself to be an opportunist who sacrifices principle for the sake of expediency. Brecht relates that he did not stay in Moscow after leaving Finland in May 1941 but continued his journey on the Trans-Siberian Railroad to Vladivostok—where he embarked for the voyage to the United States—because he "couldn't get enough sugar" (41). This anecdote actually refers to Brecht's visit to Moscow in 1935; moreover, in contrast to his source Martin Esslin, who credits Brecht with "uncanny shrewdness" in matters of survival,[12] Hampton's dialogue does not suggest any mitigating circumstances. Rather, Brecht's report that, upon arriving in San Pedro, he dropped his edition of Lenin's works overboard in order to avoid "trouble with customs" (43)—presumably an apocryphal story—tends to reinforce the impression of his unprincipled callousness that is quite different from his behavior in *Die Ästhetik des Widerstands*. Although fearful when departing Sweden, in Weiss's novel Brecht acts in a more circumspect fashion by hiding "das gefährliche Gut" of incriminating political books (II, 311) so that they may be used again.

In Hampton's play, Brecht's unscrupulousness is further enhanced by his endeavor to contribute to the advancement of society in the abstract but to ignore the individual. As Horváth puts it, leftists of Brecht's ilk "love the people without knowing any people" (38). True, in Feuchtwanger's *Erfolg* one of the characters articulates the view that "Kaspar Pröckl nicht aus Menschlichkeit Kommunist sei, sondern aus der nüchternen Erwägung, dieser Zustand sei für die Gesamtheit, mithin auch für ihn, praktisch, wünschenswert, nützlich" (I, 505–506). In "Avantgarde" Marieluise Fleißer had stated even more bluntly: "Im Endziel suchte er den Menschen zu helfen. In der Handhabung war er ein Menschenverächter" (III, 132). But Hampton's textual manipulation concerning Carola Neher, the actress of *Dreigroschenoper*-film renown and former companion of Brecht, oversimplifies a complex situation and presents it in black-and-white terms. Neher perished in the Soviet Union during World War II after she had been arrested for alleged "Trotskyite activities" (50). When Horváth finds her fate "appalling" (50), Brecht retorts somewhat cryptically: "The innocent, you know ... they deserve everything they get" (50). A similar statement by Brecht about the Stalin show trials in 1935 has been recorded by Sidney Hook[13]; however, despite his problematic attitude towards Stalin and Stalinism, Brecht was far from globally endorsing the execution of innocents—even if he might have considered (political) innocence and naivité a flaw. Moreover, Brecht engaged in repeated efforts to find out what had happened to Neher; according to Esslin, he made "desperate attempts to save her" (xiii).

Hampton's tendency to render complex issues in simple terms—in part dictated by the necessity of producing a manageable play—results in the trivialization of the entirely appropriate distinction between "émigré" ("Emigrant" or "Auswanderer") and "exile" ("Vertriebener" or "Verbannter") in Brecht's poignant poem "Über die Bezeichnung Emigranten" from *Svendborger Gedichte*: "Immer fand ich den Namen falsch, den man uns gab: Emigranten / Das heißt doch Auswanderer. Aber wir / Wanderten doch nicht aus, nach freiem Entschluß / Wählend ein anderes Land ..." (*GW* IX, 718). Horváth's indifferent and noncommittal reply to Brecht's insistence on being called an exile is indicative of the former's gradual adjustment to the strange new world of Hollywood. Paradoxically, Horváth finds those facets attractive that repel the other exiles: "... gullibility, cheap religious mementoes, plastic, superstitions, pornography with spelling mistakes" (54). Brecht, informed by Horváth that work in the film studios is "Boring. Time-consuming. Pointless" (42), makes an adjustment of a different kind. In order to survive he subjects himself—temporarily and with mental reservations—to what he perceives to be a process of selling and buying. Brecht's poem "Hollywood," which is paraphrased in the play (58), expresses his ambivalent attitude: "Jeden Morgen, mein Brot zu verdienen / Gehe ich auf den Markt, wo Lügen gekauft werden. / Hoffnungsvoll / Reihe ich mich ein zwischen die Verkäufer" (*GW* X, 848).

Horváth's contradictory views of Hollywood are both keenly satirical and sympathetically understanding; they reflect to a large extent Hampton's attitude. But on occasion the playwright found it necessary to relieve Horváth of his role of spokesman to reinforce the play's authentic, documentary thrust. Thus Hampton's Brecht reiterates the charge of the posthumously published *Arbeitsjournal* that Thomas Mann had let his older brother "buchstäblich hungern"[14] (59). This extraordinary accusation, which Golo Mann sought to refute,[15] reveals Brecht's profound resentment, a resentment, however, that was directed against the chief representative of a bourgeois life style and bourgeois literature rather than against Thomas Mann personally. Horváth, hardly an epitome of bourgeois respectability, shares Brecht's severe reservations about Thomas Mann. But such common bond cannot hide the two playwrights' fundamental differences that are rooted in totally divergent concepts of the theater and the function of the dramatist. In a rather rudimentary fashion Horváth seeks to undermine an essential ingredient of the famed *Verfremdungseffect* by implicitly denying the possibility of the spectator's emotional involvement in the stage action (40); in a similar vein, Brechtian staging techniques that are intended to change the "zustimmende, einfühlende Haltung des Zuschauers in eine kritische" (*GW* XV, 378) such as the "hard, white light" (56) used in Brecht productions and the employment of scene title projections on linen curtains are dismissively alluded to.

Theater is, of course, only a means to the end of societal change for the committed playwright Brecht; however, Hampton's figure reduces a significant body of theoretical writings to a cut and dried slogan: ". . . in the theatre it's not enough just to interpret the world anymore: you have to change it" (80). Ironically, Brecht's presumed adaptation of Karl Marx's eleventh thesis on the philosopher Ludwig Feuerbach—"Die Philosophen haben die Welt nur verschieden *interpretiert*: es kömmt darauf an, sie zu *verändern*"[16]— would have been most untimely in California; during his American exile Brecht was perhaps farther removed from establishing a truly epic theater than during any other period of his career. In contrast to Brecht's collectivist stance the non-establishment figure and quintessential outsider Horváth, frequenter of seedy bars and friend of down-and-out characters, rejects commitment to any ideological or political cause and confines himself to writing about "ordinary people . . . about life . . . about the poor, the ignorant, about victims of society, women especially" (38) rather than using the theater as a vehicle for changes in society. Such notions are derived from the historical Horváth who declared in a 1932 interview that he endeavored "die Welt so zu schildern, wie sie halt leider ist."[17]

Grass had faulted Brecht with unwillingness to act according to his professed beliefs in a specific situation, and Weiss had critically examined Brecht's collective methods of literary production—but both post-war writers explicitly or implicitly acknowledged his stature as a major playwright. Conversely, Hampton, in a sense inheritor of the Brechtian theater turned opponent, not only dwells on the putative and real flaws in Brecht's character, he engages in a radical attempt of negation that is based on his denial of the Brechtian assumption "daß Theater die Welt verändert." But Hampton cautiously adds: "es sei denn auf indirekte, fast undefinierbare Art und Weise."[18] Thus Horváth posits an anti-Brechtian theater that lacks the elements of "blueprints" for the future and "instructions" to the spectators on how to achieve it (80); by doing so, he articulates ideas that Peter Handke voiced in his 1968 essay— provocatively titled, "Horváth ist besser als Brecht."[19] Handke charged Brecht with using "Denkmodelle" that are "allzu vereinfacht und widerspruchslos" and offering solutions that inadequately reflect complex states of consciousness. Somewhat later, Handke significantly modified his assessment and ascribed to Brecht the development of a theatrical model that shows the state of the world as "gemacht" and "änderbar."[20]

At the same time, Handke postulates that Brecht's "Denkmodell von Widersprüchen" is confined to the theater and has no significance in terms of disposing spectators to social change. Hampton extends Handke's argument by presenting Brecht's documented failure in politics, the abortive attempt of the exiled writers in August 1943 to formulate a common platform concerning the post-war future of Germany in response to the manifesto of the Moscow-based Nationalkomitee Freies Deutschland (*AJ* II, 597, 599). The statement entailed a rejection of collective guilt by distinguishing between Hitler on the one hand and the German people on the other; however, the potentially significant declaration was no longer newsworthy when Thomas Mann, the best-known of the

German exiles, withdrew his signature. Thus Brecht's political initiative had come to naught; Horváth's comment that this initiative "seems meaningless and self-important" (80) constitutes the final refusal to endorse activism—whether in the theater or in politics—on the part of the post-Brechtian and anti-Brechtian Hampton. In the final analysis, Hampton, inspired by both his unwitting mouthpiece Horváth and his contemporary Handke, goes considerably beyond Weiss as well as Grass by not only dwelling on the discrepancies between Brecht's theory and practice but by challenging the very premises of his theater.

University of North Carolina at Chapel Hill

1 Jan Knopf, *Brecht-Handbuch: Lyrik, Prosa, Schriften. Eine Ästhetik der Widersprüche* (Stuttgart 1984), p. 5.—2 Lion Feuchtwanger, *Erfolg: Drei Jahre Geschichte einer Provinz,* 2 vols. (Berlin 1930), I, 303; subsequent references will be given parenthetically in the text by volume number and page.—3 Marieluise Fleißer, *Gesammelte Werke,* 3 vols. (Frankfurt/M 1972), III, 117–68; subsequent references will be given parenthetically in the text by volume number and page.—4 See Martin Brunkhorst, *Shakespeares "Coriolanus" in deutscher Bearbeitung. Sieben Beispiele zum literarästhetischen Problem der Umsetzung und Vermittlung Shakespeares* (Berlin 1973), p. 156.—5 Joachim Kaiser, "Die Theaterstücke des Günter Grass," *text und kritik* 1/1a: *Günter Grass,* 5th ed. (1978), p. 124.—6 Jost Hermand, "The Super-Father. Brecht in *Die Ästhetik des Widerstands,*" *Communications from the International Brecht Society* 13/2 (April 1984), p. 6; subsequent references will be given parenthetically in the text by the abbreviation *CIBS* and page number.—7 Peter Weiss, *Die Ästhetik des Widerstands: Roman,* 3 vols. (Frankfurt/M 1975–1981); subsequent references will be given parenthetically in the text by volume number and page.—8 Christopher Hampton, *Tales from Hollywood* (London 1983); subsequent references will be given parenthetically in the text by page.—9 For a more detailed discussion of the function of Heinrich and Thomas Mann in the play, see my forthcoming article, "Von der Ohnmacht der Intellektuellen: Christopher Hamptons *Tales from Hollywood,*" *Exilforschung: Ein internationales Jahrbuch* 3 (1985).—10 Christopher Hampton, as quoted in Michael Radcliffe, "Sunset Waltz of the Emigrés," *Sunday Times,* 21 Aug. 1983.—11 Bertolt Brecht, *Gesammelte Werke,* 20 vols. (Frankfurt/M 1967), l.c. XVIII, 100; subsequent references in the text will be given parenthetically by the abbreviation *GW* volume number and page.—12 Martin Esslin, *Brecht: A Choice of Evils. A Critical Study of the Man, His Work and His Opinions,* 4th, rev. ed. (London 1984), pp. 147–48. —13 See Sidney Hook, "A Recollection of Berthold [sic] Brecht," *New Leader,* 10 Nov. 1960, p. 23.—14 Bertolt Brecht, *Arbeitsjournal,* 3 vols. (Frankfurt/M 1973), II, 643 (11 Nov. 1943); subsequent references will be given parenthetically in the text by the abbreviation *AJ,* volume number, and page.—15 Golo Mann, "Die Brüder Mann und Bertolt Brecht," *Die Zeit* (North American ed.), 2 Feb. 1973, pp. 9–10. —16 Karl Marx, *Die Frühschriften,* ed. Siegfried Landshut (Stuttgart 1953), p. 341. —17 *Materialien zu Ödön von Horváths "Geschichten aus dem Wiener Wald,"* ed. Traugott Krischke (Frankfurt/M 1972), p. 7.—18 Gerd Jäger, "Die Impotenz der Intellektuellen. Ein Gespräch mit Christopher Hampton," *Theater heute* 24, No. 5 (1983), 28.—19 Peter Handke, "Horváth ist besser als Brecht," *Theater heute* 9, No. 3 (1968), 28.—20 "Peter Handke noch einmal über Brecht—und über das Straßentheater der Studenten," *Theater heute* 9, No. 4 (1968), 7.

Typically Hildesheimer. A German Adaptation of Richard Brinsley Sheridan's *The School for Scandal*

Elizabeth Petuchowski

Some of Hildesheimer's own comedies, though hard to categorize, have aspects in common with English comedy of manners, and his fondness for Sheridan, two of whose comedies he adapted for German audiences, is not surprising. Sheridan's *The Rivals* (first performed 1775) and *The School for Scandal* (1777) are perennially performed on the English stage, rarely in Germany. German scholars virtually ignore Sheridan. He is not named in Heinz Kindermann, *Meister der Komödie von Aristophanes bis G. B. Shaw*.[1] Sheridan's comedies are excellent theater and amusing. This is also Hildesheimer's stated reason for adapting *The School for Scandal* for the German stage in 1960: "Die Wahl des Stückes entsprang einzig und allein dem Wunsch, mir ein paar Monate und damit dem potentiellen Publikum ein paar Stunden Vergnügen zu bereiten."[2] The adaptations were not commissioned, yet performed shortly upon completion.[3]

The distanced, unashamedly artificial character of these comedies is part of their appeal to English audiences who will, perhaps, suffer persuasion by indirection, whereas German audiences quite expect to be tutored in confessedly weak areas. Hanns Braun of Munich, for example, concludes a review with a reference to "eine ... uns zwar nicht unmittelbar angehende, aber unterhaltliche Aufführung," implicitly looking for a performance to engage the spectators.[4] However, Hildesheimer, familiar with England and English theater, allows unapologetically for artificiality, "einem ganz und gar artifiziellen Spiel" ("Vorwort").

To put Hildesheimer's ease with distance and artificiality into perspective, it is important to remember one notable characteristic of his writing. It ranges over a wide variety of literary forms, and within these, the extremes of measured, introspective prose on one side and, on the other, liveliest dialogue, are striking. The former is replete with responses of a ruminative, imaginative mind to a world out of joint, with notations of a resigned, but nonetheless

Exile and Enlightenment
Copyright Wayne State University Press, 1987.

keen, observer. In utmost contrast to this reflective prose is fast, witty dialogue, rarely devoid of a sharp edge, as if in consonance with Sheridan's Lady Sneerwell who says: "Psha! there's no possibility of being witty without a little ill-nature."[5] In either extreme, Hildesheimer maintains a distance from an average perception of reality which, to be sure, is his stated or implied point of departure. Imitation of reality is rarely his aim. Similarly, comedy of manners arises out of real situations; it treats its objects in an exaggerated, artificial, distancing fashion. There is, then, an affinity between comedy of manners and Hildesheimer's stance as author. It is difficult to say if Hildesheimer's English experience contributed to this his ability to view reality, including social situations as in these plays, from outside, or if an intellectual or emotional predisposition towards detachment made English comedy of manners and Sheridan congenial to him. It suffices to note that a literary stance of remoteness from reality is peculiar to Hildesheimer; he adapts it to varying literary requirements.[6]

Die Lästerschule, which Hildesheimer undertook before *Die Rivalen*, does not depart from the plot of the original. Adaptational changes are in the details. This study will examine significant changes, without aiming to be exhaustive.

Noticeable on the title page is the fact that Hildesheimer transformed Sheridan's five acts, a total of 14 scenes, to *Zehn Bilder*.[7] This is of some importance in so far as Hildesheimer, familiar with technical aspects of stage craft, is strongly aware of the visual setting. Implications of the reduced number of scenes will be discussed below.

Furthermore, the names of some of the characters have been changed—according to the anonymous reviewer of *The Times*, "unfortunately to little or no purpose."[8] Hildesheimer has found that English words, particularly English names, are rarely pronounced correctly on the German stage. He has substituted for names with diphthongs names with clear vowels, while retaining here and there the sense of the original association ("Vorwort"). That explains why Rowley becomes Russel (or Russell), Snake Natter. What Hildesheimer has not revealed are some associations with the names he has substituted. Sir Benjamin Backbite, e.g., becomes Sir Benjamin Dogberry. Though innocent of diphthongs, the name is not totally innocuous because it is borne by the Constable in *Much Ado About Nothing*. Dogberry, famous for, among other things, "Comparisons are odorous," is a precursor of Mrs Malaprop in *The Rivals*. This ingenious connection may add to one's pleasure, but is likely to be missed by those in the German theater unfamiliar with Shakespeare's original.[9] This is one of innumerable literary and broadly cultural allusions in Hildesheimer's oeuvre. One parallel will be cited. A phrase in *Tynset*, referring to "den Menschen Hamlet in seiner ganzen körperlichen Anfälligkeit," is recognizable as a German paraphrase of "all the natural shocks that flesh is heir to."[10]

Similarly, Sheridan's Lady Sneerwell becomes Hildesheimer's Lady Hunter: a name change seemingly unproblematic. However, the James Joyce connoisseur Hildesheimer is most probably mindful of one Mr Hunter of Dublin, reputedly a cuckold, in whom Joyce was interested in connection with the writing of *Ulysses*.[11] Because rumored unfaithfulness is the subject of the scandals in *Die Lästerschule*, the allusion would be appropriate.

What significant changes does Hildesheimer make to the text proper? The witty dialogue of *The School for Scandal* which Sheridan kept revising for more than 19 years is, by consensus, the best aspect of the work. J.R. deJ. Jackson shows that Sheridan, in his rewriting, "constructed his play around witty sayings," and as he cut out whole scenes he might save an aphorism to put into another scene, paying little attention to the effects on the action.[12] Hildesheimer maintains much verbal fun in his adaptation, with this difference: with an ear for the slightly stylized, selfconscious cadence of Sheridan's periods, Hildesheimer nonetheless abandons rhetorical elegance in favor of clarity and uncomplicated syntax. This change brings with it an occasional new focus, either in characterization or in some other aspect. One example stands for several. Sheridan's ROWLEY recommends Charles's virtues to Sir Peter: "For Charles . . . will retrieve his errors yet. Their worthy father, once my honoured master, was, at his years, nearly as wild a spark; yet, when he died, he did not leave a more benevolent heart to lament his loss." SIR PETER: "You are wrong, Master Rowley. [. . .]" ROWLEY: "I am sorry to find you so violent against the young man" (p. 239). Hildesheimer updates the language and, with it, here, the master/servant relationship. RUSSEL: "Lieber Sir Peter! Sie wissen, dass ich, was dieses Bruderpaar betrifft, Ihre Meinung nicht teile. . . . Charles dagegen ist ganz der Vater, wie er in jungen Jahren war. Und einen besseren Mann als ihn hat es nie gegeben." SIR PETER: "Du irrst, Russell. Und ich irre mich nie!" RUSSEL (mit versteckter Ironie): "Verzeihung, das vergass ich" (pp. 24–25).

In Hildesheimer's adaptation, a general tightening of the action is apparent, accomplished, in part, by skillfully reducing the number of exits and entrances. One instance occurs at the end of Act I, Scene II of the original, where Sir Peter and Rowley both exit and Act II shows the same room, Sir Peter and Lady Teazle on stage. Hildesheimer has Russel explain his presence: "Ich muss fort, Sir Peter. Ich bin nur gekommen, um Sir Oliver anzumelden." Sir Peter, newly married, voices irritation, "da die Dame des Hauses natürlich nicht zuhause ist" (p. 26). Lady Blossom is heard off stage enquiring if her husband is home, and Russel, leaving, says: "Da ist sie schon," so that Russel's exit and Lady Blossom's entrance interlink, as if casually.

Hildesheimer combines one instance of eliminated exit and reentrance with a psychologically credible theatrical addition to the portrayal of Joseph.[13] Instead of having Joseph exit and re-enter, Hildesheimer heightens an emotional climax by a less disruptive darkening of the stage between *Siebtes* and *Achtes Bild*. Joseph has experienced a series of—deserved—setbacks when yet another unwelcome visitor is announced. Sheridan's Joseph soliloquizes: "I must try to recover myself, and put a little charity into my face, however." He exits, and the audience is to imagine how he composes himself offstage, as Sir Oliver and Rowley enter. Joseph reappears almost immediately. Sir Oliver comments with dramatic irony—as he, unlike the audience, is ignorant of Joseph's concern about his looks: "I don't like the complaisance of his features" (p. 288). Hildesheimer's Joseph notices that, Sir Peter having left, he is alone. Joseph *"Nimmt wütend eine Vase auf und schmettert sie zu Boden"* (p. 94). The scene is darkened and re-lit, showing the same room and Joseph in the same attitude. As the pretended Stanley is announced, Joseph, still angry, *"Stellt sich vor einen Spiegel."* Grimacing, he manages a smile. The presumed Stanley comments: "Sie sind (*mit kaum hörbarer Ironie*) allzu freundlich" (p. 96), which, in context, refers to Joseph's offer of a chair but, as the actor may indicate, can also refer to the forced friendliness on Joseph's face. Hildesheimer, then, keeps the dramatic irony of the original: Joseph remains an object of ridicule but, because of a smoother arrangement of scenes, becomes suddenly and starkly lifelike and, because he smashes the vase, credibly lifelike.

A general tightening of the story line produces greater clarity, as in Act III, Scene I. Where Sheridan shows plans in the making, tentative suggestions to be rejected later, Hildesheimer has Sir Oliver sum up the plan: "Eine vorzügliche Idee. Ich bin Price. Und dann gehe ich zu Joseph und bin Stanley" (p. 46). This modernly direct expression avoids confusion, at the expense of the verbal flourishes gracing the original.

Hildesheimer explains in his "Vorwort" that he has resolved the asides into dialogue. The device, he says, was never pleasant and is awkward on the modern stage. The device, however, is a tool for irony. Its removal is apt to reduce the irony, but Hildesheimer has reintroduced it by verbal and visual means. For instance in the auction scene, Charles balks at selling his uncle's portrait. His uncle, Sir Oliver, playing Mr Premium, witnesses this refusal. His delight at seeing his nephew's basic loyalty is expressed in the original with ironically comic effect, where *aside* and *aloud* are paced to alternate. Hildesheimer compensates for the removal of the asides with a stage instruction, "*Es entfährt ihm*" (p. 70) and with having Sir Oliver write Charles a check to test his sincerity (pp. 70–71). The irony is thereby maintained because the audience knows the score without being informed by asides.

Furthermore, Hildesheimer punctuates dialogue with audible patterns of repetition, thus keeping that artificiality produced in the original by means of asides. Sir Oliver: "Ja ja, solche Menschen sind selten geworden." Charles: "Gottseidank." Sir Oliver: "Leider" (p. 65). This pattern is repeated. Charles: ". . . Die Zeiten ändern sich." Sir Oliver: "Leider." Charles: ". . . Die Zeiten ändern sich." Sir Oliver: "Leider!" Charles: "Gottseidank" (p. 65). A third echo follows. Charles: "Der Geschmack ändert sich." Sir Oliver: "Leider!" Charles: "Gottseidank" (p. 67). Such interspersed trivial repartee more than restores any irony lost through the removal of asides.

Although more could be said about some results of Hildesheimer's simplifying of scenes and dialogues, other features of his adaptation should be mentioned because they are characteristic of Hildesheimer's style.

Sheridan's attitude toward Sentimentality is a matter of scholarly debate.[14] Hildesheimer, in his "Vorwort," dismisses Sentimentality as *ausgestorbene Eigenschaft*. In one of the few instances where Hildesheimer's adaptation nevertheless approaches the subject, he has recourse to paradox, a device he also uses elsewhere. In Act IV, Scene 3, Sheridan's Sir Peter wrongly extols the villain Joseph as an example to Charles: "Well, there's nothing in the world as noble as a man of Sentiment" (p. 285). Hildesheimer's Charles responds to Sir Peter's "Du könntest viel von ihm lernen" with: "Er [Joseph] ist mir zu moralisch, er hat so einen frommen Blick und zu feste Grundsätze, . . . ich kann so etwas überhaupt nicht vertragen" (p. 89). This paradoxical assessment of Sentimentality on the part of Charles is clear. Because Hildesheimer, in his "Vorwort," considers Charles to be "eine der prachtvollsten, lebendigsten Figuren des englischen Theaters," his use of paradox here shows the importance of this device to Hildesheimer.

Surprising the reader or viewer is characteristic of Hildesheimer. A second hiding behind a screen—this time Lady Hunter at Joseph's house—must produce surprised laughter from the audience who remembers the previous occasion. Sheridan has Lady Sneerwell exit into an adjoining room (p. 300). Hildesheimer takes the opportunity to repeat a good effect, to make it even funnier through precisely this repetition, and, moreover, to provide an absurd reason for it. "Ich werde es kurz machen," says Joseph. "Am besten gehen Sie schnell hinter diesen Wandschirm" (p. 115), as if to save Lady Hunter the trouble of using the door. Such pure fun, simultaneously naive and sophisticated, occurs with surprising effect also in some of Hildesheimer's other writings.

Also Joseph's brief monologue accompanying Lady Hunter's disappearance behind the screen is typical of Hildesheimer's occasional hyperbolic whimsy: "Frohe Nachricht für *mich*—das könnte höchstens sein, daß Charles ausgewandert, Sir Peter Blossom vom Erdboden verschluckt ist und den guten Onkel Oliver der Schlag getroffen hat" (p. 115). This near-realistic unburdening of the heart, fantastic, yet vented with spleen, has parallels in other writings by Hildesheimer.

An example of Hildesheimer's literary trickery, mentioned above, is tucked into a simile. Sheridan's "You will be handed down to posterity, like Petrarch's Laura" (p. 234) becomes Hildesheimer's "wie . . . Don Quichotes Rosinante" (p. 18)—relying on the audience to catch the wry comparison?

In some narratives, Hildesheimer interestingly insists on exaggerated precision. *Die Lästerschule* contains one example at a point of tension where this insistence is trivial and, together with visual means, is used farcically. Charles wants Slick (Moses) to corroborate that Sir Oliver, present as Mr Price, is still in distant India: "Nein, . . . mein Onkel sitzt im Augenblick in Calcutta und schwitzt, nicht wahr, Slick?" And Slick, party to the ruse, admits with ridiculous precision: "Dort sitzt er. Ob er schwitzt, weiss ich nicht" (p. 62), the actor, no doubt, pointing to Sir Oliver. Precision here is conducive to farce.

Among Hildesheimer's stagewise, visible additions is a notebook in which Natter, identified as "ein ambulanter Sekretär," efficiently keeps track of all rumors. And there is the matter of some Burgundy. It belongs, in the original, to scenes with Charles. Hildesheimer follows through, elevating the wine from a characterizing stage property to a more meaningful token of good fellowship. Hildesheimer has various *dramatis personae* mention it, delay its availability, postpone its consumption; the *dénouement* promises a celebration with a goodly supply of it (pp. 43, 55–58, 72, 73, 123).

Enough of the criteria governing Hildesheimer's adaptation of the first of two comedies by Sheridan have here been indicated to show that they pertain to stagecraft and detailed matters of style. They are important because they reflect literary habits of the adaptor.

Cincinnati

Had it not been for a thought-provoking examination question about Wolfgang Hildesheimer's *Tynset*, my acquaintance with the work of this writer and graphic artist (born 1916) might not have gone beyond this title, one of many, which were required reading. As I suppose it was Guy Stern who formulated the question I feel it is fitting that this volume honoring his 65th birthday include an essay about Hildesheimer. It is, then dedicated to Guy Stern, with very best wishes.
1 Wien 1952. An ironic footnote on the cross-Channel vagaries of Sheridan: his *Pizarro* (1799), a tragedy in five acts, was taken from a drama by August F. F. von Kotzebue. In 1800, there appeared, in Grätz, *Pizarro. Ein Trauerspiel in fünf Aufzügen. Nach Kotzebue's Spanier in Peru; oder: Rolla's Tod frey bearbeitet von Richard Brinsley Sheridan. Nach der dreyzehnten Londner Ausgabe ins Deutsche uebersetzt von J.C.S[ommer].*—**2** "Vorwort" in Richard Brinsley Sheridan, *Die Lästerschule*. Frei bearbeitet von Wolfgang Hildesheimer (München 1962), pp. 5–8, hereafter cited in the text as "Vorwort."—**3** Communication from Hildesheimer June 18, Aug. 21, 1985. For first performances see Volker Jehle, *Wolfgang Hildesheimer. Eine Bibliographie* (Frankfurt/M 1984). A revised bibliography by Jehle will appear in a forthcoming *text + kritik* about Wolfgang Hildesheimer.—**4** "Die Lästerschule von Schwetzingen. Sheridans Komödie im Rokoko-Schlosstheater," *Süddeutsche Zeitung*, May 29, 1961, p. 123.—**5** *Sheridan's Plays*. Introd. and notes by Joseph Walter Cove (pseud. Lewis Gibbs) (London 1956, rpt. 1966), p. 231. Parenthetical references in the text will be to this Everyman's Library edition. (Hildesheimer used it, or Oxford Classics. Communication from the author April 20, 1985). Less necessary to the current context is the scholarly edition: Richard Brinsley Sheridan, *The Dramatic Works*, ed. Cecil Price (Oxford 1973). Most useful notes in R.B. Sheridan, *The School for Scandal*, ed. F.W. Bateson (London 1979).—**6** At the time of writing, Hildesheimer's German version of William Congreve's comedy of manners, *The Way of the World* (1700), is concluding a successful run at the Schauspielhaus Zürich. Hildesheimer informs me (June 18, 1985) that he completed the Congreve in 1982, but started it "about 15 years earlier." Insel Verlag will publish it in the first half of 1986.—**7** Richard Brinsley Sheridan, *Die Lästerschule: Lustspiel in neun Bildern*. Frei bearbeitet von Wolfgang Hildesheimer (München 1960). Through an error, *Sechstes Bild* occurs twice (pp. 65, 74): there are *Zehn Bilder*. I thank theater verlag desch for permission to quote from this theater typescript. —**8** "German View of Sheridan's Masterpiece," June 1, 1961, p. 6.—**9** The

underlying aesthetic problem is addressed by Roderick H. Watt, "Self-defeating Satire? On the Function of the Implied Reader in Wolfgang Hildesheimer's *Lieblose Legende*," *FMLS* 19 (1983), 58–74.—**10** Frankfurt/M 1965, p. 267.—**11** Cf. Richard Ellmann, *James Joyce* (New York 1959), pp. 238–39, 385–86. The 1982 edition identifies more closely: Alfred A. Hunter, pp. 161–62, 230, 375. Hildesheimer's first published article about Joyce appeared untitled in the Books Section of *Radio Week* (Jerusalem), later *Forum*, May 3, 1946. I thank Ruth Achlama for locating this hard-to-find article for me in 1976.—**12** "The Importance of Witty Dialogue in *The School for Scandal*," *Modern Language Notes* 76 (1961), 601–07.—**13** See also Hildesheimer's "Vorwort."—**14** Cf. Joseph Wood Krutch, *Comedy and Conscience after the Restoration*, 3rd ed. (New York 1967), pp. 252–53 et passim; A. N. Kaul, *The Action of English Comedy. Studies in the Encounter of Abstraction and Experience from Shakespeare to Shaw* (New Haven 1970), p. 133 et passim.

Alfred Neumann's and Erwin Piscator's Dramatization of Tolstoy's *War and Peace* and the Role of Theater as a Contribution to America's War Efforts.

Gerhard F. Probst

It is generally known that Erwin Piscator came to the United States upon the invitation of Broadway producer Gilbert Miller to direct his and Alfred Neumann's dramatization of Tolstoy's *War and Peace*. When Miller, who had taken an option on the play after reading only a rough English translation of the original, threatened to drop the project because he did not like the finished script, particularly the second and third acts, Piscator began to look for help. One of the men he thought could be of assistance, was Harold Clurman, one of the founders and directors of the Group Theatre.

If Piscator thought that in Clurman he had a fellow-combatant for the cause of political theater who, as he himself had so often done, would produce a play on the strength of its ideas and intended effect, not so much as an esthetic object, i.e., a play that would be good theater, he was sadly disappointed. Piscator must have developed very early doubts about Gilbert Miller, who had not bothered to meet him and his wife at the New York pier, and apparently contacted Clurman almost immediately, since Clurman's answer is dated January 24, 1939. Clurman wrote:

> I believe it is practically an impossible task to do 'War and Peace' on the stage and so any criticism of the play that I make must be made with a sense of the great difficulty of the task assigned. I feel that your play sins not from over-simplification but from an effort to do too much, and so while the production might be scenically effective, in its varied, short and constantly moving scenes, it fails to present the characters in a way that would move an American audience and interest them in the character's [sic] problems. I think the play as written at present, would be an emotional failure because this sense of not being able to identify oneself with the characters, or to connect themselves imaginatively into their lives and milieu, which I believe is largely due to the form and structure of your dramatization, is a very serious lack, particularly from the standpoint of our American audiences, who respond much less to form and even to the excitement of stage technique than to simple characterization and situation.

Exile and Enlightenment
Copyright Wayne State University Press, 1987.

Your play, I do not feel, would satisfy an audience, as it does not
satisfy me from the standpoint of almost all traditional standards
of current theatre. . . . I am bound in all honesty . . . to say at the
moment that I do not feel that the Group Theatre would be interested in undertaking a production of the present material.[1]

Clurman, of course, had some experience with Piscator's concept
of theater, since it was the Group Theatre which had presented his
first dramatization of an American novel, *The Case of Clyde Grif-
fiths* based on Theodore Dreiser's *An American Tragedy*, to New
York theater-goers in 1936. The experience was not a very happy
one: "reviewers generally detested the play."[2]

Moreover, the Group Theatre had moved away from the class
struggle position of the early Odets, its leading dramatist since the
sensational premiere of *Waiting for Lefty* in January of 1935. Only
five years later, the same Cliffort Odets who had been hailed as the
champion of revolutionary drama, resigned himself to the fact that
there was little hope for political theater in America.[3]

Piscator kept on trying to have his *War and Peace* produced. He
made a list of writers whom he apparently wanted to contact about
a possible collaboration on a revision of the script. The list included such names as Sinclair Lewis, Sidney Howard, Ernest
Hemingway, Walter Volmer, Stark Young, Edna St. Vincent Millay,
Mrs. Norman Hapgood, Dr. Winn F. Zeller, Johann Reich, S. N.
Behrman, John van Druten, and Ernest Boyd.[4]

There is a series of diary entries made between May 4 and July
14, 1939, which indicate that Piscator tried several different approaches to having *War and Peace* staged. Alfred Neumann had
sent him a new version which Piscator considered producing with
German exile actors who would work without pay in order to stay
within the budget range of $30,000 that Gilbert Miller was still
willing to invest. The last three diary entries concern contacts
with two other producers.[5]

None of these attempts was successful. As late as May 1940
when the Dramatic Workshop already was in operation, Piscator
tried to have John Gassner give him a hand with the play: "I am
still looking for someone who could help me with the dialogues in
'War and Peace'. I hesitate to ask you to do it because of your
heavy schedule, naturally I would be delighted if you could. Failing
this happy solution would you have anyone to suggest? What do
you think of Sidney Kingsley? Do you know that Paul Muni is very
much interested in the play? He suggested Maurice Samuel, the

translator of Schalom Ash's latest publications. Do you know him? Let's get together soon."[6]

Less than two years later Harold L. Anderson and Maurice Kurtz, who were associated with the Dramatic Workshop, did an adaptation of *War and Peace*. By then, the United States had entered the war and, more importantly, Hitler's armies had invaded the USSR, thus giving the Tolstoy dramatization a topicality it did not have when Piscator first tried to stage it. Piscator hoped to be able to do with *War and Peace* what he had just accomplished with a similarly topical play, Lessing's *Nathan the Wise*, namely, to interest a Broadway impresario with his Studio Theatre production and to move it "uptown." This time, however, his hopes proved to be in vain. *War and Peace* opened on May 20, 1942, had its customary short, four-week run—and that was it. Piscator had to wait another thirteen years until he finally could produce *War and Peace* on a big stage with professional actors. On March 20, 1955 *Krieg und Frieden* opened at the West Berlin Schillertheater in a new version Piscator had written together with Guntram Prüfer.

This new version made use of a dramaturgical device Piscator had first employed in the stage version of Robert Penn Warren's novel *All the King's Men*. In addition to a narrator who at the same time is a character in the play, Pierre Besuchov, a commentator or interlocutor is added who informs, explains, even argues with the actors. It is interesting to note that Harold Clurman saw this 1955 production and although he still does not like this type of anti-romantic, intellectual theater, as he calls it, he is now more tolerant in his assessment of a play which he once rejected:

> This [*War and Peace*] is a schematic piece which does not attempt to dramatize the novel. It seeks only to explain it and to draw some social conclusions from it. The treatment shocks those who expect the quality of the novel to be reproduced on the stage. . . . I admired it even though it isn't 'my kind' of theatre, which I might define as reality through poetry or poetry through reality. The theatre, I believe, should not confine itself to any single type of entertainment. The theatre of emotion is fine, but there must also be a place for the 'intellectual' theatre. Nor am I averse to propaganda—and do not consider that propaganda must necessarily fail to be art. . . . Piscator's *War and Peace* . . . is a diagram of the novel. But it is handsomely and sometimes ingeniously drawn with a distinguished sense of the possibilities of the stage. That it is not conventionally stirring, that it is more lesson than epic, that it has little 'flesh and blood,' that it contains a minimum of (Russian) color or (Tolstoyan) humanity does not invalidate it for me as theatre.[7]

Alfred Neumann never saw any of the different versions of his and Piscator's Tolstoy adaptation staged. He died about two and a half years before the Berlin production, and he could not see the one at the Studio Theatre of the Dramatic Workshop because he lived in California and had a hard time making ends meet, so that a trip to New York was out of the question.

Neumann did, however, try to stay abreast of developments, gave his written approval for inclusion of Anderson and Kurtz as adaptors in the credits and commented quite favorably on their work: "Now I have read the new version; it is excellent. The first act with the prologues which lead into the present situation, and with the expansion of the relationship between the heroes I find quite outstanding. . . . The translation renders to a truly amazing degree what we wanted to say. In sum: I am hopeful again."[8]

When Neumann scolded Piscator in a letter written May 25, 1942 about his tardiness in sending him a report about the premiere of *War and Peace*, Piscator sent a telegram saying, "Great success, critics lukewarm. Letter to follow."[9]

The last correspondence between Neumann and Piscator concerning the Tolstoy play is a letter written by the former, dated May 31, 1942. Since it is such a beautiful testimony to their friendship and collaboration, it seems justifiable to reproduce it here as a coda, as it were:

> Dear Erwin, I thank you with all my heart for the enormous efforts and beautiful passion which you applied to our WAR AND PEACE, the most beautiful title of our friendship. When reading the program notes one already realizes what unbelievable things you have conjured up on this little stage and with your limited resources. That in this land without imagination, thus also without a soul, you have moved the audience, already is a victory.

After this somewhat harsh, but excusable and understandable refugee reaction to the supposed emotional make-up of the host population, Neumann continues:

> One consequence of the production seems to be that *War and Peace* is haunting the film studios and their gossip again. . . . all of a sudden both MGM and Warner claim to have secured the rights to *War and Peace*. I don't quite understand this; but I don't understand most of the things that are said here.[10]

A side product, so to speak, of Piscator's unsuccessful attempts to have the Tolstoy play done on a professional stage, is a letter to Fritz Kortner, which, since it is rather long, can only be paraphrased and quoted in excerpts here.[11] Piscator reports to Kortner that Dorothy Thompson, with whom Kortner had written *Another Sun*, a refugee drama which was produced at the National Theatre in New York in February 1940, thinks the Studio Theatre should go on the road as "a kind of War Theatre" and present "a play of common political Interest and with this . . . bring new groups of people into the theatre. Now is the proper time, especially since Broadway makes very little efforts to notice the war at all, and since the one instrument of political theatre—the Federal Theatre—has completely disappeared." Piscator sees *War and Peace* as an ideal choice to strengthen the war effort of the United States and to help defeat Nazi Germany. (That the emphasis here lies on "Nazi" and not so much on "Germany" will become clear in the last part of this paper.)

The central character of the play, Pierre Besuchov, shows that pacificism is politically and morally wrong under certain conditions. And since this Pierre Besuchov is so important for the message of the play, Piscator would have liked to have Kortner play the part. But he had already offered it to the Czech actor Hugo Haas who had accepted. Therefore, Piscator could only suggest the part of Besuchov's father to Kortner who, however, was not interested and decided to stay in California. He may not have shared Piscator's vision that "with *War and Peace* we could lay the foundation stone for a new political theatre in our time." As mentioned earlier, the *War and Peace* production at the Studio Theatre did not register the expected success with the New York critics and, thus, did not move to Broadway. The Studio Theatre did not go on the road with it either and Piscator failed to make the political contribution he had hoped for. The entire plan of a war theater was abandoned.

The only contributions, then, that Piscator was able to make in the vein of the opinions expressed in the letter to Fritz Kortner, were *The Criminals* by Ferdinand Bruckner (Studio Theatre, December 1941) and *Winter Soldiers* by Dan James (Studio Theatre, November 1942). The first one was an adaptation of Bruckner's 1929 play by the same title, thematizing the view that passivity in the prevention of political crime—the rise of the NSDAP—becomes complicity. The second play consisted of ten scenes about anti-German guerrilla war activities in Czechoslovakia, Poland, Yugoslavia, and Russia. Other attempts to stage anti-nazi plays failed for reasons that have been discussed elsewhere, notably two different productions of Brecht's *Private Life of the Master Race* (1943, 1945) and an updated version of the dramatization of Hasek's *The Good Soldier Schwejk.*[12]

Toward the end of World War II Piscator began to speak and to write about the *Theatre of the Future.*[13] That he was not, as some of his detractors have said, an enemy of Germany, but an enemy of the Nazis, is shown in a correspondence with Elmer Rice. The correspondence occurred late in 1944, but clearly decided in favor of the Allied Powers. Elmer Rice's letter, dated October 13, 1944, was a response to a letter of inquiry by Piscator concerning measures to be taken against Germany:

> My dear Piscator:
> The only plans for Germany that seem interesting to me, at the present time, are: 1. The complete military defeat of Germany, with the greatest possible number of German casualties and an Allied march into Berlin; 2. Restitution by the Germans, as far as it is possible, of the destruction they have caused; 3. A rigid and prolonged policing of Germany, by the Allies, to check at the source any plans for another German-made war. What kind of theatre Germany has, or whether any theatre at all, seems to me unimportant. Cordially yours, Elmer Rice.

Piscator's reply dated October 15, 1944 is considerably longer, quite critical of Rice's views and toward the end rather vitriolic:

> Dear Elmer Rice:
> First: yes, I agree with you on the complete defeat of Hitler's Germany, but your line which reads 'with the greatest possible number of German casualties' should be amended to read 'German Nazi casualties— both in the Army and in the German civilian population.'
> Second: Restitution by the Germans, yes; but by all the Fascists in other countries of the world, including those who slept twenty years and didn't listen to the cries and the warnings of German Democrats, Anti-Nazis and Communists. They are the ones who warned the world, which, as you know, did not heed their pleas—and in your own country (which I hope soon to call mine) there were too many as well who paid no attention at all.
> Third: A rigid policing of Germany, yes; but by Germans who have proved since 1918 that they know and understand the German people—their character, psychology, economy and politics. The police force itself should be chosen from such of the Allies who have proven themselves able to police another country, and competent enough to check at its source any of the seeds of war in Germany, or in their own countries. The preparation for a war against the U.S.S.R., for instance.
> Fourth: All this will depend not only on the kind of a theatre

which Germany has, but also on what kind of a theatre the world has—and also the art, literature, science and other fields of creative activity. It will be important to have any theatre or culture in any sense in the aftermath of the third World War. Permit me to say that I think your letter is unwise, but it is understandable in these days when we are all angry with each other and full of the malevolence which war produces. From anyone else but you (because I know you have done many good and generous things) it would be hard to accept this. Be careful that a bit of the Hitlerian influence so rampant today doesn't crush you! Sincerely, Erwin Piscator, Director.

There is no answer by Rice to Piscator's letter, because Piscator decided, for whatever reasons, not to send it.

It seems a proper conclusion for this paper on Erwin Piscator's attempts to devote his political theater to the efforts to defeat Hitler Germany, to quote passages from an essay on the post-world-war-II theater, concern about which was apparently at the core of his dialogue with Elmer Rice. As far as I have been able to ascertain, the essay has never been published.

> We know that conviction alone does not make an artist. We know, too, that an artist doesn't make the world; and that a wrong conviction is more dangerous when it is propounded with greater art. So society must protect itself from these false artists, as it would from so many gangsters.
>
> At least this fascism and this war have made the fronts clear. The fascists have ordered the theatres turned to their political service and the artists have obeyed the order. But so far as we have heard they have not been able to produce art. The artists must feel bitter and betrayed.
>
> The aim of art can never be the creation of a Greater Germany or the Superman, but the national and international freedom of the common man of all nations and races.
>
> But we must start to build the great tradition anew. The Nazis will have left us nothing but dead, burned cities and even our theatres in ruins. To build anew is, we all know, for the time being a speculation. Whether it will remain only a speculation will depend upon the conditions which will follow the war. But in the last year we have come nearer than ever to these speculations, we might even call them our dreams. And no one can doubt that, even at this moment, the Nazis are losing the war. When they have lost it, everything will depend on how the social structure of Europe, especially of Germany, is worked out; on what political and psychological effect the Nazi education and the impact of the catastrophe will have had on the people.
>
> We are in a state of war and revolution of such a scope as the world has never known. The importance of the decisions which will have to be made within the next ten years is breath-taking. But at the same time those years hold a promise for a magnificent future.

> This is perhaps the only time in history that, within the space of twenty years two such total wars have engulfed the same generation— namely ours. It is by the same token, the first time that one generation will be given a second glorious chance,—to build a new life.[14]

That Piscator was given only a small part in the rebuilding of the German theater after his return from his American exile, must have been the real pain caused by the proverbial cold shoulder shown him for over ten years. When he finally did have his own theater and with it the means and the chance to do what he had written about almost twenty years before, his life was approaching its end. But he still had enough time, strength, and political sense to launch the new "Dokumentartheater" with his production of plays by Hochhut, Kipphardt, Weiss, and Kirst. It is one of the ironies of history that these documentary plays could not have been written immediately after the war, because it takes distance to see things clearly. But when they finally were written, audiences were not as open to their messages as they would have been in 1945 or 1946. But with the escalation of the war in Vietnam and the ensuing student protests in the western world, history caught up with Piscator again, and his political theater found a new audience in a new politically aware generation.

Technische Universität Berlin

1 Letter in Collection 31, Special Collections, Morris Library, Southern Illinois University at Carbondale.—2 Harold Clurman, *The Fervent Years. The Story of the Group Theatre and the Thirties* (New York 1957), p. 163. Clurman does admit, however, that although he himself "did not care for this play," because "it was schematic in a cold way that . . . went against the American grain . . . it was nevertheless technically intriguing and capable of being fashioned into a novel type of stage production."—3 Maria Ley-Piscator, *The Piscator Experiment. The Political Theatre* (New York 1967), p. 43.—4 Undated note, Morris Library.—5 Diary in Morris Library.—6 Letter dated May 16, 1940, Morris Library.—7 Harold Clurman, *Lies Like Truth. Theatre Reviews and Essays* (New York 1958), p. 238–239. —8 Letter of March 13, 1942, Morris Library. The entire correspondence between Piscator and Neumann is in German, English translations are mine.—9 Handwritten note, possibly by Maria Ley-Piscator, on Neumann's letter of May 25, 1942. —10 Letter in Morris Library.—11 Letter dated March 11, 1942 (written in English), Morris Library.—12 E.g., John Willett, *Erwin Piscator. Die Eröffnung des politischen Zeitalters auf dem Theater* (Frankfurt/M 1982), p. 114–115. Original English edition: *The Theatre of Erwin Piscator. Half a century of Politics in the Theatre* (London 1978).—13 Title of the essay quoted later; both essay and Rice-Piscator correspondence at Morris Library.—14 There are a German and an English version of the essay at Morris Library. There is no indication of who did the translation.

Nach dem Exil—Remigration oder endgültiger Abschied? Zum Problem der Heimkehr in der deutschsprachigen Lyrik der Verfolgten des Dritten Reiches

Karin Reinfrank-Clark

Im Kanon der exiltypischen Motive der deutschsprachigen Lyrik nach 1933 nimmt die Frage der Rückkehr ins Herkunftsland eine untergeordnete Stellung ein, zumindest im Vergleich mit der überwiegenden Behandlung von Verfolgung, Verlust der Angehörigen und Freunde, von Heimat und Sprachraum. In den ersten Jahren der Vertreibung, den Jahren der Flucht der unmittelbar bedrohten und konsequent antifaschistischen Schriftsteller, klingt die Hoffnung auf das baldige Ende der nazistischen Gewaltherrschaft noch zuweilen auf. So kann 1933 Max Herrmann-Neisse mit "Zuversicht" der Zukunft "getrost vertrauen,"[1] Johannes R. Becher ein Jahr später wie beschwörend ausrufen: "Es wird nicht lange mehr dauern"[2] und Oskar Maria Graf, wenn auch verhaltener, sagen: "und mir ist, als ob wie ich der Fernste fühlt: / Einmal brechen wir selbst durch die dickste Mauer."[3]

Mit der Dauer des Exils wachsen für viele die Zweifel an einer nahen Rückkehr; der Einflußbereich der Nationalsozialisten weitet sich aus; immer neue, entferntere Asylstationen müssen für anschwellende Ströme von Flüchtlingen gefunden werden; die rein physische Distanz zu den Heimatländern Deutschland, Österreich und der Tschechoslowakei wächst. Bert Brechts Postulat: "Und kein Heim, ein Exil soll das Land sein, das uns aufnahm. / Unruhig sitzen wir so, möglichst nahe den Grenzen / Wartend des Tags der Rückkehr,"[4] trifft selbst 1938 auf viele, die nicht direkt politisch engagiert sind, kaum noch zu. Zwar betont Alfred Wolfenstein 1939 in ähnlicher Weise: "Wir schaffen sie uns wieder, / Unsre Heimat ist im auferstehenden Europa,"[5] und Anfang der vierziger Jahre glaubt Becher zu wissen, "mein Deutschland wird erstehen / An dem Tag, da es den Zwingherrn schlägt."[6] Doch insgesamt tritt das Thema der Heimkehr in der Exillyrik in den Hintergrund. Überlebensprobleme in der Fremde, die Schreckensnachrichten aus der Heimat schaffen andere, persönlichere Prioritäten, die ihren poetischen Ausdruck suchen. Wie für Zuckmayer in seiner "Elegie von Abschied und

Wiederkehr"[7] verstärkt sich zum Beispiel die Erkenntnis auch bei
Mascha Kaléko: "Das wird nie wieder, wie es war, / wenn es auch
anders wird."[8] Bildhafter und eindrucksvoller drückt sich dasselbe
Empfinden bei Georg Kaiser aus: "Von solcher Fahrt kann keine
Rückkehr werden / mit bis zum Bord gehäufter Ladelast. / Nur
Trümmer landen irgendwo auf Erden / von Bohlen, Balken und ge-
borstnem Mast."[9]

In Erwartung des Zusammenbruchs in Europa stellt sich 1943 für
Brecht die Frage: "Die Vaterstadt, wie find ich sie doch?" Und die
ganz anderen Trümmerbilder, die er evoziert, versprechen ihm gerade die Möglichkeit des Rückwegs aus dem Exil. "Tödliche
Schwärme / Melden euch meine Rückkehr, Feuersbrünste / Gehen
dem Sohn voraus."[10] Bei Kriegsende bauen sich dennoch unvorher-
gesehene Schranken vor den Rückkehrwilligen auf, die in einer
aktiven Rolle zur Mitwirkung am politischen und kulturellen
Neubeginn im zerstörten Heimatland bereit sind. Nur die in der
Sowjetunion Exilierten werden gleich nach der Kapitulation in der
sowjetischen Besatzungszone reintegriert. Die westlichen Alliierten erteilen, zumal für intellektuelle Remigranten, die Einreiseer-
laubnis in ihre Zonen zum Teil mit jahrelanger Verzögerung. In der
Folge wächst damit die Kluft zwischen den Da-Gebliebenen und
den ins Ausland Geflüchteten, statt daß sie überbrückt wird.[11] So
sind es denn hauptsächlich die in das Gebiet der heutigen DDR
zurückgekehrten Schriftsteller, die (bei aller politischen, kulturellen und privaten Problematik) positiv zu ihrer Rückkehr und der
ihnen übertragenen Rolle beim Wiederaufbau stehen. So schreibt
Becher: "Erlöst war ich von der Verbannung Bann, / Als ich in dir
mein Leben neu gewann."[12] Rudolf Leonhard kann trotz der
unbewältigten Erinnerung sagen: "Auf diesen Straßen allen / sind
sie mit ihren Stiefeln gegangen. / Verflucht seien die Stiefel! / . . .
die Kinder, die Kinder / sollen immer gesegnet sein."[13] Und Brecht
gemahnt in der "Kinderhymne:" "Anmut sparet nicht noch Mühe
/ Leidenschaft nicht noch Verstand / Daß ein gutes Deutschland
blühe / Wie ein andres gutes Land."[14]

Nicht alle führt allerdings die Zukunftshoffnung auf eine neue
Generation, auf eine mögliche Regeneration des heimatlichen
Landes zurück. Eher ist es der Wunsch, eine kulturelle Selbstiden-
tifikation, das eigene Zentrum in der alten Heimat wiederzufinden
und Zeugnis abzulegen für die Ermordeten und die Geächteten.
Berthold Viertel hatte in "Auswanderer" noch betont: "Wir sind,
mein Kind, nie mehr zuhause. / Vergiß das Wort, vergiß das Land /
Und mach im Herzen eine Pause—/ Dann gehn wir. Wohin?

Unbekannt."¹⁵ 1947 treibt es ihn zurück nach Wien, "Denn hinter mir ging die Hölle her. / Menschenfackeln zeigten mir den Weg zurück."¹⁶ Es sind die ehemaligen Exulanten, nicht die zuhause Gebliebenen, die am schwersten an der Last der Erinnerungen tragen, wie Friedrich Torberg bekennt. Zwar löst das Ende des Exils seine Erstarrung, wie er schreibt, "Aber wo ich auch gehe, / flattern die dunklen Gewänder der Toten um mich."¹⁷ Der daheim gebliebene "Bruder" dagegen geht auf "glatten Wegen, / ahnungslosen Schritts" umher. "Gehst einher, und keins von den Skeletten / hebt die Hand und droht. / Bruder, hättest manche können retten, / und nun sind sie tot."¹⁸

Schmerz um die Gemordeten, Haß gegenüber den Mördern, Abscheu vor den Verfolgern, Mißtrauen gegen die im Lande Gebliebenen machen vielen die Heimkehr unmöglich. Andere wagen es mit einem Wiedersehn und entscheiden sich dann für den endgültigen Abschied. Ernst Waldinger deutet in Briefen an Gabriele Tergit an, wie zwiespältig die Begegnung mit Freunden und Kollegen in der Vaterstadt für ihn war, wie recht er hatte, nicht nach Wien zurückgekehrt zu sein. "In Wien kann unsereins nur leben, wenn er mit Scheuklappen herumgeht."¹⁹ Ihm bleiben, auch in seinen Gedichten, Rückerinnerungen an eine verlorene Kindheitsheimat und die Bilder einer neuen Welt, die nicht Heimat wird. Für Kurt Frankenschwerth führt eine Deutschlandreise zum Bruch mit dem Einst. "Es gibt nicht Heimkehr und es ist kein Wiedersehn, / . . . Heb dich hinweg. Geh! Trage was du liebst, / so wie man Schmerzen trägt und Krankheit und Verlust, / so wie man Tote trägt, begräbt und weiter trägt."²⁰ Die Toten auch sind es, die David Luschnat "Nachts im Hotel—in Deutschland" nach den Mördern fragen, und er muß ihnen antworten: "Ja, sie leben noch—leben—/ viele leben—sie lachen!!"²¹ Die Zeugenschaft derer, die außer Landes überlebten, verursacht bei den im Lande Gebliebenen, Vergeßlichen, eine ständige Irritation. Bitterste Ironie liegt in "Der Befragung des verlorenen Sohnes" von Hans Sahl. "Sie fragen mich, wenn ich zu / kurzem Aufenthalt heimkehre, warum / ich mich nicht entschließen / könne, dazubleiben und / erkundigen sich zugleich höflich / nach dem Termin meiner Abreise."²² Die Auseinandersetzung mit dem Nicht-zu-Bewältigenden ist weiterhin die Sache der Opfer.

Unter den Exillyrikern, die sich zum Verbleib in den Gastländern entschlossen haben, sind es besonders die der älteren Generation, deren Gedichte ihre Wurzel- und Heimatlosigkeit bezeugen. In dem Kulturbereich ihrer Umwelt fühlen sie sich als Sprachschöpfer sprachlos, zu dem veränderten und sich verändernden Kulturkreis ihrer Muttersprache wächst die Distanz. Ernst Waldinger gehört dazu ebenso wie Oskar Maria Graf oder Nelly Sachs, Friedrich Bergammer, Mascha Kaléko, Armin T. Wegner und viele mehr. "LIEBER IN AMERIKA / im Umkreis einer Entwurzelung / nach den verborgenen Wurzeln graben / als auf der Erdoberfläche / einer verlorenen Heimat Betrug / an mir selber verüben"[23], formuliert es Bergammer. "Heimkehr" ist ihm "abgewertetes / Dasein, / aufgewertet: / Valuten / der Einbildung / der Phantasie."[24] "Alle träumten von ihrer Heimkehr, doch die Schatten / ihrer Urahnen folgten ihnen in die Fremde. / Keiner kehrte zurück!"[25] zieht Armin T. Wegner als Fazit der Vertreibung, die seine Familienangehörigen weltweit zerstreute. Heimat gibt allein die Sprache, auch die Rückkehr wäre keine Heimkehr.

Für einige wenige vollzog sich der Abschied vom Mutterland, nicht jedoch der von der Muttersprache, relativ früh, nicht schmerzlos und nicht ohne innere Kämpfe. Stefan Lackner beendet seine *Weite Reise* von 1937 schon mit der Bereitschaft, sich ein "Zu Hause" zu schaffen, wo immer der Zufall ihn hin verschlägt.[26] Auch Martin Gumpert und Hilde Marx überwinden das Exil noch, während es dauert, aus der Gewißheit heraus, wie Gumpert es ausdrückt, "Und Heimat wird aus unseren Spuren wachsen."[27] Die kommende Generation wird in der neuen Heimat Wurzeln schlagen, daraus schöpfen sie Hoffnung und Zuversicht und die Kraft, den Rückweg abzubrechen. "Dir wird diese Sprache nicht fremd sein wie mir, / Du wirst Bürger des Landes werden. / ... Du, die Jüngere, bist weiter und reifer, / Erfahrener in der endlosen Reise, / Die uns ziellosen Zielen zuführt,"[28] versichert Gumpert seiner Tochter. Freier noch von Bindungen an die Heimat und positiver sieht Hilde Marx in die Zukunft, wenn sie sagen kann: "Die ganze Erde wurde Heimatort,"[29] und sie bekräftigt: "Es wird noch lange sein, bis alle Toten / aus diesem großen Sturm begraben sind. / Doch eine neue Zeit braucht neue Boten / um sie zu künden. Werde stark, mein Kind."[30]

London

Die Exillyriker, die in diesem kurzen Abriß erwähnt oder zitiert werden, gehörten dem Deutschen PEN-Club im Exil (1934–1948) an oder traten nach 1948 der in PEN-Zentrum deutschsprachiger Autoren im Ausland umbenannten Nachfolgeorganisation bei.
1 *Das Wort der Verfolgten: Anthologie eines Jahrhunderts*, 2. Aufl., hrsg. von Bruno

Kaiser (Berlin 1948), S. 170.—**2** Ibid., S. 173.—**3** Ibid., S. 186.—**4** *An den Wind geschrieben: Lyrik der Freiheit 1933–1945,* hrsg. von Manfred Schlösser (München 1962), S. 133.—**5** *Das Wort der Verfolgten,* S. 266.—**6** Ibid., S. 302.—**7** *An den Wind geschrieben,* S. 37.—**8** Mascha Kaléko, *Verse für Zeitgenossen* (Cambridge 1945), S. 24.—**9** *An den Wind geschrieben,* S. 179.—**10** Bertolt Brecht, *Ausgewählte Gedichte* (Frankfurt/M 1964), S. 64.—**11** Siehe auch Hans- Albert Walter, "Als ich wiederkam, da—kam ich nicht wieder," *Ich hatte einst ein schönes Vaterland: Deutsche Literatur im Exil 1933–1945. Eine Auswahlbibliographie* (Gütersloh 1985), Ss. 259–79.—**12** *Freiheit: Zeugnisse aus der Deutschen Geschichte,* hrsg. von Bruno Curth (Berlin 1946), Ss. 263–266.—**13** *Welch Wort in die Kälte gerufen: Die Judenverfolgung des Dritten Reiches im Deutschen Gedicht,* hrsg. von Heinz Seydel (Berlin 1968), Ss. 473–74.—**14** Brecht, S. 69. 15 *Das große Deutsche Gedichtbuch,* hrsg. von Carl Otto Conrad (Königstein/Ts 1977), S. 841.—**16** *Welch Wort in die Kälte gerufen,* S. 470.—**17** Ibid., S. 471.—**18** Ibid., S. 480.—**19** Briefe vom 27. September 1966 und 15. Oktober 1966, unveröffentlicht. Archiv des PEN-Zentrums deutschsprachiger Autoren im Ausland, London.—**20** *Welch Wort in die Kälte gerufen,* S. 472.—**21** Ibid., S. 506.—**22** *Exil* I (1982), o. S. (16).—**23** Friedrich Bergammer, *Flügelschläge* (Wien 1971), S. 34.—**24** Friedrich Bergammer, *Die vorletzte Stummheit* (Baden b. Wien 1984), S. 10.—**25** *Dort wo man Bücher verbrennt,* hrsg. von Klaus Schöffling (Frankfurt/M 1983), Ss. 378–79.—**26** Stefan Lackner, *Die weite Reise* (Zürich 1937).—**27** Martin Gumpert, *Bericht aus der Fremde* (New York 1937), S. 25.—**28** Ibid., S. 19.—**29** Hilde Marx, *Bericht* (New York 1951), S. 35.—**30** Ibid., S. 76.

Guy Stern: Bibliography

Alfred L. Cobbs
Wayne State University

1 "Fielding and the Sub-Literary German Novel." *Monatshefte*, 48 (1954), 295–307.
2 *German Grammar* (outline). New York: Data Guide, 1954 (with G. Mathieu).
3 "Saint or Hypocrite: A Study of Wieland's 'Jacinte Episode'." *Germanic Review*, 29 (1954), 96–101.
4 *Brieflich erzählt*. New York: Norton, 1956 (with G. Mathieu).
5 "Explication du Texte at the Fourth Semester Level." *Modern Language Journal*, 41 (1957), 37–39.
6 *Listen and Learn German*. New York: Dover, 1957 (with G. Mathieu).
7 "A German Imitation of Fielding: Musäus' *Grandison der Zweite*." *Comparative Literature*, 10 (1958), 335–43.
8 "Hugo von Hofmannsthal and the Speyers: A Report on an unpublished Correspondence." *PMLA*, 73 (1958), 110–15.
9 *Say it in German*. New York: Dover, 1958 (with G. Mathieu).
10 *Übung macht den Meister*. New York: Norton, 1958 (with G. Mathieu).
11 Rev. of *Alte Newe Zeitung: A Sixteenth Century Collection of Fables*, by Eli Sobel. *Midwestern Folklore*, 8 (1958), 228.
12 Rev. of *The Poetic Style of Erich Kästner*, by J. Winkelman. *Germanic Review*, 33 (1958), 239–40.
13 " 'Ich friere wo im andern Ozean': A Report on Wolfskehl's Last Years." *Germanic Review*, 34 (1959), 289–97.
14 *An Invitation to German Poetry*. New York: Dover, 1960 (with G. Mathieu).
15 "A Man Worth a Hundred [i.e., J.A. Miertsching, German Explorer and Diarist]." *American German Review*, 25, No. 7 (1959), 8–12.
16 "Woman with a Mission [i.e., Lotte Lenya]." *Theatre: A Magazine of Drama, Comedy, and Music*, 1, No. 7 (1959), 12–13.
17 Rev. of *Goethe's Faust*, by A. Gilles. *Modern Language Notes*, 74 (1959), 380.
18 Rev. of *Schiller and the Changing Past*, by W. Maitland. *Modern Language Notes*, 75 (1960), 88.
19 "Efraim Frisch and the *Neue Merkur*." *Leo Baeck Yearbook*, 6 (1961), 125–51.
20 *Essential German Grammar*. New York: Dover, 1961 (with E. Bleiler).
21 *Hints on Speaking German*. New York: Dover, 1961 (with E. Bleiler).
22 *Quick Change Pattern Drills*. Vol. I. New York: Regents Publications 1962 (with G. Mathieu).
23 *Efraim Frisch: Zum Verständnis des Geistigen*, ed. Guy Stern. Darmstadt: Lambert Schneider Verlag, 1963.
24 "Hanns Braun, Kritiker der Zwanziger Jahre: Festschrift für Hanns Braun." *Publizistik*, 8 (1963), 168–171.

Exile and Enlightenment
Copyright Wayne State University Press, 1987.

25 *Quick Change Pattern Drills.* Vol. II. New York: Regents Publications, 1963 (with G. Mathieu).
26 Rev. of *Laurence Sterne in Deutschland,* by Peter Michelsen. *Journal of English and Germanic Philology,* 62 (1963), 858–60.
27 Rev. of *Der literarische Expressionismus,* by Walter Sokel. *Modern Language Notes,* 78 (1963), 203–05.
28 "A Case of Oral Literary History: Conversations with or about Reinacher and Thomas Mann." *German Quarterly,* 37 (1964), 487–97.
29 *Aufstieg und Fall der Stadt Mahagonny.* Brecht, Bertolt. Brochure and Translation. Columbia Masterworks, 1964.
30 *Hör zu und rat mit.* New York: McGraw-Hill, 1964 (with G. Mathieu).
31 *Konstellation: Die besten Erzählungen aus dem "Neuen Merkur,"* ed. Guy Stern. Stuttgart: Deutsche Verlagsanstalt, 1964. Rpt. 1986.
32 Rev. of *Stories of God,* by Rainer Maria Rilke. *Modern Language Journal,* 48 (1964), 526.
33 Rev. of *Studies in Germanic Languages and Literatures in Memory of Fred O. Nolte,* ed. Erich Hofacker and Liselotte Dieckmann. *Modern Language Journal,* 48 (1964), 533–34.
34 *Dreigroschenoper.* Brecht, Bertolt. Brochure and Translation. Columbia Masterworks, 1965.
35 *In Briefen erzählt.* Munich: Hueber, 1965 (with G. Mathieu). (Large-scale revision of #4.)
36 Rev. of *Faust und das Faustische,* by Hans Schwerte. *Modern Language Notes,* 80 (1965), 520–25.
37 Rev. of *Goethe: A Critical Introduction,* by Henry Hatfield. *Modern Language Notes,* 80 (1965), 520–522.
38 "The Genesis of Hofmannsthal's 'Rosenkavalier'." *Ohio Valley Opera Newsletter,* 7 (1967), 3–5, 17–19.
39 "Prolegomena zu einer Geschichte der deutschen Nachkriegsprosa." *Colloquia Germanica,* 1 (1967), 233–52.
40 Rev. of *Literatur und Glaubenskrise,* by Ludwig M. Kahn. *Germanic Review,* 42 (1967), 70–72.
41 Rev. of *Modern German Literature: The Major Figures in Context,* by Henry Hatfield. *Germanic Review,* 42 (1967), 314–16.
42 *Nelly Sachs: Ausgewählte Gedichte,* ed. Guy Stern. New York: Harcourt, 1968.
43 "Ph.D's, Nobel Prize Winners, and the Foreign Language Requirements." *Modern Language Journal,* 52 (1968), 431–35 (with V. A. Rudowski).
44 Rev. of *Der Erzähler Heinrich Böll,* by Wilhelm Johannes Schwarz. *Colloquia Germanica,* 2 (1968), 349–51.
45 Rev. of *Vagabond Verse: Secular Latin Poems of the Middle Ages,* by Edwin H. Zeydel. *Modern Language Journal,* 52 (1968), 374–75.
46 "Brecht, Loerke, Lichtenstein: Three German Poets of the Twenties." *University of Dayton Review,* 6, No. 7 (1969), 24- 39.
47 "Brechts *Trommeln in der Nacht* als literarische Satire." *Monatshefte,* 61 (1969), 241–59.
48 "Horst Gatschike: 'Einsamkeit' und andere Gedichte," trans. Guy Stern *Dimension,* 2, (1969), 90–93.
49 *Lessing Yearbook,* 1 (1964), ed. Jerry Glenn, Gottfried Merkel, and Guy Stern. Munich: Hueber, 1969.
50 "Trends in the Present-Day German Novel." *Books Abroad,* 43 (1969), 334–47.
51 Rev. of *Versuch über die Lyrik der Nelly Sachs,* by Olaf Lagercrantz. *Colloquia Germanica,* 4 (1970), 339–41.
52 Rev. of *Die zweite Wirklichkeit: Studien zum Roman des achtzehnten Jahrhunderts,* by Liselotte E. Kurth. *Modern Language Notes,* 85 (1970).
53 "Arno Reinfrank: 'Mutationen," trans. Guy Stern. *Dimension,* 4, (1971), 273–85.

54 "Exile Literature—Sub-division or Misnomer?" *Colloquia Germanica*, 1971, 167–78.
55 *War, Weimar, and Literature: The Story of the Neue Merkur.* University Park: Pennsylvania State, 1971.
56 "Zwei unbekannte Billets von Rilke." *Modern Austrian Literature*, 4, No. 2 (1971), 45–47.
57 Rev. of *Dimensions of the Modern Novel: German Texts and European Contexts*, by Theodore Ziolkowski. *Books Abroad*, 45 (1971), 317–18.
58 Rev. of *German Exile Literature in America: 1933–1950*, by Robert E. Cazden. *Germanic Notes*, 2, No. 7 (1971), 56.
59 Review of *Wielands Romane*, by Jürgen Jacobs. *Lessing Yearbook*, 3 (1971), 242–44.
60 "Blücher, Brooks, and August Kopisch: A Report of an Unpublished Translation." *German American Studies*, 5 (1972), 98–106.
61 "The Plight of the Exiles—A Hidden Theme in Brecht's *Galileo Galilei*." *Brecht Yearbook*, 1 (1971), 110–16.
62 "Über das Fortleben des Exilromans in den sechziger Jahren." *Revolte und Experimente*, ed. W. Paulsen. Heidelberg: Stiehm, 1972, 165–85.
63 Rev. of *Christoph Martin Wieland as Originator of Modern Travesty in German Literature*, by Charlotte Craig. *Lessing Yearbook*, 4 (1972), 240–41.
64 "Arno Reinfrank: 'Poet der Fakten' und andere Gedichte," trans. Guy Stern. *Dimension*, 6 (1973), 546–63.
65 "Hinweise und Anregungen zur Erforschung der Exilliteratur." *Exil und innere Emigration.* Vol. II, ed. P. Hohendahl and E. Schwarz. Frankfurt/M: Athenäum, 1973, 9–17.
66 Rev. of *Aufbau*, by Will Schaber. *Books Abroad*, 47 (1973), 561.
67 Rev. of *Call to Revolution: The Mystical Anarchism of Gustav Landauer*, by Charles B. Maurer. *Modern Language Notes*, 88 (1973), 36–38.
68 Rev. of *Christian Grave and English belles-lettres*, by Robert van Dusen. *Germanistik*, 3 (1973), 604.
69 "The Future of German Studies: A Graduate Dean's Perspective." *Unterrichtspraxis*, 7, No. 2 (1974), 7–14. (Reprinted with slight changes in: *German Studies in the United States: Assessment and Outlook*, ed. W. F. Lohnes and V. Nollendorfs. Madison: Univ. of Wisconsin, 1976, 128–36)
70 "Musil über seine Essays: Ein Bericht über eine unveröffentlichte Korrespondenz." *Germanic Review*, 49 (1974), 60–82.
71 Rev. of *Robert Musil. Ethik und Aesthetik: Zum theoretischen Werk des Dichters*, by Marie-Louise Roth. *Colloquia Germanica*, 8 (1974), 177–179.
72 "The Graduate Dean and the Humanities." *Proceedings of the Fifteenth Annual Meeting: The Council of Graduate Schools in the U.S.*, ed. John W. Ryan. Atlanta: The Council of Graduate Schools, 1975.
73 "Alfred Neumann." *Exil Jahrbuch*, 1 (1976), 542–70.
74 "Das Amerikabild der Exilliteratur: Zu einem unveröffentlichten Filmexposé von Alfred Neumann." *Amerika in der deutschen Literatur*, ed. S. Bauschinger et al. Stuttgart: Reclam, 1976, 323–28.
75 "Towards Fascism: A Study of Unpublished Letters of Friedrich Lienhard." *Studies in Modern European History and Culture*, II, ed. E. T. Wilke. Bloomington: Indiana University Center for Language Sciences, 1976, 193–210.
76 Rev. of *Europäische Aufklärung*, W. Hinck and Alfred Anger. *Neues Handbuch der Literaturwissenschaft 2. Germanistik*, 17 (1976), 473–74.
77 "Flucht und Exil: Werkthematik und Autorenkommentare." *Gegenwartsliteratur und Drittes Reich*, ed. H. Wagener et al. Stuttgart: Reclam, 1977, 111–32 (with D. Wartenberg).
78 "German: In the Poorhouse with Other Humanities—and How to Get Out." *Monatshefte*, 69 (1977), 245–50.

79 "Introduction [to four papers on "Human and Divine Justice in German-Christian and German-Jewish Writers"]." *Colloquia Germanica*, 10 (1977), 297–98.

80 "Präfaschismus und die respektable Literatur: Deutsche Romanschriftsteller in ihren Selbstzeugnissen und Briefen." *Der deutsche Roman und seine historischen und politischen Bedingungen*, ed. W. Paulsen. Bern: Francke, 1977, 107–23.

81 "Science and Literature: Arno Reinfrank as a 'Poet of Facts'." *Probleme der Komparatistik und Interpretation. Festschrift für André von Gronika*, ed. W. Sokel et al. Bonn: Bouvier, 1978, 316–31. (A shorter version in German appears as epilogue to Arno Reinfrank, *Feuerbefragung*, Munich: Delp, 1977, 72–75)

82 Rev. of *Bertolt Brecht, "Trommeln in der Nacht." Materialien, Abbildungen, Kommentar*, by Konrad Feilchenfeldt. *Colloquia Germanica*, 11 (1978), 370–71.

83 *Alfred Neumann*, ed. Guy Stern. Wiesbaden: Steiner Forum, 1979.

84 "Die Thematik 'Flucht und Exil' innerhalb und außerhalb des Dritten Reiches: Eine Konfrontation." *Jahrbuch für internationale Germanistik*, 5 (1979), 60–78.

85 "Ob und wie sie sich anpassten: Deutsche Schriftsteller im Exil USA." *Leben im Exil*, ed. W. Frühwald und W. Schieder. Hamburg: Hoffmann und Campe, 1980, 68–76.

86 "Refitting Foreign Language Faculty and Programs." *AAHE Bulletin*, 33, No. 4 (1980), 1, 3–5.

87 "Wenn die Muttersprache zur Fremdsprache wird." *Frankfurter Allgemeine Zeitung*, 18 April 1981, Economics section, 13, cols. 1–6 (with K. Rosskamp).

88 "Zwei unbekannte Billets Heinrich Manns." *Heinrich Mann Mitteilungen*, Sonderheft, 10–15 (1977–1981), 300–303.

89 Rev. of *100 Poems Without a Country*, by Erich Fried, trans. Stuart Hood, *Four German Poets*, ed. Agnes Stein. *Colloquia Germanica*, 14 (1981), 286–88.

90 "Biographischer Roman als Selbstzeugnis aus dem Exil: Friedrich Torbergs *Süsskind von Trimberg*." *Festschrift für Walter Huder*, ed. H. Haarmann. Berlin: Medusa, 1982, 167–181.

91 "But Slowly Show Us Your Sun." *Columbia Magazine*. 7, No. 5 (1982), 28–34.

92 "*Der Butt* as an Experiment in the Structure of the Novel." *Adventures of a Flounder: Critical Studies on Günter Grass' "Der Butt"*. Houston German Studies 3, ed. G. Pickar. Munich: Fink, 1982, 51–56.

93 "The Book Burning: Widerschein in Amerika." In: *Das war ein Vorspiel*, ed. H. Haarmann and K. Siebenhaar. Berlin: Medusa, 1983.

94 "Efraim Frisch." *Deutsche Schriftsteller*, 5, ed. H. O. Hügel. Munich: Beck, 1983, 71.

95 "Lessing in Drama." *Nation und Gelehrtenrepublik: Lessing im europäischen Zusammenhang*, ed. W. Barner and A. Reh. Munich: text und kritik, 1984, 344–354.

96 "Wieland als Herausgeber des *Sternheim*." *Christoph Martin Wieland*, ed. H. Schelle. Tübingen: Niemeyer, 1984, 195–208.

97 "Dieter Forte's Play *Martin Luther, Thomas Münzer, and the Bookkeepers of the Reformation*—Or the Difficulties of Writing Historical Truth." *The Martin Luther Quincentennial*, ed. G. Dünnhaupt. Detroit: Wayne State, 1985.

98 "Die Odyssee Jacques Arndts: Vom Theater der Jugend in Wien zum argentinischen Musical-Star." *Aufbau*, 22 November 1985, 11, cols. 1–3.